Interdisziplinäre Anthropologie

Herausgegeben von
G. Hartung, Wuppertal, Deutschland
M. Herrgen, Münster, Deutschland

Anthropologische Forschungen stehen gegenwärtig im Brennpunkt interdisziplinärer Debatten. Insbesondere in den Bereichen der Biologie und den empirischen Anthropologien sind in den letzten Jahrzehnten rasante Fortschritte zu verzeichnen. Eine Jahresschrift zur Interdisziplinären Anthropologie stellt sich der Aufgabe, den interdisziplinären Dialog in der aktuellen anthropologischen Forschung darzustellen und versteht sich daher als ein strikt Disziplinen übergreifendes Publikationsmedium. Dieser Anspruch manifestiert sich in der dialogischen Form des Diskursteils (in jeder Ausgabe wird ein Schwerpunktthema im Dreischritt Leitartikel, Kommentare, Replik diskursiv thematisiert), der mit Berichten zu interdisziplinären Projekten im anthropologischen Forschungsfeld ergänzt wird. Ein Rezensionsteil bespricht aktuelle wissenschaftliche Publikationen zu relevanten Aspekten, die Rubrik ‚Kalender' widmet sich einem biographischen oder bibliographischen Jubiläumsereignis.

Herausgegeben von
Prof. Dr. Gerald Hartung
Bergische Universität Wuppertal
Deutschland

Dr. Matthias Herrgen
Westfälische Wilhelms-Universität
Münster, Deutschland

Editorial Board:
Prof. Dr. Christian Bermes
Universität Landau, Deutschland

Prof. Dr. Peter Kappeler
Universität Göttingen, Deutschland

Prof. Dr. Dr. h.c. Winfried Henke
Universität Mainz, Deutschland

PD Dr. Magnus Schlette
Forschungsstätte der Evangelischen
Studiengemeinschaft e.V. FEST
Heidelberg, Deutschland

Gerald Hartung · Matthias Herrgen
(Hrsg.)

Interdisziplinäre Anthropologie

Jahrbuch 4/2016: Wahrnehmung

Herausgeber
Prof. Dr. Gerald Hartung
Bergische Universität Wuppertal
Deutschland

Dr. Matthias Herrgen
Westfälische Wilhelms-Universität
Münster
Deutschland

ISSN 2198-8277   ISSN 2198-8285   (electronic)
Interdisziplinäre Anthropologie
ISBN 978-3-658-14263-6   ISBN 978-3-658-14264-3   (eBook)
DOI 10.1007/978-3-658-14264-3

Die Deutsche Nationalbibliothek verzeichnet diese Publikation in der Deutschen National-
bibliografie; detaillierte bibliografische Daten sind im Internet über http://dnb.d-nb.de abrufbar.

Springer VS

Lektorat: Frank Schindler, Katharina Gonsior

Gedruckt auf säurefreiem und chlorfrei gebleichtem Papier

Springer VS ist Teil von Springer Nature
Die eingetragene Gesellschaft ist Springer Fachmedien Wiesbaden GmbH
Die Anschrift der Gesellschaft ist: Abraham-Lincoln-Str. 46, 65189 Wiesbaden, Germany

Inhalt

Gerald Hartung / Matthias Herrgen
Vorwort IX

I Diskurs

1 Leitartikel

Georg Toepfer
Biologie und Anthropologie der Wahrnehmung: Kopplung und
Entkopplung von Organismus und Umwelt 3

2 Kommentare

Andrea Bender / Daniel Hanus
Die sozio-kulturelle Matrix menschlicher Wahrnehmung 51

Peter Bexte
Pfeile im Kreisverkehr 59

Jens Bonnemann
Die Verletzlichkeit des Subjekts und die Gefahr einer Diskursivierung
der Wahrnehmung. Zwei Bemerkungen zu Georg Toepfers Überlegungen
zum assoziativ-fusionistischen und sozialinteraktionistisch-
anthropologischen Wahrnehmungsmodell 63

Thomas Fuchs
Die polare Struktur der Wahrnehmung 69

V

Miriam N. Haidle
Wahrnehmung will gelernt sein – ein Prozess zwischen Organismus
und Umwelt in verschiedenen Entwicklungsdimensionen 79

Matthias Jung
Wahrnehmung als Handlungsphase: Warum Pragmatisten keine
Fusionisten sind 91

Michael Moxter
Expeditionen ins geistige Tierreich 97

Christian Tewes
Die Wahrnehmungstheorie des Enaktivismus 101

Lambert Wiesing
Phänomenologisch Beschreiben *versus* modellierend Erklären 111

Matthias Wunsch
Wahrnehmung, Realisierung und Objektivität 117

3 Replik

Georg Toepfer
Von Modellen und Beschreibungen – und ihrem argumentativen Wert 127

II Beiträge (Peer Reviewed)

Thiemo Breyer
Soziale Wahrnehmung zwischen Erkenntnistheorie und Anthropologie ... 141

Rebekka A. Klein
Verwundbar geboren. Kritische Anfragen an den Gebrauch einer
interdisziplinären anthropologischen Metapher 163

Robert Ullrich
From 'speech' to 'gesture': The 'oral' as norm in 'language' research 179

Thomas Wagner
Zum Ebenbild geschaffen. Grundzüge des Gott-Mensch-Verhältnisses
in altorientalischen und alttestamentlichen Schriften 209

III BERICHTE

Amir Mohensi / Michael Quante
Systematische Potentiale der philosophischen Anthropologie 243

Peter Wiersbinski
Die kategoriale Konzeption der anthropologischen Differenz und
die empirische Erforschung des Menschen 257

Cornelia Brink / Sarah Laufs
Interdisziplinäres Lernen und Lehren im Master-Studiengang
„Interdisziplinäre Anthropologie" an der Albert-Ludwigs-Universität
Freiburg. Ein Projektbericht 275

IV REZENSIONEN

Ludger Jansen
Rezension zu De Brasi, Diego / Föllinger, Sabine (Hg.): Anthropologie
in Antike und Gegenwart. Biologische und philosophische Entwürfe
vom Menschen, Lebenswissenschaften im Dialog Bd. 18, Freiburg/
München 2015, 443 Seiten 291

Andreas Vieth
Rezension zu Ferrari, Arriana / Petrus, Klaus (Hg.): Lexikon der Mensch-
Tier-Beziehungen, transcript, Bielefeld 2015, 475 Seiten 295

Volker Schürmann
Rezension zu Köchy, Kristian / Michelini, Francesca (Hg.): Zwischen
den Kulturen. Plessners „Stufen des Organischen" im zeithistorischen
Kontext, Lebenswissenschaften im Dialog Bd. 20, Freiburg/München
2015, 362 Seiten 303

Nadine Mooren
Rezension zu Lindenau, Mathias / Kressig, Marcel M.: Was ist der
Mensch? Vier ethische Betrachtungen, Vadian Lectures Bd. 1,
Bielefeld 2015, 108 Seiten 311

Bernhard Kleeberg
Rezension zu Spannring, Reingard / Heuberger, Reinhard /
Kompatscher, Gabriela / Oberprantacher, Karin Schachinger,
Alejandro Boucabeille (Hg.): Tiere – Texte – Transformationen.
Kritische Perspektiven der Human-Animal Studies, Bielefeld 2015,
388 Seiten 317

V KALENDER

Oliver Müller
Phänomenologische Anthropologie. Hans Blumenbergs Lebensprojekt 325

Gerald Hartung / Matthias Herrgen

Vorwort

Die vierte Ausgabe unseres Jahrbuchs Interdisziplinäre Anthropologie widmet sich im Diskursteil dem Thema „Wahrnehmung". Für eine Interdisziplinäre Anthropologie ist die systematische Analyse des Phänomens Wahrnehmung in mehrfacher Hinsicht von geradezu paradigmatischem Charakter: Hier treffen die nahezu klassisch gewordenen philosophischen Theorien – von Locke über Kant bis Hegel – auf die experimentell verfahrenden empirischen Wissenschaften, denen die Kognitionswissenschaften mit einem (in den Forschungen zur künstlichen Intelligenz etablierten und am Modell der Computertechnologie erprobten) Jargon beiseite springen, dessen lebensweltliche Relevanz aktuell kaum zu überschätzen ist. Das zeigt sich beispielsweise einerseits dort, wo Wahrnehmung mit einem eher passivischen Verständnis von Widerfahrnis verknüpft wird. Andererseits arbeiten (neurobiologische) Konstruktivisten an Modellen, in denen die ontologischen Fundamente einer beobachterunabhängigen, ‚natürlichen' Welt in Frage gestellt und die aktive Erzeugung kognitiver Systeme in Wahrnehmungsprozessen behauptet wird. Auch hier zeigt sich wiederum – wie schon in früheren Diskursen unseres Jahrbuchs – eine Polarität von Empirismus und Konstruktivismus, deren Axiomatik für die Positionierung der Argumente im Feld der Interdisziplinären Anthropologie als Orientierungsrahmen dienen kann.

Dieser Befund und die mit ihm verbundenen Fragestellungen waren leitend für eine dreijährige Arbeitsgruppe „Anthropologie der Wahrnehmung" an der Forschungsstätte der evangelischen Studiengemeinschaft Heidelberg e. V. (FEST, www. fest-heidelberg.de), die sich unter der Leitung von Magnus Schlette im Zeitraum von 2014 bis 2016 regelmäßig versammelt hat. Von den Teilnehmern/innen der AG[1]

---

1 In der AG wirkten unter der Leitung von PD Dr. Magnus Schlette (Philosophie, FEST Heidelberg e. V.) mit: Prof. Dr. Andrea Bender (Psychologie, Uni Bergen), Prof. Dr. Peter Bexte (Kunstwissenschaft, KHM Köln), PD Dr. Jens Bonnemann (Philosophie, Uni Jena), Prof. Dr. Dr. Thomas Fuchs (Psychiatrie & Philosophie, Uni Heidelberg), PD Dr. Miriam Haidle (Paläoanthropologie, Senckenberg Frankfurt), Dr. Daniel Hanus (Psychologie, MPI EA Leipzig), Dr. Matthias Herrgen (Anthropologie, Uni Münster), Prof. Dr. Matthias Jung

wurde ein breites Spektrum disziplinärer Perspektiven und methodischer Zugänge zum Thema „Wahrnehmung" herausgearbeitet, kritisch verhandelt und teilweise kontrovers diskutiert. Der vorliegende Diskurs ist somit eine Ergebnispräsentation der dreijährigen intensiven Zusammenarbeit einer interdisziplinären Arbeitsgruppe.

Der bemerkenswert integrative *target article* von Georg Toepfer wurde seitens der AG ausgewählt, da dieser hinreichend Anschlussmöglichkeiten für die vielfältig vertretenen Perspektiven der AG-Mitglieder bietet und somit die diskursive Breite der AG tragen kann. Wir danken recht herzlich Magnus Schlette für die Leitung der AG, Georg Toepfer für die Abfassung des Diskursartikels und der Replik sowie den Mitgliedern der Arbeitsgruppe für das Engagement im Rahmen der Abfassung der Kommentare.

Unser Bemühen, eine *offene* Plattform für die Thematisierung interdisziplinärer Anthropologie aufzubauen, hat vielseitige Unterstützung erfahren. Neben den Kollegen des *editorial boards* (Christian Bermes, Winfried Henke, Peter M. Kappeler und Magnus Schlette) möchten wir an dieser Stelle recht herzlich unseren Reviewern danken, die durch ihre Begutachtung der eingereichten freien Beiträge einen unverzichtbaren Beitrag zur Etablierung einer Debattenkultur interdisziplinärer Anthropologie geleistet haben. Unser *reviewer board* ist auf der Internetseite des Jahrbuchs einsehbar: www.interdisziplinaere-anthropologie.de.

Unsere Redaktionsassistentin Sarah Laufs M.A. (Promovendin im Graduiertenkolleg „Materialität und Produktion" der Universität Düsseldorf) betreute auch außerhalb der Redaktionswochen einige Beiträge und wickelte redaktionelle Aufgaben ab. Ferner wurden die redaktionellen Arbeiten tatkräftig unterstützt durch unsere Lektorin Elena Enbrecht M.Ed. (Germanistik/Philosophie, Universität Münster) und die geduldige editorische Mitarbeit von Sascha Kühlein B.A. (Philosophie, Universität Wuppertal). Herzlichen Dank an das engagierte Redaktionsteam!

Das fünfte Jahrbuch wird sich mit dem Thema „Lebensspanne 2.0" auseinandersetzen und im vierten Quartal 2017 erscheinen. Wir freuen uns über Rückmeldungen unserer Leserinnen und Leser sowie über kritische Anregungen und Überlegungen zur weiteren Entwicklung unseres Jahrbuch-Projektes: herausgeber@interdisziplinaere-anthropologie.de

Wuppertal und Münster, im August 2016

I
Diskurs

1 Leitartikel

Georg Toepfer

Biologie und Anthropologie der Wahrnehmung:

Kopplung und Entkopplung von Organismus und Umwelt

[1]   Organismen als zugleich geschlossene und offene Systeme

Lebendige Organismen sind ganzheitliche, funktional geschlossene Einheiten. Und lebendige Organismen sind in eine jeweilige Umwelt eingebettete, mit Objekten dieser Umwelt interagierende, offene und dynamische Systeme. Zwischen diesen beiden Perspektiven zu vermitteln ist eine Aufgabe des Begriffs der Wahrnehmung. Wahrnehmung ist dabei einerseits zu begreifen als ein Vermögen von Organismen, das auf anatomischen Einrichtungen und physiologischen Leistungen beruht, die in einem Organismus verkörpert vorliegen und in ihren Funktionen auf die Erhaltung der Integrität dieses Systems wirken. Andererseits ist Wahrnehmung zu begreifen als ein vom Organismus ausgehendes und ihn überschreitendes Phänomen, das ihn an Dinge und Faktoren seiner Umwelt koppelt und mit diesen verzahnt.

Beide Perspektiven haben biologisch gesehen ihre Berechtigung, beide können auch aus einer evolutionstheoretischen Perspektive gestützt werden: Stabilisiert wurde in der Evolution sowohl die Integrität der evolvierenden Systeme als funktional und morphologisch geschlossene Systeme aus interdependenten Komponenten (Organismen) als auch die feste Kopplung dieser Systeme an Objekte der Umwelt, die nicht Teil der strukturell-funktional geschlossenen Gestalt- und Herstellungseinheit von Organismen sind, mit denen zusammen sie aber darüber hinaus ein übergeordnetes System bilden (Organismus und Umwelt). Angesichts der gleichzeitigen Berechtigung dieser beiden Perspektiven verwundert es nicht, dass die biologische Terminologie diesbezüglich oft nicht ganz eindeutig ist und gerade die zentralen Begriffe des Lebens und des Lebewesens eine ausgeprägte Ambivalenz in Bezug auf die System-Umwelt-Grenze mit sich führen: Sie können sowohl einen isolierten Leib als auch die Einheit dieses Leibes mit seiner jeweiligen Umwelt bezeichnen.

Besonders deutlich wird diese Ambivalenz bei dem theoretischen Biologen, auf den die terminologische Einführung des Umweltbegriffs im 20. Jahrhundert zurückgeführt werden kann: Jakob von Uexküll. Für von Uexküll ist die Umwelt

3

eine jeweils von einem Organismus ausgehende Konstruktion, die mit ihm zu einer Einheit verbunden ist: „Die Umwelt, wie sie sich in der Gegenwelt des Tieres spiegelt, ist immer ein Teil des Tieres selbst, durch seine Organisation aufgebaut und verarbeitet zu einem unauflöslichen Ganzen mit dem Tiere selbst".[1] Im Anschluss an von Uexkülls Umweltlehre wird die enge Verknüpfung von Organismus und Umwelt im 20. Jahrhundert vielfach betont. Max Scheler schreibt 1923/24: „Was wir ‚Leben' nennen, ist nicht räumlich ‚im' Organismus, sondern jene Geschehenseinheit zwischen organischem Körper und Umwelt gehört dazu. Die Umwelt gehört zum Organismus wie sein Körper".[2] Ähnlich heißt es 1928 bei Helmuth Plessner, aufgrund des „Stoff- und Energiekreislaufs und der morphologisch-funktionellen Eingespieltheit von Organismus und Umgebung"[3] müsse ein Organismus als „ergänzungsbedürftig"[4] angesehen werden: „Als Ganzer ist der Organismus daher nur die Hälfte seines Lebens. Er ist das absolut Bedürftige geworden, das nach Ergänzung verlangt, ohne die er zugrunde geht. Als Selbständiger ist er eingeschaltet in den Lebenskreis einer Gesamtfunktion zwischen ihm und dem Medium, die das Leben selbst durch ihn hindurchleitet"[5]. Im „Kreis des Lebens" ist für Plessner der Organismus nur die „eine Hälfte", die andere bilde seine Umwelt oder sein „Positionsfeld", wie es Plessner nennt.[6] Das „Leben" erscheint hier also als die dem Organismus übergeordnete Einheit. – Deutlich wird diese Auffassung schließlich auch bei Thure von Uexküll, wenn er 1987 von „dem Organismus der Lebewesen" und von „deren Umgebung" spricht[7]: Ein „Lebewesen" bildet somit eine höhere Einheit aus „Organismus" und „Umgebung". Nicht nur die Einheit des Lebens, auch die *Einheit des Überlebens* besteht nach Thure von Uexküll aus „Organismus plus Umwelt".[8]

Gerade die für die Biologie zentralen Begriffe des Lebens und des Lebewesens sind also nicht eindeutig auf eine Systemebene festgelegt: ‚Lebewesen' kann sowohl

1   von Uexküll, Jakob: Umwelt und Innenwelt der Tiere, Berlin 1909, S. 196.

2   Scheler, Max: Das Wesen des Todes, 1923-24, S. 260.

3   Plessner, Helmuth: Die Stufen des Organischen und der Mensch [1928], Berlin 1975, S. 192.

4   Plessner, Helmuth: Die Stufen des Organischen und der Mensch [1928], Berlin 1975, S. 193.

5   Plessner, Helmuth: Die Stufen des Organischen und der Mensch [1928], Berlin 1975, S. 194.

6   Plessner, Helmuth: Die Stufen des Organischen und der Mensch [1928], Berlin 1975, S. 192.

7   von Uexküll, Thure: Die Wissenschaft von dem Lebendigen, 1987, S. 457.

8   von Uexküll, Thure: Organismus und Umgebung, Stuttgart 1989, S. 393.

Organismen als funktional und strukturell geschlossene Einheiten als auch diese zusammen mit Elementen ihrer Umwelt bezeichnen. Dieser Ambivalenz entsprechend changiert auch der Begriff der Wahrnehmung in seiner Bedeutung zwischen einem Vermögen, mittels dessen ein Organismus sich die Umwelt als etwas von ihm Getrenntes und ihm Gegenüberstehendes erschließt, und einer systeminternen Relation, welche die beiden Seiten von Organismus und Umwelt in dem von ihnen gemeinsam etablierten System verbindet. In beiden Fällen aber wird der Begriff der Wahrnehmung als ein wissenschaftliches Konzept eingeführt und mit theoretischen Aufgaben verbunden, die für die Biologie und Anthropologie grundlegend sind.

Insgesamt zielt der Beitrag nicht auf eine Auseinandersetzung mit dem epistemischen Status von Wahrnehmungen, der Art ihres Gehalts und ihres Objektivitätsanspruchs, also den Fragen, ob Wahrnehmungen den epistemischen Wert von Überzeugungen haben, insofern sie wie Urteile strukturiert sind und Wahrheitsbedingungen unterliegen (anders als Wünsche und Hoffnungen), ob sie begrifflichen oder nicht-begrifflichen Gehalt aufweisen und ob sie die Wirklichkeit objektiv repräsentieren oder zumindest einen Zugang zu einer objektiv vorhandenen Realität ermöglichen. Ebenso wenig soll es um die Frage gehen, ob Wahrnehmung als Prozess am besten zu rekonstruieren sei, indem ein zwischen Subjekt und Objekt vermittelnder Schritt von subjektiv unbezweifelbaren „Sinnesdaten" angenommen werde (die im Fall von Halluzinationen und Illusionen ebenso vorliegen wie in eigentlichen, realitätsvermittelnden Wahrnehmungen), oder ob Wahrnehmung adäquat als Art und Weise des Empfindens, also adverbial zu beschreiben sei (z. B. „Ich sehe rötlich" oder „Ich sehe in einer roten Weise"), oder ob die intentionale Deutung die überzeugendste sei, nach der die Wahrnehmung in einer (möglicherweise illusionären) Bezugnahme auf ein externes Objekt bestehe, deren Gehalt wahr oder falsch sein könne, oder ob sie schließlich doch als kausaler Prozess verstanden werden sollte, über den wir direkt mit der Wirklichkeit verbunden wären. Alle diese Fragen sollen nur insofern berührt werden, als sie das Grundproblem des Wahrnehmungsbegriffs in Bezug auf das Verhältnis von Organismus und Umwelt berühren.

[2] Sprachliches zu ‚Wahrnehmung'

‚Wahrnehmung' ist in der Gegenwart vornehmlich ein wissenschaftlicher Terminus. Das Wort ist ein in wissenschaftlichen Texten und in der Gebrauchsliteratur verbreiteter Ausdruck, der relativ wenig in der Zeitung und noch weniger in der Belletristik Verwendung findet (vgl. Abb. 1).

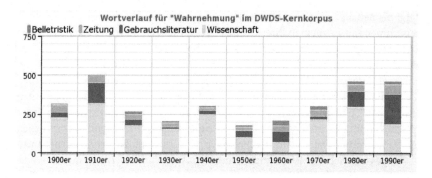

Abbildung 1   Häufigkeit des Ausdrucks ‚Wahrnehmung' in verschiedenen
Texttypen im Verlauf des 20. Jahrhunderts. Quelle: *Digitales
Wörterbuch der deutschen Sprache* (DWDS) der Berlin-
Brandenburgischen Akademie der Wissenschaften. Die Basis
des Kernkorpus des DWDS besteht aus ca. 1,8 Milliarden
Wörtern. Diese stammen aus Quellen des 20. Jahrhunderts, die
als repräsentativ gelten und den Textsorten Belletristik, Zeitung,
Gebrauchsliteratur und Wissenschaft zugeordnet wurden. Der
Umfang dieser Textsorten ist dabei gleich groß und auch für jede
Dekade des 20. Jahrhunderts sind Texte in gleichem Umfang
ausgewählt worden.

Häufig ist nicht nur die Bedeutung von ‚Wahrnehmung' im Sinne eines Mittels für
den sinnlichen Zugang zur objektiv gegebenen Welt – mit den Genitivattributen
‚Wirklichkeit' und ‚Realität' –, sondern auch im übertragenen Sinne – mit den
Genitivattributen ‚Aufgaben', ‚Rechte' und ‚Verantwortung'.[9] Es dominieren in
der Bedeutung aber doch die Kontexte, in denen ‚Wahrnehmung' auf kognitive
Prozesse der Sinnlichkeit und des Verstehens verweist – wie sich an der häufigsten

---

9   Die häufigsten Genitivattribute von ‚Wahrnehmung' sind nach dem *Digitalen Wörterbuch
der deutschen Sprache* (DWDS) (häufigste fett): Anderen Angelegenheiten **Aufgaben**
Außenwelt Befugnisse Belange Betrachters Chancen Fremden Funktionen Gan-
zen Gefahr Gegenstandes Geschäfte Herrschenden Interessen Körpers Mandats
Option Pflichten Phänomene **Realität Rechte** Rolle Sinne Stimmrechte Termins
Umgebung Umwelt Unterschiede **Verantwortung** Verpflichtungen Wahlrechts
Wirklichkeit Zuschauers (http://www.dwds.de/?view=4&qu=Wahrnehmung; abgerufen
im Juni 2015).

Koordination mit den Substantiven ‚Deutung', ‚Empfindung', ‚Erinnerung', ‚Gedächtnis' und ‚Vorstellung' zeigt.[10]

In der philosophischen Tradition steht ‚Wahrnehmung' für eine basale Funktion der Erkenntnis. Seit der Antike bezeichnet der Begriff ein Vermögen, über das alle Tiere verfügen (αἴσθησις schon bei den Vorsokratikern).[11] Der Begriff wird zwar durch seine Oppositionsstellung zum Vermögen des Denkens oder Verstehens bestimmt, zur Wahrnehmung wird aber auch eine aktive Verarbeitung des Aufgenommenen gerechnet. Aristoteles verbindet sie mit der Fähigkeit des (unbegrifflichen) Unterscheidens; er nennt sie daher eine „kritische Fähigkeit". Für Kant beruhen Wahrnehmungen auf Synthesisleistungen durch ein Erkenntnissubjekt, sie stehen zwar noch nicht selbst unter den reinen Verstandesbegriffen, sind aber nach Kant doch mit Bewusstsein verbunden. Diese erkenntnistheoretische Einbettung in die menschliche Kognition macht den Begriff allerdings uneindeutig, weil zumindest Kant den Tieren ein Bewusstsein meist abspricht, terminologisch aber doch daran festhält, ihnen Wahrnehmungen zuzuschreiben. Autoren des 19. Jahrhunderts, wie 1837 Bernard Bolzano, ziehen die Konsequenz aus dieser begrifflichen Konstellation und erkennen auch bei Tieren das Vorliegen von Bewusstsein und Urteilsvermögen an, eben weil sie über Wahrnehmungen verfügen.[12] Aus der Betonung der Subjektbeteiligung und Urteilsförmigkeit folgt auch, dass Wahrnehmung meist nicht als bloß passive Repräsentation eines gegebenen Objekts konzipiert wird und sie neben der Intentionalität der Beziehung auf ein Objekt zugleich auch eine Selbstbeziehung, die mit einem Gewahrwerden und Fürwahrhalten verbunden ist, einschließt.[13] Im Kontext psychologischer Forschung hält sich allerdings auch noch die Vorstellung von Wahrnehmung als „Abbild objektiv-realer Umwelt und der eigenen Person".[14]

[3]   Modelle der Wahrnehmung

Für eine Übersicht über Ansätze zur Bestimmung des Verhältnisses von Organismus und Umwelt in Prozessen der Wahrnehmung bietet es sich an, theoretische Kontexte und Modelle zu unterscheiden, in denen Wahrnehmung analysiert wird. In diesem Beitrag soll zwischen drei grundsätzlichen Modellen der Wahrnehmung im Hinblick auf die Kopplung von Organismus und Umwelt differenziert werden: dissoziativen,

---

10   Vgl. http://www.dwds.de/?view=4&qu=Wahrnehmung.
11   Vgl. Toepfer, Georg: Historisches Wörterbuch der Biologie, Bd. 3, Stuttgart 2011, S. 717.
12   Vgl. Toepfer, Georg: Historisches Wörterbuch der Biologie, Bd. 3, Stuttgart 2011, S. 720.
13   Baumgartner, Wilhelm: [Artikel] Wahrnehmung, Stuttgart 2008, S. 669.
14   Dorsch, Psychologisches Wörterbuch, 2004, S. 1023.

assoziativen und sozialinteraktionistischen Modellen. Der Schwerpunkt der Auseinandersetzung wird bei dem zweiten Modell liegen, weil es viele klassische und
aktuelle Vertreter hat, mit diesem aber problematische Aspekte verbunden sind.

Ein *dissoziatives* Modell von Wahrnehmung entwickelt sich im Rahmen ihrer
Einbettung in gnoseologische Kontexte. Danach kann Wahrnehmung als erster
Schritt im Prozess der Erkenntnis verstanden werden, als die „durch Sinnesorgane
und das Gehirn vermittelte Repräsentation der objektiven Realität".[15] Über sie
werden Informationen über die Welt gewonnen und für spätere Erkenntnisschritte
aufbereitet. Dieses Modell betont die Unterschiedenheit und Trennung von Subjekt und Objekt (als die zwei Seiten der Erkenntnisrelation). Auch die Position des
direkten Realismus, die ohne die Repräsentationsvorstellung auskommt und in
der Wahrnehmung einen direkten Zugang zur Welt annimmt, kann im Rahmen
dieses Modells verstanden werden. Grundlegend ist, dass sich die Analyse an einem
linearen Schema orientiert, das von einem Objekt in der Umwelt als Ursache der
Wahrnehmung seinen Ausgang nimmt und in der Wirkung oder Repräsentation
dieses Objekts in einem verarbeitenden Systemteil eines Organismus sein Ende findet.

Im Gegensatz dazu betont das *assoziative* oder *fusionistische* Wahrnehmungsmodell die Verbundenheit und Einheit von Organismus und Umwelt (in einer
konkreten Wahrnehmungssituation). Dieses Modell enthält eine Kritik an der
Auffassung, die Wahrnehmung sei das Resultat eines linearen Prozesses, der mit
einem äußeren Objekt und den von ihm ausgehenden Reizen beginne und der
Erkenntnis eines Subjekts ende. Vielmehr manifestiert sich diesem Modell zufolge
gerade in der Wahrnehmung die Einheit von Organismus und Welt. In der Wahrnehmung ist das Subjekt mit der Welt verschränkt, so dass die Frage nach ihrem
Repräsentationscharakter, dem intentionalen Gehalt der Wahrnehmung, nicht
die primäre ist. Wahrnehmung besteht nicht in der Repräsentation (oder direkten
Wirkung) beliebiger Umweltdinge, sondern in ihr ist eine Sinnbeziehung zwischen
der Innenwelt und Außenwelt eines lebendigen Systems hergestellt. Sie enthält damit
eine Bedeutung, die sich aus der artspezifischen jeweiligen Organisation und dem
Aktivitätsraum eines Organismus ergibt.

Das dritte hier unterschiedene Wahrnehmungsmodell ist speziell auf den Menschen bezogen, betont also den Schritt von einer *Biologie* zur *Anthropologie* der
Wahrnehmung. In ihm wird herausgestellt, dass menschliche Wahrnehmung nie
rein individuell ist, sondern die Praxis des Wahrnehmens vielmehr sozial eingeübt
wird und sozial eingebettet ist. Sie ist eng mit sprachlichen Kompetenzen verbunden und damit genuin auf eine kollektiv konstituierte Sphäre bezogen. Das Modell
schließt einerseits an den Antimentalismus der Analytischen Philosophie in der

---

15   Stadler, Michael: [Artikel] Wahrnehmung, Hamburg 2010, S. 2937.

Folge Wittgensteins an, also an die Ablehnung von rein privaten Innenwelten, in der „Sinnesdaten" als unbestreitbare Erlebnisse gegeben sind. Hervorgehoben wird vielmehr, dass jede begrifflich gefasste Vorstellung sich nicht in einer Privatsprache entfalten kann, sondern auf intersubjektiv etablierten Kategorien und Regeln der Beschreibung beruht. Andererseits entwickelt sich dieses Modell im Anschluss an psychologische Untersuchungen zur spezifisch menschlichen Form der Kommunikation, die eine „geteilte Intentionalität" einschließt.

[4] A: Das dissoziative Wahrnehmungsmodell

Nach dem seit der Antike dominanten Verständnis ist die Wahrnehmung ein grundlegendes Vermögen von Lebewesen (zumindest von Tieren und Menschen), das neben anderen ebenso grundlegenden Vermögen, wie Sich-Ernähren, Fortpflanzen, Fühlen und Denken, steht. Dieser seit der Antike in der biologischen Wahrnehmungstheorie etablierte und auch für das alltägliche Verständnis leitende Wahrnehmungsbegriff ist bezogen auf ein gnoseologisches Modell der Erkenntnis: Über das Vermögen der Wahrnehmung werden die Anwesenheit von Dingen der Außenwelt und deren Eigenschaften einem Erkenntnissubjekt vermittelt. Die meisten expliziten Handbuchdefinitionen des Wahrnehmungsbegriffs beruhen auf diesem gnoseologischen Modell. Dem Modell liegt eine Trennung von Subjekt und Objekt der Erkenntnis zugrunde; adressiert wird mit ihm besonders die Frage nach der Objektivität der Erkenntnis, d. h. der Gegenstandsbezogenheit, der Repräsentation und der Angemessenheit der Repräsentation des Objekts durch das Subjekt. Durch seine Einbindung in erkenntnistheoretische Bezüge ist der Begriff der Wahrnehmung nach diesem Modell als ein Element von Wissen bestimmt. Die Bestimmung des Wahrnehmungsbegriffs ist damit keine rein empirische Aufgabe der positiven Wissenschaften, sondern sie ist „Bestimmung im Kontext der Geltungsreflexion"[16] und insofern auf erkenntnistheoretische Modelle verweisen.

[5] B: Das fusionistische Wahrnehmungsmodell

Das fusionistische Wahrnehmungsmodell geht vom subjektiven Erleben in Wahrnehmungsakten eines Individuums aus, in denen die Unterscheidung von Organismus und Objekt der Umwelt nicht getroffen wird. Der Organismus erscheint

---

16 Flach, Werner: Zur Frage der Begründetheit des gnoseologischen Anspruches der biologischen Wahrnehmungslehre, Würzburg 1998, S. 59.

nach diesem Modell als eingetaucht in eine jeweilige Situation, in der er in seiner Tätigkeit mit Objekten der Umwelt zu einer Einheit höherer Ordnung verbunden, geradezu fusioniert ist. Es liegt danach in der Wahrnehmung ein Bezug zu Dingen vor, der nicht eine zusätzliche Leistung eines zuvor konstituierten Subjekts darstellt, sondern die Wahrnehmung wird vielmehr als *vor* der Subjekt-Objekt-Spaltung liegend verstanden. Unterstützt wird dieses Verständnis von Wahrnehmung durch die alltägliche Einstellung, in der unsere Aufmerksamkeit meist ganz bei den Dingen liegt und wir uns mit ihnen verbunden fühlen, ohne ihre Vermittlung durch die Wahrnehmung zu empfinden („Transparenz der Wahrnehmung").[17] Ausgehend von diesem Erleben der unmittelbaren Präsenz der Dinge in der Wahrnehmung betonen besonders phänomenologische Ansätze die Fusion von Subjekt und Objekt in Prozessen der Wahrnehmung.

Sprachlich findet dieser angenommene direkte Zugang zu den Dingen selbst mittels der Wahrnehmung auch dadurch seinen Ausdruck, dass wir in Mitteilungen von Wahrnehmungen die gesamten Dinge und nicht nur die eigentlich wahrgenommenen Aspekte von ihnen benennen: Wenn wir Teile der Fassade eines Hauses sehen, sagen wir, dass wir ein Haus sehen und wenn wir das Bellen eines Hundes hören, sagen wir, dass wir einen Hund gehört haben. Diese Redeweise, die deutlich macht, dass in der Wahrnehmung die nicht direkt wahrgenommenen Aspekte eines Dinges mitintendiert sind („Horizontintenionalität")[18], ist offensichtlich effizient, weil es in einer Wahrnehmung meist um das gesamte wahrgenommene Ding geht und nicht nur um den wahrgenommenen Aspekt. Dieser fungiert als Index für das Ding, dessen weitere Aspekte der Wahrnehmung entgehen. Der Bezug auf das ganze Ding stellt eine umfassende Kopplung mit dem Objekt her, die sich nicht nur auf die sensorische Seite, sondern auch auf die motorische bezieht, insofern die Wahrnehmung mit einer direkten Handlung verknüpft wird (wie die Wahrnehmung eines Löwen mit Flucht).

In Bezug auf die behauptete Einheit von Organismus und Umweltobjekten schließt das fusionistische Wahrnehmungsmodell an Vorstellungen zur Einheit von Organismus und Umwelt an, wie sie seit dem frühen 19. Jahrhundert ent-

---

17   Moore, George E.: The Refutation of Idealism, 1903, S. 446. In diesem Sinne heißt es bei Martin Heidegger: „Viel näher als alle Empfindungen sind uns die Dinge selbst. Wir hören im Haus die Tür schlagen und hören niemals akustische Empfindungen oder auch nur bloße Geräusche. Um ein reines Geräusch zu hören, müssen wir von den Dingen weghören, unser Ohr davon abziehen, d. h. abstrakt hören." (Heidegger: Der Ursprung des Kunstwerkes, 1935, S. 10f.).

18   Zahavi, Dan: Husserl und die transzendentale Intersubjektivität, Dordrecht 1996, S. 32.

wickelt wurden.[19] Im Mittelpunkt stand dabei der Begriff der *Wechselwirkung*, mit dem das Verhältnis dieser beiden Seiten beschrieben wurde. Ausgehend von Immanuel Kants Philosophie des Organischen wurde dieser Begriff zunächst für die organismusinternen Verhältnisse verwendet: Kant bestimmte die epistemische Eigenart und ontologische Einheit von Organismen über das (in unserer Reflexion gegebene) Verhältnis der kausalen Wechselseitigkeit (in der Hervorbringung und Erhaltung) ihrer Teile. Kants unmittelbare Nachfolger bezogen diesen Begriff der Wechselseitigkeit dann auch auf das Verhältnis des Organismus zu seiner Umwelt. In dieser Weise argumentierten beispielsweise die Klassiker der idealistischen deutschen Philosophie: Fichte, Schelling und Hegel.[20] Begründet wurde die Rede von der Wechselwirkung von Organismus und Umwelt vielfach über den Metabolismus der Organismen, über die diese in einem Stoffaustausch mit ihrer Umgebung stehen (und diesen Stoffaustausch als Mangel und Bedürfnis empfinden können).[21] Daneben wurden aber auch die auf die Umwelt bezogenen Aktivitäten von Organismen, die in einem Korrespondenzverhältnis mit Umweltereignissen stehen (wie das Wechselverhältnis von Wahrnehmung und Bewegung), als Argument für die (temporäre) Einheit von Organismus und Umwelt herangezogen.[22] Von einigen Autoren wurde die Beschreibung von ‚Organismus-Umwelt-Systemen' als eine zusätzliche Perspektive auf die funktionale Organisation von Organismen verstanden, andere sahen in ihr dagegen die eigentliche Ebene funktionaler Analysen in der Biologie.[23] Im 20. Jahrhundert wird dabei wiederholt auch die These vertreten,

---

19 Zur Geschichte des Organismus-Umwelt-Verhältnisses vgl. auch Pearce, Trevor: The Origins and Development of the Idea of Organism-Environment Interaction, Dordrecht 2014, der allerdings erst Mitte des 19. Jahrhunderts einsetzt, sowie Cheung, Tobias: Organismen, Bielefeld 2014.

20 Vgl. Toepfer, Georg: Historisches Wörterbuch der Biologie, Bd. 3, Stuttgart 2011, S. 592.

21 Vgl. z. B.: „Nur ein Lebendiges fühlt Mangel; denn nur es ist in der Natur der Begriff, der die Einheit seiner selbst und seines bestimmten Entgegengesetzten ist" (Hegel, Georg W. F.: Enzyklopädie [1817/30], Frankfurt am Main 1986, Bd. II, S. 469).

22 Vgl. z. B. „[A]lle Aeusserungen seiner Thätigkeit [d. h. der Tätigkeit des „lebenden Körpers"] sind Produkte einer Wechselwirkung zwischen ihm und der Aussenwelt" (Treviranus, Gottfried R.: Biologie, Göttingen 1802, S. 17). Vgl. auch „The living body and its physiological environment form an organic whole, the parts of which cannot be understood in separation from one another" (Haldane, John S.: Mechanism, Life and Personality, London 1913, S. 80).

23 Vgl.: „[D]er thierische Organismus [...] bildet [...] in sich selbst keinen abgeschlossenen Kreislauf der Verrichtungen. [...] [E]r [ist] nichts als die eine Hälfte eines Ganzen, unfähig zu leben ohne die andere, die Außenwelt und die Seele" (Lotze, Hermann: Mikrokosmus, Leipzig 1856, S. 148).

die Relation zwischen dem Organismus und seiner Umwelt sei die gleiche wie die zwischen seinen Teilen.[24]

Die Wahrnehmung bildet danach also nur einen Aspekt der Verschränkung von Organismus und Umwelt zu einem höheren System. Für viele konkrete Verhaltensweisen von Organismen gilt, dass sie in einem einheitlichen „Organismus-Umwelt-System" „realisiert" sind, wie dies Timo Järvilehto verdeutlicht:[25] Schwitzen, Ernährung, Metabolismus usw. sind Prozesse, die an der Grenze von Organismus und Umwelt ablaufen – und diese Grenze auflösen, weil sie nicht alleine dem Organismus oder seiner Umwelt zuzuordnen sind. Insofern das Verhalten stets beides umfasst, kann das Organismus-Umwelt-System mit Järvilehto als ein „Resultat" des Verhaltens aufgefasst werden.

Welchen wissenschaftlichen Status hat aber dieses Organismus-Umwelt-System? Bewegt es sich auf der gleichen ontologischen und epistemischen Ebene wie das in einem Leib gebundene System eines Organismus, oder ist es sogar grundlegender als dieses? Um diese Fragen zu beantworten, sollen zehn Ansätze, die mit dem fusionistischen Modell argumentieren, näher betrachtet werden.

[6]   Zehn Ansätze

Die Autoren, die im 20. Jahrhundert aus wahrnehmungstheoretischer Sicht eine enge Kopplung von Organismus und Umwelt zu einem System höherer Ordnung behaupten, beziehen sich nur wenig aufeinander; offenbar haben sie ihre Vorstellungen meist unabhängig voneinander entwickelt.

Gemeinsam ist diesen Ansätzen, dass sie Wahrnehmung als einen komplexen Prozess verstehen, der nicht als einfacher Reflexvorgang zu erklären ist. Als Kontrastfolie dienen einfache neurophysiologische Verkettungen von Reiz und Reaktion, wie sie beispielsweise ohne Beteiligung kognitiver Prozesse des Gehirns im

---

24   Vgl.: „Ding und Welt sind mir gegeben mit den Teilen meines Leibes, nicht dank einer ‚natürlichen Geometrie', sondern in lebendiger Verknüpfung, vergleichbar oder vielmehr identisch mit der, die zwischen den Teilen meines Leibes selbst herrscht" (Merleau-Ponty, Maurice: Phänomenologie der Wahrnehmung [1945], Berlin 1966, S. 241); „il faut comprendre qu'entre l'organisme et l'environnement, il y a le même rapport qu'entre les parties et le tout à l'intérieur de l'organisme lui-même" (Canguilhem, Georges: Le vivant et son milieu, 1947, S. 144).

25   Järvilehto, Timo: The theory of the organism-environment system, 1998, S. 329: „in any functional sense organism and environment are inseparable and form only one unitary system. The organism cannot exist without the environment and the environment has descriptive properties only if it is connected to the organism".

„Reflexbogen" erfolgen. Aufbauend auf diesem Modell ist seit den 1870er Jahren von einem *psychischen Reflexbogen* die Rede, wenn psychische, also höherstufige zerebrale Verarbeitungsprozesse, beteiligt sind.[26] Die hier diskutierten Autoren lösen sich aber ganz vom Modell des Reflexbogens und stellen diesem *Kreislaufmodelle* entgegen, die schon rein formal durch ihre zyklische Struktur von Reflexmodellen unterschieden sind.

i. Melchior Palágyi 1907-25

Weitgehend in Vergessenheit geraten ist der ungarische Philosoph, Mathematiker und Physiker Melchior Palágyi.[27] Er stellt in seinen *Naturphilosophischen Vorlesungen* von 1907 zunächst einen engen Zusammenhang zwischen den Vermögen der Wahrnehmung und Bewegung her: Bewegungen gehen danach Wahrnehmungen stets voraus und folgen ihnen auch nach; Bewegungen und Wahrnehmung bilden für Palágyi zusammen einen geschlossenen „Kreisprozeß".[28] Das eine sei ohne das andere nicht denkbar: „Wahrnehmung kann nur ein solches Wesen haben, dem von Haus aus die Fähigkeit zukommt, sich zu bewegen und etwas ergreifen zu können."[29] Das Ergreifen könne dabei aber auch allein in der Vorstellung oder Einbildung

---

26 Eingeführt wird der Ausdruck wohl durch Carl Spamer (Ueber Einzelempfindung und Lust- und Unlust-Gefühle, 1877, S. 163), der auch eine grafische Darstellung des Phänomens gibt. Aufgegriffen wird der Terminus später in Carl Wernickes *Grundriss der Psychiatrie in klinischen Vorlesungen* (1900) und bekannt gemacht besonders durch Karl Jaspers' *Allgemeine Psychopathologie* (1913).

27 Melchior Palágyi spielt in der Debatte zum Wahrnehmungsbegriff des 20. Jahrhunderts kaum eine Rolle. Selbst in einer historischen Darstellung des Ansatzes der situierten Kognition kommt sein Name nicht vor (Gallagher, Shaun: Philosophical antecedents of situated cognition, Cambridge 2009). Nur wenige erkennen seine Bedeutung an, darunter Buytendijk, Frederik J. J.: Wege zum Verständnis der Tiere, Zürich 1938, S. 135: „Es ist das große Verdienst Palagyis, zum ersten Male klar eine Theorie der Wahrnehmung gegeben zu haben, die unsre Frage beantwortet: ‚Nicht die Empfindungen sind es, die uns eine Gestalt kund tun, Empfindungen sind nur da, um unsere Einbildung zu erregen, und erst diese Einbildung ist es, die uns die Gestalt erfassen läßt.'"

28 „Wird unser Leib in einem Punkte P berührt, so ruft die so entstandene Berührungsempfindung eine eingebildete Bewegung hervor, durch welche wir mehr oder minder deutlich auf den Punkt P hinweisen [...], bei der Wahrnehmung der Berührung in P findet eine Reihe von vitalen Prozessen statt, die einen *Kreisprozeß* bilden, d. i. Anfang und Ende des Prozesses fallen örtlich annähernd zusammen; der Prozeß endet beiläufig dort, wo er begann. Erst durch einen solchen Kreisprozeß wird die Wahrnehmung eines Eindrucks ermöglicht. Dies ist das *Prinzip von der Geschlossenheit aller Wahrnehmungsprozesse.*" (Palágyi, Melchior: Naturphilosophische Vorlesungen, Charlottenburg 1907, S. 166).

29 Palágyi, Melchior: Naturphilosophische Vorlesungen, Charlottenburg 1907, S. 166.

erfolgen, sodass gilt: „*Ein jedes Wahrnehmen ist ein eingebildetes Ergreifen*".[30] Erst
die Verbindung von Wahrnehmung und Einbildung – Palágyi spricht in diesem
Zusammenhang auch von ‚Phantasie' – führe auf diese Weise zu einem „Schließen der Lebenskette".[31] Erst mit der Ausbildung von eingebildeten Bewegungen
und anderen Phantasmen kommt nach Palágyi überhaupt „Zusammenhang in
das Empfindungs- und Gefühlsleben".[32] In seiner späteren *Wahrnehmungslehre*
(1925) baut Palágyi seine Auffassung von der Bedeutung der Einbildung für die
Erkenntnis zu einer „Theorie der Phantasie" aus. Dort heißt es, „ohne Phantasie"
gebe es „keine Kenntnisnahme von dem, was uns in Wirklichkeit umgibt, also
kein Sehen von Farben und Gestalten, kein Hören von Tönen und Melodien, keine Beobachtung körperlicher Dinge durch Tasten und Greifen, mit einem Wort:
keine sinnliche Wahrnehmung".[33] Indem er die Bedeutung der Phantasie für die
Wahrnehmung betont, wendet sich Palágyi auch gegen lineare Rezeptionsmodelle,
die Wahrnehmung als passive Aufnahme von Daten aus der Umwelt auffassen. An
deren Stelle tritt ein Interaktionsmodell, das Wahrnehmung ebenso als abhängig
von begleitender Phantasie begreift, wie Phantasie als durch das Wahrgenommene
beeinflusst beschreibt. Die Interaktion von Phantasie und Wahrnehmung bedingt
also eine Aufhebung der Trennung von Organismus und Umwelt.

Arnold Gehlen, der sich Palágyi anschließt, behauptet später, in den Funktionskreisen menschlicher Tätigkeiten, bei denen „Hand, Auge und Sprache" beteiligt
seien, erfolge eine Verschmelzung des Organismus mit seiner Umwelt: „Das Subjekt
dieser Vorgänge ist eigentlich weniger die Person, als die Situation, das zwischen
Person und Sache sich entwickelnde Geschehen."[34]

ii. Jakob von Uexküll 1907-20

Der Biologe Jakob von Uexküll betont mit dem von ihm in terminologischer Absicht
eingeführten Begriff der Umwelt die enge Verbundenheit des Organismus mit dieser.
Organismus und Umwelt seien über ein *Merken* und *Wirken* des Organismus eng
miteinander verzahnt. Die Betonung liege darauf, dass das Funktionsverhältnis von
Merkwelt und Wirkwelt eine neue übergeordnete Einheit darstelle. Es entstehe ein

---

30 Palágyi, Melchior: Naturphilosophische Vorlesungen, Charlottenburg 1907, S. 166f.
31 Palágyi, Melchior: Naturphilosophische Vorlesungen, Charlottenburg 1907, S. 167.
32 Palágyi, Melchior: Naturphilosophische Vorlesungen, Charlottenburg 1907 S. 162; vgl.
    auch S. 161: „Die Einheit unseres Empfindungslebens kann nur durch die Phantasie
    hergestellt werden, und eben aus diesem Grunde gibt es ohne Phantasie nirgends eine
    Wahrnehmung von wirklichen Dingen und Vorgängen."
33 Palágyi, Melchior: Wahrnehmungslehre, Leipzig 1925, S. 69.
34 Gehlen, Arnold: Der Mensch [1940], Frankfurt am Main 1962, S. 187.

„in sich geschlossener Kreislauf"; für jedes Tier bildeten die Summe dieser Kreisläufe, der *Funktionskreise*, eine jeweilige „Welt für sich, in der es völlig abgeschlossen sein Dasein führt".[35] Merken und Wirken verweisen in ihnen unmittelbar aufeinander. In seiner organismuszentrierten Umweltlehre verwendet von Uexküll den Umweltbegriff, um die Relativität der Umwelt eines jeden Organismus (als „Subjekt") herauszustellen. Er ist der Auffassung, es bilde daher „der Organismus mit seinem Milieu zusammen ein zweckmäßiges Ganzes"[36]; es bestünden „Wechselwirkungen zwischen Tier und Umwelt"[37]. In seiner Monografie zu *Umwelt und Innenwelt der Tiere* (1909) heißt es, Organismus und Umwelt seien nicht „getrennte Dinge", sondern bildeten vielmehr „zusammen einen höheren Organismus".[38]

iii. Frederik Buytendijk 1925-38

Ähnliche Vorstellungen entwickeln sich ausgehend von der Gestalttheorie der 1920er Jahre in Bezug auf das Verhalten von Tieren. Gegen das Konzept linearer Reiz-Reaktions-Mechanismen gerichtet und für die Beteiligung des Organismus an der Hervorbringung von Wahrnehmungen argumentierend, stellen Frederik Buytendijk und Helmuth Plessner 1925 heraus, „daß der ‚Reizwert' der Wahrnehmungsbilder nicht nur vom Objekt, d. h. von Inhalt und Gestalt des Rezipierten abhängt, sondern ebenso von dem inneren Zustand des Tieres".[39] Der Reizwert sei für verschiedene Organismen einer Art und ihre verschiedenen Stadien sehr unterschiedlich, er ändere sich mit dem Alter, der sexuellen Entwicklung, den Jahres- und Tageszeiten, dem Sättigungsgrad etc. Es bestehe also eine „variable Abhängigkeit zwischen innerem Zustand des Lebens und gleichbleibendem Objekt".[40] Die Objekte der Außenwelt unterlägen einem „Bedeutungswechsel" und seien abhängig von der jeweiligen „Umweltintentionalität des Leibes".[41]

In seiner späteren Monografie *Wege zum Verständnis der Tiere* (1938) wendet sich Buytendijk gegen die „atomistische" Auffassung der sinnlichen Wahrnehmung: Wahrnehmungsvorgänge dürften nicht als isolierte Prozesse aufgefasst werden,

---

35 von Uexküll, Jakob: Theoretische Biologie, Berlin 1928, S. 100.
36 von Uexküll, Jakob: Die Umrisse einer kommenden Weltanschauung, 1907, S. 651.
37 von Uexküll, Jakob: Die neuen Fragen in der experimentellen Biologie, 1908, S. 76.
38 von Uexküll, Jakob: Umwelt und Innenwelt der Tiere, Berlin 1909, S. 196.
39 Buytendijk, Frederik J. J. / Plessner, Helmuth: Die Deutung des mimischen Ausdrucks [1925], Frankfurt am Main 1980, S. 73.
40 Buytendijk, Frederik J. J. / Plessner, Helmuth: Die Deutung des mimischen Ausdrucks [1925], Frankfurt am Main 1980, S. 73.
41 Buytendijk, Frederik J. J. / Plessner, Helmuth: Die Deutung des mimischen Ausdrucks [1925], Frankfurt am Main 1980, S. 79.

sondern müssten „im Strom des alltäglichen Lebens als dem eigentlichen Ursprung dieser Vorgänge studiert werden".[42] Motorische und sensorische Leistungen wären in diesem Strom nichts als „zwei Seiten einer einzigen Erscheinung, nämlich der Lebensbeziehung von Tier und Umwelt".[43] Auch Buytendijk spricht in diesem Zusammenhang von einem „funktionellen Kreisprozess" und einer „Einheit" dieser beiden Seiten.[44] Allein aus dem passiven Empfangen von Reizen heraus sei die Wahrnehmung nicht zu verstehen. Denn die sinnesphysiologische Ausstattung und die behaviorale Einstellung eines Organismus ermögliche überhaupt erst die Aufnahme von Reizen („ohne Motilität keine Sensibilität"[45]). Im Anschluss an Palágyi hebt Buytendijk dabei auch die Rolle der Phantasie hervor: „nicht der Reiz, sondern die vitale Phantasie steuert die Bewegung".[46] Schon in der Wahrnehmung liege ein „Bewegungsentwurf", so dass das Rezeptorische und Motorische aufs Engste verknüpft vorliegen. Buytendijk sieht diese unmittelbare, unhintergehbare Einbettung des Organismus in seine Umwelt als ein Spezifikum der Tiere: „Das Tier hat eine Umwelt, keine Welt; d. h. es erfährt nichts als das ‚Andere', das ‚Nicht-Ich', das Gegenständliche und Objektive. Auf Grund seines Körperbaus kann es mit einem Teil der Welt in Beziehung treten. Dadurch entsteht sein Lebensmilieu, seine Umwelt. Die Verbundenheit des Tieres mit dieser Umwelt ist fast so innig wie die Einheit seines Leibes."[47] Kennzeichnend für die „Welt" des Menschen ist für Buytendijk dagegen die Möglichkeit der Begegnung mit einem Nicht-Ich, also die Erfahrung von nicht-leiblicher Gegenständlichkeit (s. u., Abschnitt 3).

iv. Viktor von Weizsäcker 1927-40

Der Mediziner Viktor von Weizsäcker streicht in seiner Konzeption des Wahrnehmungsgeschehens die Verbindung von Wahrnehmung und Bewegung heraus: „wir können nichts empfinden, ohne uns auch irgendwie motorisch zu verhalten: jede Trennung ist selbst schon eine ‚Abstraktion'".[48] Zur Darstellung seiner Auffassungen bedient er sich ausgiebig der Kreismetaphorik. So ist er der Auffassung, dass das, „was sich in der Zeit aneinanderreiht, sich doch in irgendeiner Weise zum

---

42 Buytendijk, Frederik J. J.: Wege zum Verständnis der Tiere Zürich 1938, S. 67.
43 Buytendijk, Frederik J. J.: Wege zum Verständnis der Tiere Zürich 1938, S. 69.
44 Buytendijk, Frederik J. J.: Wege zum Verständnis der Tiere Zürich 1938, S. 70.
45 Buytendijk, Frederik J. J.: Wege zum Verständnis der Tiere Zürich 1938, S. 135.
46 Buytendijk, Frederik J. J.: Wege zum Verständnis der Tiere Zürich 1938, S. 137.
47 Buytendijk, Frederik J. J.: Wege zum Verständnis der Tiere Zürich 1938, S. 253.
48 von Weizsäcker, Viktor: Der Gestaltkreis [1933], Frankfurt am Main 1997, S. 23f.

‚Kreise' schließe: Dingwahrnehmung, Regung, Bewegung, Greifen des Dinges, Dingwahrnehmung".[49]

Es „entscheidet zuerst meine Bewegung darüber, welche Widerstandsreize des Dinges [beim Ertasten] und damit welche Wahrnehmungen mich treffen. Die Bewegung ist mindestens eine der Ursachen des Wo und Wie der Wahrnehmung, die aber ebenso auch wieder Ursache der Bewegung wird [...]. Hier jedenfalls geht die Wirkung dauernd sowohl vom Gegenstand zum Organ wie auch vom Organ zum Gegenstand und dieses Hin und Her ist es, welches den geschlossenen Akt des Tastens entstehen läßt. Die Abhängigkeit der Vorgänge läuft in sich selbst zurück wie in einer Kreisbewegung".[50]

Diese Kreisbewegung bezeichnet von Weizsäcker seit 1927 als *Gestaltkreis*.[51] Betont wird mit diesem Konzept, dass Wahrnehmen und Bewegen „in einem einheitlichen Akt" miteinander verbunden sind.[52] Von Weizsäcker erläutert diese Geschlossenheit einerseits in kausaler Begrifflichkeit, insofern er von einer „Gegenseitigkeit von Ursache und Wirkung" und einer „Wechselwirkung" zwischen Wahrnehmen und Bewegen spricht. Andererseits betont er, dass es sich bei diesem „Wirkungszusammensein", in dem es „kein lokalisierbares *prius* und *posterius* gibt"[53], um eine Gestalt- oder Formeinheit handelt: In diesem „Bewegungsbild" oder „Formbild" würden organische Kräfte und Umweltkräfte zu einer einheitlichen Form zusammenkommen.[54] Von Weizsäcker illustriert diese Überlegungen zur Einheit von Organismus und Umwelt mittels einiger experimenteller Befunde, unter anderem anhand von Drehversuchen, bei denen Versuchspersonen relativ zu Umweltreizen bewegt werden und dabei deutlich erkennbare körperliche Reaktionen (Nystagmus, Gliederanspannungen etc.) zeigen. Entscheidend ist für von Weizsäcker dabei, dass es hier allein auf die *Relativbewegung* ankomme: Die gleiche Reaktion erfolgt, wenn der Organismus oder die Umwelt bewegt wird.

---

49 von Weizsäcker, Viktor: Der Gestaltkreis [1933], Frankfurt am Main 1997, S. 25.

50 von Weizsäcker, Viktor: Der Gestaltkreis [1933], Frankfurt am Main 1997, S. 26.

51 Anlass für die Einführung des Begriffs ist die Analyse von Tastvorgängen: „Wenn ich bei geschlossenen Augen einen *Schlüssel* abtaste, so hängt Form und Folge der Reize auf meine Tastorgane von Form und Folge meiner Tastbewegungen ab; die Reizgestalt ist also von zwei Seiten determiniert: vom Objekt *und* von der Reaktion. Den Gesamtvorgang können wir jetzt als einen *Kreisprozeß* verstehen, indem die Kette der Ursachen und Folgen in sich zurückläuft in *Bezug auf das Gestaltsein des Vorganges*. [...] Der *Gestaltkreis umfaßt also Organismusinnenwelt und -umwelt in einer Ganzheit*" (von Weizsäcker, Viktor: Über medizinische Anthropologie, 1927, S. 184f.).

52 von Weizsäcker, Viktor: Der Gestaltkreis [1933], Frankfurt am Main 1997, S. 27.

53 von Weizsäcker, Viktor: Der Gestaltkreis, Leipzig 1940, S. 118.

54 von Weizsäcker, Viktor: Der Gestaltkreis, Leipzig 1940, S. 118.

Diese „‚Relativität' zwischen Organismus und Umwelt" sei es, die „eine einsinnige Richtung der Kausalität gerade aufhebt".[55]

v. Maurice Merleau-Ponty 1942-45

In analoger Weise geht es auch Maurice Merleau-Ponty darum, Wahrnehmung nicht als einen auf Seite des Wahrnehmenden passiven Prozess zu verstehen, sondern festzuhalten, dass alle von einem Organismus aufgenommenen Reize erst durch den Organismus als solche ermöglicht würden, so dass man sagen könne, „das Verhalten sei die Primärursache aller Reize"; es werde „die Reizgestalt durch den Organismus selbst geschaffen, durch seine eigentümliche Art und Weise, sich den äusseren Einwirkungen auszusetzen."[56] Wiederum werden die Verhältnisse im Bild des Kreislaufs von Ursachen und Wirkungen ausgedrückt: Es würden „die Beziehungen zwischen Organismus und Umwelt nicht einer linearen, sondern einer zirkulären Kausalität gehorchen", weil „die Reizerregung bestimmt wird durch den Bezug auf den Gesamtzustand des Organismus und die gleichzeitig und vorausgehenden Erregungen".[57] Merleau-Pontys Ziel ist es dabei, eine Struktur freizulegen, die im Bewusstsein, das sich von den Dingen trennt, verdeckt würde: „Es gilt, das Bewusstsein mit seinem eigenen präreflexiven lebendigen Beisein bei den Dingen zu konfrontieren, es zu seiner eigenen vergessenen Geschichte zu erwecken".[58] Wiederherzustellen sei daher die Einsicht, dass Körperraum und Außenraum zusammen „ein praktisches System" bilden.[59] Merleau-Ponty spricht in diesem Zusammenhang auch von der einen „Struktur", die Organismus und Umwelt zusammen umfasst: „Die Reaktionen [eines Tieres auf äußere Reize] sind [...] keine Folge von Ereignissen, sie haben als solche eine ihnen ‚innewohnende Verständlichkeit'. So verbinden sich Situation und Reaktion von innen her durch ihre gemeinsame Teilhabe an einer Struktur, in der sich die eigentümliche Tätigkeitsweise des Organismus ausprägt".[60] Diese Struktur sei in einer jeweiligen *Situation* gegeben.

---

55 von Weizsäcker, Viktor: Der Gestaltkreis, Leipzig 1940, S. 116.
56 Merleau-Ponty, Maurice: Die Struktur des Verhaltens [1942], Berlin 1976, S. 14; vgl. Melle, Ulrich: Das Wahrnehmungsproblem, The Hague 1983, S. 121ff.
57 Merleau-Ponty, Maurice: Die Struktur des Verhaltens [1942], Berlin 1976, S. 16; vgl. S. 148; S. 170.
58 Merleau-Ponty, Maurice: Phänomenologie der Wahrnehmung [1945], Berlin 1966, S. 53.
59 Merleau-Ponty, Maurice: Phänomenologie der Wahrnehmung [1945], Berlin 1966, S. 128.
60 Merleau-Ponty, Maurice: Die Struktur des Verhaltens [1942], Berlin 1976, S. 148.

vi. Thure von Uexküll 1978

Allein auf das menschliche Wahrnehmen bezieht Thure von Uexküll sein Konzept des *Situationskreises*, das er 1978 einführt.[61] Er baut dabei auf dem Funktionskreismodell seines Vaters auf und ergänzt dieses durch eine sprachlich vermittelte Dimension der „Bedeutungserteilung". Notwendig sei diese Ergänzung für den Menschen, weil dieser nicht mehr „in einer artspezifischen Umwelt, sondern in einer individuellen Wirklichkeit" lebe.[62] Und diese Wirklichkeit sei eben durch Bedeutungen, die im sozialen Miteinander und durch individuelle Erfahrungen etabliert werden, konstituiert. Anders als bei Tieren erfolge dabei keine zwangsläufige, automatische Bedeutungserteilung und Reaktion in einer bestimmten Umweltkonstellation; jede Situation erlaube vielmehr verschiedene Antworten. Erst nach einer Interpretation durch „Bedeutungsunterstellung" und „Bedeutungserprobung" erfolge daher die Bedeutungserteilung. An dem grundsätzlichen Schema der Verschränkung von Organismus und Umwelt, in der „Merken" und „Wirken" miteinander verzahnt sind, ändert diese Modifikation aber nichts. Das Funktionskreismodell wird nur insofern erweitert, als die Zwischenschaltung von Bedeutungsunterstellung Raum für Phantasie zwischen der unmittelbaren Verzahnung von Merken und Wirken schafft und auf diese Weise ein Probehandeln ermöglicht.

vii. Andy Clark und David Chalmers 1998 (extended mind)

In ihrer sogenannten Theorie des „erweiterten Geistes" (*extended mind*) behaupten Andy Clark und David Chalmers 1998, dass auch außerkörperliche Dinge der Welt Teil der Kognition sind. Beispiele dafür sind Papier und Bleistift zum Lösen von Rechenaufgaben oder Notizbücher als außerkörperliches Gedächtnis. In Akten des Erkennens stehe der menschliche Organismus mit diesen Dingen in einem interaktiven Zusammenhang und bilde zusammen mit ihnen ein *gekoppeltes System*, in dem auch die körperfremden Dinge eine aktive kausale Rolle spielen und das Geschehen beeinflussen würden.[63]

---

61 „[W]ir [müssen] das Modell des Funktionskreises zu einem ‚Situationskreis' erweitern. Darin ist zwischen ‚Merken' und ‚Wirken' eine ‚Innenwelt der Phantasie' eingeschaltet, in der Bedeutungserteilung zunächst in Form von Bedeutungsunterstellung erprobt werden kann." (von Uexküll, Thure: Was heißt und zu welchem Ende betreiben wir psychosomatische Medizin?, Frankfurt am Main 1978, S. 129).

62 von Uexküll, Thure / Wesiack, Wolfgang: Psychosomatische Medizin und das Problem einer Theorie der Heilkunde, München 1979, S. 16.

63 „[T]he human organism is linked with an external entity in a two-way interaction, creating a *coupled system* that can be seen as a cognitive system in its own right" (Clark, Andy / Chalmers, David: The extended mind, 1998, S. 8; vgl. S. 11).

Die These, dass auch außerkörperliche Dinge die Rolle von Komponenten in Kognitionsprozessen (oder -systemen) spielen, führt allerdings lediglich eine zusätzliche Perspektive für die Analyse dieser Prozesse ein. Die Perspektive des erweiterten Geistes schließt nicht die Untersuchung von Teilsystemen (wie rein organismusinterner Systeme) dieser großen Systeme aus.[64] Es kann dabei sogar eingeräumt werden, dass die Teilsysteme in gewisser Weise fundamentaler sind als die über Organismus und Umwelt verteilten Systeme. Andy Clark macht in einer schönen Analogie aber auch sehr deutlich, dass ursprünglich organismusfremde Dinge in entscheidender Weise die Struktur und Funktionsweise von Organismen verändern können: Die Sprache ist ein entscheidendes Werkzeug für das Denken und Planen des Menschen geworden. Sie musste aber einmal phylogenetisch und muss immer wieder neu ontogenetisch entwickelt werden. Clark argumentiert nun: So wenig wie zu bestreiten sei, dass Sprache ein Element des Planens und Denkens sei, so wenig sollte bestritten werden, dass externe Hilfsmittel Elemente von Kognitionsprozessen wie Sich-Erinnern und Rechnen sein können. Umgekehrt gilt aber auch: So wie Denken und Planen ohne Sprache möglich seien (bei Tieren), könne auch Sich-Erinnern und Rechnen ohne externe Hilfsmittel erfolgen. In beiden Fällen handele es sich bei den zunächst externen Faktoren um Werkzeuge, die kognitive Fähigkeiten verbessern; diese Fähigkeiten bestehen aber auch ohne sie. Ihre Beteiligung konstituiere daher nicht das, was diese Fähigkeiten ausmache. Die These des erweiterten Geistes kann also darauf beschränkt werden, dass körperfremde Dinge Komponenten von einigen Kognitionsprozessen sind – und es daher angemessen ist, in der Analyse von Prozessen auszugehen, die über den Organismus und Objekte seiner Umwelt verteilt sind.

viii. Lambert Wiesing 2009

Nicht explizit, aber doch in gewisser Weise als Nebeneffekt enthält auch Lambert Wiesings vorgeschlagener „Perspektivenwechsel" in der Beschreibung von Wahrnehmung die Verschränkung von Subjekt und Objekt. Denn die „Wirklichkeit der Wahrnehmung", von der Wiesing in seiner Analyse ausgeht, umfasse ausdrücklich nicht nur den Wahrnehmenden, sondern auch das von ihm Wahrgenommene. Das Primat liege also auf der Relation von Subjekt und Objekt oder genauer der Einheit dieser Relation im Prozess der Wahrnehmung. Das Subjekt der Wahrnehmung ist nach Wiesing abhängig von seiner Wahrnehmung als dem Primären, insofern erst durch die Wahrnehmung das „Mich der Wahrnehmung" überhaupt hervorgebracht würde. Wiesing wendet sich damit explizit gegen den „Dualismus, daß es hier ein

---

64 Clark, Andy: Supersizing the Mind, New York 2008, S. 109.

Ich und dort eine Welt gibt".[65] Denn Menschen „leben als ein Teil der Welt in der Welt".[66] Durch das „Primat der Wahrnehmung" werde der Wahrnehmende zu einem bloßen „Bezugspol" und „Korrelat" in der durch die Wahrnehmung gestifteten Einheit von Ich und Welt.[67] In Wiesings „inversiver Transzendentalphilosophie der Wahrnehmung"[68] besteht ein umgekehrtes Konstitutionsverhältnis, indem das Transzendentale vom Erkenntnissubjekt in den Vorgang der Wahrnehmung verlagert wird: „die Wahrnehmung hält mich am Leben. Mich gibt es wegen meiner Wahrnehmung".[69]

ix. Thomas Fuchs 2013

Als Element einer verkörperten Welterfahrung sieht Thomas Fuchs die Wahrnehmung immer schon eingebettet in eine Praxis der Interaktion mit den Dingen der Welt: „Wahrnehmen heißt immer schon, an der Welt teilzunehmen, sie zu berühren und von ihr berührt zu werden. Es beruht auf *leiblicher Praxis*."[70] Auch Fuchs spricht von der Aufhebung der Grenze von Organismus und Umwelt in der Wahrnehmung und ist der Ansicht, beide seien einbezogen „in ein übergreifendes *Gesamtsystem* aus Lebewesen und Umwelt".[71] Die mit diesem Gesamtsystem geleistete Synthese besteht nach Fuchs aus zweierlei: der Überbrückung von Organismus und Umwelt sowie der Kopplung von Bewegung und Wahrnehmung. In jeder konkreten Verhaltenseinheit seien diese Komponenten zu einem System verschaltet. Fuchs analysiert diese Verschaltung auch in kausaler Begrifflichkeit, indem er von einer „zirkulären" oder „reziproken Kausalität" spricht.[72] Zu unterscheiden seien dabei zwei Formen der kreisförmigen Wechselbeziehung: eine innerorganismische „vertikale zirkuläre Kausalität", durch welche die verschiedenen Ebenen der biolo-

---

65 Wiesing, Lambert: Das Mich der Wahrnehmung, Frankfurt am Main 2009, S. 67.

66 Wiesing, Lambert: Das Mich der Wahrnehmung, Frankfurt am Main 2009, S. 69.

67 Wiesing, Lambert: Das Mich der Wahrnehmung, Frankfurt am Main 2009, S. 118.

68 Wiesing, Lambert: Das Mich der Wahrnehmung, Frankfurt am Main 2009, S. 114.

69 Wiesing, Lambert: Das Mich der Wahrnehmung, Frankfurt am Main 2009, S. 193. Problematisch erscheint an dieser Konzeption, die gesamte Konstitution des Subjekts von allein einem (wenn auch zentralen) seiner Vermögen abzuleiten: Nicht nur vom Wahrnehmen, auch vom Denken, Fühlen oder Handeln ließe sich sagen, dass es wegen diesem ein (jeweils unterschiedliches) „Mich" gibt. Wahrnehmen ist nur eine Funktion unter anderen, mit denen sie koordiniert ist. Im Zentrum soll hier aber nicht diese Kritik stehen, sondern diejenige, welche die Behauptung einer Verschränkung von Subjekt und Objekt in der Wahrnehmung betrifft.

70 Fuchs, Thomas: Das Gehirn – ein Beziehungsorgan, Stuttgart 2013, S. 32.

71 Fuchs, Thomas: Das Gehirn – ein Beziehungsorgan, Stuttgart 2013, S. 116.

72 Fuchs, Thomas: Das Gehirn – ein Beziehungsorgan, Stuttgart 2013, S. 121.

gischen Organisation eines Lebewesens (von den materiellen Elementarteilen über die Zellen und Organe bis zum Gesamtorganismus) miteinander interagieren, und eine „horizontale zirkuläre Kausalität", die den Organismus mit seiner Umwelt verknüpft (in Form der Verschaltung von Wahrnehmung und Bewegung, durch Homöostase und den Metabolismus).[73]

x. Varela, O'Regan, Noë (Enaktivismus und Situierte Kognition)

Francisco Varela war der Ansicht, dass ein System, das mit Elementen seiner Umwelt über eine Rückkopplungsschleife verbunden sei (indem die Wirkungen auf den Output den Input des Systems beeinflussen), im Grunde ein umfassenderes System darstelle, das die betreffenden Elemente der Umwelt einschließe.[74] Weil auch Wahrnehmungen Aktivitäten von Organismen darstellen, die über Rückkopplungen mit Umweltgegenständen laufen, schließe sich dieser Ansicht zufolge ein Organismus in seiner Wahrnehmung häufig mit Objekten seiner Umwelt zu einem höheren System zusammen. Die Wahrnehmung finde eben nicht nur im Kopf statt, sondern sei ein interaktives Geschehen in einer jeweiligen Situation.

Auch in neueren Ansätzen zur Analyse von Wahrnehmungserfahrungen wird die Verschränkung von Subjekt und Objekt als ein Rahmen der Beschreibung verwendet (allerdings ohne Bezugnahme auf die ältere Tradition dieses Ansatzes). Sinneswahrnehmung wird dabei nicht als das passive Erleben von Eindrücken, sondern als eine Art interaktive Tätigkeit aufgefasst. In ihrer sensomotorischen Konzeption des Sehens verstehen Kevin O'Regan und Alva Noë Wahrnehmen als eine bestimmte Form der Aktivität („seeing is a way of acting"), die sich aus der Einbettung eines Organismus in seine Umwelt ergibt. Im Wahrnehmen erfolge ein aktives exploratives Erkunden der Umwelt durch einen Organismus. Dabei seien sensorische und motorische Elemente in wiederholten Zyklen miteinander verschaltet. Aufgrund dieser Verschaltung sei es auch inadäquat, Wahrnehmungen nach dem Modell der Repräsentation verstehen zu wollen: Sie bestehe gerade nicht in der passiven Aufnahme von etwas objektiv Gegebenem, sondern entstehe erst in der Interaktion eines Organismus mit seiner Umwelt. Die Erfahrung der physischen Kontinuität eines Dinges und auch seine besondere Sinnesqualität ergeben sich nicht aus einer internen Repräsentation, sondern aus der beständigen Exploration der Umwelt, der Verbindung von motorischer Aktivität, etwa den Bewegungen der Augen, und dem sensorischen Input. Nicht ein internes Modell von der Welt, sondern die Umwelt selbst fungiert nach dieser Vorstellung als die Referenz, mit

---

73 Das Verhältnis von Teilen des Organismus auf einer Hierarchieebene, z. B. der Organe, beschreibt Fuchs nicht in Begriffen eines kausalen Kreislaufs.

74 Varela, Francisco J.: Principles of Biological Autonomy, New York 1979, S. 12.

der in der Kognition gearbeitet wird. Auf diese Weise liege in der Wahrnehmung also eine permanente Verknüpfung von Organismus und Umwelt vor, in der die Dinge der Umwelt Teil des kognitiven Systems seien. Selbst bei einfachen Wahrnehmungen wie der einer roten Wand sei die Wand selbst durch die wiederholte Bezugnahme auf sie, etwa in den Augenbewegungen, ein Element der Kognition („Seeing something red is a variegated activity").[75]

Besonders deutlich macht Susan Hurley, dass in enaktivistischer Perspektive über den Organismus und seine Umwelt „verteilte Systeme" entstehen. Zwischen Wahrnehmen und Verhalten bestehe ein nicht-lineares, nicht-instrumentelles, sondern interdependentes Verhältnis: Beide hängen wechselseitig voneinander ab und die eine Aktivität ist nicht lediglich ein Werkzeug für die andere, sondern beide sind am besten als Komponenten innerhalb eines einzigen dynamischen Rückkopplungssystems zu verstehen. Teile der Umwelt, seien sie natürlicher, sozialer oder linguistischer Art, bilden integrale Komponenten des über Organismus und Umwelt verteilten Systems („the environment is part of the relevant dynamic system for many purposes"; „a system distributed across the perceiving and acting organism plus the relevant parts of its environment"[76]).

[7]   Wahrnehmung als Kreisprozess im Diagramm

Zur Erläuterung der Einheit von Organismus und Umwelt oder Subjekt und Objekt der Wahrnehmung wurden im 20. Jahrhundert grafische Modelle entwickelt, die sich in ihrer Grundstruktur soweit ähneln, als sie Kreisläufe darstellen. Sie ver-

---

75 O'Regan, J. Kevin / Noë, Alva: A sensorimotor account of vision and visual consciousness, 2001, S. 961. Als ein Vorläufer des Enaktivismus muss auch John Dewey gelten, der ebenfalls Wahrnehmen als einen „Akt" aufgefasst hat, eingebettet in den Interaktionszusammenhang eines Organismus mit seiner Umwelt. An mehreren Beispielen macht er deutlich, dass eine Wahrnehmung nicht mit einer passiven Aufnahme eines Reizes beginne, sondern mit einer Aktivität des Organismus; vgl. Jung, Matthias: Gewöhnliche Erfahrung, Tübingen 2014, S. 65. Dewey wiederum bezieht sich in seinem Verständnis von Wahrnehmung auf Henri Bergson und zitiert dabei die englische Übersetzung dieses Satzes von Bergson: »La perception, entendue comme nous l'entendons, mesure notre action possible sur les choses et par là, inversement, l'action possible des choses sur nous« (Bergson, Henri: Matière et mémoire, Paris 1896, S. 48). Die pragmatistische Einbettung von Wahrnehmungen in Handlungszusammenhänge ist aber noch organismuszentriert und davon entfernt, diese Interaktionszusammenhänge als eigenständige Systeme aufzufassen.

76 Hurley, Susan: Perception and action, 2001, S. 6; 8.

anschaulichen ein kausal zirkuläres, interdependentes Verhältnis zwischen den Relata der Wahrnehmung.

Der Logik des Diagrammatischen gemäß werden diskrete, konstitutiv durch Lücken voneinander getrennte Einheiten zueinander in Beziehung gesetzt. Verwendet werden dabei einfache formale Elemente: Kleine Kreise, Rechtecke oder durch Text verkörperte Einheiten bezeichnen substanzialisierte Entitäten; die Relationen zwischen ihnen erscheinen als Pfeile. Diese einfache topologische Ordnung der diskreten Strukturen im Diagramm wird dazu verwendet, andere Relationen zu beschreiben, z. B. kausale Relationen.[77] Mit dem Diagramm wird dann eine Isomorphie zwischen den räumlichen Strukturen und einer Wirklichkeit behauptet (z. B. die Isomorphie der räumlichen Relationen eines Baumdiagramms zu den genealogisch-kausalen Relationen der Phylogenese). Auf diese Weise sind in einem Diagramm nicht nur Objekte und deren Relationen repräsentiert, sondern es enthält insgesamt einen Entwurf der Grundstruktur eines Gegenstandes; es formuliert eine Hypothese über dessen wesentliche Konfiguration in einem Kontext.[78] Als Medium des typisierenden und schließenden Denkens sind die Diagramme damit selbst Elemente der „erweiterten Kognition".

---

77 Vgl. Bogen, Steffen / Thürlemann, Felix: Jenseits der Opposition von Text und Bild, Ostfildern 2003, S. 9.

78 Bauer, Matthias / Ernst, Christoph: Diagrammatik, Bielefeld 2010, S. 42.

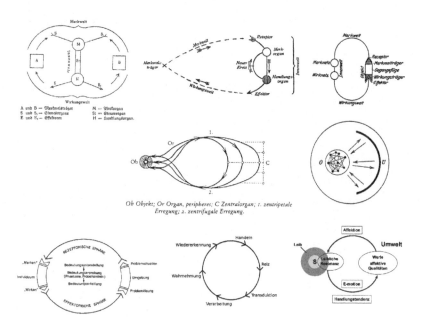

Abbildung 2   Kreisdiagramme zur Darstellung der Verschränkung von
Organismus und Umwelt.

Obere Reihe: Drei Versionen von grafischen Modellen des
„Funktionskreises" (1) von Uexküll, Jakob: Biologische Briefe
an eine Dame, 1919, S. 144; (2) von Uexküll, Jakob: Theoretische
Biologie, Berlin 1920, S. 117, (3) Umwelt und Innenwelt der
Tiere, Berlin 1921, S. 45; mittlere Reihe (4) „Gestaltkreis" (von
Weizsäcker, Viktor: Der Gestaltkreis [1933], Frankfurt am Main
1997, S. 34); (5) „Wirkungszusammensein" von Organismus und
Umwelt (von Weizsäcker, Viktor: Der Gestaltkreis, Leipzig 1940,
S. 118); (6) „Beziehungsgefüge" von Organismus und Umwelt
(Woltereck, Richard, Grundzüge einer allgemeinen Biologie,
Stuttgart 1932, S. 209); untere Reihe: (7) „Situationskreis" (von
Uexküll, Thure und Wesiack, Wolfgang: Psychosomatische
Medizin und das Problem einer Theorie der Heilkunde,
München 1979, S. 16); (8) „Wahrnehmungskette" (Wikimedia
Commons 2009); (9) „Gefühlskreis" (Fuchs, Thomas: Verkörperte
Emotionen, 2014, S. 16).

Die drei Diagramme in der ersten Reihe von Abbildung 2 sind Darstellungen des „Funktionskreises" durch Jakob von Uexküll. In ihnen wird einerseits die organismische „Innenwelt" der Außenwelt gegenübergestellt, andererseits wird die rezeptorische „Merkwelt", d. h. die sinnlich erschlossene Welt der Wahrnehmung des Organismus, und die „Wirkungswelt", d. h. die durch die effektorischen Organe des Organismus veränderte Welt, unterschieden. Ein Objekt der Umwelt konstituiert sich durch die Interaktion von Merk- und Wirkwelt: Von dem „Merkmalsträger" des Objekts erfolgt vermittelt über einen „Rezeptor" eine Wirkung auf die „Innenwelt" des Organismus. In dieser Innenwelt vollziehen sich Transformationen der empfangenen Wirkung im Rahmen eines „Merk-„ und „Wirknetzes" und resultieren in einer „Handlung", die in der „Wirkungswelt" und über einen „Effektor" auf den „Wirkungsträger" des Objektes einwirkt. In der ersten Version von 1919 ist das Diagramm streng symmetrisch mit zwei Wirkungsträgern angelegt. Deutlich wird damit auch die Möglichkeit einer Entscheidung im „Steuerorgan" der „Innenwelt": Die Wahrnehmung des Merkmalsträgers kann in zwei alternative Handlungen münden. In den späteren, bekannter gewordenen Diagrammen ist nur eine Seite dargestellt, sodass der Zusammenhang zwischen Merkwelt und Wirkwelt deterministisch erscheint. Die Andeutung eines zweiten Kreises („Neuer Kreis"), der in der Innenwelt des Organismus verläuft, macht allerdings deutlich, dass bei den „höchsten Tieren" eine „eigene Handlungsregel richtunggebend und kontrollierend in die Merkwelt" eingreifen könne.[79] Die dritte Version des Diagramms von 1921 verstärkt den deterministischen Charakter des Zusammenhangs von Merkwelt und Wirkwelt, indem eine komplementäre Morphologie von „Merkmal-Träger" und „Receptor" sowie „Effektor" und „Wirkmal-Träger" angedeutet ist. Außerdem wird durch die Verwendung der erkenntnistheoretisch zentralen Termini von „Objekt" und „Subjekt" (bei „Innenwelt" in der zweiten Auflage der *Theoretischen Biologie* von 1928) eine grundlegende epistemologische Deutung nahegelegt.

Für die Illustration des „Gestaltkreises" durch Viktor von Weizsäcker ist ebenfalls die Polarität von „Objekt" und Organismus (bzw. „Organ") zentral. Im Gegensatz zu dem scharf konturierten Objekt wird der Organismus aber diffus dargestellt, ohne scharfe Grenzen zur Umwelt und verteilt auf peripheres Organ und Zentralorgan. Die Darstellung ist auf die Wahrnehmungsseite konzentriert; für die zentrifugale Erregung ist nur ein Zusammenlaufen der Erregungsbahnen an einem Punkt, aber kein effektorisches Organ angegeben. Die vielen parallel laufenden Erregungskreise und deren Integration im Zentralorgan deuten die Komplexität der Verarbeitungsprozesse an.

---

79 von Uexküll, Jakob: Theoretische Biologie, Berlin 1920, S. 116.

In seiner Monografie zum Gestaltkreis von 1940 beschreibt von Weizsäcker die Interaktion von Organismus und Umwelt als ein „Wirkungszusammensein", in dem die beiden Seiten einfach mit zwei Pfeilen zu einem Kreislauf verbunden sind. Sinnfällig wird damit vor allem die sprachliche und theoretische Angleichung des Abstraktionsniveaus der beiden Seiten: Die Umwelt erscheint hier nicht als ein diffuses Gemenge aus Gegenständen und Faktoren, die für einen Organismus nützlich, schädlich oder (zumeist) irrelevant sind (und die bis zum Beginn des 20. Jahrhunderts häufig mit Ausdrücken im Plural wie *conditions d'existence* oder *circumstances* benannt wurden[80]), sondern als eine distinkte Einheit und ein Komplement zum Organismus, das ihm korrespondiert und mit dem er interagiert.

In Richard Wolterecks Diagramm zur Darstellung des Organismus in seiner Beziehung zur Umwelt von 1932 erscheint die Umwelt dagegen als eine weniger diskrete Einheit als der Organismus, der selbst als ein Interaktionsgefüge mit einer scharfen Konturlinie wiedergegeben ist. Die Relationen zwischen den Komponenten des Organismus sind grafisch von der Organismus-Umwelt-Beziehung unterschieden, insofern sie nicht als Pfeile, sondern Linien dargestellt sind. Nahegelegt wird damit das Bild einer engen Kopplung im Gegensatz zu den variablen und substituierbaren Relationen zur Umwelt. Die Korrespondenz des relativ zur Umwelt kleinen Organismus mit der Umwelt wird durch die Rundung des Umwelt-Symbols angedeutet, sodass dieses das Organismus-Symbol in Form eines Halbkreises umfängt (im Sinne des altgriechischen περιέχον). Die These von Organismus und Umwelt als Einheit höherer Ordnung findet in diesem Diagramm ihren Ausdruck im Einschluss von Organismus und Umwelt in einem großen Kreis.

Ikonografisch eng an das Funktionskreisdiagramm Jakob von Uexkülls von 1921 angelehnt ist das Modell des „Situationskreises" von Thure von Uexküll aus dem Jahr 1979. Die Abweichungen gegenüber dem älteren Modell ergeben sich daraus, dass es in diesem Modell um spezifisch menschliche Verhältnisse geht, die durch höhere Variabilität und Flexibilität des Umweltbezugs der Individuen gekennzeichnet sind. Die „Bedeutungserteilung", die als Folge von „Bedeutungsunterstellung" und „Bedeutungserprobung" erfolge, ist nicht artspezifisch determiniert, sondern erfolge individuell verschieden. Die Komplexität des Verarbeitungsmechanismus zeigt sich daran, dass nicht nur ein spezifischer Rezeptor zur Wahrnehmung des Objekts – wie im Funktionskreismodell von 1921 – vorliegt, sondern auch auf der Seite der Innenwelt des Individuums eine Selektivität des „Merkens" und „Wirkens" im Hinblick auf die „Problemlösung" besteht. Die Verknüpfung von Wahrnehmung

---

80 Vgl. Toepfer, Georg: Historisches Wörterbuch der Biologie, Bd. 3, Stuttgart 2011, S. 566; 586.

und Handlung bewegt sich in einem semantischen Raum, der durch individuelle Erfahrungen und das soziale Miteinander geprägt ist.

Zur vollständigen Auflösung von Subjekt und Objekt der Wahrnehmung kommt es in der Darstellung der „Wahrnehmungskette", die mehrere zwischen Organismus und Umwelt sowie im Organismus ablaufende Vorgänge zu einem Kreis zusammenschließt. Die grafische Repräsentation dieser „Kette" in einem Kreisdiagramm (die mittlere Grafik in der unteren Reihe von Abb. 2) erfolgt wohl erst im Rahmen der Illustration des deutschsprachigen Wikipedia-Eintrags zur Wahrnehmung im Juni 2005[81] – die Rede von einer „Wahrnehmungskette" im Wahrnehmungsprozess findet sich aber bereits Mitte des 20. Jahrhunderts: John Smythies unterscheidet 1956 fünf Glieder der Wahrnehmungskette („causal chain of perception and action"), die vom Rezeptororgan über das Nervensystem zum Effektororgan reichen (also rezeptorische ebenso wie motorische Elemente einschließen).[82] Die Darstellung der sich zum Kreislauf schließenden Wahrnehmungskette, von welcher der Wikipedia-Artikel inspiriert ist (ohne die Quelle zu nennen), stammt aus der deutschen Übersetzung eines verbreiteten amerikanischen Psychologie-Lehrbuchs, in dem die fünf Kettenglieder *Umwelt, Medium, Rezeptoren, Sinnesnerven* und *sensorische Zentren* unterschieden werden.[83] Ergänzt werden diese fünf Glieder um einen sechsten Punkt (der sich nicht in der amerikanischen Originalausgabe von 1974 findet), demzufolge die Wahrnehmungskette als eine „zweifache Schlinge" vorzustellen sei, weil neben den zum Gehirn hinaufführenden Nervenbahnen hinabführende, efferente Bahnen bestehen würden, über die die entstehenden Sinneseindrücke modifiziert würden, so dass wir schließlich auch „die Bewegungen der Augen oder Finger als einen Aspekt der Wahrnehmung zu denken" hätten.[84] Die efferenten Bahnen könnten daher als sechstes Glied („Handeln") in die Kette eingeführt werden und diese zu einem Kreis schließen, weil durch das Handeln neue Reize der Umwelt erzeugt werden. Das einfache grafische Modell der Wikipedia lässt allerdings offen, wie genau die einzelnen Teilprozesse gegeneinander abzugrenzen seien, wo beispielsweise die Grenze zwischen „Verarbeitung" und „Wahrnehmung" zu ziehen sei.

---

81 Ausführungen zur „Wahrnehmungskette" werden am 28. Mai 2005 in den Wikipedia-Eintrag aufgenommen, einen Monat später enthält der Eintrag eine Illustration dieser Kette als Kreis, die später überarbeitet wird.

82 Smythies, John R.: Analysis of Perception, New York 1956, S. 4: „receptor organ–nervous system–mind–nervous system–effector organ".

83 Krech, David et al.: Wahrnehmungspsychologie, Weinheim 1985, S. 18.

84 Krech, David et al.: Wahrnehmungspsychologie, Weinheim 1985, S. 20.

In Thomas Fuchs' Diagramm des „Gefühlskreises" schließlich stehen sich zwei Pole gegenüber: auf der einen Seite das „Subjekt" (mit der Unterscheidung eines Kerns und einer resonanzfähigen leiblichen Hülle) und auf der anderen Seite die „Umwelt", die über affektive Qualitäten charakterisiert wird. Verbunden sind diese beiden Pole durch zwei Komponenten leiblicher Resonanz: eine zentripetale oder affektive und eine zentrifugale oder emotive Komponente. Die erste betrifft die affektive Berührung durch Umweltqualitäten, die zweite die Handlungsbereitschaft und Bewegungstendenz des Subjekts. Ein Gefühl bestehe nach Fuchs „im gesamten interaktiven Kreisgeschehen"; es umfasse also ausdrücklich affektive und motorische Elemente und schließe die Umwelt insofern ein, als sie in affektiven Qualitäten bestehe. Fuchs spricht meist von der „Situation" als dem wirkenden Faktor; angesprochen seien also von vornherein nur die relationalen Elemente der Umwelt; nur diese seien Teil des Gefühls, nicht die Umweltobjekte als solche. Diese Asymmetrie der zwei Pole – dass das Subjekt seine Integrität auch über verschiedene Situationen hinweg behalte, die Situation aber jeweils neu entstehe und überhaupt nur in Bezug auf das Subjekt bestehe – wird im Diagramm allerdings nicht deutlich. Die Gleichrangigkeit der beiden Pole des Diagramms verdeckt, dass sowohl das Subjekt als auch seine Gefühle nicht nur situative Entitäten sind.

Bezeichnenderweise geht die diagrammatische Darstellung der Verschränkung von Organismus und Umwelt in der Wahrnehmung zunächst von deren Trennung im Bild aus. In manchen, besonders den frühen Diagrammen dieses Typs wird die Asymmetrie zwischen den beiden aufeinander bezogenen Polen deutlicher dargestellt als in den späteren.

Hilfreich sind diese Visualisierungen, weil sie einen Überblick über die postulierten Entitäten und Relationen ermöglichen, problematisch sind sie aber, weil der räumlichen Bildlogik eine Separierung von gleichzeitig wirksamen Faktoren inhärent ist. Kompensiert wird dieses Problem durch das Bild des Kreis(lauf)es, das die Grundstruktur von allen hier aufgeführten Diagrammen bildet. Notorisch unterbestimmt bleibt aber trotzdem, welcher Natur genau diejenigen Elemente sind, welche die dissoziierten Komponenten zu einer Einheit zusammenschließen, also die Kreise. Sie können teilweise als zeitliche Verläufe verstanden werden (durch die „Merken" und „Wirken", „zentripetale" und „zentrifugale Erregung", „rezeptorische" und „effektorische Sphäre" oder „Affektion" und „Handlungstendenz" als zeitlich konsekutive Prozesse erscheinen); sie können aber ebenso als logische Relationen gedeutet werden, insofern sie allein in der theoretischen Abstraktion zu trennende Komponenten eines einheitlichen Prozesses bezeichnen.

Um die Asymmetrie im Verhältnis des Organismus zur Umwelt deutlich zu machen, empfiehlt es sich einerseits, die Umwelt im Diagramm anders darzustellen als den Organismus, z. B. so wie es Woltereck mit dem umfangenden Symbol für die Umwelt unternimmt. Außerdem sollte der Unterschied in der Wirkung des Organismus auf die Umwelt von der umgekehrten Wirkung durch eine verschiedene Symbolik ausgedrückt werden. Häufig interagiert ein Organismus auch nicht mit Umweltdingen selbst, sondern mit seiner Relation zu diesen (beispielsweise mit seiner Exposition zur Sonne, nicht mit der Sonne selbst). Ein einfacher Vorschlag zur Darstellung dieser Verhältnisse findet sich in Abbildung 3.

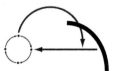

Abbildung 3   Schematische Darstellung der Grundstruktur des Verhaltens eines Organismus als Regulation seiner Relation zur Umwelt.[85] Der Organismus (links: der Kreislauf von wechselseitig auf einander einwirkenden Teilen) reguliert die Einwirkungen der Umwelt (rechts) auf sich. Die Wirkung von Umweltfaktoren hängt von der Aktivität des Organismus ab.

In diesem Diagramm bezeichnet ein Pfeil, der zwei Elemente verbindet, nicht bloß eine Wirkung, sondern darüber hinaus eine Abhängigkeit: Das Element, auf das ein Pfeil zeigt, ist in seiner weiteren Wirkung von dem Element abhängig, von dem der Pfeil ausgeht. Dargestellt werden kann damit sowohl die wechselseitige Bedingung der Teile im Ganzen eines Organismus als auch die einseitige Abhängigkeit der Wirkung der Umwelt auf den Organismus. Die Darstellung der letzteren Relation in diesem Diagramm widerspricht allerdings der Konvention, nach der in systemtheoretischen Blockschaltbildern Pfeile nur auf Blöcke, nicht aber auf andere Pfeile treffen. Der Bruch mit dieser Konvention könnte dadurch gerechtfertigt werden, dass in diesem Fall nicht ein Ding, sondern eine Relation (die Organismus-Umwelt-Relation) von der Aktivität des Organismus abhängt.

---

85 Angelehnt an Toepfer, Georg: Historisches Wörterbuch der Biologie, Bd. 3, Stuttgart 2011, S. 654.

[8] Kritik des Fusionismus

Fünf Einwände gegen die Behauptung einer systemischen Einheit von Organismus und Umwelt als Folge dieser Wahrnehmungsmodelle sollen hier vorgebracht werden.

a. Die Unschärfe des Umweltbegriffs

Problematisch ist die Rede von Organismus-Umwelt-Interaktionen zunächst deshalb, weil die beiden Seiten der Relation von ontologisch sehr unterschiedlichem Charakter sind: Der Organismus ist ein konkret und individuell verkörpertes, morphologisch begrenztes funktionales System; die Umwelt besteht aus einer Vielzahl von räumlich zerstreuten Objekten sowie materiellen und immateriellen Faktoren. Im Gegensatz zu ‚Organismus‘ ist ‚Umwelt‘ auch kein sortaler Begriff, der etwas bezeichnen würde, das gezählt werden kann. Allenfalls sind es also einzelne und wechselnde Objekte der Umwelt, mit denen ein Organismus (temporär) in Interaktion steht.

Eine Umwelt kann daher auch nur unter Bezug auf einen Organismus konzipiert werden, sie bildet also das Komplement eines Organismus und stellt für sich kein System dar. Es macht somit auch keinen Sinn, von einer System-Umwelt-Interaktion zu sprechen; nur einzelne Elemente in der Umwelt können auf ein System wirken, nicht aber dieses als Gesamtheit (weil es eine Menge von Gegenständen und Bedingungen, aber kein konkreter Körper ist).[86]

Wenn das, was Umwelt ist, stets nur ausgehend von einem System, dem Organismus, entworfen werden kann, liegt es doch zumindest nahe, die Aktivität auf Seiten des Organismus zu verorten. Denn auch wenn sich die Wahrnehmungsfunktionen von Organismen in Abhängigkeit von den wahrgenommenen Objekten entwickeln und verändern, ist es doch der Organismus, der bestimmte Eigenschaften seiner Umwelt selektiert und als relevant für ihn semantisch auflädt. Dass ein Organismus mit einigen Teilen seiner Umwelt temporär interagiert und er darüber hinaus insgesamt als offene Systeme konstitutiv auf seine Umwelt angewiesen ist, spricht noch nicht dafür, den Organismus zusammen mit seiner Umwelt (oder Teilen von ihr) als ein System zu beurteilen – weder stoffwechselphysiologisch noch wahrnehmungstheoretisch.

---

86 Mahner, Martin / Bunge, Mario: Foundations of Biophilosophy, Berlin 1997, S. 25.

b. Ambivalenzen des Interaktionsbegriffs

Durch seinen Stoffwechsel steht ein Organismus in einer wechselseitigen Beziehung des Gebens und Nehmens von Stoffen mit seiner Umwelt und durch seine Wahrnehmung ist er in einzelnen Verhaltensweisen temporär mit einzelnen Objekten seiner Umwelt funktional verbunden – diese Beziehungen sind aber doch ein ganz anderes Verhältnis als die funktionale Wechselseitigkeit in der Erhaltung der Teile des eigenen Körpers. Der Unterschied besteht zwischen einer wechselseitigen Wirkung (Interaktion) und wechselseitigen Abhängigkeit (Interdependenz).[87] Bezeichnet sind damit zwei sehr unterschiedliche Formen der Kausalität. Die Teile eines Organismus stehen in einem Verhältnis der *Interdependenz* zu einander, weil sie in ihrer Identität voneinander abhängen, sich also wechselseitig erhalten und in ihrer Funktion wechselseitig bedingen. Dies gilt für viele Objekte in der Umwelt eines Organismus, mit denen er in *Interaktion* steht, wie seine Nahrung oder seine Feinde, gerade nicht. Es besteht also gerade kein analoges (oder identisches) Verhältnis zwischen den Teilen eines Organismus und dem Organismus und Objekten seiner Umwelt.[88] Auf Objekte seiner Umwelt ist ein Organismus zwar funktional bezogen, sie sind aber nicht Teil der den Organismus konstituierenden Einheit der wechselseitigen Abhängigkeit. Zu seiner Nahrung beispielsweise hat ein Organismus ein einseitiges Abhängigkeitsverhältnis; er ist auf sie angewiesen, hat sie aber nicht selbst hervorgebracht oder gestaltet. Was vom Organismus abhängt, sind nicht die Teile seiner Umwelt, sondern die Relation dieser Teile zu ihm (vgl. Abb. 3).

Die über den Interdependenzbegriff bestimmte Einheit eines Organismus muss allerdings nicht mit seiner morphologischen Einheit übereinstimmen. Ein Spinnennetz kann beispielsweise als Teil (externes Organ) des Organismus der Spinne verstanden werden, weil es von der Spinne erzeugt wurde und auf diese funktional zurückwirkt.

c. Situative versus persistierende Einheiten: Prozesse versus Kontinuanten

Manche Autoren, die von einer systemischen Einheit von Organismus und Umwelt ausgehen, geben zu, dass diese Einheit nur situativ zu rechtfertigen sei: auf der Ebene einzelner Aktivitäten, in denen eine Verschränkung von Organismus und Umwelt vorliege, wie bei der Nahrungs- oder Partnersuche. Helmuth Plessner und Frederik Buytendijk bezeichnen diese Ebene 1925 als die „Schicht des Verhaltens". Diese „Formschicht" werde „von einem jeden wahrgenommen, wenn er das

---

87 Vgl. Toepfer, Georg: Historisches Wörterbuch der Biologie, Bd. 3, Stuttgart 2011, S. 745.
88 Wie dies von Merleau-Ponty und Canguilhem in den 1940er Jahren behauptet wurde; vgl. Anm. 24.

Lebewesen nicht als ein bloß sich Bewegendes, sondern als ein sich Verhaltendes auffaßt".[89] Erst in ihrer Umgebungsbezogenheit werde der „Gestaltcharakter" und die „Ganzheitlichkeit" des Verhaltens deutlich. Auch Thomas Fuchs bemerkt, dass die Kopplung von Organismus und Umwelt „immer wieder eine neue *situative Kohärenz* von Organismus und Umwelt" darstelle.[90] Es seien nicht die gleichen Umweltelemente, mit denen zusammen der Organismus ein System bilde.

Aus der situativen Kopplung eines Organismus an Objekte seiner Umwelt kann aber nicht darauf geschlossen werden, dass der Organismus zusammen mit diesen Objekten ein neues System bildet (allenfalls ein kurzfristig bestehendes „fakultatives System"[91]). In der neueren Debatte ist dieser Schluss als *Kopplungs-Konstitutions-Fehlschluss* („coupling-constitution fallacy"[92]) bekannt. Er wird meist so formuliert, dass er sich auf die Konstitution nicht von *Systemen*, sondern von *Prozessen* bezieht: Aus der kausalen Kopplung von Kognitionsprozessen mit Dingen der Umwelt dürfe nicht geschlossen werden, dass diese Teil der Kognition seien.[93] Ein Notizbuch beispielsweise, das als außerkörperliches Erinnerungsmittel diene, sei damit noch nicht Teil des Kognitionsprozesses. Die Debatte um diesen Einwand ist noch im Gange und es werden anschauliche Beispiele zur Stützung beider Sichtweisen herangezogen.[94] Gegen die Erweiterungsthese spricht unter anderem

---

89 Buytendijk, Frederik J. J. / Plessner, Helmuth: Die Deutung des mimischen Ausdrucks [1925], Frankfurt am Main 1980, S. 82; vgl. Grene: Approaches to a Philosophical Biology, 1968, S. 122ff.

90 Fuchs, Thomas: Das Gehirn – ein Beziehungsorgan, Stuttgart 2013, S. 129 (Hervorh. im Original).

91 Wilson, Margaret: Six views of embodied cognition, 2002, S. 630.

92 Adams, Frederick / Aizawa, Kenneth: The Bounds of Cognition, Malden, Mass. 2008, S. 88.

93 „It simply does not follow from the fact that process X is in some way causally connected to a cognitive process that X is thereby part of that cognitive process" (Adams, Frederick / Aizawa, Kenneth: The Bounds of Cognition, Malden, Mass. 2008, S. 91). In ihrer ersten Formulierung des Fehlschlusses aus dem Jahr 2001 verwenden die Autoren nicht die Unterscheidung von Kopplung und Konstitution, sondern behaupten allein, dass aus der kausalen Abhängigkeit der Kognition von Dingen in der Umwelt nicht geschlossen werden dürfe, dass diese Teil der Kognition seien (Adams, Frederick / Aizawa, Kenneth: The bounds of cognition, 2001, S. 56). Auch 2008 halten sie daran fest, dass ihre Kritik nicht davon abhänge, ob präzise zwischen Kopplung und Konstitution unterschieden werden könne.

94 Vgl. Walter, Sven: Erweiterte Kognition, Stuttgart 2013. Andy Clark versucht seine Argumentation dem Fehlschluss zu entziehen, indem er über den Kognitionsprozess überhaupt erst definiert, was Teil der Kognition ist: Ein isoliertes Neuron sei dies ebenso wenig wie eine Aufzeichnung in einem Notizbuch (Clark, Andy: Supersizing the Mind, New York 2008, S. 240). Andere wie Rob Wilson versuchen die Erweiterungsthese über

die Gefahr der Inflation, d. h. der unkontrollierten Ausweitung des Kreises von Objekten der Umwelt, die mit der Kognition gekoppelt sind, vom Kreislaufsystem des eigenen Körpers bis zur Sonne.[95] Nicht zu bezweifeln ist außerdem, dass über Kognitionsprozesse zusammengebundene Einheiten nicht in gleicher Weise persistierende Systeme sind wie Organismen. Es hat sich in der Vergangenheit als für die Forschung sehr fruchtbar erwiesen, diese persistierenden Systeme als Einheiten zu behandeln, die über viele Dimensionen bestehen, von der Morphologie über die Entwicklungsgeschichte und Physiologie bis zur Evolution.[96] Viele für die Beschreibung und Erklärung dieser Systeme wichtige Begriffe, wie ‚Organisation‘, ‚Autonomie‘, ‚Anpassung‘, ‚Funktion‘ oder ‚Bedeutung‘, lassen sich am besten ausgehend von der Einheit dieser Systeme bestimmen. Inwiefern ihre Auflösung und temporäre Verknüpfung mit Umweltobjekten mehr als nur für einzelne Kontexte wissenschaftlich fruchtbar ist, hat sich erst zu erweisen.

Es liegt allgemein gesagt in der Natur (bzw. im Begriff) von Verhaltensweisen, dass sie auf die Umwelt bezogen sind und in vielen Fällen eine Interaktion mit Umweltobjekten einschließen. In einem jeweiligen Verhalten kann (und muss) ein Organismus also als System in Verbindung mit diesen Umweltobjekten beschrieben werden. Über diese situativen Kohärenzen mit Elementen der Umwelt hinaus persistiert der Organismus aber als kohärentes System. Er wird daher traditionell ontologisch als ein Kontinuant angesehen, d. h. als ein Wesen, das zu jedem Zeitpunkt seiner Existenz als Ganzes da ist und keine zeitlichen Teile hat. Verhaltenseinheiten, in denen eine Organismus-Umwelt-Verschränkung vorliegt, sind dagegen ontologisch gesehen Prozesse. Jeder einzelne Akt des Schreibens (Fuchs‘ Beispiel) ist eine Interaktion eines Organismus mit (situativ wechselnden) Objekten seiner Umwelt – durch diese temporären Interaktionen mit der Umwelt verschmilzt der Organismus aber insgesamt noch nicht zu einem System mit der Umwelt. Vielmehr persistiert er als Interdependenzsystem gerade über verschiedene Episoden der Interaktion mit verschiedenen Umweltobjekten hinweg.

Rückkopplungskreisläufe, die den Organismus mit Umweltelementen verbinden, zu begründen – worauf Kritiker einwenden, dass diese Kreisläufe nicht allein kognitive Elemente enthalten (Aizawa, Kenneth: The coupling-constitution fallacy revisited, 2010). Fortschritt in der Debatte kann dadurch erzielt werden, dass verschiedene Konstitutionsbegriffe unterschieden werden (Kirchhoff, Michael D.: Extended cognition and the causal-constitutive fallacy, 2013).

95   Wilson, Margaret: Six views of embodied cognition, 2002, S. 630; Rupert, Robert: Cognitive Systems and the Extended Mind, New York 2009, S. 17; 135.

96   „[M]any successful research programs in cognitive psychology presuppose the existence of a persisting, relatively unified, and organismically bounded cognitive system" (Rupert, Robert: Cognitive Systems and the Extended Mind, New York 2009, S. 38).

d. Funktionseinheit versus Gestalteinheit

Organismen können als Kontinuanten persistieren, weil sie über eine verkörperte Gestalteinheit verfügen. Bei den temporären Verschmelzungen eines Organismus mit Objekten seiner Umwelt liegt eine derartige persistierende kohärente Verkörperung dagegen nicht vor. Die Verkörperung unterscheidet Organismen auch von anorganischen Stoffwechsel- und Kreislaufsystemen (wie einer Flamme, einem Wasserstrudel oder dem Wasserkreislauf). Der Körper eines Organismus ist ein zu den physikalischen Prinzipien hinzukommender Bedingungsfaktor („constraint"), der die Geschlossenheit, Eigengesetzlichkeit und Autonomie des Organismus begründet. Diese Verkörperung hat Konsequenzen für die Prinzipien seiner Organisation und die Erklärung seiner Struktur.[97] In den nicht zu einer eigenen geschlossenen Körpergestalt geformten temporären Interaktionen eines Organismus mit seiner Umwelt können diese durch die Verkörperung des Systems gesetzten autonomen Bedingungsfaktoren und Randbedingungen nicht bestehen. Die Organismus-Umwelt-Einheiten sind daher von anderer Natur als die Einheit des Organismus.

e. Entwicklungsressourcen versus Funktionseinheit

Die Entwicklungsbiologie hat in den letzten Jahrzehnten ihre Aufmerksamkeit von organismusinternen Erbfaktoren auf die Einflüsse der Umwelt ausgeweitet. Besonders die Perspektive der Theorie der Entwicklungssysteme (*developmental systems theory*) streicht Umweltfaktoren als wichtige „Entwicklungsressourcen" heraus, sodass Organismen zusammen mit Umweltfaktoren zu Entwicklungskomplexen zusammengefasst werden. Diese entwicklungsbiologische Perspektive ist allerdings ungeeignet für die Auszeichnung von Systemen der Interdependenz. Denn zu den Entwicklungsressourcen gehören auch viele Faktoren, zu denen Organismen in sehr einseitigen Abhängigkeitsverhältnissen stehen (wie die Sonne). Weil die Entwicklungsperspektive zwar mit einem interaktionistischen, aber letztlich doch linearen Kausalmodell operiert, kann sie überhaupt keine Theorie der Konstitution organisierter Systeme sein: Sie kann zwar komplexe Interaktionen zwischen Organismen und ihrer Umwelt in der Entwicklung festhalten, sie liefert aber kein Modell zur Begründung von kausalen Kreislaufsystemen, an denen gleichermaßen organismische Faktoren und Umweltfaktoren beteiligt sind.

---

97 „[Biological organisms] realize a specific kind of causal regime […], a distinct level of causation, operating in addition to physical laws, generated by the action of material structures acting as constraints" (Mossio, Mateo / Moreno, Alvaro: Organisational closure in biological organisms, 2010, S. 269).

[9]   C: Von der Kopplung zur Dissoziation: Sozialinteraktionistische Wahrnehmungsmodelle

Als ,sozialinteraktionistisch' sollen hier solche Wahrnehmungsmodelle bezeichnet werden, welche die Rolle der sozialen Interaktion bei der Wahrnehmung und besonders für die Trennung von Organismus und Umwelt betonen. Dass die Wahrnehmung des Menschen nicht ausgehend von einzelnen Individuen verstanden werden könne, sondern von vornherein eine soziale Dimension aufweise, haben besonders prominente Vertreter der Phänomenologie herausgearbeitet.[98] Der späte Edmund Husserl hat in vielen Variationen die These formuliert, dass sich die eigene Wahrnehmung eines Menschen immer im Horizont der Wahrnehmung anderer vollziehe: „[J]edes Objektive, das mir in einer Erfahrung und zunächst einer Wahrnehmung vor Augen steht, hat einen apperzeptiven Horizont, den möglicher Erfahrung, eigener und fremder. Ontologisch gesprochen, jede Erscheinung, die ich habe, ist von vornherein Glied eines offen endlosen, aber nicht explizit verwirklichten Unterfangens möglicher Erscheinungen von demselben, und die Subjektivität dieser Erscheinungen ist die offene Intersubjektivität".[99] An anderer Stelle heißt es: „Die Entfaltung des Wahrnehmungssinnes und der Konstitution der Objektivität Welt, Ding, Mensch etc. führt auf die Intersubjektivität mit den zugehörigen konstitutiven Strukturen".[100]

Husserls Fokus liegt darauf, dass die eigentliche Objektivität erst im Kontext der intersubjektiven Bewährung der Erkenntnis ins Spiel komme.[101] Denn das Objekt sei erst in der intersubjektiven Perspektive begründet, erst nachdem die Mitsubjekte korrigierend auf die eigene Wahrnehmung und Erkenntnis einwirken konnten. Husserl spricht von einer „Erkenntnisgemeinschaft", in der die Subjekte in „kritischem Konnex" stehen, „in wechselseitiger Kritik, Korrektur und Vereinheitlichung".[102] Dieser „Intersubjektivismus" Husserls bestehe aber doch, wie Hans Bernhard Schmid betont, lediglich als ein „Bewährungsgeschehen" der letztlich doch im Subjekt fundierten Erkenntnis: Als „gründendes Fundament von

---

98 Ich danke besonders Thomas Fuchs für konkrete Hinweise dazu.

99 Husserl, Edmund: Husserliana, Bd. 14, S. 289 (Anfang der 1920er Jahre).

100 Husserl, Edmund: Husserliana, Bd. 9, S. 394 (1925); vgl. auch: „Zur objektiven Apperzeption gehört [...] ein intentionaler Horizont, der sich auf Andere bezieht, und den im erfahrenden Glauben sich vollziehenden Konnex mit Anderen voraussetzt" (Husserl, Edmund: Husserliana, Bd. 14, S. 470 (1926/27)).

101 „Die menschliche Objektivität weist [...] auf eine offene Vielheit von Subjekten zurück" (Husserl, Edmund: Husserliana, Bd. 13, S. 463 (1920)).

102 Husserl, Edmund: Husserliana, Bd. 29, S. 71; 308; 16; zit. nach Schmid, Hans B.: Subjekt, System, Diskurs, Dordrecht 2000, S. 177.

Erkenntnis" fungiere zwar das einzelne Subjekt, weil sich die Erkenntnis aber in der Subjektgemeinschaft zu bewähren habe und eventuell korrigiert werde, weise sie auch eine intersubjektive Dimension auf.[103] Die Intersubjektivität sei damit zwar nicht für die Erkenntnis vorausgesetzt, aber doch mit einbezogen.

Die Funktion der Intersubjektivität im Hinblick auf das Subjekt-Objekt-Verhältnis, auf das es hier ankommt, sei eine Entkopplung, weil das Objekt sich im Zuge der Bewährung der Erkenntnis als etwas anderes erweisen könne als es zunächst dem einzelnen Subjekt erscheine. Im sich bewährenden Erkenntnisvollzug sei das Objekt nicht allein durch ein einzelnes Subjekt konstituiert, sondern durch die „Erkenntnisgemeinschaft" mehrerer Subjekte: „Die Idee der Objektivität als Idee der Intersubjektivität ist bezogen auf ein Universum kommunizierender Subjekte".[104] Für die Wahrnehmung gelte das besonders auch deshalb, weil in ihr nicht nur die von einem einzelnen Subjekt direkt empfundenen Aspekte eines Gegenstandes präsent seien, sondern gerade auch die direkt nicht wahrgenommenen Aspekte, die anderen Subjekten zugänglich seien („Horizontintentionalität"; s. o.). Teil der Wahrnehmung eines Gegenstandes sei also die mögliche Wahrnehmung durch andere Subjekte.[105] Diese Vergegenwärtigung bedinge aber die Dissoziation des Objekts vom Erkenntnisakt des einzelnen Subjekts und mache es – schon in der Wahrnehmung des Einzelnen antizipiert – zu einem intersubjektiv konstituierten Gegenstand.

Andere Autoren aus der Mitte des 20. Jahrhunderts betonen die Intersubjektivität der Erkenntnis in ähnlicher Weise, teilweise in direktem Anschluss an Husserl. Bei Jean-Paul Sartre heißt es 1943, „daß der Rückgriff auf den Andern unentbehrliche Bedingung der Konstituierung einer Welt ist"; „der Andere ist immer da als eine Schicht konstitutiver Bedeutungen, die dem von mir betrachteten Objekt selbst angehören; kurz, als der wahre Garant seiner Objektivität".[106]

---

103 Schmid, Hans B.: Subjekt, System, Diskurs, Dordrecht 2000, S. 173; vgl. auch Zahavi, Dan: Husserl und die transzendentale Intersubjektivität, Dordrecht 1996, S. 41 f.; Chelstrom, Eric: Social Phenomenology, Lanham 2013, S. 202f.

104 Husserl, Edmund: Manuskript D 477a; zit. nach Schmid, Hans B.: Subjekt, System, Diskurs, Dordrecht 2000, S. 177.

105 „Die mitgegenwärtigte Abschattung läßt sich [...] als das noematische Korrelat der Wahrnehmung eines Fremddichs verstehen. [...] Das Ding wird daher als eine synthetische Einheit meiner und aller Anderen wirklichen und möglichen Erfahrungen konstituiert" (Zahavi, Dan: Husserl und die transzendentale Intersubjektivität, Dordrecht 1996, S. 38; 40).

106 Sartre, Jean-Paul: Das Sein und das Nichts [1943], Reinbek 1995, S. 425. In einer anderen Formulierung heißt es, „daß für die Konstituierung der noematischen Gesamtheit das transzendentale Subjekt von Anfang an auf andere Subjekte verweist" (S. 426).

Maurice Merleau-Ponty verschärft diese Betonung der intersubjektiven Dimension des Erkennens und speziell der Wahrnehmung noch, wenn er von der Wahrnehmung behauptet, sie verbleibe im Modus des ‚Man': „Jede Wahrnehmung findet in einer Atmosphäre von Allgemeinheit statt und gibt sich uns als anonyme. Ich kann nicht in demselben Sinne sagen, *ich* sehe das Blau des Himmels, wie ich sage, ich verstehe dieses Buch, oder ich entscheide mich, mein Leben der Mathematik zu widmen."[107] Ein adäquater Ausdruck der Wahrnehmungserfahrung liegt für Merleau-Ponty in der Formulierung, „daß *man* in mir wahrnimmt, nicht daß ich wahrnehme".[108] Denn zur Wahrnehmung gehöre die Erfahrung der „Entpersönlichung"; sie ist mit anderen Worten keine rein subjektive Empfindung, sondern in ihr wird sich auf ein objektives Ding bezogen, dessen Erscheinen für andere in der Wahrnehmung selbst mit präsent ist.

Analog zu Ludwig Wittgensteins Privatsprachenargument, nach dem die Verwendung einer Sprache eine soziale Sphäre voraussetzt, kann also auch von kognitiven Vermögen wie dem Fühlen und Wahrnehmen behauptet werden, sie würden einen sozialen Kontext voraussetzen. Max Scheler weist bereits 1912 darauf hin, dass die innere Wahrnehmung in entwicklungsgeschichtlicher Perspektive immer mit dem anderen verbunden sei: Zu Beginn des individuellen Lebens vollziehe sich das subjektive Erleben gerade nicht als autonomes, authentisches Ereignis, sondern entfalte sich in sozial vorgeprägten Schemata. Zumindest für die frühen Phasen des Lebens behauptet Scheler also die Unmöglichkeit einer privaten Gefühlswelt: „Die Eigenerlebnisse sind der inneren Wahrnehmung zunächst völlig verdeckt durch die auf Mittun, Nachempfindung, Nachfühlung beruhenden fremden Erlebnisse, die uns zunächst durch eine Täuschung ›als eigene‹ gegeben sind".[109] Lambert Wiesing formuliert dieses Argument explizit als ein „Privatwahrnehmungsargument": „Die prinzipielle Öffentlichkeit des Wahrnehmungsobjekts gehört zum notwendigen intentionalen Gehalt eines jeden Wahrnehmungserlebnisses. Die Privatwahrnehmung ist undenkbar [...]. Der Satz *Ich sehe was, was Du nicht sehen kannst* ist *a priori* immer falsch".[110]

Es stellt sich hier allerdings die Frage, welchen Status dieses Argument hat: Bedeutet es, dass ein möglicher Perspektivenwechsel der Wahrnehmung selbst eingeschrieben ist, dass im Wahrnehmen immer schon die Möglichkeit der Wahrnehmung des Wahrgenommenen durch andere bewusst ist? Haben also Wesen,

107 Merleau-Ponty, Maurice: Phänomenologie der Wahrnehmung [1945], Berlin 1966, S. 253.
108 Merleau-Ponty, Maurice: Phänomenologie der Wahrnehmung [1945], Berlin 1966, S. 253.
109 Scheler, Max: Die Idole der Selbsterkenntnis [1912], Bern 1955, S. 285; vgl. Bonnemann, Jens: Innere Wahrnehmung oder Hermeneutik des leiblichen Ausdrucks, 2015, S. 12.
110 Wiesing, Lambert: Das Mich der Wahrnehmung, Frankfurt am Main 2009, S. 182 f.

die über dieses Bewusstsein nicht verfügen, keine Wahrnehmungen? Betrifft das Privatwahrnehmungsargument damit allein die Phänomenologie der menschlichen Wahrnehmung? Oder gilt es auch für die Wahrnehmungen von Tieren? Enthält es eine analytische Wahrheit über den Wahrnehmungsbegriff selbst? Diese Fragen führen zu einem Vergleich der Wahrnehmung bei Tieren und Menschen.

Dass sich die menschliche Wahrnehmung von der der Tiere in grundlegenden Aspekten unterscheide, wurde von Verhaltens- und Wahrnehmungsforschern immer wieder behauptet. Im Mittelpunkt stand dabei die These, nur in der Wahrnehmung des Menschen komme es eigentlich zur Konstitution von Gegenständen und zu einem vom Organismus ablösbaren Wahrnehmungsinhalt, der als Teil von Wissen einer Geltungsdifferenz unterliege. Max Scheler drückt dies 1928 durch die Anerkennung von „Welt" allein für den Menschen im Gegensatz zu den Tieren aus. Die Tiere haben nach Scheler allein eine „Umwelt", aber keine „Welt", denn: „Das Tier hat keine ‚Gegenstände': es lebt in seine Umwelt ekstatisch hinein, die es gleichsam wie eine Schnecke ihr Haus als Struktur überall hinträgt, wohin es geht – es vermag diese Umwelt nicht zum Gegenstand zu machen".[111] Die „eigenartige Fernstellung, diese Distanzierung der ‚Umwelt' zur ‚Welt'" bilde dagegen ein Spezifikum des Menschen.[112] Frederik Buytendijk formuliert es 1938 so, dass nur beim Menschen sich die Wahrnehmung als ein Nehmen von etwas als wahr gestalte, als ein „Bemerken eines außerhalb des Subjekts sich befindenden, ruhenden Gegenstandes".[113] Bedeutung habe dies für die rationale Erkenntnis, d. h. „eine Erkenntnis des Seienden unabhängig vom Leben".[114] Auch das Situationskreismodell Thure von Uexkülls, das die Verhältnisse speziell für den Menschen darstellt, betont die Unterschiede bei Mensch und Tier, weil allein für den Menschen die zusätzliche sprachlich vermittelte Dimension der „Bedeutungserteilung" im Wahrnehmungsprozess hinzutrete.

Eine Erklärung für die Unterschiede bei Mensch und Tier kann ausgehend von der großen Rolle sozialer Interaktionen in der Ausbildung der kognitiven Kapazitäten des Menschen plausibel gemacht werden. Kurz gesagt, wirkt die soziale Interaktion in Richtung einer Dissoziation von Organismus und Umwelt, einer Distanzierung des Wahrnehmungssubjekts vom Objekt. Für einen Organismus, der seine Wahrnehmungskompetenzen im Wesentlichen als einzelnes, isoliertes Individuum entwickelt, kann eine unmittelbare Kopplung der Wahrnehmung eines Objekts in seiner Umwelt mit einer Verhaltensweise von Vorteil sein, weil dies

---

111 Scheler, Max: Die Stellung des Menschen im Kosmos [1928], Bonn 1991, S. 40.
112 Scheler, Max: Die Stellung des Menschen im Kosmos [1928], Bonn 1991, S. 40.
113 Buytendijk, Frederik J. J.: Wege zum Verständnis der Tiere, Zürich 1938, S. 73.
114 Buytendijk, Frederik J. J.: Wege zum Verständnis der Tiere, Zürich 1938, S. 73.

eine schnelle Reaktion ermöglicht. Für diese Verhältnisse kann das fusionistische Wahrnehmungsmodell, das von einer (situativen) Verschmelzung von Organismus und Umwelt ausgeht, eine angemessene Beschreibung liefern.

Vollzieht sich die Ausbildung der Wahrnehmungskompetenzen dagegen von Anfang an in einem sozialen Kontext, dann wird der mögliche Wechsel der Perspektive auf ein Objekt diesem Objekt selbst eingeschrieben. Das Objekt ist dann nicht nur etwas „für mich" (und damit „von mir"), sondern von Anfang an kollektiv konstituiert. Die erlebte Pluralität der Perspektiven und die permanent bestehende Möglichkeit des Perspektivwechsels konstituiert den Wahrnehmungsgegenstand als etwas vom Subjekt Getrenntes, von der jeweiligen individuellen Perspektivierung Unabhängiges. In dieser Hinsicht begründet die soziale Interaktion in der Bezugnahme auf Objekte eigentlich erst die gnoseologische Relation, in der Subjekt und Objekt der Wahrnehmung getrennt sind.

In den letzten Jahren hat besonders der Psychologe Michael Tomasello durch zahlreiche empirische Untersuchungen an Menschen und Menschenaffen die Bedeutung der spezifisch menschlichen Form der Interaktion für die Ausbildung der spezifisch menschlichen Kognition herausgearbeitet. Nach seinen Ergebnissen entstehe nur beim Menschen durch gemeinschaftliche Tätigkeit und gemeinsame Bezugnahme auf Objekte der Umwelt – zunächst in der Praxis der nonverbalen Kommunikation, nach der Entstehung von Sprache durch gemeinsam verwendete sprachliche Symbole – eine (zumindest epistemisch) objektive Welt von Dingen und Zeichen als Bedeutungsträgern, die von den Bezugnahmen einzelner Individuen unabhängig bestehe, weil sie kollektiv getragen werde. Offenbar können besonders Menschen eine kommunikative Situation aus verschiedenen Perspektiven wahrnehmen, indem sie sich in die Lage eines anderen hineinversetzen. Menschen haben die Fähigkeit perfektioniert, eine *Vogelperspektive* auf eine komplexe Situation einzunehmen und die eigene soziale Rolle zu verlassen[115] (Menschenaffen sind dazu aber offenbar in Ansätzen auch in der Lage[116]). Nur Menschen können selbstbezügliche, reflexive Schlüsse auf fremde oder eigene intentionale Zustände ziehen und damit schließlich so etwas wie eine *objektive Beschreibung* einer Situation entwickeln.

Insgesamt kombiniert das interaktionistische Wahrnehmungsmodell Momente der beiden ersten miteinander; Elemente der beiden ersten Modelle erscheinen im dritten geradezu dialektisch „aufgehoben": Dem dissoziativen Modell folgend,

---

115 Tomasello, Michael: The ultra-social animal, 2014, S. 189.
116 Worauf besonders im Freiland arbeitende Biologen hinweisen, z. B. Tomasellos Leipziger Kollege Christophe Boesch; vgl. zu der Debatte Wunsch, Matthias: Was macht menschliches Denken einzigartig?, 2016, S. 273ff.

werden die Objekte der Wahrnehmung als vom Wahrnehmenden getrennte und nicht allein von seinem individuellen Erkennen abhängige, vielmehr erst in der sozialen Interaktion etablierte Gegenstände aufgefasst. Und dem fusionistischen Modell folgend wird Wahrnehmung nicht als ein linearer Prozess der Rezeption und bloß passiven Repräsentation externer Realität beschrieben, sondern die Beteiligung von (mehreren) Subjekten bei der Konstitution der Wahrnehmungsgegenstände betont und der Vorgang nach dem Muster einer zirkulären Kausalität zwischen Subjekt und Objekt rekonstruiert.

Auf diese Weise beschrieben stellen die drei Modelle auch keine sich wechselseitig ausschließenden Alternativen dar, sondern sie markieren eher drei Aspekte oder Dimensionen von Wahrnehmung. Als Modelle verstanden sind die drei Perspektiven für sich genommen nicht richtig oder falsch, sondern in verschiedenen Beschreibungs- und Forschungskontexten mehr oder weniger nützlich. Das dritte, sozialinteraktionistische Modell liefert außerdem eine entwicklungsgeschichtliche Erklärung für sowohl den Aspekt der Verschmelzung von Subjekt und Objekt im Wahrnehmungsprozess als auch den Aspekt ihrer Trennung als Folge der Intersubjektivität des Bezugs auf ein Objekt. Die entwicklungspsychologische Perspektive von Tomasello und anderen liefert darüber hinaus eine Erklärung für die intersubjektive Dimension der Wahrnehmung, die in der phänomenologischen Tradition in erster Linie in geltungslogischer Hinsicht als zu konstatierende Strukturen des Erlebens bestimmt wurden.

Im Ergebnis dieser interaktionistischen Perspektive erscheint das im naiven Wahrnehmungsbegriff Ursprüngliche, die objektive Gegebenheit der Gegenstände der Wahrnehmung, als entwicklungsgeschichtlich Spätes: Erst die auf kooperativer Kommunikation beruhende besondere Kognition des Menschen zog die Trennung von Subjekt und Objekt der Wahrnehmung nach sich, führte zur Objektivierung des Wahrgenommenen, zur Erkenntnisrelation, zum intuitiv so einleuchtenden gnoseologischen Modell der Wahrnehmung.

[10] D (Fazit): Anthropologie *versus* Biologie der Wahrnehmung

Das sozialinteraktionistische Modell der Wahrnehmung wurde zur Analyse der Wahrnehmung des Menschen entwickelt. Für weniger soziale Wesen wie Menschen ist es durchaus denkbar, dass die von dem Modell beschriebene Intersubjektivität und Öffentlichkeit des Wahrnehmungsobjekts nicht besteht, zumindest nicht prinzipiell bestehen muss, weil sie nicht über Kommunikation stabilisiert wird. Ein Albatros, der zehn Jahre einsam über die Weltmeere fliegt, bevor er zur Brut schreitet, hat sinnliche Eindrücke, über die er sich mit niemandem austauscht – die Biologen sich aber nicht scheuen, ‚Wahrnehmungen' zu nennen.

Das sozialinteraktionistische Modell der Wahrnehmung beschreibt also einen zentralen Aspekt der *menschlichen* Wahrnehmung, es ist Teil einer *Anthropologie* der Wahrnehmung, aber damit noch nicht unbedingt einer *Biologie* der Wahrnehmung. Das Modell kann sogar so verstanden werden, dass es gerade den zentralen Aspekt des Unterschieds zwischen der Wahrnehmung des Menschen und der Tiere bezeichnet. Denn es ist eine Folge der besonderen sozialen Interaktionsformen des Menschen, dass Wahrnehmungen von Handlungen entkoppelt werden können; besonders über die Sprache (gesteigert in der Schrift) erfolgt eine Entkopplung von Perzeption und Aktion. Von den Klassikern der Anthropologie sind diese Verhältnisse vielfach auf den Begriff gebracht worden: Arnold Gehlen hält den „Hiatus" zwischen dem durch äußere Wahrnehmung ausgelösten Bedürfnis und der darauf folgenden durch inneren Antrieb motivierten Erfüllung für ein spezifisches Humanum.[117] Der durch Bedürfnishemmung und -verschiebung eröffnete Zwischenraum stelle den Ort der menschlichen Weltorientierung und Handlung dar. Bei Tieren liege im Gegensatz dazu eine unmittelbarere und direktere Verbindung von Wahrnehmung und Tätigkeit vor. Derek Bickerton charakterisiert die menschliche Kognition durch die Fähigkeit des *off-line-Denkens*, das darin bestehe, Probleme gedanklich zu bearbeiten, die in der gegenwärtigen Situation nicht von (biologischer) Relevanz seien.[118] Und Margaret Wilson wendet diese Einsichten zur menschlichen Möglichkeit der Entkopplung von Perzeption und Interaktion mit der Umwelt grundsätzlich gegen den Ansatz der situierten Kognition.[119]

Wahrnehmung kann offenbar einerseits – dem antiken und bis in die gegenwärtige Biologie dominierenden Ansatz folgend – als ein Vermögen verstanden

---

117 „[E]s besteht eine weitgehende Unabhängigkeit der Handlungen sowie des wahrnehmenden und denkenden Bewußtseins von den eigenen elementaren Bedürfnissen und Antrieben oder die Fähigkeit, beide Seiten sozusagen ‚auszuhängen' oder einen ‚Hiatus' freizulegen" (Gehlen, Arnold: Der Mensch [1940], Frankfurt am Main 1962, S. 53; vgl. S. 335).

118 Bickerton, Derek: Language and Human Behavior, Seattle 1995, S. 58f.

119 „[O]ne of the hallmarks of human cognition is that it can take place decoupled from any immediate interaction with the environment. We can lay plans for the future, and think over what has happened in the past. We can entertain counterfactuals to consider what might have happened if circumstances had been different. We can construct mental representations of situations we have never experienced, based purely on linguistic input from others. In short, our ability to form mental representations about things that are remote in time and space, which is arguably the sine qua non of human thought, in principle cannot yield to a situated cognition analysis" (Wilson, Margaret: Six views of embodied cognition, 2002, S. 626).

werden, das der Mensch mit den Tieren teilt. Andererseits manifestieren sich in der Wahrnehmung des Menschen, ausgehend von seiner komplexen und sprachlich vermittelten kooperativen Kommunikation, aber auch Phänomene der intersubjektiven Objektivierung des Wahrgenommenen, die einzigartig menschlich sind. Die in der Kooperation entstandenen kognitiven Kompetenzen hatten Rückwirkungen auch auf die Fähigkeiten, die der Mensch mit den Tieren teilt, wie die Wahrnehmung.[120] Sie wird unter dem Einfluss der kooperativen, vergegenständlichenden Kommunikation neu konfiguriert. Verinnerlicht wird in ihr die Konstitution des Wahrnehmungsobjekts als eines Gegenstandes, der nicht nur „für mich" gegeben ist, sondern auf den sich viele Subjekte beziehen (können), der also getrennt von mir existiert. Weiter befördert wurde diese Praxis des vergegenständlichten Erlebens von Wahrnehmungsobjekten durch eine Intensivierung der kooperativen Kommunikation, in der Überzeugungsarbeit und Begründungen gefragt waren; die Effizienz der Kooperation steigerte sich durch den Austausch über unterschiedliche Perspektiven und Strategien des Umgangs mit den Gegenständen der gemeinsamen Wahrnehmung und Praxis[121] – kommunikativen Operationen also, die zur Knüpfung nicht nur eines kollektiv getragenen, holistischen Netzes von Prinzipien und Begriffen, sondern auch einer gemeinsamen Wahrnehmungswelt führten.

Weil die Wahrnehmung des Menschen als Teil kooperativer und letztlich begrifflich strukturierter epistemischer Prozesse zu konzipieren ist, gilt für sie, was für die begriffliche Erkenntnis insgesamt gilt: dass sie sozial konstituiert ist, als ein Vermögen, das zu erklären ist aus der jeweiligen sozialen und kulturellen Situiertheit eines Menschen. Frei nach Ludwig Feuerbach müsste es dann heißen: „Sofern ich wahrnehme, bin ich Mensch als Gattungswesen".[122] Nicht nur über das begriffliche

---

120 Diese Rückwirkung spricht gegen eine reine Stufenontologie, nach der die höheren kognitiven Fähigkeiten (wie die Sprachfähigkeit) einfach zu den niederen (wie der Wahrnehmung) addiert werden („Additionsmodell"). Zu bevorzugen ist ein Modell, das diese Rückwirkung in Rechnung stellt und eine Veränderung der basalen kognitiven Fähigkeiten durch die höheren berücksichtigt („Durchdringungsmodell"); vgl. Wunsch, Matthias: Stufenontologien der menschlichen Person, Münster 2013, S. 240f.

121 Tomasello, Michael: Eine Naturgeschichte des menschlichen Denkens, Frankfurt am Main 2014, S. 206f.

122 „Es giebt in Wirklichkeit nicht die Pflanze, sondern nur eine bunte Mannigfaltigkeit von einzelnen Pflanzen. Dies gilt aber nicht vom Denken. Sofern ich denke, bin ich Mensch als Gattungswesen [cogitans ipse sum genus humanum], nicht als Einzelner, wie es beim Empfinden, Fühlen, Thun und bei den Lebensfunktionen [quum sentio, vivo, ago] der Fall ist; auch nicht ein beliebiger Jemand, der oder jener, sondern Niemand. Im Denken bin ich allgemein nicht als eine Person, welche ihre Besonderheit für sich hat" (Feuerbach, Ludwig: Ueber die Vernunft; ihre Einheit, Allgemeinheit, Unbegrenztheit [1828], Stuttgart 1910, S. 311).

Denken, sondern auch über ihre Wahrnehmung sind die Menschen nach diesem Verständnis zu der Gemeinschaft eines diskursiven Gattungswesens verbunden. Schon als Wahrnehmender ist der Mensch Gattungswesen. Die Assoziation mit seinen Ko-Subjekten dissoziiert ihn aber von den Objekten, die nie nur für den einzelnen allein gegeben sind.

Dank

Ich danke allen Mitgliedern der Arbeitsgruppe *Anthropologie der Wahrnehmung*, die sich unter der Leitung von Magnus Schlette in fünf Sitzungen in den Jahren 2013 bis 2015 an der *Forschungsstätte der Evangelischen Studiengemeinschaft* (FEST) in Heidelberg getroffen haben. Der vorliegende Text beruht zu großen Teilen auf den Anregungen durch diese Treffen und der Kritik, die bei der Diskussion einer Vorläuferversion des Textes geübt wurde. Dieser Beitrag ist also bereits das Produkt einer gemeinschaftlichen Tätigkeit; er ist ebenso wie sein Gegenstand, die Wahrnehmung, nicht egologisch, sondern am besten sozialinteraktionistisch zu verstehen. Dass ich in manchen Punkten unbelehrbar bin und blinde Flecke nicht zum Sehen gebracht werden konnten, ist aber natürlich allein mir zuzuschreiben.

Literaturhinweise

Adams, Frederick / Aizawa, Kenneth: The bounds of cognition, in: Philosophical Psychology 14 (2001), S. 43-64.
Adams, Frederick / Aizawa, Kenneth: The Bounds of Cognition, Malden, Mass. 2008.
Aizawa, Kenneth: The coupling-constitution fallacy revisited, in: Cognitive Systems Research 11 (2010), S. 332-342.
Bauer, Matthias / Ernst, Christoph: Diagrammatik. Einführung in ein kultur- und medienwissenschaftliches Forschungsfeld, Bielefeld 2010.
Baumgartner, Wilhelm: [Artikel] Wahrnehmung, in: Metzler-Lexikon Philosophie, herausgegeben von Peter Prechtl und Franz-Peter Burkard, Stuttgart ³2008, S. 669-670.
Bergson, Henri: Matière et mémoire. Essai sur la relation du corps à l'esprit, Paris 1896.
Bickerton, Derek: Language and Human Behavior, Seattle 1995.
Bogen, Steffen / Thürlemann, Felix: Jenseits der Opposition von Text und Bild: Überlegungen zu einer Theorie des Diagramms und des Diagrammatischen, in: Die Bildwelt der Diagramme Joachims von Fiore. Zur Medialität religiös-politischer Programme im Mittelalter, herausgegeben von Alexander Patschovsky, Ostfildern 2003, S. 1-22.

Bonnemann, Jens: Innere Wahrnehmung oder Hermeneutik des leiblichen Ausdrucks. Max Schelers und Helmuth Plessners Beiträge zum Problem der Fremderfahrung, Manuskript Dezember 2015.

Buytendijk, Frederik J. J.: Wege zum Verständnis der Tiere, Zürich 1938.

Buytendijk, Frederik J. J. / Plessner, Helmuth: Die Deutung des mimischen Ausdrucks. Ein Beitrag zur Lehre vom Bewußtsein des anderen Ichs [1925], in: Helmuth Plessner, Gesammelte Schriften, Bd. VII, Frankfurt am Main 1980, S. 67-129.

Canguilhem, Georges: Le vivant et son milieu [1947], in: La connaissance de la vie, Paris 1980, S. 129-154.

Chelstrom, Eric: Social Phenomenology. Husserl, Intersubjectivity, and Collective Intentionality, Lanham 2013.

Cheung, Tobias: Organismen. Agenten zwischen Innen- und Außenwelten 1780-1860, Bielefeld 2014.

Clark, Andy / Chalmers, David: The extended mind, in: Analysis 58 (1998), S. 7-19.

Clark, Andy: Supersizing the Mind. Embodiment, Action, and Cognitive Extension, New York 2008.

Feuerbach, Ludwig: De ratione una, universali, infinita [1828], in: Gesammelte Werke, Bd. 1, herausgegeben von Werner Schuffenhauer, Berlin 1981, S. 1-173; dt. Übers. Ueber die Vernunft; ihre Einheit, Allgemeinheit, Unbegrenztheit (Erlanger Inaugural-Dissertation), in: Sämmtliche Werke, Bd. 4, herausgegeben von Friedrich Jodl, Stuttgart 1910, S. 299-356.

Flach, Werner: Zur Frage der Begründetheit des gnoseologischen Anspruches der biologischen Wahrnehmungslehre, in: Rationalität und Prärationalität. Festschrift für Alfred Schöpf, herausgegeben von Jan Beaufort und Peter Prechtl, Würzburg 1998, S. 47-61.

Fuchs, Thomas: Das Gehirn – ein Beziehungsorgan. Eine phänomenologisch-ökologische Konzeption, Stuttgart ⁴2013.

Fuchs, Thomas: Verkörperte Emotionen – Wie Gefühl und Leib zusammenhängen, in: Psychologische Medizin 25 (2014), S. 13-20.

Gallagher, Shaun: Philosophical antecedents of situated cognition, in: The Cambridge Handbook of Situated Cognition, herausgegeben von Philip Robbins und Murat Aydede, Cambridge 2009, S. 35-51.

Gehlen, Arnold: Der Mensch. Seine Natur und seine Stellung in der Welt [1940], 7., durchgesehene Aufl., Frankfurt am Main 1962.

Grene, Marjorie: Approaches to a Philosophical Biology, New York 1968.

Haldane, John S.: Mechanism, Life and Personality, London 1913.

Hegel, Georg Wilhelm Friedrich: Enzyklopädie der philosophischen Wissenschaften im Grundrisse [1817/30], in: Werke, Bd. 8-10, herausgegeben von Eva Moldenhauer und Karl Markus Michel, Frankfurt am Main 1986.

Heidegger, Martin: Der Ursprung des Kunstwerkes [1935], in: Gesamtausgabe, Bd. 5. Holzwege, Frankfurt am Main 1977, S. 1-74.

Hurley, Susan: Perception and action: alternative views, in: Synthese 291 (2001), S. 3-40.

Husserl, Edmund: Husserliana. Edmund Husserl Gesammelte Werke, Den Haag 1950.

Järvilehto, Timo: The theory of the organism-environment system, I. Description of the theory, in: Integrative Physiological and Behavioral Science 33 (1998), S. 321-334.

Jung, Matthias: Gewöhnliche Erfahrung, Tübingen 2014.

Kirchhoff, Michael D.: Extended cognition and the causal-constitutive fallacy: in search for a diachronic and dynamical conception of constitution, in: Philosophy and Phenomenological Research, Online First (2013), S. 1-41.

Krech, David et al.: Elements of Psychology [1958/74], dt. Grundlagen der Psychologie, Bd. 2. Wahrnehmungspsychologie, herausgegeben von Hellmuth Benesch, Weinheim 1985.

Lotze, Hermann: Mikrokosmus. Ideen zur Naturgeschichte und Geschichte der Menschheit, Bd. 1, Leipzig 1856.

Mahner, Martin / Bunge, Mario: Foundations of Biophilosophy, Berlin 1997.

Melle, Ulrich: Das Wahrnehmungsproblem und seine Verwandlung in phänomenologischer Einstellung. Untersuchungen zu den phänomenologischen Wahrnehmungstheorien von Husserl, Gurwitsch und Merleau-Ponty, The Hague 1983.

Merleau-Ponty: Maurice, La structure du comportement [1942], dt. Die Struktur des Verhaltens, übers. v. Bernhard Waldenfels, Berlin 1976.

Merleau-Ponty, Maurice: Phénoménologie de la perception [1945], dt. Phänomenologie der Wahrnehmung, übers. v. Rudolf Boehm, Berlin 1966.

Moore, George Edward: The refutation of idealism, in: Mind 12 (1903), S. 433-453.

Mossio, Mateo / Moreno, Alvaro: Organisational closure in biological organisms, in: History and Philosophy of the Life Sciences 32 (2010), S. 269-288.

O'Regan, J. Kevin / Noë, Alva: A sensorimotor account of vision and visual consciousness, in: Behavioral and Brain Sciences 24 (2001), S. 939-1031.

Palágyi, Melchior: Naturphilosophische Vorlesungen. Über die Grundprobleme des Bewusstseins und des Lebens, Charlottenburg 1907.

Palágyi, Melchior: Wahrnehmungslehre, Leipzig 1925.

Pearce, Trevor: The origins and development of the idea of organism-environment interaction, in: Entangled Life. Organism and Environment in the Biological and Social Sciences, herausgegeben von Gillian Barker, Eric Desjardins und Trevor Pearce, Dordrecht 2014, S. 13-32.

Plessner, Helmuth: Die Stufen des Organischen und der Mensch [1928], Berlin 1975.

Rupert, Robert: Cognitive Systems and the Extended Mind, New York 2009.

Sartre, Jean-Paul: L'être et le néant. Essai d'ontologie phénoménologique [1943], dt. Das Sein und das Nichts. Versuch einer phänomenologischen Ontologie, übers. v. Hans Schöneberg und Traugott König, Reinbek 1995.

Scheler, Max: Die Idole der Selbsterkenntnis [1912], in: Vom Umsturz der Werte, Bern 1955, S. 213-292.

Scheler, Max: Das Wesen des Todes [1923-24], in: Schriften aus dem Nachlass, Bd. 3. Philosophische Anthropologie, herausgegeben von Manfred S. Frings, Bonn 1987, S. 253-337.

Scheler, Max: Die Stellung des Menschen im Kosmos [1928], Bonn 1991.

Schmid, Hans Bernhard: Subjekt, System, Diskurs. Edmund Husserls Begriff transzendentaler Subjektivität in sozialtheoretischen Bezügen, Dordrecht 2000.

Smythies, John R.: Analysis of Perception, New York 1956.

Spamer, Carl: Ueber Einzelempfindung und Lust- und Unlust-Gefühle. Mit Beziehung auf Manie und Melancholie, sowie auf Hysterie, in: Archiv für Psychiatrie und Nervenkrankheiten, 7 (1877), S. 160-181.

Stadler, Michael: [Art.] Wahrnehmung, in: Enzyklopädie Philosophie, Bd. 3, herausgegeben von Hans Jörg Sandkühler, Hamburg 2010, S. 2937-2946.

Toepfer, Georg: Historisches Wörterbuch der Biologie. Geschichte und Theorie der biologischen Grundbegriffe, 3 Bde., Stuttgart 2011, online unter: http://www.zfl-berlin.org/personenliste-detail/items/toepfer.html.

Tomasello, Michael: The ultra-social animal, in: European Journal of Social Psychology 44 (2014), S. 187-194.

Tomasello, Michael: A Natural History of Human Thinking [2014], dt. Eine Naturgeschichte des menschlichen Denkens, übers. v. Jürgen Schröder, Frankfurt am Main 2014.

Treviranus, Gottfried Reinhold: Biologie oder Philosophie der lebenden Natur für Naturforscher und Ärzte, Bd. 1, Göttingen 1802.

Uexküll, Jakob von: Die Umrisse einer kommenden Weltanschauung, in: Die neue Rundschau 18 (1907), S. 641-661.

Uexküll, Jakob von: Die neuen Fragen in der experimentellen Biologie, in: Rivista di Scienza "Scientia" 4, Anno II, N. VII (1908), S. 72-86.

Uexküll, Jakob von: Umwelt und Innenwelt der Tiere, Berlin 1909.

Uexküll, Jakob von: Biologische Briefe an eine Dame, in: Deutsche Rundschau 178 (1919), S. 309-323; 179 (1919), S. 132-148; 276-292; 451-468.

Uexküll, Jakob von: Theoretische Biologie, Berlin 1920.

Uexküll, Jakob von: Umwelt und Innenwelt der Tiere, Berlin ²1921.

Uexküll, Jakob von: Theoretische Biologie, Berlin ²1928.

Uexküll, Thure von: Was heißt und zu welchem Ende betreiben wir psychosomatische Medizin?, in: Provokation und Toleranz. Festschrift für Alexander Mitscherlich zum siebzigsten Geburtstag, herausgegeben von Sibylle Drews et al., Frankfurt am Main 1978, S. 119-136.

Uexküll, Thure von: Die Wissenschaft von dem Lebendigen, in: Perspektiven der Philosophie 13 (1987), S. 451-461.

Uexküll, Thure von: Organismus und Umgebung. Perspektiven einer neuen ökologischen Wissenschaft, in: Ökologische Theologie, herausgegeben von Günter Altner, Suttgart 1989, S. 392-408.

Uexküll, Thure von / Wesiack, Wolfgang: Psychosomatische Medizin und das Problem einer Theorie der Heilkunde, in: Lehrbuch der psychosomatischen Medizin, herausgegeben von Thure von Uexküll et al., München 1979, S. 7-21.

Varela, Francisco J.: Principles of Biological Autonomy, New York 1979.

Walter, Sven: Erweiterte Kognition (*extended cognition*), in: Handbuch Kognitionswissenschaft, herausgegeben von Achim Stephan und Sven Walter, Stuttgart 2013, S. 193-197.

Weizsäcker, Viktor von: Über medizinische Anthropologie [1927], in: Gesammelte Schriften, Bd. 5, Frankfurt am Main 1987, S. 177-194.

Weizsäcker, Viktor von: Der Gestaltkreis, dargestellt als psychophysiologische Analyse des optischen Drehversuches [1933], in: Gesammelte Schriften, Bd. 4, Frankfurt am Main 1997, S. 23-61.

Weizsäcker, Viktor von: Der Gestaltkreis. Theorie der Einheit von Wahrnehmen und Bewegen, Leipzig 1940.

Wiesing, Lambert: Das Mich der Wahrnehmung. Eine Autopsie, Frankfurt am Main 2009.

Wikimedia Commons: Wahrnehmungskette, neu gezeichnet von WolfgangS nach einem Vorbild von Arno Matthias, erstellt am 20. April 2009, https://commons.wikimedia.org/wiki/File%3AWahrnehmungskette.svg (abgerufen am 8. Dez. 2015).

Wilson, Margaret: Six views of embodied cognition, in: Psychonomic Bulletin and Review 9 (2002), S. 625-636.

Woltereck, Richard: Grundzüge einer allgemeinen Biologie. Die Organismen als Gefüge/Getriebe, als Normen und als erlebende Subjekte, Stuttgart 1932.

Wunsch, Matthias: Stufenontologien der menschlichen Person, in: Person. Anthropologische, phänomenologische und analytische Perspektiven, herausgegeben von Inga Römer und Matthias Wunsch, Münster 2013, S. 237-256.

Wunsch, Matthias: Was macht menschliches Denken einzigartig? Zum Forschungspro-
    gramm Michael Tomasellos, in: Interdisziplinäre Anthropologie, Jahrbuch 3/2015
    (2016), S. 259-288.
Zahavi, Dan: Husserl und die transzendentale Intersubjektivität. Eine Antwort auf die
    sprachpragmatische Kritik, Dordrecht 1996.

Kontakt

PD Dr. Georg Toepfer
Zentrum für Literatur- und Kulturforschung
Schützenstr. 18
10117 Berlin
E-Mail: toepfer@zfl-berlin.org

I
Diskurs

2 Kommentare

Andrea Bender / Daniel Hanus

Die sozio-kulturelle Matrix menschlicher Wahrnehmung

Vorrede | Aus kognitionswissenschaftlicher Sicht handelt es sich bei der Wahrneh-mung um einen basalen kognitiven Prozess, bei dem Informationen aus der Umwelt über sensorische Kanäle aufgenommen werden.[1] Wahrnehmung ist insofern *kognitiv*, als sie Teil der Informationsverarbeitung ist, und insofern *basal*, als sie den meisten anderen Prozessen der Informationsverarbeitung vorgelagert ist. Die von unseren Sinnesorganen empfangenen Signale werden zunächst aufbereitet, ehe sie – gegeben hinreichende Aufmerksamkeit – kognitiv weiterverarbeitet werden. Zugleich sind Aufmerksamkeit für und Weiterverarbeitung von sensorisch erfassten Signalen essentiell für echte Wahrnehmung, weil beispielsweise etwas Gesehenes, das „kei-nen Eindruck hinterlässt", nicht wirklich wahrgenommen wurde. Um Eindruck zu hinterlassen, muss aber mehr geschehen als nur, dass Reize auf die Netzhaut oder das Trommelfell treffen; die Information muss zur Kenntnis genommen und mit bereits verfügbaren Informationen in Beziehung gesetzt werden. Dabei wird das Ergebnis der Wahrnehmung in einer Verschränkung basaler Prozesse der Reizre-zeption (*bottom-up*) mit höheren Prozessen der Kategorisierung und Interpretation (*top-down*) ko-konstruiert. Dies wirft verschiedene, auch kognitionswissenschaft-lich relevante Fragen auf: Impliziert der basal-kognitive Charakter menschlicher Wahrnehmungsprozesse, dass diese automatisch und/oder bei allen Menschen gleich verlaufen? Und wie distinkt sind sie für die Spezies Mensch?

Von den drei philosophischen Modellen der Wahrnehmung, die Georg Toepfer in seinem Leitartikel so kenntnisreich wie kritisch diskutiert, ist das oben skizzierte Verständnis von Wahrnehmung am ehesten mit dem sozialinteraktionistischen Modell vereinbar, das den sozialen Kontext der Wahrnehmung ins Zentrum der Beschreibung rückt. Für die Differenzierung dieser Modelle zentral ist das Ver-hältnis von Mensch und Welt. Während sowohl das *dissoziative* Modell als auch das *assoziativ* oder *fusionistische* Modell eine Trennung von Mensch und Welt

---

1   Goldstein, E. Bruce: *Wahrnehmungspsychologie.* Heidelberg 2007.

als gegeben annehmen, die durch die Wahrnehmung überwunden werden könne
(nämlich indem Information über die Welt beim wahrnehmenden Subjekt anlange
oder aber indem sich eine Einheit von Organismus und Welt manifestiere [3]), erfolgt
nach dem *sozialinteraktionistischen* Modell diese Trennung überhaupt erst in der
Wahrnehmung. Die Form der Wahrnehmung, die diese Trennung ermöglicht, sei
indes, so Toepfers These, ein anthropologisches Charakteristikum [11].

Zu [9] | Insofern, als sich Wahrnehmung beim Menschen von Beginn an in
einem sozialen Kontext vollzieht – und das bedeutet auch: unter den spezifisch
menschlichen Bedingungen der Intersubjektivität, basierend auf der Befähigung
zu geteilter Aufmerksamkeit und Perspektivenübernahme und in kontinuierlicher
Kommunikation mit anderen Menschen –, reift in diesem Prozess die Erkenntnis,
dass wahrgenommene Objekte unabhängig von der eigenen Wahrnehmung weiter
existieren und zudem aus anderer Perspektive anders wahrgenommen werden. Dies
impliziert zweierlei: zum einen, dass die Erkenntnis von „Objektivität" spezifisch
menschlich ist in dem Umfang, in dem wir die Fähigkeit zu geteilter Aufmerksamkeit, Perspektivenübernahme und kooperativer Kommunikation nicht mit
anderen Spezies teilen (darauf gehen wir im Abschnitt zu [10] ein), zum anderen
aber auch, wie im Folgenden näher ausgeführt, dass sich in der Kommunikation
über das Wahrgenommene kulturspezifische Unterschiede herausbilden sollten.[2]
    Ein wachsender Fundus empirischer Belege zum Einfluss von Sprache und Kultur
auf die Wahrnehmung stützt diesen Teil von Toepfers These. So hängt etwa bei der
sozialen Wahrnehmung die Zuschreibung von Intentionalität oder Verantwortung
naturgemäß besonders stark von Vorannahmen über nicht direkt beobachtbare
Faktoren ab, die sozial erzeugt und vermittelt werden.[3] Kulturelle Variabilität
findet sich aber auch für Domänen, für die man es in deutlich geringerem Umfang
vermuten sollte, nämlich bei optischen Täuschungen.
    Aufgrund ihres robusten Auftretens und der scheinbaren Unbeeinflussbarkeit
durch explizite Informationen gelten optische Illusionen wie beispielsweise die
Müller-Lyer-Täuschung als fest „verdrahtet". Bei dieser Täuschung, benannt nach
dem deutschen Psychiater und Soziologen Franz Müller-Lyer (1857-1916), werden
zwei Linien gleicher Länge als unterschiedlich lang wahrgenommen, wenn die eine

---

2   Bender, Andrea / Beller, Sieghard: Current perspectives on cognitive diversity, in: Fron-
    tiers in Psychology 7 (2016), S. 509.

3   Morris, Michael W. / Menon, Tanya / Ames, Daniel R.: Culturally conferred conceptions
    of agency: A key to social perception of persons, groups, and other actors, in: Personality
    and Social Psychology Review 5 (2001), Issue 2, S. 169-182; Varnum, Michael E. et al.:
    The origin of cultural differences in cognition: The social orientation hypothesis, in:
    Current Directions in Psychological Science 19 (2010), Issue 1, S. 9-13.

an ihren Enden je einen nach außen gerichteten spitzen Winkel aufweist, während bei der anderen die Winkel nach innen gerichtet sind.

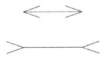

Als fest verdrahtet gelten sie, weil das Wahrnehmungssystem automatisch die Informationen zur tatsächlichen Größe mit der Interpretation des Gesehenen als etwas ‚eigentlich‘ dreidimensionalem verrechnet[4] – selbst wenn uns der Umstand der Verrechnung bewusst ist und wir sie ausgleichen wollen. Dennoch ist der Verrechnungsfaktor nicht universell für alle Menschen gleich, wie eine kultur-vergleichende Studie belegt: Während für Studenten einer nordamerikanischen Universität die scheinbar kürzere Linie um bis zu 20 % länger sein musste als die andere, um tatsächlich als gleich lang zu erscheinen, war diese Diskrepanz in den 15 anderen getesteten Gruppen geringer, und bei den Angehörigen der San im süd-lichen Afrika sogar praktisch nicht existent.[5] Die plausibelste Erklärung dafür ist, dass Auftreten und Ausprägung dieser Wahrnehmungstäuschung davon abhängen, wie stark beispielsweise rechtwinklige Gebäude die eigene Umwelt prägen und das Wahrnehmungssystem auf diese Art der Interpretation hin trainieren.[6] Andere Daten deuten zudem darauf hin, dass Menschenaffen – deren physiologischer Wahrnehmungsapparat nahezu identisch mit dem von Menschen ist – visuellen Täuschungen unterschiedlichster Art nicht oder nicht im selben Maße erliegen.[7]

Noch deutlicher wird der potentielle Einfluss der Sprachgemeinschaft auf die Konstitution der Wahrnehmung im Falle von *Reizdiskriminierung und -katego-*

---

4   Gregory, Richard L.: Eye and brain, New York 1966.

5   Segall, Marshall H. / Campbell, Donald T. / Herskovits, Melville J.: Cultural differences in the perception of geometric illusions, in: Science 139 (1963), S. 769-771.

6   für weitere Beispiele, auch aus dem Bereich der Sprachwahrnehmung, s. bspw. Ahluwalia, Arun: An intra-cultural investigation of susceptibility to 'perspective' and 'nonperspec-tive' spatial illusions, in: British Journal of Psychology 69 (1978), Issue 2, S. 233-241; Sekiyama, Kaoru: Cultural and linguistic factors in audiovisual speech processing: The McGurk effect in Chinese subjects, in: Perception and Psychophysics 59 (1997), Issue 1, S. 73-80.

7   Hanus, Daniel et al.: The effect of visual illusions in human and non-human primates, im Erscheinen.

risierung[8], etwa für Farben[9], Tonhöhen[10] oder olfaktorische Sinneseindrücke.[11] In diesen Fällen sind es sprachlich kodierte und sozial erlernte Klassifikationssysteme, die dazu beitragen, den Wahrnehmungsprozess in kulturspezifischer Weise zu strukturieren.

Und schließlich wird der mit der Wahrnehmung eng verknüpfte Prozess der *Aufmerksamkeitssteuerung*, mit dessen Hilfe wir einzelne Segmente aus dem Strom eingehender Signale herauslösen und selektiv wahrnehmen, durch kulturell geprägte Gewohnheiten darauf trainiert, mehr oder weniger Augenmerk beispielsweise auf Hintergrundinformationen zu lenken.[12]

Zu [10] | Die These, Wahrnehmung sei zudem ein distinkt anthropologisches Charakteristikum, wird von neueren empirischen Befunden nicht uneingeschränkt gestützt. So legen entsprechende Studien den Schluss nahe, dass auch andere Tierarten in der Lage sind, die (visuelle) Wahrnehmungsperspektive von Artgenossen einzunehmen und in ihren Entscheidungen zu berücksichtigen. Menschenaffen zum Beispiel scheinen nicht nur zu verstehen, was momentan von einem konkurrierenden Tier gesehen bzw. nicht gesehen wird, sondern auch, was das andere

---

8   Malt, Barbara C. / Majid, Asifa: How thought is mapped into words, in: Wiley Interdisciplinary Reviews: Cognitive Science 4 (2013), Issue 6, S. 583-597; Ojalehto, Bethany / Medin, Douglas L.: Perspectives on culture and concepts, in: Annual Review of Psychology 66 (2015), S. 249-275.

9   Roberson, Debi et al.: Color categories: Evidence for the cultural relativity hypothesis, in: Cognitive Psychology 50 (2005), S. 378-411; Regier, Terry / Kay, Paul: Language, thought, and color: Whorf was half right, in: Trends in Cognitive Sciences 13 (2009), Issue 10, S. 439-446.

10 Dolscheid, Sarah et al.: The thickness of musical pitch: Psychophysical evidence for linguistic relativity, in: Psychological Science 24 (2013), Issue 5, S. 613-621; Dolscheid, Sarah et al.: Prelinguistic infants are sensitive to space-pitch associations found across cultures, in: Psychological Science 25 (2014), Issue 6, S. 1256-1261.

11 Majid, Asifa / Burenhult, Niclas: Odors are expressible in language, as long as you speak the right language, in: Cognition, 130 (2014), Issue 2, S. 266-270; Wnuk, Ewelina / Majid, Asifa: Revisiting the limits of language: The odor lexicon of Maniq, in: Cognition 131 (2014), S. 125-138.

12 Nisbett, Richard E. / Masuda, Takahiko: Culture and point of view, in: Proceedings of the National Academy of Science 100 (2003), Issue 19, S. 11163–11175; Masuda, Takahiko / Nisbett, Richard E.: Attending holistically versus analytically: Comparing the context sensitivity of Japanese and Americans, in: Journal of Personality and Social Psychology 81 (2001), Issue 5, S. 922-934; Masuda, Takahiko / Nisbett, Richard E.: Culture and change blindness, in: Cognitive Science 30 (2006), S. 381-399.

Tier weiß, etwa weil es das in unmittelbarer Vergangenheit gesehen hat.[13] Daraus wurde gefolgert, dass Menschenaffen (im Speziellen Schimpansen) eine rudimentäre „Wahrnehmung-Ziel- (*perception-goal*) Psychologie" im Umgang mit anderen nutzen. (Erwachsene) Menschen sind darüber hinaus sensitiv für den tiefergehenden intentionalen Gehalt und die zugrundeliegende Motivation anderer Akteure, können also auf eine Art „Überzeugungs-Wunsch- (*belief-desire*) Psychologie" zurückgreifen. Genau diese Fähigkeit scheint nach bisherigem Kenntnisstand dem Menschen eigen zu sein und wird in enger Verknüpfung mit unserer kulturell konstituierten „Wir-Intentionalität" (*shared intentionality*) diskutiert.[14]

Obwohl verschiedene Tierarten potentiell in der Lage sind, Situationen und Entitäten auf abstrakte, also vom unmittelbaren perzeptuellen Input entkoppelte Weise kognitiv zu repräsentieren, scheinen nur Menschen dazu fähig, ein und dieselbe Situation aus unterschiedlichen oder sogar konfligierenden sozialen Perspektiven zu konzeptualisieren. Dies schließlich stellt die Grundlage für die Erfahrung einer betrachterunabhängigen Intersubjektivität dar, welche wiederum unabdingbar für die Möglichkeit objektiver Wahrnehmung ist.[15]

Neben den Aspekten zur Intersubjektivität, der geteilten Aufmerksamkeit und der Fähigkeit zur Perspektivenübernahme wird im vorliegenden Target-Artikel die Möglichkeit der Entkopplung von Perzeption und Aktion als anthropologisches Spezifikum hervorgehoben. Im Gegensatz zu anderen Tierarten, denen zwischen Wahrnehmung und Tätigkeit eine unmittelbare Verbindung unterstellt wird, sind Menschen – so das Argument – zum *off-line-Denken* in der Lage, also zum gedanklichen Bearbeiten von Problemen ohne aktuelle biologische Relevanz. Forschung zum Planungsvermögen nichtmenschlicher Primaten stellt diesen Aspekt als Ausdruck einzigartig menschlicher Kognition allerdings in Frage. So deuten neuere Studien darauf hin, dass Menschenaffen durchaus in der Lage sind, eigene zukünftige Bedürfnisse zu antizipieren und in ihrer momentanen Handlungsplanung zu berücksichtigen. Bonobos und Orang-Utans wählen (und transportieren) beispielsweise Werkzeuge, die zum Zeitpunkt der Wahl funktional nutzlos sind – weil der Futterapparat nicht zugänglich ist –, um sie (bis zu 14 Stunden) später

---

13   Hare, Brian / Call, Josep / Tomasello, Michael: Do chimpanzees know what conspecifics know?, in: Animal Behaviour 61 (2001), S. 139-151; Kaminski, Juliane / Call, Josep / Tomasello, Michael: Chimpanzees know what others know, but not what they believe, in: Cognition 109 (2008), S. 224-234.

14   Tomasello, Michael et al.: Two key steps in the evolution of human cooperation: The interdependence hypothesis, in: Current Anthropology 56 (2012), Issue 6, S. 1-20.

15   Tomasello, Michael: A Natural History of Human Thinking, Cambridge/Massachussetts 2014.

anzuwenden.[16] Auch außerhalb des Nahrungskontextes gibt es systematische Beobachtungen, die zeigen, dass Zoo-Schimpansen Steine und andere Gegenstände sammeln und verstecken, um diese später auf Besucher zu werfen. Bemerkenswerterweise vollzieht sich das akribische und ausdauernde Sammeln in affektiver Gelassenheit, während die eigentliche Ausführung, also das Steinewerfen, mit offensichtlicher Erregung einhergeht.[17]

Diese Beobachtungen sind zum einen lerntheoretisch bemerkenswert, da ein relativ langer Zeitraum zwischen ausgeführter Handlung und darauf folgender Belohnung liegt, was reine Konditionierungsansätze als Beschreibungsmodelle unwahrscheinlich macht. Noch bemerkenswerter ist zudem, dass genau die angeführten Kriterien einer Entkopplung von momentanen und antizipierten zukünftigen Bedürfnissen vorzuliegen scheinen, die als spezifisches Charakteristikum menschlicher Kognition angeführt wurden.

Fazit | Aus kognitionswissenschaftlicher (ethnologischer wie psychologischer) Sicht scheint eindeutig, dass sich in der Wahrnehmung *bottom-up* und *top-down* gesteuerte Prozesse der Informationsverarbeitung überlagern. Wahrnehmung ist damit immer auch Interpretation, wird also geprägt durch den individuellen Wissensstand und Erfahrungsschatz – und damit auch durch den kulturellen Kontext, in welchem Wissen und Erfahrungen erworben wurden. Dies umfasst ganz allgemein Charakteristika der Umwelt, in der wir aufwachsen und die ihrerseits durch kulturelle Aktivitäten mitgeformt werden, Sprache als wichtigstes Werkzeug des Denkens und der Kommunikation sowie kulturelle Muster der Aufmerksamkeitssteuerung. Ob in einem noch viel fundamentaleren Sinne diese Sichtweise von Wahrnehmung auf den Menschen beschränkt ist oder in bestimmten Domänen auch für einzelne nicht-menschliche Spezies (allen voran die Menschenaffen) gilt, und wo gegebenenfalls konzeptuelle Unterschiede festzumachen sind, bleibt hingegen Gegenstand nicht nur philosophischer Diskussion, sondern auch intensiver empirischer Forschung.

---

16   Mulcahy, Nicholas J. / Call, Josep: Apes save tools for future use, in: Science 312 (2006), S. 1038-1040.

17   Osvath, Matthias: Spontaneous planning for future stone throwing by a male chimpanzee, in: Current Biology 19 (2009), Issue 5, S. R190-R191.

Literaturhinweise

Ahluwalia, Arun: An intra-cultural investigation of susceptibility to 'perspective' and 'non-perspective' spatial illusions, in: British Journal of Psychology 69 (1978), Issue 2, S. 233-241.

Bender, Andrea / Beller, Sieghard: Current perspectives on cognitive diversity, in: *Frontiers in Psychology 7 (2016)*, S. 509.

Dolscheid, Sarah et al.: The thickness of musical pitch: Psychophysical evidence for linguistic relativity, in: Psychological Science 24 (2013), Issue 5, S. 613-621.

Dolscheid, Sarah et al.: Prelinguistic infants are sensitive to space-pitch associations found across cultures, in: Psychological Science 25 (2014), Issue 6, S. 1256-1261.

Goldstein, E. Bruce: Wahrnehmungspsychologie, Heidelberg 2007.

Gregory, Richard L.: Eye and brain, New York 1966.

Hanus, Daniel et al.: The effect of visual illusions in human and non-human primates, im Erscheinen.

Hare, Brian / Call, Josep / Tomasello, Michael: Do chimpanzees know what conspecifics know?, in: Animal Behaviour 61 (2001), S. 139-151.

Kaminski, Juliane / Call, Josep / Tomasello, Michael: Chimpanzees know what others know, but not what they believe, in: *Cognition 109 (2008)*, S. 224-234.

Majid, Asifa / Burenhult, Niclas: Odors are expressible in language, as long as you speak the right language, in: Cognition, 130 (2014), Issue 2, S. 266-270.

Malt, Barbara C. / Majid, Asifa: How thought is mapped into words, in: Wiley Interdisciplinary Reviews: Cognitive Science 4 (2013), Issue 6, S. 583-597.

Masuda, Takahiko / Nisbett, Richard E.: Attending holistically versus analytically: Comparing the context sensitivity of Japanese and Americans, in: Journal of Personality and Social Psychology 81 (2001), Issue 5, S. 922-934.

Masuda, Takahiko / Nisbett, Richard E.: Culture and change blindness, in: Cognitive Science 30 (2006), S. 381-399.

Morris, Michael W. / Menon, Tanya / Ames, Daniel R.: Culturally conferred conceptions of agency: A key to social perception of persons, groups, and other actors, in: Personality and Social Psychology Review 5 (2001), Issue 2, S. 169-182.

Mulcahy , Nicholas J. / Call, Josep: Apes save tools for future use, in: *Science 312 (2006)*, S. 1038-1040.

Nisbett, Richard E. / Masuda, Takahiko: Culture and point of view, in: Proceedings of the National Academy of Science 100 (2003), Issue 19, S. 11163-11175.

Ojalehto, Bethany / Medin, Douglas L.: Perspectives on culture and concepts, in: Annual Review of Psychology 66 (2015), S. 249-275.

Osvath, Matthias: Spontaneous planning for future stone throwing by a male chimpanzee, in: Current Biology 19 (2009), Issue 5, S. R190-R191.

Regier, Terry / Kay, Paul: Language, thought, and color: Whorf was half right, in: Trends in Cognitive Sciences 13 (2009), Issue 10, S. 439-446.

Roberson, Debi et al.: Color categories: Evidence for the cultural relativity hypothesis, in: Cognitive Psychology 50 (2005), S. 378-411.

Segall, Marshall H. / Campbell, Donald T. / Herskovits, Melville J.: Cultural differences in the perception of geometric illusions, in: Science 139 (1963), S. 769-771.

Sekiyama, Kaoru: Cultural and linguistic factors in audiovisual speech processing: The McGurk effect in Chinese subjects, in: Perception and Psychophysics 59 (1997), Issue 1, S. 73-80.

Tomasello, Michael: A Natural History of Human Thinking, Cambridge/Massachussetts 2014.
Tomasello, Michael et al.: Two key steps in the evolution of human cooperation: The interdependence hypothesis, in: Current Anthropology 56 (2012), Issue 6, S. 1-20.
Varnum, Michael E. et al.: The origin of cultural differences in cognition: The social orientation hypothesis, in: Current Directions in Psychological Science 19 (2010), Issue 1, S. 9-13.
Wnuk, Ewelina / Majid, Asifa: Revisiting the limits of language: The odor lexicon of Maniq,
in: Cognition 131 (2014), S. 125-138.

Kontakt

Prof. Dr. Andrea Bender
Universität Bergen
Department of Psychosocial Science
Postfach 7807
N-5020 Bergen, Norwegen
E-Mail: Andrea.Bender@uib.no

Dr. Daniel Hanus
Max Planck Institut für evolutionäre Anthropologie
Abteilung für vergleichende und Entwicklungspsychologie
Deutscher Platz 6
04103 Leipzig
E-Mail: hanus@eva.mpg.de

Peter Bexte

Pfeile im Kreisverkehr

Zu [7] | Die folgenden Überlegungen beziehen sich auf die Abbildungen 2 und 3. Es handelt sich um Diagramme, wie sie in bemerkenswerter Formkonstanz seit einem Jahrhundert in den referierten Debatten mitgeführt werden. Sehr zu Recht hat Georg Toepfer darauf hingewiesen, dass die Form des Diagramms immer schon gewisse Implikationen mit sich bringt. Diagramme setzen die keinesfalls unproblematische Unterscheidung von Entitäten versus Relationen voraus. Die Relationen wiederum werden durch Pfeilsymbole gekennzeichnet, für die Toepfer eine Doppeldeutigkeit notiert: Sie seien einerseits in zeitlicher, andererseits in logischer Hinsicht lesbar. Dieser kritische Hinweis ist gewiss richtig. Trotzdem meine ich, dass damit die Problematik dieser Diagramme noch nicht ausreichend verdeutlicht ist. Dies zeigt sich in gesteigerter Form, wenn man Toepfers Vorschlag weiterdenkt, Pfeile nicht nur auf Entitäten, sondern auch auf andere Pfeile zeigen zu lassen.

Die nachfolgenden Überlegungen werden zweierlei thematisieren: (1.) fragen sie nach einem Detail: eben nach dem Pfeilsymbol; (2.) fragen sie nach etwas Grundsätzlichem: Ob nämlich auf Basis dieser Diagramme tatsächlich eine valide Unterscheidung von biologischer versus anthropologischer Wahrnehmung getroffen werden kann.

(1) Man glaubt zu wissen, was ein Pfeil ist und was er bedeuten mag, indem er von einem Punkt der Darstellung auf einen anderen Punkt – ja, was nun: *zeigt*? Oder sollten wir sagen: auf ihn *zielt* (– was hieße dann *Ziel*? Geht es um eine Teleologie? Oder eine Verbindung? Oder eine Übertragung? Oder um die Integration einer Teilmenge? Oder ...? Schon der schlichte Versuch, die Bedeutung des graphischen Gebildes namens *Pfeil* sprachlich zu fassen, gestaltet sich problematisch.

Michel Serres hat das Problem wie folgt umrissen: „Are there any connections (...) that can't be further analyzed? I have no proofs that the simple parasitic arrow,

even, is a basic unit of relationship, truly undecomposable."[1] In der Tat zerlegt sich
das scheinbar elementare Zeichen, sobald man es näher betrachtet. Für die jüngeren Debatten um Notationsweisen in der Biologie hat diese Frage eine gewisse
Rolle gespielt, nicht zuletzt in der sogenannten Systems Biology. Dort nämlich sind
mehrdeutige Notationsweisen zu einem gravierenden Problem geworden. Eine Arbeitsgruppe um Nicolas Le Novère hat sich der Sache angenommen und im August
2009 einen Vorschlag für eine Systems Biology Graphical Notation (SBGN) vorgelegt.
Sie beschreiben das Problem wie folgt: „Ironically, despite having one of the highest
ratios of graphical to textual information, biology still lacks standard graphical
notations. The recent deluge of biological knowledge makes addressing this deficit
a pressing concern."[2] Der Befund lautet, dass gewisse Symbole mehrdeutig sind und
die Notationsweisen hierdurch inkonsistent werden. Dies hat unangenehme Folgen
für eine Biologie, deren Bildmaterial fortschreitend aus Diagrammen besteht. Um
das Problem zu verdeutlichen, wurde in dem genannten Papier ein Fallbeispiel
betrachtet („the role of cyclin in cell regulations"). Diverse Aufsätze zu diesem
Thema benutzten Pfeile in Diagrammen, setzten sie jedoch ganz verschieden ein.
Die Autoren haben acht verschiedene Bedeutungen des scheinbar immer gleichen
Pfeilsymbols festgestellt. Es konnte damit gemeint sein: „is transformed into /
translocates / is degraded into / associates into / dissociates into / stimulates the
activity of / stimulates the expression of / catalyses the formation of".[3] In jedem
Pfeil der untersuchten Diagramme steckten acht Bedeutungsmöglichkeiten, mithin
sieben Möglichkeiten von Missverständnissen.

Das angeführte Beispiel aus der Zellbiologie mag speziell sein, nichtsdestotrotz
hat es Folgen. Es wirft ein Schlaglicht auf sämtliche Diagramme, die mit Pfeil-
symbolen operieren. Hiervon sind auch die älteren biologischen Kreisdiagramme
betroffen, die Georg Toepfer vorgeführt hat. Das Problem wird besonders deutlich
an seinem Vorschlag, Pfeile nicht nur auf Entitäten, sondern auch auf andere Pfeile
zeigen zu lassen, um damit anzudeuten, dass auch das Verhältnis zu einer Relation
geändert werden könne.[4] Toepfers Beispiel lautet: Ich verändere mein Verhältnis

---

1   Serres, Michel: Genesis [1982], Ann Arbor 1995, S. 3.

2   Le Novère, Nicolas et al.: The Systems Biology Graphical Notation, in: Nature Biotech-
    nology 27 (2009), Nr. 8, S. 735-741, hier S. 735 (Version vom 7.August 2009).

3   Le Novère, Nicolas et al.: The Systems Biology Graphical Notation, in: Nature Biotech-
    nology 27 (2009), Nr. 8, S. 735-741, hier S. 736.

4   In den semantikfreien Räumen der Computersprachen gibt es so etwas durchaus. Vgl.
    Kernighan, Brian W. / Ritchie, Dennis M.: Programmieren in C, München und Wien
    1990, S. 104 ff.: Kapitel 5.6: Zeiger auf Zeiger. Georg Toepfers Annahme, sein Bild von
    Pfeilen auf Pfeile widerspreche einer Konvention, mag innerhalb der Biologie richtig
    sein, ist hier jedoch nicht zutreffend.

zur Sonne, aber nicht die Sonne. So einleuchtend dieser Satz im ersten Augenblick auch wirkt, so führt er dennoch zu Problemen, sobald man ihn in soziale Kontexte überträgt. Die klare Unterscheidung von Entität und Relation dürfte schwierig werden, wenn es um emotionale Beziehungen geht. Zudem vervielfachen sich die Bedeutungsmöglichkeiten des mehrdeutigen Symbols, wo es nochmals auf sein Ebenbild bezogen wird. Würde man z. B. (wie in dem oben geschilderten Fall) von acht Bedeutungsmöglichkeiten eines jeden Pfeils ausgehen, so hätte man bei einem Pfeil, der auf einen Pfeil zeigt, 8 x 8 = 64 Verständnismöglichkeiten. Damit aber wäre nur eines erreicht: eine Vermehrung der Probleme. Es reicht offensichtlich nicht aus, von Relationen zu sprechen, ohne ihre Modalitäten zu bedenken.

(2) Die in der Abbildung 2 zusammengestellten Kreisdiagramme zeigen eine bemerkenswerte Formkonstanz. Im Laufe von einhundert Jahren hat sich bei Varianten in den Binnendifferenzierungen wenig Grundlegendes geändert. Die wesentlichen Elemente finden sich in radikalster Verknappung im fünften Feld des Tableaus, d. h. in Viktor von Weizäckers Graphik zur Darstellung des *Wirkungszusammenseins* von Organismus und Umwelt. Man sieht die Lettern O und U sowie zwei halbkreisförmig gebogene Pfeile. Zwei Buchstaben und zwei Pfeile – mehr ist bildlich nicht gegeben, um eine relationale Grundstruktur zu skizzieren. Streng nach Jakob von Uexküll gilt sie für alle Organismen mit ihren je spezifischen Umwelten. Die Frage lautet nun, ob aus dem biologischen Modell etwas spezifisch Anthropologisches entwickelt werden könne, wie Toepfer nahelegt.

Gottfried Benn hat diese Frage klar verneint. In einem kurzen Text von 1944 notierte er, dass Uexkülls Umweltbegriff sämtliche Lebewesen prinzipiell gleichordnen würde, denn alle tauschen sich irgendwie mit ihrer Umwelt aus. In einem musikalischen Vergleich sprach Benn von einer „Symphonie, in der alle Umwelten prinzipiell gleichgeordnet sind und vor der es ein eigentliches anthropologisches Problem nicht gibt. […], der Geist ist ein Versuch, neben dem Pieplaut der Fledermaus und der Ansprechbarkeit der Zecke auf den Buttersäuregeruch."[5] Damit ist in aller Kürze das Problem markiert. Demgegenüber hat Toepfer auf die jüngeren Ansätze Thure von Uexkülls hingewiesen, bei denen spezifisch menschliche Charakteristika in das Modell eingetragen seien. Schaut man jedoch genauer hin, so hat sich an der prinzipiellen Form des Diagramms wenig geändert. Gewiss wurden neue Elemente eingetragen, allerdings in eine alte Grundstruktur. Und hier scheint mir Benns Bemerkung immer noch schlagend, denn Binnendifferenzierungen än-

---

5　Benn, Gottfried: Von Uexküll [1944], in: ebd.: Sämtliche Werke, Bd. 4: Prosa 2, Stuttgart 1989, S. 350.

dern nichts an einer Grundstruktur, „vor der es ein eigentliches anthropologisches Problem nicht gibt".

Literaturhinweise

Benn, Gottfried: Sämtliche Werke, Bd. 4: Prosa 2 (1933-1945), Stuttgart 1989.
Kernighan, Brian W. / Ritchie, Dennis M.: Programmieren in C, München und Wien 1990.
Le Novère, Nicolas et al.: The Systems Biology Graphical Notation, in: Nature Biotechnology 27 (2009), Nr. 8, S. 735-741
Serres, Michel: Genesis [1982], Ann Arbor 1995, S. 3.

Kontakt

Prof. Dr. Peter Bexte
Kunsthochschule für Medien Köln
FG Kunst- und Medienwissenschaften
Peter-Welter-Platz 2
50676 Köln
E-Mail: pbexte@khm.de

Jens Bonnemann

Die Verletzlichkeit des Subjekts und die Gefahr einer Diskursivierung der Wahrnehmung

Zwei Bemerkungen zu Georg Toepfers Überlegungen zum assoziativ-fusionistischen und sozialinteraktionistisch-anthropologischen Wahrnehmungsmodell

(1) Wie Georg Toepfer überzeugend darlegt, lassen sich alle bisherigen theoretischen Ansätze zur Frage der Wahrnehmung entweder einem dissoziativen, einem assoziativ-fusionistischen oder einem sozialinteraktionistisch-anthropologischen Modell zuordnen, wobei – wie die Terminologie bereits erkennen lässt – mit dem letzten Modell die maßgebliche Differenz zwischen menschlichen und nicht-menschlichen Organismen hervorgehoben und damit der entscheidende Schritt von der Biologie zur Anthropologie markiert ist. Das erste, dissoziative Wahrnehmungsmodell ist kennzeichnend für all jene Positionen, die einem Primat der Erkenntnis sowie einer cartesianischen Trennung von Subjekt und Objekt verpflichtet bleiben. Hierzu zählen solche Theorien, für welche die Wahrnehmung ein einseitig-linearer Prozess ist, der entweder durch die Konstitutionsleistung eines Subjekts oder durch die Kausaleinwirkung eines Objekts zustande kommt. Nach Toepfer findet sich diese Auffassung „in den meisten expliziten Handbuchdefinitionen des Wahrnehmungsbegriffs" (These [4]) und der Umstand, dass er diesem ersten Wahrnehmungsmodell nur eine halbe Seite widmet, lässt erkennen, dass er diese Option für kaum noch erläuterungsbedürftig hält.

Hingegen setzen sich etwa zwei Drittel von Toepfers Aufsatz mit dem zweiten, also dem assoziativ-fusionistischen Wahrnehmungsmodell auseinander, zu dem eine ganze Reihe von sehr unterschiedlichen Autoren, nämlich Biologen wie Jakob von Uexküll oder Frederik Buytendijk, Phänomenologen wie Maurice Merleau-Ponty, Lambert Wiesing und Thomas Fuchs und schließlich *Embodiment*-Theoretiker wie Andy Clark oder David Chalmers gerechnet werden. Jene Positionen, die sich im Rahmen des assoziativ-fusionistischen Wahrnehmungsmodells bewegen, begreifen Wahrnehmung als ein *wechselseitiges* Verhältnis zwischen Subjekt und Objekt bzw. zwischen Organismus und Umwelt. Wahrnehmung zeichne sich demzufolge durch eine fundamentale Verschränkung zwischen Subjekt und Objekt aus; sie beruhe, wie es z. B. bei Frederik Buytendijk heißt, auf einer Einbettung des Organismus in seine Umwelt (These [6 iii]). Aus dieser Perspektive wird die Wahrnehmung nicht länger als eine Einbahnstraße verstanden, sondern sie vollzieht sich als ein interaktives Geschehen, weswegen mit Thomas Fuchs von einer zirkulären Kausalität (These [6

63

ix]) gesprochen werden kann. Toepfer selbst meldet im Zusammenhang mit seiner
Kritik an der Unschärfe des Umweltbegriffs jedoch Zweifel an, ob im strengen Sinne
denn wirklich von einer *Interaktion* zwischen Organismus und Umwelt die Rede
sein könne: „Wenn das, was Umwelt ist, stets nur ausgehend von einem System, dem
Organismus, entworfen werden kann, liegt es doch zumindest nahe, die Aktivität
auf Seiten des Organismus zu verorten. Denn auch wenn sich die Wahrnehmungsfunktionen von Organismen in Abhängigkeit von den wahrgenommenen Objekten
entwickeln und verändern, ist es doch der Organismus, der bestimmte Eigenschaften
seiner Umwelt selektiert und als relevant für ihn semantisch auflädt" (These [8 a]).

Während z. B. in einer transzendentalphilosophischen Wahrnehmungskonzeption, die dem dissoziativen Wahrnehmungsmodell entspricht, das Wahrgenommene eindeutig das Konstitut eines Subjekts ist, legt im Unterschied hierzu
das assoziativ-fusionistische Modell das Schwergewicht auf Verschränkung und
Interaktion, aber es ist fraglich, ob die Wahrnehmung auf diese Weise wirklich
schon die Grenzen einer subjektiven Sinn*konstitution* überschreitet. An die Stelle
des bloß erkennenden tritt nun zwar ein praktisches und körperliches Subjekt und
die Wahrnehmung ist in den Überlebenskampf eingerückt, den ein Organismus
mit seiner Umwelt führt, doch ändert all dies nichts an dem Umstand, dass die
Initiative eben allein vom Wahrnehmungssubjekt ausgeht. Inwiefern schließt die
Verschränkung wirklich eine *Inter*aktion ein, wenn die Aktivität nach wie vor
ausschließlich beim Subjekt und die Passivität ausschließlich beim Objekt liegt?

Solange der Wahrnehmende nur als ein Subjekt aufgefasst wird, das sich erken-
nend oder handelnd zur Welt verhält, wird sich hieran nichts ändern. Ich möchte
im Folgenden darlegen, dass die Wahrnehmung zwar immer subjektrelativ ist,
diese Subjektrelativität aber keineswegs allein mit Aktivität und Initiative zusammenfällt. Das Subjekt wirft sich nicht immer mit all seinen Handlungsinter-
essen ins Wahrnehmungsgeschehen, sondern es ist aufgrund seiner Leiblichkeit
so beschaffen, dass das Wahrgenommene ihm auch zustoßen und widerfahren
kann. Um das Primat des aktiven Subjekts in Frage zu stellen, empfiehlt es sich, in
phänomenologischer Perspektive auf jene Wahrnehmungen hinzuweisen, die das
Subjekt als unangenehm erlebt und die völlig unabhängig von Handlungsentwürfen
auftreten und völlig unabhängig von ihnen schlichtweg unangenehm sind. Wenn
das Subjekt z. B. der Hitze eines Feuers ausgesetzt ist, ist es zweifellos immer noch
seiner Initiative überlassen, ob es flieht oder das Feuer zu löschen versucht. Aber
es steht wohl fest, dass die Schmerzhaftigkeit und die furchtbare Hitze des Feuers
keineswegs auf einer „Aktivität auf Seiten des Organismus" (These [8 a]) beruhen.

Etwas erscheint in diesen und vergleichbaren Fällen nicht deswegen, weil das
Subjekt mit seinem Erkennen und Handeln die Initiative ergreift, sondern schlichtweg, weil dieses Subjekt leiden kann. Mit anderen Worten, das Wahrgenommene

hat bestimmte phänomenale Eigenschaften nicht aufgrund der Vermögen, sondern aufgrund der *Verletzlichkeit* des Organismus': Das Gesehene kann schmerzhaft blenden, das Gehörte schmerzhaft laut sein, das Getastete schmerzhaft brennen oder stechen. Außerdem ist dasjenige, was gerochen und geschmeckt wird, in der Lage, einen intensiven Ekel auszulösen. Aber es bleibt nicht bei einer temporären Unannehmlichkeit für die kurze Dauer der Wahrnehmung: Wenn die Experten bei einer Sonnenfinsternis davor warnen, ungeschützt in die Sonne zu sehen, dann warnen sie keineswegs vor dem Scheitern einer Erkenntnis oder einer Praxis, aber auch nicht nur davor, dass das Sehen schmerzhaft sein könnte. Denn die Wahrnehmung selbst geht mitunter nicht nur mit einem subjektiven Erleben wie Schmerz oder Ekel einher, sondern sie kann sogar organische Schäden hervorrufen: Das Sehen kann meine Netzhaut, das Hören mein Trommelfell und das Tasten meine Haut verletzen. Niemand würde behaupten, solche organischen Schäden beruhten auf einer subjektiven Initiative und Aktivität, denn ganz im Gegenteil machen sie deutlich, dass das Subjekt dem Objekt innerhalb des Wahrnehmungsgeschehens geradezu mit Leib und Seele ausgesetzt ist.

Zwar erweisen sich jene pathischen Wahrnehmungen bei genauerer Betrachtung ebenfalls als subjektrelativ, aber sie sind eben nicht relativ zur Praxis, sondern relativ zur Schmerzempfindlichkeit, Verletzlichkeit und Bedürftigkeit des wahrnehmenden Organismus. Toepfers Hinweis ist zuzustimmen, dass es auch innerhalb des assoziativ-fusionistischen Wahrnehmungsmodells trotz aller Rede von Verschränkung und Interaktion am Ende zumeist bei einer Aktivität des Subjekts bleibt. Aber zumindest die pathischen Wahrnehmungen zeichnen sich doch dadurch aus, dass sie umgekehrt auf einer *Einwirkung* auf das passiv leidende Subjekt beruhen – und zwar auf einer Einwirkung, die zum phänomenalen Gehalt der Wahrnehmung selbst gehört. Eine Position, welche die Wahrnehmung von solchen Widerfahrnissen her beschreibt, lässt sich zwar dem assoziativ-fusionistischen Wahrnehmungsmodell zuordnen, aber sie stellt das Primat des aktiven Wahrnehmungssubjekts und seiner konstitutiven Vollzüge in Abrede, weil sich phänomenologisch nachweisen lässt, inwiefern die Subjektrelativität des Wahrgenommenen nicht nur eine *Aktivität*, sondern gleichermaßen ein *Erleiden* des Wahrnehmenden einschließt.[1]

(2) Wie bereits erwähnt, zeichnet sich nun das dritte, also das sozialinteraktionistisch-anthropologische Modell, wiederum dadurch aus, dass sich hierunter all jene Wahrnehmungskonzeptionen versammeln lassen, welche die Sonderstellung der menschlichen gegenüber der tierischen Wahrnehmung geltend machen. Wahr-

---

1 Siehe hierzu ausführlicher: Bonnemann, Jens: Das leibliche Widerfahrnis der Wahrnehmung. Eine Phänomenologie des Leib-Welt-Verhältnisses, Münster 2015.

nehmung ist hier nicht einfach nur an einen einzelnen Organismus gebunden, sondern sie wird „sozial eingeübt" und ist demzufolge „sozial eingebettet" (These [3]). Insofern die Wahrnehmung also sprachlich vermittelt ist, steht sie in einem kulturellen Kontext und lässt sich – obwohl das Wahrnehmungssubjekt immer ein einzelnes ist – als ein sozialer Prozess begreifen.

Toepfer hebt zutreffend hervor, dass der intersubjektive Charakter der Wahrnehmung selbst bei bewusstseinsphilosophischen Ansätzen innerhalb der Phänomenologie eine maßgebliche Rolle spiele: Nach Edmund Husserl ist das Wahrgenommene objektiv, weil es mit dem Sinn ‚Objekt-für-jedermann' in Erscheinung tritt (These [9]). Im vollen Sinn ist das Wahrnehmungsding also ‚objektiv', weil es intersubjektiv ist, weil eben gleichfalls der Andere es wahrnehmen kann. Die Annahme, es könne Privatwahrnehmungen geben, ist schließlich auch für Max Scheler ebenso abwegig wie für Lambert Wiesing, einem Phänomenologen der Gegenwart.

Es lässt sich also festhalten: Selbst für Phänomenologen, welche sich aufgrund ihres Selbstverständnisses an der Erste-Person-Perspektive orientieren, steht die Sozialität der Wahrnehmung fest. Aber auf welche Weise vollzieht sich die *Sozialisation* der Wahrnehmung? Wie muss man sich jenen Vorgang vorstellen, in dem die organisch verwurzelte Wahrnehmung in Kultur und Gesellschaft gebadet wird? Zweifellos führen solche Fragen in das unüberschaubare Themenfeld des Ineinanderwirkens von Natur und Kultur. Aus den Einsichten jener Wahrnehmungstheorien, die sich dem assoziativ-fusionistischen Modell zuordnen lassen, lässt sich jedenfalls die Lehre ziehen, dass schlichte subjektivistische und objektivistische Erklärungen des Wahrnehmungsgeschehens letztlich in die Irre führen. Dieselben Argumente, die innerhalb dieses Modells gegen dualistische oder reduktionistische Ansätze ins Feld geführt werden, sprechen allerdings auch dagegen, das komplexe Verhältnis zwischen Natur und Kultur auf naturalistische Weise durch eine Rückführung der Kultur auf Natur oder umgekehrt auf kulturalistische Weise durch eine Rückführung der Natur auf Kultur aufzulösen.

An dieser Stelle möchte ich auf die Gefahr hinweisen, dass eine sozialinteraktionistische Wahrnehmungsauffassung hinter die Einsichten einer assoziativ-fusionistischen Konzeption zurückfallen könnte:[2] Der Vorzug des assoziativ-fusionistischen gegenüber dem dissoziativen Wahrnehmungsmodell liegt ja gerade darin, dass es jene Probleme vermeidet, die sich zum einen aus dem Dualismus von Subjekt und Objekt, zum anderen aus der Auffassung ergeben, Wahrnehmung sei entweder ein einseitiger Prozess der Konstitutionsleistung vom Subjekt zum Objekt oder der Kausaleinwirkung vom Objekt zum Subjekt. In Abgrenzung hierzu unterstreicht

---

2   Damit weicht mein Kommentar deutlich von Toepfers Ausführungen ab, der explizit
    gerade jegliche Wertung zwischen den drei Modellen vermeidet (vgl. S. 30).

das assoziativ-fusionistische Modell die Verschränkung, wodurch in den Blick kommt, dass das Subjekt der Welt nicht gegenübersteht, sondern als ein körperliches selbst dieser Welt zugehörig ist. So verdankt sich auch die Wahrnehmung nicht einem einseitig-lineraren Prozess, vielmehr ist sie das Ergebnis einer Interaktion zwischen Subjekt und Welt. Das leibliche Subjekt ist gerade ein solches, das sich sowohl durch Aktivität als auch durch Passivität, durch ein Bestimmen wie auch ein Bestimmtwerden auszeichnet.

In naturalistischen Wahrnehmungstheorien der Hirnforschung und der Neurowissenschaften lässt sich nun eine Reduktion des phänomenalen Eigensinns der Wahrnehmung auf physiologische Prozesse feststellen. Umgekehrt findet jedoch ein ganz anders angelegter Reduktionismus dort statt, wo auf die kulturelle und soziale Prägung der Wahrnehmung hingewiesen werden soll. So ist etwa für einen kulturalistischen Ansatz, wie ihn Michel Foucault oder Judith Butler vertreten[3], der Körper weder eine biologische Realität noch der Gegenstand phänomenaler Selbsterfahrung. Vielmehr wird hier dem gesellschaftlichen Diskurs ein Primat zugesprochen und es ist dann folgerichtig auch dieser Diskurs, der das körperliche Subjekt und dessen Wahrnehmung konstituiert. Die phänomenologische Frage, wie mir mein eigener Körper gegeben ist und auf welche Weise Wahrnehmungsobjekte in Erscheinung treten, wird aus kulturalistischer Perspektive ebenso zweitrangig wie aus naturalistischer. Im Mittelpunkt eines solchen kulturalistischen Ansatzes steht nicht mehr der Körper selbst, so wie er erfahren wird, sondern eben Körperdiskurse, in denen sich meine – dann nur noch vermeintlich – ursprüngliche Wahrnehmung und Selbsterfahrung konstituieren sollen.

Worum es hier geht, ist nicht mehr die leiblich vermittelte Wahrnehmung, sondern die Art und Weise, wie man über diese Wahrnehmung und die Körperlichkeit des Subjekts spricht. Judith Butler erhebt dabei den Anspruch, den vorherrschenden Körperdiskurs zu kritisieren und zu verändern. Aber der Maßstab einer solchen Veränderung kann dann nicht mehr von der leiblichen Selbsterfahrung herrühren, weil diese ja nichts anderes als ein Effekt jener Körperdiskurse sein soll. Infolgedessen lässt sich der bestehende Diskurs auch nicht mehr vor der Folie der leiblichen Selbsterfahrung korrigieren. Trotzdem setzt der emanzipatorische Anspruch von Butlers Position zugleich voraus, dass ich nicht nur das bin, was die anderen aus mir gemacht haben, sondern dass mir etwas aus dem zu machen gelingt, wozu ich gemacht worden bin; das bedeutet aber, dass mein Körper mehr sein muss als nur das Produkt eines Diskurses und der sozialen Interaktion.

---

3 Foucault, Michel: Überwachen und Strafen. Die Geburt des Gefängnisses [1975], Frankfurt am Main 1992; Butler, Judith: Das Unbehagen der Geschlechter, Frankfurt am Main 1991.

Eine Phänomenologie der leiblichen Wahrnehmung, welche deren phänomenalen Eigensinn geltend macht, steht also zwischen einem Naturalismus, der die Wahrnehmung auf das Materielle, und einem Kulturalismus, der die Wahrnehmung auf einen gesellschaftlichen Diskurs reduziert. Dieser phänomenale Eigensinn geht nicht allein durch eine *Verdinglichung*, sondern gleichermaßen durch eine *Diskursivierung* der leiblichen Wahrnehmung verloren. So wie die Neurowissenschaften behaupten, dass mein Gehirn die Welt konstruiert, meine Subjektivität und meine Wahrnehmung, so sagt man innerhalb eines diskursanalytisch orientierten Kulturalismus, dass der Diskurs die Welt, meine Subjektivität und meine Wahrnehmung konstruiert. Wenn die soziale Vermittlung der Wahrnehmung so verstanden wird, dass aus dem ‚immer auch' schließlich ein ‚ausschließlich nur' wird, dann würde dies einem Versuch gleichkommen, die Wahrnehmung auf das Soziale zu reduzieren. Auf diese Weise gibt jedoch das dritte Wahrnehmungsmodell, welches die Sonderstellung des Menschen hervorhebt, die Vorzüge und Gewinne des assoziativ-fusionistischen Modells gegenüber dem dissoziativen Modell preis. Das Verhältnis zwischen Sozialität und Wahrnehmung sollte demnach als eines der Verschränkung und nicht als eines der dualistischen Gegenüberstellung betrachtet werden, bei dem auf reduktionistische Weise eins der Verhältnisglieder das andere bestimmt und nicht umgekehrt.

Literaturhinweise

Bonnemann, Jens: Das leibliche Widerfahrnis der Wahrnehmung. Eine Phänomenologie des Leib-Welt-Verhältnisses, Münster 2015.
Butler, Judith: Das Unbehagen der Geschlechter, Frankfurt am Main 1991.
Foucault, Michel: Überwachen und Strafen. Die Geburt des Gefängnisses [1975], Frankfurt am Main 1992.

Kontakt

Dr. Jens Bonnemann
Lehrstuhl für Bildtheorie und Phänomenologie
Institut für Philosophie
Friedrich-Schiller-Universität Jena
Ernst-Abbe-Platz 8
07743 Jena
E-Mail: jensbonnemann@gmx.de

Thomas Fuchs

Die polare Struktur der Wahrnehmung

In seinem Aufsatz stellt Toepfer drei Wahrnehmungsmodelle einander gegenüber:
(1) ein dissoziatives oder gnoseologisches Modell, wonach Wahrnehmung in einer
internen Repräsentation der Außenwelt für ein Lebewesen besteht, (2) ein assozia-
tives oder fusionistisches Modell, das Wahrnehmung als übergreifende Koppelung
von Organismus und Umwelt auffasst, und (3) ein sozialinteraktives Modell, das
diese Koppelung durch eine intersubjektive Objektivierung in gewissem Sinn
wieder aufhebt und so auch das dissoziative Modell legitimiert. So plausibel dieser
Dreischritt zunächst erscheint, es fragt sich doch, ob Toepfers Konklusion nicht zu
harmonistisch geraten ist – *„everybody has won, and all must have prices"*, wie der
Dodo-Vogel in „Alice im Wunderland" salomonisch feststellt. Das liegt nun freilich
bereits im Begriff des „Modells" begründet: Ein Modell soll ja keine umfassende
Konzeption eines Phänomens liefern, sondern nur ein in bestimmten Kontexten
nützliches Konstrukt, das im Prinzip neben beliebig vielen anderen Modellen
bestehen kann, aber nichts darüber aussagt, „wie es sich eigentlich verhält".

Ohne den in sich schlüssigen Darstellungen der drei Modelle zu widersprechen,
möchte ich dieser pluralistischen Auffassung doch eine Konzeption gegenüberstellen,
die eine Synthese zwischen dem assoziativen und dem sozialinteraktiven Ansatz
darstellt, zugleich jedoch das dissoziative Modell als ungeeignet zurückweist,
nämlich die „Ästhesiologie" von Erwin Straus.[1] In ihr sind assoziative („pathische")
und distanzierende („gnostische") Komponenten zu einer polaren Struktur der
Wahrnehmung verknüpft. Diese Konzeption werde ich in Grundzügen skizzieren,

---

1   Straus, Erwin: Vom Sinn der Sinne, Berlin ²1956; Straus, Erwin: Die Ästhesiologie und
    ihre Bedeutung für das Verständnis der Halluzinationen, in: ebd.: Psychologie der
    menschlichen Welt, Berlin u. a. 1960, S. 236-269; Straus, Erwin: Die Formen des Räumli-
    chen. Ihre Bedeutung für die Motorik und die Wahrnehmung, in: ebd.: Psychologie der
    menschlichen Welt, Berlin u. a. 1960, S. 141-178; Straus, Erwin: Philosophische Grund-
    lagen der Psychiatrie: Psychiatrie und Philosophie, in: Psychiatrie der Gegenwart, Bd.
    I/2, herausgegeben von H.W. Gruhle, R. Jung, W. Mayer-Gross und M. Müller, Berlin
    u. a. 1963, S. 926-994.

um abschließend zu Problemen der assoziativen Organismus-Umwelt-Koppelung
Stellung zu nehmen, die Toepfer benennt.

Straus' Kritik des Internalismus

Straus' Ästhesiologie lässt sich als Konzeption einer Wahrnehmung auffassen,
die eine leibliche Beziehung mit der Welt herstellt, und die uns zugleich als Teilnehmer an einer gemeinsamen Lebenswelt miteinander verbindet.[2] Sie wendet
sich damit grundsätzlich gegen die geläufige Trennung von Wahrnehmung und
Außenwelt. Das in der Sinnesphysiologie dominierende (also dissoziative) Modell
der Wahrnehmung als interne Repräsentation vermag Straus zufolge weder die
erlebte Beziehung zwischen Wahrnehmungssubjekt und wahrgenommener
Welt zu erklären, noch die intersubjektive Objektivierung des Wahrgenommenen,
denn es trennt die Wahrnehmung nicht nur von der Umwelt, sondern auch von
der intersubjektiven Lebenswelt.

Wahrnehmen bedeutet jedoch keine Repräsentation oder Abbildung: „Im alltäglichen Vollzug des sinnlichen Erlebens" – so schreibt Straus in einem zentralen
Aufsatz über Ästhesiologie – „ist unser Interesse beim Gegenstand, der Welt,
dem Anderen, uns kümmert das Gesehene, nicht das Sehen des Gesehenen, das
Gehörte, nicht das Hören des Gehörten."[3] Primär haben wir unsere Sinne nicht,
um die Welt aus der Distanz zu erkennen, sondern um mit ihr in Beziehung zu
treten: „Im Sehen kommt mir der Gegenstand zur Sicht, er selbst, nicht sein Bild
… Dieses Hinausreichen über sich selbst und Hingelangen zu dem *Anderen*, das
dabei als das *Andere* sich zeigt, ist das Grundphänomen des sinnlichen Erlebens,
eine Beziehung, die sich auf keine andere uns in der physischen Welt vertraute zurückführen lässt".[4] Im sinnlichen Erleben trennt mich keine Grenze zweier Welten,
kein Abgrund zwischen Innen und Außen vom Gegenstand; es ist ein und dieselbe

---

2   Vgl. auch Fuchs, Thomas: Die Ästhesiologie von Erwin Straus, in: Ludwig Binswanger
    und Erwin Straus. Beiträge zur psychiatrischen Phänomenologie, herausgegeben von
    Thiemo Breyer, Thomas Fuchs und Alice Holzhey-Kunz, Freiburg 2015.

3   Straus, Erwin: Die Ästhesiologie und ihre Bedeutung für das Verständnis der Hallu-
    zinationen, in: ebd.: Psychologie der menschlichen Welt, Berlin u. a. 1960, S. 236.

4   Straus, Erwin: Die Ästhesiologie und ihre Bedeutung für das Verständnis der Hallu-
    zinationen, in: ebd.: Psychologie der menschlichen Welt, Berlin u. a. 1960, S. 243. Straus
    gebraucht für das „Andere" auch den griechischen Begriff des *Allon*, um auszudrücken,
    dass es um eine Beziehung zu einem realen Gegenstand geht, nicht um eine Abbbildung
    innerhalb des Bewusstseins.

Welt, die uns und das *Andere* umfasst".[5] Mit anderen Worten: Wahrnehmend *koexistieren* wir mit den Dingen.

In der physiologischen Konzeption der Wahrnehmung jedoch wird das Subjekt zu einem welt- und leiblosen, ‚extramundanen' Bewusstsein, das im Gehirn nur noch Bilder der Außenwelt empfängt. „Der Ausgangspunkt ist immer der Gleiche, es ist die Annahme, dass Erleben ein *Bewußtsein von* Sinnesdaten, Empfindungen, Wahrnehmungen, Vorstellungen, Erinnerungen sei. Das Bewußtsein mit allen seinen Inhalten ist mit sich selbst allein, von der Welt abgeschnitten"[6]; das Erleben wird [...] als ein Binnen-Vorgang, der innerhalb des Organismus abläuft, verstanden".[7] Auf dieser Basis aber lässt sich, so Straus, niemals die einfache Tatsache erklären, dass ich etwa einen Baum immer schon als Möglichkeit sehe, mich auf ihn zuzubewegen oder ihn zu berühren. Die „Ästhesiologie" ist daher nicht trennbar von der „Kinesiologie": „Nur ein bewegliches Wesen [...] kann das Sichtbare in seiner Gegenständlichkeit erfassen".[8] Im Grundverhältnis zum *Anderen* durchdringen sich Wahrnehmung und Beweglichkeit so, dass „[...] eine reinliche Aufteilung nach dem räumlichen Schema afferent-efferent nicht vollziehbar ist".[9]

Pathische und gnostische Wahrnehmung

Soweit entspricht Straus' Ästhesiologie durchaus den von Toepfer dargestellten phänomenologischen Konzepten. Die Auffassung der Wahrnehmung als verkörperter Umweltbeziehung impliziert nun aber keineswegs ein fusionistisches, sondern vielmehr ein *bipolares* Verhältnis: „Die Sinneswahrnehmung hat eine polare Struktur: sie umfasst meinen eigenen Akt des Sehens und die gesehenen Dinge. [...] In der Sinneserfahrung erlebe ich mich als verkörpert in der Beziehung zu den Dingen, und nicht das eine ohne das andere".[10]

---

5   Straus, Erwin: Die Ästhesiologie und ihre Bedeutung für das Verständnis der Halluzinationen, in: ebd.: Psychologie der menschlichen Welt, Berlin u.a. 1960, S. 246.

6   Straus, Erwin: Die Ästhesiologie und ihre Bedeutung für das Verständnis der Halluzinationen, in: ebd.: Psychologie der menschlichen Welt, Berlin u.a. 1960, S. 239 f.

7   Straus, Erwin: Die Ästhesiologie und ihre Bedeutung für das Verständnis der Halluzinationen, in: ebd.: Psychologie der menschlichen Welt, Berlin u.a. 1960, S. 247.

8   Straus, Erwin: Philosophische Grundlagen der Psychiatrie: Psychiatrie und Philosophie, in: Psychiatrie der Gegenwart, Bd. I/2, herausgegeben von H.W. Gruhle, R. Jung, W. Mayer-Gross und M. Müller, Berlin u.a. 1963, S. 947.

9   Straus, Erwin: Die Ästhesiologie und ihre Bedeutung für das Verständnis der Halluzinationen, in: ebd.: Psychologie der menschlichen Welt, Berlin u.a. 1960, S. 247.

10 Straus, Erwin: Embodiment and Excarnation, in: Psychological Issues, Vol.VI, No. 2, New York 1969, S. 227 f., eigene Übersetzung.

Dementsprechend unterscheidet Straus ein *„pathisches"* oder empfindendes Moment und ein *„gnostisches"* oder erkennendes Moment, die beide an jeder Wahrnehmung in unterschiedlichem Verhältnis beteiligt sind. Das eine hebt das *Wie* des Gegebenseins hervor, das andere das *Was* des Gegebenen. Das eine ist eher zuständliches, eigenleibliches Empfinden, das andere gegenständliches Wahrnehmen im vollen Sinn.[11] „Assoziation" und „Dissoziation" sind also nicht zwei Modelle der Wahrnehmung, sondern vielmehr polare Momente eines einheitlichen Phänomens. Bei den entwicklungsgeschichtlich früheren Oralsinnen (Geruch, Geschmack) dominiert das pathische Moment, bei den Fernsinnen (Hören, Sehen) hingegen das gnostisch-distanzierende Moment. Der Tastsinn steht am ehesten in der Mitte dieser Polarität, da er in einem Selbst- und Fremdempfindung, Kontakt und Abgrenzung impliziert.[12]

Eine rein gnostische Wahrnehmung kann es allerdings – außer in psychopathologischen Extremen – nicht geben, denn das Subjekt bleibt immer in einer empfundenen, leibvermittelten Beziehung zum Sinnesgegenstand. Selbst das Sehen von Farben ist z. B. aufgrund synästhetischer Mitempfindungen – der Wärme des Rot, der Kühle von Blau usw. – mehr als die ‚bloße' Farbwahrnehmung; bei entsprechender Einstellung kann sie einen durchaus leibnahen Charakter annehmen. Das Sich-Weiten und Sich-Dehnen beim versunkenen Anblick einer blauen Fläche oder beim Hören eines tiefen Tones ist ein leiblicher Zustand, in dem nicht nur die Gegenstände ihre scharfen Grenzen verlieren, sondern auch die Grenzen des Ich zur Welt verschwimmen. „Ob die Welt in scharf konturierter Gegenständlichkeit uns ferner rückt, oder ob sie mit einer Auflockerung der Grenzen uns näher rückt […], beides, die präzisierte wie die verschwommene Gegenständlichkeit, sind Abwandlungen der Kommunikation", d. h. der Wahrnehmung als polarer Beziehung.[13]

Das pathische Moment bedingt also den leibgebundenen Charakter jeder Sinneswahrnehmung. In der gnostisch vergegenständlichenden Wahrnehmung hingegen löst sich das Subjekt aus der Unmittelbarkeit der Empfindung. „Eine einfache Wahrnehmung, ausdrückbar in dem Satz ‚Das hier ist eine Eiche', stellt fest und hebt heraus".[14] In dieser ‚Feststellung' wird der fortwährende Strom des Empfindens unterbrochen, und wir begeben uns aus dem unmittelbaren Erleben in die Wiederholbarkeit und Allgemeinheit des Erkennens. Dies wird erst ermöglicht

---

11 Straus, Erwin: Die Formen des Räumlichen. Ihre Bedeutung für die Motorik und die Wahrnehmung, in: ebd.: Psychologie der menschlichen Welt, Berlin u. a. 1960, S. 151.
12 Straus, Erwin: Geschehnis und Erlebnis, Berlin 1930, S. 48.
13 Straus, Erwin: Vom Sinn der Sinne, Berlin ²1956, S. 218 f.
14 Straus, Erwin: Vom Sinn der Sinne, Berlin ²1956, S. 348.

durch die *intersubjektive* Dimension der Wahrnehmung, die den rein subjektiven Gegenstandsbezug aufhebt und damit zugleich den Internalismus widerlegt. Zur Illustration wählt Straus eine alltägliche Situation: Beim Einkaufen tauschen Käufer und Verkäufer Ware und Geld miteinander. Dabei werden sie [...] schwerlich auf den Gedanken verfallen, dass ihr Gegenüber einer andern Welt, einer Außenwelt angehöre, in der sie sich nach außen versetzte Empfindungen wechselseitig zureichen. Käufer und Verkäufer handeln in der Gewissheit, daß sie, jeder für sich, und doch zusammen, *dieselben Gegenstände* sehen, ergreifen, sich aushändigen können. [...] Im Wechsel der Besitzer bleibt der Gegenstand derselbe. Reize und Empfindungen können wir nicht gemeinsam haben, sie können nicht von Hand zu Hand übergehen; wohl aber kann es der Gegenstand, den ich als das Andere, von mir Verschiedene, trennbar und beweglich, erlebe. Zusammen sehen wir denselben Gegenstand. Das Miteinander-sein und Miteinandersein-können wird im Alltag als elementares Faktum hingenommen".[15] Die Wahrnehmung bezieht sich also immer auf Objekte, die von anderen grundsätzlich ebenso wahrgenommen werden können; und in dieser impliziten Intersubjektivität konstituiert die Wahrnehmung den *wirklichen* Gegenstand, nämlich als Gegenstand der zumindest implizit *gemeinsam wahrgenommenen* Realität: „Wir begegnen uns in *der* Welt, nicht in meiner Welt".[16] Intersubjektivität eröffnet „ [...] die Möglichkeit, sich von dem Eindruck zu lösen, auf sich selbst zu reflektieren, sich in eine allgemeine Ordnung zu stellen, in der die Plätze vertauschbar sind".[17]

Das physiologische oder dissoziative Modell der Wahrnehmung als interne Repräsentation der Außenwelt vermag nun gerade diese intersubjektive Objektivierung nicht zu erklären, denn es trennt die Wahrnehmung von der gemeinsamen Welt ab: „Da sich das Sichtbare uns gemeinsam zeigt, kann es nicht identisch sein mit Reizen, afferenten Impulsen, corticalen Erregungen. Solche Vorgänge laufen in einem Organismus allein ab. Sie könnten nicht zur Deckung gebracht werden, selbst wenn es so etwas wie eine Außenprojektion von Sinnesdaten gäbe. Die Projektionen meines Nachbarn sind mir nicht zugängig, schon darum nicht, weil ja der Theorie zufolge, mein Nachbar für mich nur als meine Projektion existier-

---

15 Straus, Erwin: Die Ästhesiologie und ihre Bedeutung für das Verständnis der Halluzinationen, in: ebd.: Psychologie der menschlichen Welt, Berlin u.a. 1960, S. 253 f.

16 Straus, Erwin: Philosophische Grundlagen der Psychiatrie: Psychiatrie und Philosophie, in: Psychiatrie der Gegenwart, Bd. I/2, herausgegeben von H.W. Gruhle, R. Jung, W. Mayer-Gross und M. Müller, Berlin u.a. 1963, S. 948

17 Straus, Erwin: Die Ästhesiologie und ihre Bedeutung für das Verständnis der Halluzinationen, in: ebd.: Psychologie der menschlichen Welt, Berlin u.a. 1960, S. 267.

te"[18] „An Reizen können wir nicht participieren; die sichtbaren Gegenstände aber haben wir gemeinsam"[19]

Zusammengefasst lässt sich die Wahrnehmung nach Straus als Einheit eines pathischen und eines gnostischen Moments beschreiben, aus deren Polarität eine dialektische Beziehung zur Welt resultiert – „ein Zusammen im Gegenüber, oder ein Verbundensein im Getrenntsein"[20] Beide Momente wirken bis zu einem gewissen Grad antagonistisch und gleichen einander aus. Das gnostische Moment drängt die Ausdrucksqualitäten, die Physiognomien der Dinge zurück und bringt den Gegenstand als solchen zur Gegebenheit. Das pathische Moment hält uns andererseits mit den expressiven und affektiven Qualitäten der Welt in Kontakt und verhindert, dass wir in der objektivierenden Wahrnehmung der Wirklichkeit entfremdet werden. Psychopathologisch lassen sich daher zwei Extreme der Verselbständigung des gnostischen oder des pathischen Moments beschreiben: Geht auf der einen Seite das pathische Moment verloren, so bleibt ein reines Registrieren, ein Wahrnehmen ohne Beziehung zurück, das als quälende Fremdheit und Unwirklichkeit erlebt wird – also das, was psychopathologisch als *Derealisation* bezeichnet wird. Ohne das Moment der Mitempfindung erscheint das Wahrgenommene leer, tot und ausdruckslos. Fehlt auf der anderen Seite das gnostische Moment, so resultiert eine *Subjektivierung des Erlebens,* nämlich ein Überwiegen des Pathischen, Ausdruckshaften und Aufdringlichen, im Extrem eine Auflösung der Ich-Umwelt-Grenzen wie etwa im Mescalinrausch[21] oder im psychotischen Erleben[22]. Psychopathologisch gesehen entsprechen somit die von Toepfer beschriebenen assoziativen und dissoziativen Modelle eher Extremen oder Entgleisungen einer Struktureinheit pathischer und gnostischer Wahrnehmungskomponenten.

---

18 Straus, Erwin: Philosophische Grundlagen der Psychiatrie: Psychiatrie und Philosophie, in: Psychiatrie der Gegenwart, Bd. I/2, herausgegeben von H.W. Gruhle, R. Jung, W. Mayer-Gross und M. Müller, Berlin u. a. 1963, S. 948.

19 Straus, Erwin: Philosophische Grundlagen der Psychiatrie: Psychiatrie und Philosophie, in: Psychiatrie der Gegenwart, Bd. I/2, herausgegeben von H.W. Gruhle, R. Jung, W. Mayer-Gross und M. Müller, Berlin u. a. 1963, S. 980.

20 Straus, Erwin: Philosophische Grundlagen der Psychiatrie: Psychiatrie und Philosophie, in: Psychiatrie der Gegenwart, Bd. I/2, herausgegeben von H.W. Gruhle, R. Jung, W. Mayer-Gross und M. Müller, Berlin u. a. 1963, S. 952.

21 Beringer, Kurt: Der Mescalinrausch. Seine Geschichte und Erscheinungsweise, Berlin 1927; Huxley, Aldous: Die Pforten der Wahrnehmung, München 1970.

22 Fuchs, Thomas: Delusional mood and delusional perception – A phenomenological analysis, in: Psychopathology 38 (2005).

Zweifellos wäre Straus' „Ästhesiologie" unter Einbeziehung enaktiver und sozialanthropologischer Konzeptionen zeitgemäß weiterzuentwickeln.[23] Sie stellt jedoch immer noch ein Beispiel für eine Konzeption dar, die mehr beansprucht, als nur unterschiedliche Modelle zur Beschreibung und Erklärung eines Phänomens zu entwerfen.

Zur Kritik assoziativer Konzeptionen

Toepfer kritisiert an assoziativen Konzeptionen übergreifender Organismus-Umwelt-Systeme, dass sie die grundsätzliche Assymetrie beider Komponenten vernachlässigten: Ein Organismus als autopoietisches System sei nicht mit den wechselnden Umweltbestandteilen gleichzusetzen, die er in seine Selbsterhaltungsprozesse einbeziehe. An dieser Asymmetrie besteht kein Zweifel und enaktive Konzeptionen betonen dementsprechend auch die aktive Leistung des Organismus in der Selektion und Bedeutungserteilung für spezifisch geeignete, aber durchaus wechselnde Umweltkomponenten.[24] Versteht man unter einem biologischen System im erweiterten Sinn jedoch eine Gesamtheit von Komponenten, die so aufeinander bezogen sind und miteinander interagieren, dass eine bestimmte, erhaltungsdienliche Leistung für einen Organismus realisiert wird, dann spricht nichts dagegen, von einem jeweiligen Organismus-Umwelt-System oder einer Organismus-Umwelt-Koppelung zu sprechen. Damit wird nicht behauptet, die Komponenten dieses übergreifenden Systems seien in gleicher Weise aufeinander bezogen oder interdependent wie die Bestandteile des Organismus selbst – diese zeichnen sich vor allem dadurch aus, dass sie vom Organismus fortlaufend erhalten oder reproduziert werden, anders als die wechselnden Umweltobjekte.

Eine übergreifende Koppelung kann sich nun zum einen situativ bilden, wie etwa beim Kauen und Verspeisen eines Apfels, wodurch die Leistung der Nahrungsaufnahme realisiert wird, oder beim Tippen auf einer Tastatur, das eine sprachliche Leistung realisiert. Ohne die geeigneten komplementären Komponenten der Umwelt wären beide Leistungen offensichtlich nicht möglich und in beiden Fällen werden die externen Komponenten dem Organismus so assoziiert, dass sie sowohl dem Körperschema funktional inkorporiert als auch dem subjektiven Leib phänomenal „einverleibt" werden. Die Koppelung von Organismus und Umwelt kann aber auch konstant bestehen, wie es etwa bei der Atmung der Fall ist: Hier bilden die Umge-

---

23 Vgl. etwa Fuchs, Thomas: Im Kontakt mit der Wirklichkeit: Wahrnehmung als Interaktion, in: Anthropologie der Wahrnehmung, herausgegeben von Markus Schlette und A. Habermann, Heidelberg 2016.

24 Thompson, Evan: Mind in Life: Biology, Phenomenology, and the Sciences of Mind, Cambridge/Massachusetts 2007; Di Paolo, Ezequiel: Extended life, in: Topoi 28 (2009).

bungsluft und das respiratorische System des Lebewesens eine Funktionseinheit, und es ist nicht möglich, genau anzugeben, wann die eingeatmete Luft noch der Umgebung oder bereits dem Organismus zugehört (in der Nase? in den Bronchien? in der Lunge? im Blut?). Organismus und Milieu bilden eine Funktionseinheit, ähnlich wie der schwimmende Fisch und das Wasser.

Man mag einwenden, mit der Funktionseinheit der Atmung sei kein abgrenzbares übergreifendes System gegeben, da ja anders als der Apfel oder der Tastatur kaum die gesamte Erdatmosphäre dem atmenden Lebewesen angeschlossen oder von ihm „inkorporiert" werden könne. Doch gilt für den Organismus als offenes System generell, dass er mit seinem Metabolismus ebenso wie mit seinen sensomotorischen Organen in die Umwelt ausgreift und dabei ein nicht scharf abgrenzbares Umfeld von Bedeutsamkeit und Interaktion konstituiert. Auch ein Hai, der einen Heringsschwarm angreift, wird nur einige Fische des Schwarms verschlingen – dennoch gehört der Schwarm mit dem Hai zu einem situativen Jäger-Beute-System, in dem die organische Ausstattung und der aktuelle Hungerzustand des Hais geeigneten Umweltkomponenten (in diesem Fall dem Schwarm) Bedeutsamkeit als Beute zuweist. Weder lässt sich der Haiorganismus beim Verschlingen scharf gegen seine Beute abgrenzen, noch der Heringsschwarm gegen die Umgebung weiterer Heringe.

Analog gilt nun auch für die Wahrnehmung, dass sie sich nicht innerhalb des Organismus lokalisieren oder als interner Systemzustand beschreiben lässt: Die berührende Hand schließt sich ebenso mit der getasteten Oberfläche zusammen wie der Blick noch mit dem entferntesten Stern, und die fortlaufende Rückkoppelung von Motorik und Sensorik (selbst das fixierende Auge zeigt noch Sakkaden!) lässt es nicht zu, die sensorische Komponente abzukoppeln und die Wahrnehmung damit dem Organismus als interne Konstruktion zuzuschreiben. Funktional ebenso wie phänomenal reicht die Wahrnehmung also tatsächlich bis in den Weltraum – auch der Stern ist funktionale Komponente ebenso wie „intentionales Objekt" des Sehens. Freilich bedeutet dies nicht etwa eine Ausgedehntheit des Bewusstseins im physikalischen Raum; denn gleich ob *„internal"* oder *„extended"*, der Versuch einer Lokalisierung von Bewusstsein ist von vorneherein ein sinnloses Unterfangen.

In sensomotorischen Funktionskreisen lassen sich somit „Innen" und „Außen" nicht voneinander trennen. Damit aber entfällt die Grundvoraussetzung des Repräsentationalismus. Denn Repräsentationen stehen ‚für etwas', wovon sie selbst getrennt sein müssen. Wenn sich nun die Welt für uns nur in der fortwährenden Interaktion mit ihr konstituiert, wenn wir also immer schon wahrnehmendhandelnd in der Welt sind, dann gibt es kein getrenntes „Inneres" mehr, welches das „Äußere" abbilden, rekonstruieren oder repräsentieren könnte. In einem fortlaufenden interaktiven Kreisprozess kann kein Segment „für ein anderes" stehen. An die Stelle von Repräsentationen treten in der enaktiven Konzeption daher vom

Organismus erworbene und flexible Schemata der Interaktion mit der Umwelt. Jede Kognition schließt damit freilich auch die erforderlichen neuronalen Netzwerke des Gehirns ein, sie realisiert sich jedoch nur in zirkulär mit der Umwelt rückgekoppelten Prozessen. Nichts spricht also dagegen, die Leistung der Wahrnehmung dem übergreifenden System zuzuschreiben, das der Organismus im jeweiligen Moment mit der Umwelt bildet, auch wenn es sich nur um ein situativ oder fakultativ gebildetes System handelt. Dies entspricht auch unserem phänomenalen Erleben, in dem wir nicht mit inneren Bildern oder Hörereignissen zu tun haben, sondern mit den Gegenständen und Klängen der Welt, in der wir leben.

Literaturhinweise

Beringer, Kurt: Der Mescalinrausch. Seine Geschichte und Erscheinungsweise, Berlin 1927.

Di Paolo, Ezequiel: Extended life, in: Topoi 28 (2009), S. 9-21.

Fuchs, Thomas: Delusional mood and delusional perception – A phenomenological analysis, in: Psychopathology 38 (2005), S. 133-139.

Fuchs, Thomas: Die Ästhesiologie von Erwin Straus, in: Ludwig Binswanger und Erwin Straus. Beiträge zur psychiatrischen Phänomenologie, herausgegeben von Thiemo Breyer, Thomas Fuchs und Alice Holzhey-Kunz, Freiburg 2015, S. 137-155.

Fuchs, Thomas: Im Kontakt mit der Wirklichkeit: Wahrnehmung als Interaktion, in: Anthropologie der Wahrnehmung, herausgegeben von Magnus Schlette und A. Habermann, Heidelberg 2016.

Huxley, Aldous: Die Pforten der Wahrnehmung, München 1970.

Straus, Erwin: Geschehnis und Erlebnis, Berlin 1930.

Straus, Erwin: Vom Sinn der Sinne, Berlin ²1956.

Straus, Erwin: Die Ästhesiologie und ihre Bedeutung für das Verständnis der Halluzinationen, in: ebd.: Psychologie der menschlichen Welt, Berlin u. a. 1960, S. 236-269.

Straus, Erwin: Die Formen des Räumlichen. Ihre Bedeutung für die Motorik und die Wahrnehmung, in: ebd.: Psychologie der menschlichen Welt, Berlin u. a. 1960, S. 141-178.

Straus, Erwin: Philosophische Grundlagen der Psychiatrie: Psychiatrie und Philosophie, in: Psychiatrie der Gegenwart, Bd. I/2, herausgegeben von H.W. Gruhle, R. Jung, W. Mayer-Gross und M. Müller, Berlin u. a. 1963, S. 926-994.

Straus, Erwin: Embodiment and Excarnation, in: Psychological Issues, Vol.VI, No. 2, New York 1969, S. 217-250.

Thompson, Evan: Mind in Life: Biology, Phenomenology, and the Sciences of Mind, Cambridge/Massachusetts 2007.

Kontakt

Prof. Dr. med. Dr. phil. Thomas Fuchs
Klinik für Allgemeine Psychiatrie
Zentrum für Psychosoziale Medizin
Universitätsklinikum Heidelberg
Voß-Str. 4
69115 Heidelberg
E-Mail: thomas.fuchs@med.uni-heidelberg.de

Miriam N. Haidle

Wahrnehmung will gelernt sein – ein Prozess zwischen Organismus und Umwelt in verschiedenen Entwicklungsdimensionen

Vorrede | Im Beitrag von Toepfer wird die analytisch sinnvolle, aber partikuläre Betrachtungsweise von ‚Wahrnehmung' als in erster Linie kognitivem Phänomen des Moments gut dargestellt. Unterschiedliche Perspektiven auf die Organismus-Umwelt-Beziehung haben dabei Auswirkungen auf die Wahrnehmung und Behandlung von ‚Wahrnehmung'. In meinem Kommentar wird ‚Wahrnehmung' demgegenüber als Performanz begriffen, als Prozess im Zusammenspiel von Körper, Geist und Verhalten in Wechselwirkung mit Umweltelementen, wobei drei Entwicklungsdimensionen eine Rolle spielen. Ziel ist es, die vorgeschlagene Unterscheidung einer Biologie und einer Anthropologie von Wahrnehmung zu hinterfragen.

Zu [1] | Lebende Organismen sind funktionale Einheiten, die im Zusammenspiel von Aspekten des Körpers (anatomisch, physiologisch), des Geistes (sensorisch, emotional, kognitiv) und des Verhaltens (motorisch, in Relation setzend) spezifische Performanzen (Lebensäußerungen) hervorbringen (Abbildung 1). Zu diesen gehört Wahrnehmung ebenso wie Fortbewegung, Nahrungserwerb, Wachstum, Kommunikation, oder – unter der Lupe betrachtet – Tanz, Nestbau, Wut und Nüsseknacken.

Performanzen können zwar genauso wie die ihnen innewohnenden Aspekte isoliert betrachtet werden, es kann in sie hinein- und herausgezoomt werden, und diese Vorgehen sind für bestimmte Fragestellungen und Detailverständnisse sinnvoll. Wichtige Elemente zum Verständnis einer Performanz sind jedoch das Zusammenspiel der verschiedenen körperlichen, geistigen und Verhaltensaspekte, die Betrachtung in unterschiedlichen Maßstäben sowie die Abhängigkeit von und Wirkung auf andere Performanzen: Keine Performanz ist rein auf Körper, Geist oder Verhalten beschränkt; keine Performanz besitzt nur einen richtigen und ein umfassendes Bild liefernden Betrachtungsabstand; keine Performanz ist unabhängig von anderen Performanzen.

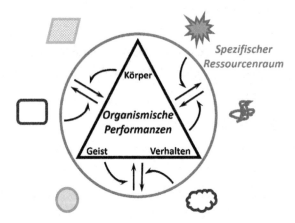

Abbildung 1   Organismische Performanzen mit körperlichen, geistigen und Verhaltensaspekten in Wechselwirkung mit Elementen des spezifischen Ressourcenraums.

Über den Organismus hinaus umfassen Performanzen außerdem immer Teile der Umwelt als weitere Bezugsebene. Organismen leben im Austausch und in spezifischer Beziehung mit einzelnen Elementen der Umwelt, die wiederum miteinander in Wechselwirkung stehen. Der lebende Organismus ist die performierende Einheit; er tut dies mit Bezug auf ausgewählte Elemente der Umwelt, dem sogenannten spezifischen Ressourcenraum. Dieser beinhaltet Artgenossen, Agenten und Objekte, die in einer spezifischen Beziehung und in einer bestimmten Zeittiefe mit dem Organismus interagieren.

Der Organismus als performierende Einheit ist *aus einer situativen und organismuszentrierten Perspektive* ein System aufeinander Bezug nehmender körperlicher, geistiger und Verhaltensaspekte gegenüber einem für ihn spezifischen Ressourcenraum aus mit ihm (in dieser oder anderen Performanzen) in Wechselwirkung stehenden Umweltelementen. *Aus einer Entwicklungsperspektive* bildet der Organismus mit verschiedenartigen anderen Organismen, nicht-organismischen Elementen und Artefakten ein offenes Entwicklungssystem. Die Performanzen eines Organismus werden an wechselnde Beziehungen zu verschiedenen Agenten, Objekten, Artgenossen und deren jeweilige Performanzen angepasst; diese wiederum passen sich an die Performanzen des Organismus' an.

Zu [3] | Die im Beitrag von Toepfer vorgestellten Wahrnehmungsmodelle nehmen alle eine ähnliche erkenntnistheoretische Perspektive ein: sie betrachten Wahrnehmung als in erster Linie kognitive Leistung in einer bestimmten Situation.

Zu [4] | Beim dissoziativen Wahrnehmungsmodell, das die Gegenüberstellung von Organismus als Wahrnehmendem und Umwelt als Wahrgenommenem betont, liegt der Fokus besonders auf der Erkenntnis als Produkt der Wahrnehmung und der philosophischen Frage ihrer Geltung.

Zu [5] & [6] | Das fusionistische Wahrnehmungsmodell nimmt sich demgegenüber mehr dem Prozess der Wahrnehmung als kognitiver Leistung an, bei dem der Organismus als Wahrnehmender mit Elementen der Umwelt als Wahrgenommenem „zu einer Einheit höherer Ordnung verbunden ist". Die zehn Ansätze heben u. a. verschiedene Aspekte des Wahrnehmungsprozesses hervor, welche die rein kognitive Leistung des Organismus ergänzen. Nimmt man Wahrnehmung als einen performativen Prozess eines Organismus' als Wahrnehmendem unter Beteiligung körperlicher, geistiger und Verhaltensaspekte und in Wechselwirkung mit spezifischen Elementen der Umwelt (Artgenossen, Agenten, Objekte) als Wahrgenommenem, die in bestimmten Beziehungen zum Organismus stehen, lassen sich etliche Punkte der Ansätze zu einem Gesamtbild vereinen (Abbildung 2).

Wahrnehmung ist *verkörpert (embodied)*. So nehmen z. B. verschiedene visuelle Systeme wie Facettenaugen von Insekten, Grubenaugen mancher Schneckenarten, Linsenaugen bei Wirbeltieren, Punktaugen (*Ocelli*) bei Nesseltieren und Gliederfüßlern potentielle visuelle Reize in unterschiedlicher Weise auf.

Wahrnehmung wird *geistig verarbeitet (mentally processed)*. Sensorisch, kognitiv und emotional werden Reize angenommen, Erinnerungen und Phantasie-Vorstellungen gegenübergestellt, oder ein Sinnzusammenhang hergestellt, bewertet, verändert oder verworfen.

Wahrnehmung wird *ausgeführt (enacted)*. Von einem Objekt ausgehende Reize werden durch Handlungen aktiv aufgenommen, erfahren, gesucht, variiert und ergänzt: den wahrnehmenden Organismus selbst betreffend (z. B. durch Fokussieren), das wahrgenommene Umweltelement betreffend (z. B. durch Anstoßen), oder die Beziehung zwischen Organismus und Umweltelement betreffend (z. B. durch Positionswechsel). In der Regel sind Wahrnehmungsprozesse nicht nur einmalige Aktivitäten, sondern eine Folge verschiedener Bezugnahmen.

Abbildung 2   Mehr als ein kognitives Phänomen: die Performanz
,Wahrnehmung'.

Wahrnehmung kann *erweitert (extended)* sein. Durch eine engere Kopplung des Organismus' mit einem Umweltelement zu einem erweiterten Organismus kann ein anderes Umweltelement anders wahrgenommen werden. Die Performanz der Erweiterung innerhalb der Performanz Wahrnehmung ist nicht nur auf Menschenartige beschränkt (z. B. im Gebrauch eines Blindenstocks oder einer Lupe), sondern tritt auch bei Tieren auf. Im Werkzeuggebrauch ist die Wahrnehmung des behandelten Objektes generell als Nebenprodukt erweitert; insbesondere Menschenaffen benutzen aber auch Sonden speziell als Hilfsmittel zur Wahrnehmung bei der Erkundung von Umweltelementen.[1] Im sozialen Kontext kann die Wahrnehmung außerdem durch Eindrücke gleichartiger Organismen erweitert sein.

Wahrnehmung ist *eingebettet (embedded)*. Der Prozess der Wahrnehmung stellt eine Beziehung zwischen wahrnehmendem Organismus und wahrgenommenem Umweltelement her. Die Performanz Wahrnehmung ist ohne eine solche Verknüpfung nicht möglich. Zudem können vom wahrgenommenen Objekt unabhängige Umweltfaktoren wie Lärm, Helligkeit, Temperatur, Menge möglicher anderer Wahrnehmungsobjekte etc. die Wahrnehmung beeinflussen.

---

1   Haidle, Miriam Noël: How to Think Tools? A Comparison of Cognitive Aspects in Tool Behavior of Animals and during Human Evolution, Tübingen 2012. Siehe Appendix I.

Wahrnehmung ist *situationsabhängig (situated)*. Sie ist abhängig von Faktoren des Organismus (z. B. momentaner Trainingsstand, ontogenetischer Entwicklungsstand, Erfahrungsschatz, körperlicher Gesundheits- und Gemütszustand, aktuelle Deckung primärer Bedürfnisse), des wahrgenommenen Objekts und der weiteren auf das Objekt und seine Wahrnehmung wirkende Umwelt. Je nach situativer Sinngebung kann die Wahrnehmung einer Taube als Vogel, Nahrung, Friedenssymbol, Nahrungskonkurrent, emotionale Stütze oder Verschmutzer städtischen Raums ganz unterschiedlich ausfallen.

Zu [7] | Bei Betrachtung der Diagramme von Wahrnehmung als Kreisprozess wird deutlich, dass unter den bisher vorgestellten Ansätzen die situative Perspektive vorherrscht und eine für eine prozessuale Betrachtung von Wahrnehmung wichtige Entwicklungsperspektive zu kurz kommt. Selbst aus situativer Sicht müsste der Wahrnehmungsprozess ähnlich dem hermeneutischen Zirkel nicht in einem Kreis, sondern einer Spirale verlaufen, da nicht zum Ausgangspunkt zurückgekehrt wird, sondern sich die Prozesselemente im und durch den Prozess verändern. Jenseits des Prozesses der Wahrnehmung in einer bestimmten Situation prägen drei Entwicklungsdimensionen die Performanz.[2] Die *evolutionär-biologische Entwicklungsdimension* bestimmt über viele Generationen hinweg die generelle Verfasstheit des Körpers, des Geistes und des Verhaltensspektrums in einer artspezifischen Variationsbreite: Ameisen haben andere Möglichkeiten der Wahrnehmung als Menschen oder Adler. Diese Grundstruktur und grundlegenden Abläufe wurden langfristig u. a. durch vielfältige Umwelteinflüsse geprägt. Sie werden dem Organismus in einer individuellen Variante durch die Erbanlagen mitgegeben, aber bereits in der Embryonalentwicklung und dann im Laufe des Lebens eines Organismus fortwährend in der *ontogenetisch-individuellen Entwicklungsdimension* durch Erfahrungen und Lernprozesse angepasst. Eine bestimmte Wahrnehmung kann eingeübt werden oder auch verloren gehen, Bewertungen von Reizen und damit auch der Wahrnehmungsprozesse bilden sich aus oder verändern sich: Ein Blumen pflückendes Kind geht mit anderen Wahrnehmungen über eine blühende Wiese als ein Insektenforscher oder eine Pollenallergikerin.

---

2   Haidle, Miriam Noël et al.: The Nature of Culture: An Eight-Grade Model for the Evolution and Expansion of Cultural Capacities in Hominins and other Animals, in: Journal of Anthropological Sciences 93 (2015), S. 43-70.

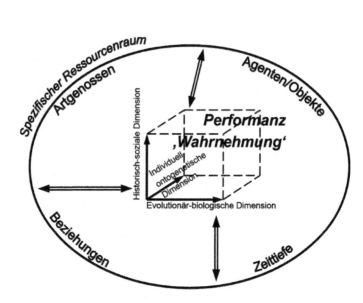

Abbildung 3   Die Performanz ‚Wahrnehmung' mit drei
Entwicklungsdimensionen in Wechselwirkung mit dem
spezifischen Ressourcenraum.

Bei sozial lebenden Organismen kommt mit der *historisch-sozialen* eine weitere
Entwicklungsdimension hinzu. Soziale Organismen orientieren ihre Performanzen,
bzw. einzelne Aspekte davon, an denen ihrer Artgenossen. In unterschiedlicher
historischer Tiefe werden Teile von Wahrnehmungsperformanzen anderer Individuen in den eigenen aktuellen Wahrnehmungsprozess eingebaut und können
die Entwicklung der Performanzen mitbestimmen. Die Entwicklung in den drei
Dimensionen geschieht immer in Bezug auf und in direkter oder indirekter Wechselwirkung mit Elementen des spezifischen Ressourcenraums (Abbildung 3).

Zu [8] | a) Unschärfe des Umweltbegriffs: Der ‚Ecospace eines Organismus' (als
eine Umweltkategorie) mit Faktoren wie Klima, Vegetation, Fauna, Landschaftsmerkmalen und der Organismus selbst sind zuerst einmal nur durch die räumliche
Verbreitung aufeinander bezogen. Der spezifische Ressourcenraum hingegen wird
definiert als lebende und nicht lebende, organische und nichtorganische Elemente
und Artefakte, die in einer veränderlichen *Beziehung* in einer bestimmten Zeittiefe
als Agenten auf Organismen wirken bzw. auf die als Objekte vom Organismus ein-

gewirkt wird. Diese analytisch sinnvolle Betrachtungsweise lässt allerdings außer Acht, dass im System Erde nicht ein Organismus X ein System mit all seinen direkten Ressourcenraumelementen bildet, sondern dass alle Organismen und anderen Umweltelemente in einem Netz direkter und indirekter Beziehungen miteinander verknüpft sind. Die auf einen Organismus zentrierte ‚Umwelt'-Betrachtung ist immer nur ein vereinfachender Kniff. Wählt man die Perspektive eines anderen Organismus Y, wird Organismus X zum Ecospace- oder Ressourcenraumelement. Das System ‚Erde' ist ein System – aus stoffwechselphysiologischer und anderer performativer Sicht –, das wir aus unserer menschlich-organismischen Sicht nur vage wahrnehmen können, durch die Kombination verschiedener potentieller organismischer ‚Umwelt'-Perspektiven aber erschließen können.

b) Ambivalenzen des Interaktionsbegriffs: Daraus folgt, dass vom Organismus – je nach Perspektive – nicht nur die Relation von Teilen seiner Umwelt zu ihm abhängt, sondern auch direkt oder indirekt Teile der Umwelt selbst. Vom Organismus selbst, insbesondere mit historisch-sozialer Entwicklungsdimension erschaffene Umweltelemente, also Artefakte, sind Produkte von Performanzen (u. a. auch Wahrnehmungsprozessen) und beeinflussen nachfolgende.

c) Situative *versus* persistierende Einheiten: Ein Organismus ist zwar eine gute analytische Einheit und als Funktionseinheit wahrgenommen relativ zu anderen situativen Systemphänomenen persistierend. Doch wandelt er sich kontinuierlich und in Bezugnahme auf unterschiedliche Umweltelemente nach dem *Panta rhei*-Prinzip z. B. vom Säugling und Kleinkind zur Pubertierenden, einer jungen Frau, Schwangeren, Stillenden, einer Frau in postreproduktiver Phase, später mit altersbedingter körperlicher Einschränkung bis hin zur Dementen und Todesnahen. Ein Organismus ist nicht „zu jedem Zeitpunkt seiner Existenz als Ganzes da" und bringt durchaus auch durch Interaktion mit der Umwelt zeitliche Teile hervor.

d) Funktionseinheit versus Gestalteinheit: Organismus-Umwelt-Einheiten sind von ihrem Wesen her andere Einheiten als die Funktionseinheit des Organismus', doch gibt es verschiedene Organismus-Umwelt-Einheiten, die graduelle Abstufungen der systemischen Verknüpfung darstellen – vom Organismus über die Symbiose, eine generelle Abhängigkeit, gelegentliche Interaktion bis zu nur indirekter Anbindung.

e) Entwicklungsressourcen *versus* Funktionseinheit: Der gesamte organismische Teil des Systems Erde ist ein System der Interdependenz mit unterschiedlichen Abhängigkeitsverhältnissen der beteiligten Organismen und zum Teil sehr einseitigen Beteiligungen nichtorganischer Elemente der Geo-, Hydro- und Atmosphäre sowie des Kosmos. Der Fokus auf einen Organismus als Funktionseinheit mit Umweltbezug kann jedoch mit oder ohne Entwicklungsperspektive immer nur einen Ausschnitt und nie ein vollständiges System darstellen. Unser menschliches Verständnis- und

Darstellungsvermögen ist für solch komplexe Systeme nicht wirklich ausreichend. Wenn auch die Entwicklungsperspektive nicht hinreichend zur Begründung von kausalen Kreislaufelementen ist, so ist sie dennoch eine notwendige.

Zu [9] | Wie beim dissoziativen und anders als bei den fusionistischen Wahrnehmungsmodellen wird bei der Diskussion der sozialinteraktionistischen Wahrnehmungsmodelle wieder die Erkenntnis als Wahrnehmungsprodukt in den Vordergrund gestellt. Während der Anteil der sozialen Interaktion im Wahrnehmungsprozess, die historisch-soziale Entwicklungsdimension, insbesondere bei Menschenähnlichen bedeutend ist, wird hier jedoch die vor allem philosophisch bedeutsame Metaebene der Wahrnehmung der Beziehung Organismus-Umwelt in der Wahrnehmung betont.

Aus der Sicht des aktuellen Wissens über tierisches Werkzeugverhalten ist die These zu hinterfragen, „nur in der Wahrnehmung des Menschen komme es eigentlich zur Konstitution von Gegenständen und zu einem vom Organismus ablösbaren Wahrnehmungsinhalt". Zahlreiche Tierarten verwenden nicht nur Gegenstände als Werkzeuge, sondern stellen sie im Hinblick auf eine spezielle Funktion gezielt her. Neukaledonische Krähen z. B. fertigen Hakensonden an, indem sie Stücke aus Pandanus-Blättern mit gezackten Rändern heraustrennen[3] und Zweige durch Abtrennen von Seitentrieben zurichten.[4] Schimpansen im Taï-Wald erteilen z. B. den zum Nüsseknacken verwendeten Hammersteinen eine, wenn auch nicht sprachlich kommunizierte, Bedeutung und behalten diese zusammen mit zusätzlichen gegenstandsbezogenen Informationen zur Lokalisation in Erinnerung.[5]

Prozessual betrachtet steckt der sozialinteraktionistische Aspekt in der historisch-sozialen Dimension der Entwicklung der Performanz ‚Wahrnehmung'. Allerdings gibt es verschiedene Formen sozialer Interaktion, damit verbundener Informationsübernahme und der Herausbildung der Wahrnehmung; die Wirkung kann verschiedene Zeittiefen umspannen. Im Fischschwarm, im Vogelschwarm und in der Gnuherde orientieren sich die einzelnen Tiere oft nur an den Mitschwimmern/-fliegern/-läufern, ohne eine eigene Wahrnehmung von Gefahren oder vorteilhaften Bedingungen; die Performanzen des einzelnen Organismus'

---

3 Hunt, Gavin R. / Gray, Russell D.: Diversification and Cumulative Evolution in New Caledonian Crow Tool Manufacture, in: Proceedings of the Royal Society of London B 270 (2003), Issue 1517, S. 867-874.

4 Hunt, Gavin R. / Gray, Russell D.: The Crafting of Hook Tools By Wild New Caledonian Crows, in: Proceedings of the Royal Society of London B 271 (2004), Supplement 3, S. 88-90.

5 Boesch, Christophe / Boesch, Hedwige: Mental Maps in Wild Chimpanzees: An Analysis of Hammer Transports for Nut Cracking, in: Primates 25 (1984), Issue 2, S. 160-170.

werden im Schwarmverhalten aber nur von Moment zu Moment beeinflusst. Bei der sozialen Übermittlung von Informationen bei Bienen und Ameisen werden die Performanzen eines Organismus' in der nahen Zukunft verändert. Bei ausgedehnterem Ausbilden und Erlernen von Performanzen im sozialen Kontext, wie z. B. bei Schimpansen und Orang-Utans, kommt es zur Herausbildung von Traditionen und einfacher basiskultureller Muster über Generationen hinweg.[6] In der Entwicklung der Performanzen (und der Wahrnehmung) werden die evolutionär-biologische und die ontogenetisch-individuelle Dimension nie durch die historisch-soziale Dimension ersetzt, sondern immer ergänzt.

Ein Gedankenexperiment kann hier weiterhelfen. Die direkte Wahrnehmung eines Objekts (z. B. unigefüllter Kreis) durch einen Organismus 1 (schwarzes Dreieck) wird durch frühere Wahrnehmungsprozesse beeinflusst (Abbildung 4a). Wird die Wahrnehmung des Objektes ,unigefüllter Kreis' durch ein zweites Individuum (graues Dreieck) als ,rundliches gefülltes Ding' (unigefüllte helle Wolke) an Organismus 1 weitergegeben, verknüpft dieser die Information mit seinen bisherigen erinnerten Eindrücken zu einem zwar auch rundlich gefüllten, aber anderen Ding (abgerundetes dunkles Viereck mit Rasterfüllung) (Abbildung 4b). Werden die direkten Wahrnehmungen der Organismen 1 (rastergefüllter dunkler Kreis) und 2 (unigefüllte helle Wolke) durch Kommunikation verknüpft (Abbildung 4c), können bei den Organismen 1 und 2 veränderte Wahrnehmungen entstehen (z. B. rastergefüllter heller Kreis, unigefüllte dunkle Wolke). Die soziale Interaktion (historisch-soziale Dimension) in Abbildung 4b kann eine indirekte Vorstellung eines Objektes bieten, die aber nicht 1:1 übernommen, sondern wie bei der direkten Wahrnehmung mit vorhandenen geistigen, körperlichen und Verhaltensaspekten verknüpft wird. Werden zwei direkte Wahrnehmungen vor individuell verschiedenem Hintergrund miteinander verbunden, fügt die soziale Interaktion kommunizierte Inhalte dem jeweiligen Hintergrund der individuellen direkten Wahrnehmung hinzu und verändert sie. Sie bleiben aber individuelle Wahrnehmungen in einer im sozialen Kontext erworbenen Bandbreite.

6　Haidle, Miriam Noël et al.: The Nature of Culture: An Eight-Grade Model for the Evolution and Expansion of Cultural Capacities in Hominins and other Animals, in: Journal of Anthropological Sciences 93 (2015), S. 43-70.

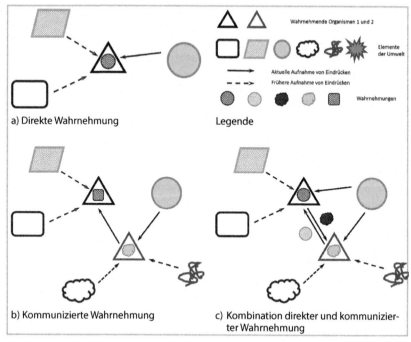

Abbildung 4 Individuelle Wahrnehmung im Zusammenspiel mit sozialer Interaktion.

Bei Menschen ist die gemeinsame Bezugnahme auf Objekte der Umwelt durch die Möglichkeit der nicht nur parallelen, sondern geteilten Aufmerksamkeit und der sprachlichen Kommunikation deutlich erweitert. Doch bilden auch andere soziale Tierarten durch Formen der sozialen Interaktion über kürzere oder längere Zeit Räume kollektiv getragener Wahrnehmung und weiterer Performanzen aus. Unterschiedlich ist die Größe des gemeinsamen Nenners: Durch sprachliche Kommunikation und geteilte Aufmerksamkeit kann diese enorm gesteigert werden. Die objektive Vogelperspektive bleibt aber auch bei Menschen Illusion.

Zu [10] | Wie die Konstitution von Gegenständen zu einem vom Organismus ablösbaren Wahrnehmungsinhalt und die gemeinsame Bezugnahme auf Objekte der Umwelt durch soziale Interaktion ist auch die Entkopplung von Wahrnehmungen und Handlungen ein Phänomen, das bei Menschen zwar in besonderem Maße ausgeprägt ist, aber nicht ausschließlich auftritt. Von Wolfgang Köhler[7] bereits im frühen 20. Jahrhundert in Experimenten mit verschiedenen Tierarten beschrieben, macht der Vergleich des Werkzeugverhaltens von Tieren im Laufe der menschlichen Evolution deutlich, wie weit die Distanz zwischen Problem (Wahrnehmung) und Lösung (Handlung) werden kann.[8] Auch bei Tieren ist immer die mehr oder minder vorhandene historisch-soziale Entwicklungsdimension der Performanz ‚Wahrnehmung' und insofern eine historisch-soziale bis kulturelle Situiertheit einzubeziehen. Was bei Menschen dazukommt, ist die Kommunikation auf der Metaebene über die Wahrnehmung des Erkenntnisprozesses ‚Wahrnehmung' als Wahrnehmungsobjekt. Im alltäglichen Wahrnehmungsprozess spielt diese Metaebene aber meist eine untergeordnete Rolle.

Literaturhinweise

Boesch, Christophe / Boesch, Hedwige: Mental Maps in Wild Chimpanzees: An Analysis of Hammer Transports for Nut Cracking, in: Primates 25 (1984), Issue 2, S. 160-170.

Haidle, Miriam Noël: How to Think Tools? A Comparison of Cognitive Aspects in Tool Behavior of Animals and during Human Evolution, Tübingen 2012.

Haidle, Miriam Noël et al.: The Nature of Culture: An Eight-Grade Model for the Evolution and Expansion of Cultural Capacities in Hominins and other Animals, in: Journal of Anthropological Sciences 93 (2015), S. 43-70.

Hunt, Gavin R. / Gray, Russell D.: Diversification and Cumulative Evolution in New Caledonian Crow Tool Manufacture, in: Proceedings of the Royal Society of London B 270 (2003), Issue 1517, S. 867-874.

Hunt, Gavin R. / Gray, Russell D.: The Crafting of Hook Tools By Wild New Caledonian Crows, in: Proceedings of the Royal Society of London B 271 (2004), Supplement 3, S. 88-90.

Köhler, Wolfgang: Intelligenzprüfungen an Menschenaffen, Berlin 1963.

---

7   Köhler, Wolfgang: Intelligenzprüfungen an Menschenaffen, Berlin 1963.

8   Haidle, Miriam Noël: How to Think Tools? A Comparison of Cognitive Aspects in Tool Behavior of Animals and during Human Evolution, Tübingen 2012.

Kontakt

PD Dr. Miriam Noël Haidle
Forschungsstelle „The Role of Culture in Early Expansions of Humans" (ROCEEH)
der Heidelberger Akademie der Wissenschaften
Senckenberg Forschungsinstitut und Naturmuseum
Senckenberganlage 25
60325 Frankfurt/Main
E-Mail: mhaidle@senckenberg.de

Matthias Jung

Wahrnehmung als Handlungsphase:
Warum Pragmatisten keine Fusionisten sind

Vorrede | In seinem *target article* unterscheidet Georg Toepfer zwischen drei grundsätzlichen Modellen der Wahrnehmung, dem *dissoziativen*, dem *assoziativen* bzw. *fusionistischen* und dem *sozialinteraktionistischen*. Es wird jedoch nicht herausgestellt, dass diese Unterscheidungen nicht auf derselben begrifflichen Ebene liegen. Dies trifft nur für die ersten beiden Modelle zu: Zum linearen, die Subjekt-Objekt-Differenz betonenden Ansatz der dissoziativen Modelle verhält sich das zirkuläre, die vorgängige Einheit betonende Denken der fusionistischen Modelle in der Tat als begriffliche Alternative. Anders steht es mit dem dritten, dem sozialinteraktionistischen Modell, das Toepfer mit dem Schritt von der Biologie zur Anthropologie der Wahrnehmung zusammenbringt. Es ist gegenüber den ersten beiden Modellen derivativ. Anthropologie setzt nämlich Biologie phylo- wie ontogenetisch voraus, und zwar auch dann, wenn man – wofür alles spricht – davon ausgeht, dass humanspezifische, mit geteilter Intentionalität imprägnierte Wahrnehmung die biologischen Funktionen *top-down* reorganisiert. Zudem ist es schlicht unplausibel, Wahrnehmung *in toto* sozialinteraktionistisch zu erklären. Zum einen weisen auch sozial konstituierte Subjekte sensomotorische Muster auf, die von den verinnerlichten Reaktionen der Anderen weitestgehend unabhängig sind (hier könnte man das von William James geprägte und von John Dewey aufgegriffene Beispiel des in die Kerze greifenden Kindes anführen), zum anderen haben auch sozialinteraktionistisch verstehbare Wahrnehmungen immer einen individuellen Aspekt. Dies betont sogar der Urvater dieser Theorien, George H. Mead: „Wir haben zwischen dem zu unterscheiden, was zur Erfahrung des Individuums *qua* Individuum gehört, und dem, was sich in seinem Geist befindet und die Bezeichnung ‚subjektiv' verdient. Im ersten Fall kann man die Beobachtung privat nennen [...]."[1] Das Subjektive ist immer sozial konstituiert, das Private jedoch nicht.

---

1 Mead, George H.: Wissenschaft und Lebenswelt, in: ebd.: Gesammelte Aufsätze Bd. 2, herausgegeben von Hans Joas, Frankfurt am Main 1983, S. 14-87, hier S. 34 f.

Zu [5 b] & [6] | Sozialinteraktionistische Konzeptionen stellen also keine Alternative zu den beiden erstgenannten dar, sie setzen vielmehr bereits das zweite Modell voraus, mit dem sie dementsprechend den zentralen Ausgangspunkt, die Vorgängigkeit des *Zusammenhangs* von Organismus und Umwelt, teilen. Dessen Charakterisierung durch Toepfer mittels der Prädikate „assoziativ" (wenn der Begriff nicht so hässlich wäre, müsste es wohl, parallel zum zweiten Prädikat, eher „assoziativistisch" heißen) und „fusionistisch" scheint mir irreführend, weil damit die zentrale Pointe gerade verlorengeht. Fusionieren bzw. miteinander assoziieren lassen sich nämlich nur Prozesse oder Entitäten, die auch unabhängig voneinander gedacht werden können, wohingegen die These des vorgängigen Interaktionszusammenhangs von Organismus und Umwelt beide ja gerade als gleichursprünglich und komplementär, als unselbständige Komponenten einer irreduziblen Einheit auffasst. Von fusionistischen Modellen zu sprechen artikuliert die antidualistische Grundidee dieser Ansätze innerhalb eines dualistischen und deshalb verzerrenden Bezugrahmens.

Unter den zehn „fusionistischen" Ansätzen, die Toepfer in historischer Ordnung vorstellt, tauchen pragmatistische Konzeptionen nur ganz am Rande (FN 75) auf. Dabei hätte sich gleich am Anfang, bei der Diskussion des Reflexbogens, Gelegenheit gefunden, John Deweys wirkungsgeschichtlich eminenten Aufsatz „The Reflex Arc Concept in Psychology" von 1896 (1931 wiederveröffentlicht unter dem Titel „The Elementary Unit of Behavior") einzubeziehen. Dewey geht nämlich über die von Toepfer dann vorgestellten Autoren wie Palagyi, von Uexküll und Plessner/Buytendijk schon im Ansatz dadurch hinaus, dass er den Übergang vom linearen zum zyklischen Wahrnehmungsmodell *handlungstheoretisch* kontextualisiert. Deshalb würde er auch niemals davon sprechen, dass Organismus und Umwelt „'zusammen einen höheren Organismus'" (von Uexküll, zitiert nach Toepfer) bilden, wie dies bei Jakob von Uexküll der Fall ist. Der Funktionskreis bei von Uexküll und die analogen Modelle in der Philosophischen Anthropologie verdanken sich methodisch der *Beobachterperspektive*, wie jüngst Joachim Fischer sehr deutlich gemacht hat.[2] Die Ansätze Deweys und Meads hingegen sind der Perspektive Handelnder verpflichtet und betrachten den Beobachterstandpunkt als eine sekundäre, interne Ausdifferenzierung der Teilnehmerperspektive. Vom Standpunkt der Handelnden aus aber ist die Rede von einem übergreifenden *System* abwegig. Systeme haben

---

2   Vgl. etwa Fischer, Joachim: Philosophische Anthropologie. Eine Denkrichtung des 20. Jahrhunderts, Freiburg und München 2008, S. 520: „reflexionsentscheidend ist der distanzierte, den Biologen folgende kritisch-konstruktive Blick auf den (subhumanen) Organismus, auf den lebendigen Körper inmitten seines Mediums oder seiner Umwelt. Die Denkbewegung bei allen einschlägigen Autoren setzt beim Blick auf den *ferngestellten* lebendigen Körper-in-seiner-Umwelt an [...]" (Kursivierung M. J.).

kein intrinsisches Gut, ihnen kann nur von außen eine Funktion zugeschrieben werden. Akteure hingegen streben teleologisch nach der Realisierung dessen, was für sie gut ist, und sie tun dies in einer widerständigen Umwelt, die ihr Handeln ebenso sehr einschränkt wie überhaupt erst möglich macht. Dewey geht deshalb zwar *mit* von Uexküll davon aus, dass Organismus und Umwelt keine getrennten Dinge seien, sondern sich wechselseitig konstituieren. Das hat aber gerade keine Symmetrie zwischen beiden zur Folge. Vielmehr bestehen hier zwei komplementäre Asymmetrien:

(1) Die Umwelt ist ein artspezifischer Realitätsausschnitt, der auch ohne den Organismus existiert, nur eben nicht *als* Umwelt, wohingegen der Organismus ohne eine ihm angemessene Umwelt nicht existieren kann. Diese offensichtliche Asymmetrie verführt allerdings zu Fehldeutungen. Nach pragmatistischer Lesart darf sie insbesondere nicht so verstanden werden, als ob „Welt" einen rein objektiven, „Umwelt" hingegen einen bloß subjektiven Charakter hätte. Besonders Deweys Freund George H. Mead hat immer wieder herausgestellt, dass durch die Organismus-Umwelt-Interaktion reale, objektive Qualitäten dieser Umwelt sichtbar werden, also der Organismus nicht etwa in die Welt eine Umwelt gewissermaßen hineinsieht. Meads Standardbeispiele sind Nahrung und Farben: „The eye and related processes endow objects with color in exactly the same sense that an ox endows grass with the character of food, that is, not in the sense of projecting sensations into objects, but rather of putting itself into a relation with the object which makes the appearance and existence of the colour possible, as a quality of the object."[3] Der Farben wahrnehmende Organismus nimmt also wirkliche, objektive Eigenschaften von Gegenständen wahr, die diese gleichwohl nicht hätten, wenn sie nicht in einer Umwelt erscheinen könnten.

Zu [8 b] | Diese Position lässt sich auch heranziehen, um einen Einwand differenzierter zu betrachten, den Toepfer in seiner Kritik des Fusionismus entwickelt. Toepfers Argument läuft darauf hinaus, dass Fusionisten nicht zwischen wechselseitiger Wirkung (Interaktion) und wechselseitiger Abhängigkeit (Interdependenz) unterscheiden. Herz und Lunge eines Organismus beispielsweise sind zwar interdependent, bedingen sich also in ihrer Funktion wechselseitig. Zwischen dem Organismus und seiner Umgebung bestehe jedoch gerade kein interdependentes, sondern ein interaktives Verhältnis. „Zu seiner Nahrung beispielsweise hat ein Organismus ein einseitiges Abhängigkeitsverhältnis, er ist auf sie angewiesen, hat sie

---

3 Mead, George H.: Mind, Self and Society. Annotated Edition by Daniel R. Hübner and Hans Joas, Chicago 2015, S. 130.

aber nicht selbst hervorgebracht oder gestaltet." Dewey und Mead würden Toepfer hier wohl nur teilweise Recht geben. Zustimmen würden sie seiner Ablehnung der überzogenen These Merleau-Pontys aus der *Phänomenologie der Wahrnehmung*, das Verhältnis Organismus-Umwelt sei den Verhältnissen zwischen den Organen des Organismus analog. *Gegen* Toepfer würden sie aber vermutlich darauf bestehen, dass es sich bei den vom Organismus in Anspruch genommenen Umweltqualitäten nicht um einseitige Abhängigkeitsverhältnisse handele. Organismen bringen zwar ihre Nahrung nicht selbst hervor, worin die ontologische Asymmetrie bestehe, doch sind „Nahrung-sein" und „Farbig-sein" eben *objektive* Eigenschaften bestimmter Naturdinge, die epistemisch *und* ontologisch (appearance *and* existence) von der Existenz entsprechender Organismen abhängen. Diese Eigenschaften emergieren in den jeweiligen Austauschprozessen. Das Verhältnis des Organismus zu seiner Nahrung *als* Naturding ist zwar nur interaktiv, doch das Naturding *als* Nahrung ist interdependent mit dem Organismus verbunden. Für die Stichhaltigkeit dieser Argumentation ist es natürlich entscheidend, dass relationale Eigenschaften nicht gegenüber intrinsischen ontologisch als „bloß sekundär" abgewertet werden, wie dies die philosophische Tradition von Aristoteles über Descartes bis zum szientifischen Naturalismus der Gegenwart weithin selbstverständlich praktiziert hat. Die Ablehnung dieser Abwertung macht einen Grundzug der Prozessontologien von Peirce bis Mead aus, wie hier leider nur angedeutet werden kann.[4]

(2) Die zweite Asymmetrie besteht darin, dass die von ihm zur Umwelt gemachte Realität, die ihn umgibt, den Organismus zwar mit konstituiert, das *Wie* dieser Konstitution aber dem Primat des Organismus untersteht (was bekanntlich beim Menschen dann dazu führt, dass die Plastizität seiner Lebensform ihn auf gar keine spezifische Umwelt mehr festlegt). Zwar sind die Lebensbedürfnisse des Organismus' von den ihm zur Verfügung stehenden Umweltressourcen mit geformt worden, aber dies ändert nichts daran, dass der Organismus kraft seiner Verhaltens- und beim Menschen Handlungsmöglichkeiten über eine relative, d. h. immer noch konstitutiv umweltbezogene funktionale Geschlossenheit verfügt. Diese Geschlossenheit ergibt sich bereits daraus, dass der Organismus ein Wohl und daher Ziele hat, seine (anorganische) Umwelt jedoch nicht. Dewey macht dies in dem erwähnten Aufsatz von 1896 am Beispiel des Zusammenhangs von Reiz und Reaktion klar. Reize sind nicht etwas, das einfach aus der Umwelt auf den Organismus einwirkt, und Reaktionen nicht von Reizen determiniert. „Tatsache ist, dass Reiz und Reaktion nicht Unterscheidungen von Dingen, sondern teleologische

---

4 Mead, George H.: Die objektive Realität der Perspektiven, in: ebd.: Gesammelte Aufsätze Bd. 2, herausgegeben von Hans Joas, Frankfurt am Main 1983, S. 211-224.

Unterscheidungen sind, das heißt Unterscheidungen der Funktion oder Rolle mit Bezug auf das Erreichen oder Aufrechterhalten eines Ziels."[5] Das Teleologische ist aber eine Eigenschaft des Organismus und nicht seiner Umgebung. Es ist, kurz gesagt, die handlungstheoretische Einbettung der Wahrnehmung, die es erlaubt, die Organismus-Umwelt-Einheit mit jener Asymmetrie auszustatten, die eine systemtheoretische Verselbständigung der Interaktionseinheit als solcher verhindert.

[**Fazit**] | Georg Toepfer hat also völlig recht, wenn er schreibt: „Die pragmatistische Einbettung von Wahrnehmungen in Handlungszusammenhänge ist aber noch organismuszentriert und davon entfernt, diese Interaktionszusammenhänge als eigenständige Systeme aufzufassen." (FN 75) Angesichts seiner Kritik an den ausführlich in zehn Versionen dargestellten „fusionistischen" Positionen ist es dann jedoch nicht mehr gut nachvollziehbar, warum die pragmatistischen Alternativen nur ganz en passant behandelt werden. Pragmatisten haben vielversprechende Versuche unternommen, die vorgängige Einheit des Interaktionszusammenhangs mit dem Primat der organischen Teleologie zusammenzudenken. Die Wahrnehmungshandlung bleibt eingebettet in die übergreifenden Handlungsziele des Organismus', Interaktion und Interdependenz werden nicht verwechselt, sondern unterscheidend miteinander in Beziehung gesetzt. George H. Mead hat dazu eine elaborierte Theorie der Konstitution des physischen Dings im Ineinandergreifen von Manipulationserfahrung und Distanzwahrnehmung, primären und sekundären Qualitäten entwickelt.[6] Es gäbe also gute Gründe, die pragmatistische Alternative ernst zu nehmen.

Literaturhinweise

Dewey, John: Die Elementareinheit des Verhaltens, in: ebd.: Philosophie und Zivilisation, Frankfurt am Main 2003, S. 230-244.

Fischer, Joachim: Philosophische Anthropologie. Eine Denkrichtung des 20. Jahrhunderts, Freiburg und München 2008.

Mead, George H.: Das physische Ding, in: ebd.: Gesammelte Aufsätze Bd. 2, herausgegeben von Hans Joas, Frankfurt am Main 1983, S. 225-246.

Mead, George H.: Die objektive Realität der Perspektiven, in: ebd.: Gesammelte Aufsätze Bd. 2, herausgegeben von Hans Joas, Frankfurt am Main 1983, S. 211-224.

---

5   Dewey, John: Die Elementareinheit des Verhaltens, in: ebd.: Philosophie und Zivilisation, Frankfurt am Main 2003, S. 230-244, hier S. 239.

6   Vgl. Mead, George H.: Das physische Ding, in: ebd.: Gesammelte Aufsätze Bd. 2, herausgegeben von Hans Joas, Frankfurt am Main 1983, S. 225-246.

Mead, George H.: Wissenschaft und Lebenswelt, in: ebd.: Gesammelte Aufsätze Bd. 2, herausgegeben von Hans Joas, Frankfurt am Main 1983, S. 14-87.

Mead, George H.: Mind, Self and Society. Annotated Edition by Daniel R. Hübner and Hans Joas, Chicago 2015.

Kontakt

Prof. Dr. Matthias Jung

Universität Koblenz-Landau, Campus Koblenz

Seminar für Philosophie

Postfach 201602

56016 Koblenz

E-Mail: mjung@uni-koblenz.de

Michael Moxter

Expeditionen ins geistige Tierreich

Vorrede | Wie immer dankbar für die Orientierungsleistung und die erhellenden Perspektiven, die Texte Georg Toepfers bieten, bleibe ich im Hinblick auf *eine* Seite seines Rekonstruktionsvorschlags zögerlich: gegenüber der Art und Weise, in der er den Genetiv im Projekttitel ‚Anthropologie der Wahrnehmung' interpretiert. Toepfer beschreibt drei Wahrnehmungsmodelle, deren letztes (das interaktionistische) als eines erscheint, das, wenn nicht dem Menschen eigentümlich, so doch für die Art menschlicher Wahrnehmung prägend ist. Es sei nicht als umfassendes Modell für Wahrnehmung überhaupt geeignet, denn auch einem so seltsamen Vogel wie dem über weite Phasen seines Lebens zu Solipsismus (und also Interaktionsaskese) neigenden Albatros könne man Wahrnehmungen und vor allem Wahrnehmungskompetenz nicht abstreiten. „Speziell auf den Menschen bezogen" jedoch gelte, dass die Kopräsenz anderer (Wahrnehmungs-) Subjekte und also eine intersubjektive bzw. öffentliche Erschlossenheit des subjektiv Wahrgenommenen formgebend ist, sodass von sozialer Figuration der Wahrnehmung gesprochen werden könne. Da, was für einige gilt, nicht auch für viele oder gar für alle gelten müsse, erlaube die Anthropologie der Wahrnehmung keinen Rückschluss auf die Biologie der Wahrnehmung.

Zu [3] | So hilfreich die Rekonstruktion der drei Modelle dem Nicht-Biologen erscheint, so einseitig nimmt es sich aus, dass der Titel ‚Anthropologie der Wahrnehmung' von Georg Toepfer gleichsam ‚regionalontologisch' gebraucht wird: In der Gesamtheit des Seienden, so dürfte man extemporieren, gibt es solches, was gänzlich unterhalb einer Wahrnehmungsschwelle bleibt, sodass nach einer Petrologie der Wahrnehmung zu fragen müßig wäre. Als Denkmöglichkeit könnte erwogen werden, ob es auch ein ‚oberhalb der Wahrnehmung' gebe, z. B. bei Engeln, die sich einer direkten Erkenntnis *sola mente* erfreuen, oder bei Computern, die nur über digitalisierte Daten mit der Wirklichkeit im Kontakt stehen. Zwischen beiden Schwellen aber findet sich der weite Bereich des Lebendigen, in dem – vielleicht in einer Art Stufenbau des Organischen – die gemeinsamen Phänomene der

Wahrnehmungsfähigkeit und Wahrnehmungsbedürftigkeit graduell modifiziert und in spezifischer Prägnanz vorkommen. ‚Anthropologie der Wahrnehmung' ist folglich ein Titel, der die menschliche Form der Wahrnehmung fokussiert und diese entweder einer spezifischen Region des Belebten zuordnet oder gar auf den einzigartigen Sonderfall eines „geistigen Tierreichs" (Hegel) abstellt. Es entsteht eine Kombination aus aktueller biologischer Forschung und traditioneller regionalontologischer Ordnung, die Blumenbergs Frage wieder aufwirft, was es eigentlich war, das wir wissen wollten.

Aus der Perspektive der Biologie werden Typen von System-Umwelt-Verhältnissen beschrieben, die als Fälle von Wahrnehmung Affinitäten, aber auch Differenzen aufweisen. Es wird nach ‚Wahrnehmung' im Modus einer Bestimmtheit von Bereichen der Natur, also in gegenständlicher Bestimmtheit gefragt. Da Toepfers Text ein Interesse an phänomenologischen Debatten deutlich zum Ausdruck bringt (Husserl, Scheler, Sartre und Merleau-Ponty, schließlich auch phänomenologisch orientierte Mitglieder der Arbeitsgruppe werden zitiert), und da weitere zentrale Gesprächspartner wie Gestaltpsychologie, Philosophische Anthropologie und Funktionskreisdenken mit der Entwicklung der Phänomenologie auf vielfältige Weise verbunden sind, darf (durchaus mit Toepfer) daran erinnert werden, dass sich das Wahrnehmungsproblem stets auch noch in anderer Perspektive stellt.

Phänomenologie neigt dazu, die Frage, was humane Wahrnehmung an sich auszeichnet, um die andere zu ergänzen, wie sich Wahrnehmung für das Bewusstsein selbst darstellt. Was als Natur, als gegebenes, vorfindliches Sein erscheint, muss auch in der Form betrachtet werden, in der es sich erscheint – wie schon Hegels Phänomenologie wusste. Die Frage ist dabei nicht, ob Selbstverhältnis, Selbstbeobachtung oder Reflexion mit dem Modell innerer Wahrnehmung glücklich beschrieben wird, sondern zunächst und vor allem, wie Erfahrungen mit dem eigenen Tun gesammelt wird und welche prägende Kraft sie für die weitere Ausbildung solcher Tätigkeit gewinnen. Wahrnehmungstäuschung, Negativität, Zeitlichkeit und vor allem auch Ungenauigkeit und Unbestimmtheit der Wahrnehmung (sowie im Grenzbereich zwischen Phänomenologie und Medizin deren Pathologien) gehören daher nach meinem Verständnis so unverzichtbar zur phänomenologischen Perspektive, dass der Titel ‚Anthropologie der Wahrnehmung' sich im Rekurs auf solche Dimensionen erst konkretisiert.

Zu [7] | Gerade weil die (auch vom Pragmatismus geteilte) Beobachtung zutrifft, dass Wahrnehmung und Handlung immer verknüpft sind und dies „in einem semantischen Raum, der durch individuelle Erfahrungen und das soziale Miteinander geprägt ist", gerade weil der Andere als konstitutive Erlebnisschicht eigener Wahrnehmung stets mitgesetzt ist und gerade weil soziale Interaktion humane

Kognition (mit-)konstituiert, leuchtet es mir noch nicht ein, dass hernach doch wieder auf Entkopplung von Wahrnehmung und (Inter-)Aktion abgestellt wird. Man könnte das einschlägige Phänomen ja auch mit der Bemerkung beschreiben, dass noch in der Entlastung von (unmittelbarem) Handlungsdruck der innere Zusammenhang von Wahrnehmen und Interagieren bekräftigt wird.

Zu [10] | Der sinnlichen Gewissheit war es bei Hegel eigentümlich, ebenso sehr kontinuierlich in den Aufbau von Erfahrung einzugehen, wie sich in diesem Prozess beständig mit Reichhaltigerem zu vermitteln. In dieser Hinsicht gab es keinen Dissens zu Kants Grundüberzeugung, die humane Erkenntnis hebe mit der Erfahrung an, entspringe aber nicht aus ihr allein. Sie machte Kant wie Hegel zu Kritikern eines sich einseitig interpretierenden Empirismus, den man heute ‚Naturalismus' oder ‚Physikalismus' nennt, um den Eindruck zu vermeiden, die empirischen Wissenschaften (und nicht nur deren verkürzte Selbstdarstellung) seien infrage gestellt. Toepfers abschließende Pointe: „Schon als Wahrnehmender ist der Mensch Gattungswesen" könnte deshalb auch die Variante erhalten: ‚Schon als Wahrnehmender ist der Mensch mehr als nur Wahrnehmender'. Zur ‚Anthropologie der Wahrnehmung' gehörte dann die Aufgabe, den Überschuss, das *surplus* an Sinn (mit dem Grenzwert: Bedeutsamkeit) zu rekonstruieren, ohne den es so etwas Anspruchsvolles wie ein ‚Selbstbewusstsein der Gattung' nicht geben kann. Bemerkenswerterweise führt die biologienahe Beschreibung der humanen Form der Wahrnehmung über das bloß Naturale hinaus. Oder wie der Theologe sagen würde: Der Mensch kann seinen Wahrnehmungen nur trauen, weil er schon an ihnen Transzendenzerfahrungen macht.

Kontakt

Prof. Dr. Michael Moxter
Fachbereich Evangelische Theologie
Universität Hamburg
Sedanstr. 19
20146 Hamburg
E-Mail: Michael.Moxter@uni-hamburg.de

Christian Tewes

Die Wahrnehmungstheorie des Enaktivismus

Vorrede | Das Ziel des vorliegenden Kommentars besteht darin, zu prüfen, ob die von Georg Toepfer geleistete Kritik am „fusionistischen Wahrnehmungsmodell" auf die enaktive Wahrnehmungstheorie übertragen werden kann. Die Frage, ob der Enaktivismus sich überhaupt in dieses Wahrnehmungsmodell vollständig und sinnvoll eingliedern lässt oder nicht auch zentrale Elemente des interaktionistischen Wahrnehmungsmodells integriert, spielt in dem Kommentar ebenfalls eine zentrale Rolle.

Zu [1] | Der insbesondere von Francisco Varela begründete und seitdem von verschiedenen Vertretern dieser Theorie kontinuierlich weiterentwickelte *Enaktivismus* teilt die von Georg Toepfer eingeführte Bestimmung von Organismen als zugleich offene und geschlossene Systeme.[1] Ein besonderes Augenmerk wird in dieser Theorie darauf gelegt, dieses nahezu dialektische Verhältnis von *Offenheit* und *Geschlossenheit* genau zu explizieren.[2] Die Details dieser Verhältnisbestimmung sind zentral, um letztendlich entscheiden zu können, ob der von Georg Toepfer unter [5] eingeführte Begriff des „fusionistischen Wahrnehmungsmodells" tatsächlich auf den Enaktivismus anwendbar ist. Eine Schlüsselstellung kommt in dieser Verhält-

---

1 Vgl. Varela, Francisco J. / Thompson, Evan / Rosch, Eleanor: The embodied mind: Cognitive science and human Experience, Cambridge/Massachusetts und London 1991 und Thompson, Evan: Mind in Life. Biology, Phenomenology, and the Sciences of Mind. Cambridge/Massachussetts and London 2007, 45 ff.

2 Thompson, Evan: Mind in Life. Biology, Phenomenology, and the Sciences of Mind. Cambridge/Massachussetts and London 2007, S. 46 und Thompson, Evan / Stapleton, Mog: Making Sense of Sense-Making: Reflections on Enactive and Extended Mind Theories, in: Topoi 28 (2009), S. 23-30. Vgl. dazu auch die Kritik am Enaktivismus wie auch die hilfreichen Ausführungen zum Verhältnis von systemischer Geschlossenheit und Offenheit, die meines Erachtens mit dem enaktiven Ansatz kompatibel in Bickhard, Mark, H.: Inter- and Enactivism: Some thoughts and comparisons, in: New Ideas in Psychology 41 (2016), S. 23-32.

nisbestimmung dem Begriff der „Autonomie" zu.[3] In enger Anlehnung an Hans Jonas naturphilosophischen Bestimmungen des Organismus wird dieser als ein autonomes sich selbst erhaltendes System aufgefasst, das seine Identität in beständiger Interaktion mit der Außenwelt reguliert und realisiert.[4] Diese Interaktionen des Organismus beinhalten zudem eine relationale normative Ko-Konstitution des organismischen Systems mit seiner Umwelt, die im Enaktivismus auch als *sinnerzeugende Aktivität* (sense-making) bezeichnet wird.[5]

Etwas formaler lauten die Kriterien für autonome Systeme folgendermaßen: (a) Sie generieren und regulieren ihre Identität unter prekären Umständen. Sie erhalten und erzeugen die Teile eines Organismus, die ohne dessen Funktionsganzheit nicht eigenständig existieren könnten (insbesondere auch unter der Bedrohung von Hunger und Durst oder auch von Fressfeinden und Krankheiten). (b) Jeder Prozess des Systems hängt in seiner Konstitution rekursiv von anderen Prozessen des Systems ab und ergibt so ein geschlossenes Netzwerk (Prinzip der operationalen Geschlossenheit). (c) Ein derartiges Netzwerk bestimmt einen möglichen Bereich von Interaktionen mit der Umwelt.[6]

Bei der Betrachtung dieser Aspekte könnte man den Eindruck gewinnen, dass der Enaktivismus nur den Aspekt der systemischen Geschlossenheit betont. Das ist aber nicht der Fall. Autonome Systeme sind trotz des Prinzips ihrer operationalen Geschlossenheit immer auch *thermodynamisch offene Systeme*, die den Energiefluss im Sinne des notwendigen Erhalts des thermodynamischen Ungleichgewichts zu ihrer Umgebung modulieren (während ihres Lebenszyklus).[7] Interaktionen zum

---

3   Vgl. Barandiaran, Xabier, E.: Autonomy and Enactivism: Towards a Theory of Sensorimotor Autonomous Agency, in: Topoi (2016).

4   Vgl.Jonas, Hans: The Phenomenon of Life. Toward a Philosophical Biology, Evanston, Illinois 1966, Harper & Row 1966 und Thompson, Evan: Mind in Life. Biology, Phenomenology, and the Sciences of Mind. Cambridge/Massachusetts and London 2007, S. 152-153

5   Varela spricht in diesem Zusammenhang auch vom „surplus der Bedeutung" („surplus of significance"). Varela, Francisco, J.: Patterns of Life: Intertwining Identity and Cognition, in: Brain and Cognition 34 (1997), S. 81. Vgl auch Weber, Andreas / Varela Francisco, J.: Life after Kant: natural purposes and the autopoietic foundations of biological individuality, in: Phenomenology and the Cognitive Sciences 1 (2002), Issue 2, S. 97-125 ebenfalls Di Paolo, Ezequiel / Marieke. Rohde / De Jaegher, Hanna.: Horizons for the enactive mind: Values, social interaction, and play, in: Enaction: Toward a new paradigm for cognitive science, edited by John. Stewart, Olivier Gapenne and Ezequiel Di Paolo, Cambridge 2014, S. 39.

6   Di Paolo, Ezequiel: Extended life, in: Topoi 28 (2009), S. 15.

7   Vgl. Thompson, Evan / Stapleton, Mog: Making Sense of Sense-Making: Reflections on Enactive and Extended Mind Theories, in: Topoi 28 (2009), S. 24.

Zweck der Selbstregulierung und des Selbsterhaltes sind immer auch Interaktionen, die zur temporären Aufrechterhaltung des thermodynamischen Ungleichgewichtes beitragen. Tatsächlich handelt es sich hierbei um zwei Perspektiven (Offenheit und Geschlossenheit des Systems), wie Toepfer völlig korrekt ausführt, die jedoch auch auf der Beschreibungsebene nicht notwendig ambivalent zu sein brauchen. System-Umwelt-Beziehungen bilden im Enaktivismus eine unauflösliche, aber differenzierbare Einheit; autonome Systeme existieren nur in Relation zu ihrer jeweiligen Umwelt.[8] Sie können aber auch ein Teilbereich einer weiteren systemisch-operationalen Einheit (eines weiteren autonomen Systems) sein. So wird das Nervensystem häufig im Enaktivismus als autonome Einheit bestimmt, das jedoch wiederum ein Teil des gesamten Organismus ist.[9]

Welche Bedeutung der Wahrnehmung im Rahmen dieser System-Umwelt-Beziehung zukommt, wird insbesondere im *sensomotorischen Enaktivismus* weiter untersucht.[10] Betrachtet wird diesbezüglich die Funktionsweise multizellulärer Organismen mit Nervensystemen, aber auch phänomenologische Gesetzmäßigkeiten der Wahrnehmung. Die Logik des Nervensystems wird schon von Varela so bestimmt, dass sie die Kopplung von Handlung und Wahrnehmung in einem kontinuierlichen Kreislaufprozess ermöglicht.[11] Anders als in klassischen kognitiven Theorien wird die Funktion der Wahrnehmung jedoch nicht einfach als eine Repräsentation der Außenwelt verstanden. Vielmehr wird der Wahrnehmungsvorgang grundsätzlich als eine relationale explorative Tätigkeit eines Subjekts begriffen, dessen Perzeptionen auf unterschiedlichen sensomotorischen Zusammenhängen in Abhängigkeit von den jeweiligen Sinnesmodalitäten basieren.[12]

Resultiert aus dieser Grundaufstellung eine prinzipielle (unauflösliche) Ambivalenz des Wahrnehmungsbegriffs, wie Georg Toepfer anzunehmen scheint? Tatsächlich ist die Wahrnehmung auch im sensomotorischen Enaktivismus nur als Resultat einer komplexen systemischen Interaktion zwischen einem System (Subjekt) und explorierten Elementen der Umwelt zu verstehen. Trotzdem verhält sich der Punkt ganz ähnlich wie im autopoetischen oder autonomen Enaktivis-

---

8   Vgl. Froese, Tom / Di Paolo, Ezequiel: The enactive approach. Theoretical sketches from cell to society, in: Pragmatics & Cognition 19 (2011), Issue 1, S. 7.

9   Thompson, Evan (2007) S. 154.

10   Vgl. O'Regan, J. Kevin / Noë, Alva: A sensorimotor account of vision and visual consciousness, in Behavioral and Brain Sciences 24 (2001), Issue 5, S. 939-973.

11   Varela, Francisco, J.: Patterns of Life: Intertwining Identity and Cognition, in: Brain and Cognition 34 (1997), S. 81.

12   O'Regan, J. Kevin / Noë, Alva: A sensorimotor account of vision and visual consciousness, in Behavioral and Brain Sciences 24 (2001), Issue 5, S. 940.

mus. Perzeptionen entspringen immer aus der Perspektivität eines Systems, deren Gehalte aufgrund sensomotorischer Zusammenhänge zugänglich werden. Die Wahrnehmungsgehalte sind aber nichtsdestotrotz von der explorativen Tätigkeit zu unterscheiden; die Wahrnehmungstätigkeit erzeugt nicht einfach den Gehalt, sondern erlaubt einen Zugang zu ihm. So aufgefasst, steht gerade auch die kulturelle Wahrnehmung dann dem wahrnehmenden Subjekt aufgrund eines komplexen sozialen Vermittlungsprozesses auch gegenüber, ohne eine Dissoziation von Subjekt und Wahrnehmung zu implizieren. Auf die soziokulturell individuierte Wahrnehmung werde ich im letzten Abschnitt noch einmal gesondert eingehen.

Zu [3] bis [5] | Die vorgenommene Klassifizierung von Wahrnehmungsmodellen ist sicherlich ein Desiderat der philosophisch-wissenschaftstheoretischen Wahrnehmungsforschung. Die von Georg Toepfer eingeführten idealtypischen Klassifizierungen bilden einen wichtigen Ausgangspunkt, um ihre Leistungsfähigkeit und Trennschärfe in weiteren Untersuchungen zu unterschiedlichen Wahrnehmungstheorien zu erhärten, zu erweitern oder auch gegebenenfalls zu modifizieren.

Allerdings gehen in die Definientia der Klassifikationstypen wichtige theoretische Vorentscheidungen ein, die rechtfertigungsbedürftig sind. Handelt es sich beispielsweise bei der Wahrnehmungskonzeption Husserls oder Merleau-Pontys tatsächlich um ein „Modell" der Wahrnehmung? Wird nicht vielmehr in diesen phänomenologischen Theorien der Anspruch erhoben, die Wahrnehmung (oder den Wahrnehmungsvorgang) selbst und nicht nur ein mögliches Modell von ihr zu bestimmen? Dieser Anspruch müsste doch eigens überprüft werden, bevor man ihre Theorien als Wahrnehmungsmodelle einstuft.

Zudem erscheint der Ausdruck „fusionistisch" für die darunter behandelten Theorien an dieser Stelle unglücklich gewählt zu sein. Wird der Ausdruck als „Verschmelzung" verstanden, ist nämlich auf der Sachebene zunächst zu klären, ob das System-Umwelt-Verhältnis in diesen Theorien wirklich eine *Verschmelzung* oder lediglich eine *Kopplung* dieser verknüpften Bereiche nahelegt.

Zu [8] | Diese Klärung wird von Georg Toepfer in einer dezidierten Kritik des „fusionistischen Wahrnehmungsmodells" vorgenommen, unter die er, wie schon angedeutet, auch enaktive und phänomenologisch orientierte Wahrnehmungstheorien subsumiert.

Zu a) Die Kritik an der Unschärfe des Umweltbegriffs in diesem Modell mündet in der Feststellung, dass die Rede von System-Umwelt-Interaktionen letztendlich unzulässig ist. Diesbezüglich ist es sicherlich korrekt, dass eine Umwelt ohne Bezug auf den Organismus in dem hier gemeinten Sinn kein eigenständiges System ist.

Trifft dies jedoch nicht auch in einem bestimmten Sinne auf den Organismus zu? Die Betonung der Autonomie und operationalen Geschlossenheit schließt gerade nicht aus, dass die *Konstitution* des Organismus sowohl phylo- als auch ontogenetisch eben auch aus der dynamischen Verbindung mit der Umwelt hervorgeht. Dies betrifft nicht nur die angesprochene thermodynamischen Beschreibungsebene. Der Organismus bezieht sich aktiv auf die der Eigenschaften der Umwelt und ist im Sinne des *sense-making* an ihrer Erschließung und Hervorbringung beteiligt. Wichtig ist überdies, dass die Objekte, Eigenschaften oder Akteure, mit denen der Organismus in Beziehung steht, selber wiederum in einem konstitutiv-systemischen Zusammenhang mit ihrer Umwelt stehen. Deshalb ist eine Interaktion mit Eigenschaften oder Akteuren der Umwelt immer auch *in diesem Sinne* eine Interaktion mit der Umwelt selbst (Einbettung der konkreten Interaktion wie auch ihre Relata in den erweiterten systemischen Umweltzusammenhang, der die Interaktion überhaupt ermöglicht).

Präziser als der Umweltbegriff ist in diesem Zusammenhang sicherlich das Konzept der ökologischen wie auch der kulturellen Nischenbildung, das eine genauere Operationalisierung der System-Umwelt-Interaktionen *speziesspezifisch* ermöglicht.[13] Organismen sind an der Konstitution vielfältiger Eigenschaften ihrer Umwelt *aktiv* beteiligt, wie das Beispiel des Biberbaus oder des Spinnennetzes eindrucksvoll bestätigt.[14] Aber der Organismus und seine kognitiven Leistungen sind sicherlich auch ein Produkt von *umweltbedingten Selektionsfaktoren*, was die Rede von der Ko-Konstitution von Organismus und Umwelt als eine insgesamt systemische, aber in sich differenzierte Einheit rechtfertigt.[15]

---

13 Eine weitergehendende sinnvolle Operationalisierung ist zum Beispiel unter Zugrundelegung und Weiterentwicklung von John. L. Mackies Begriff des *kausalen Feldes* sinnvoll. Vgl. Mackie, John, L.: Causes and Conditions, in: American Philosophical Quaterly 2 (1965), Issue 4, S. 248-249. Wie bei jeder Kausalanalyse (falls ein solche für die System-Umwelt-Interaktionsbeziehung im Vordergrund der Analyse steht steht) ist es notwendig, für singuläre oder auch allgemeine kausale Aussagen die Region oder den Bereich der Umwelt modelltheoretisch anzugeben, für die sie gelten sollen. Dabei lassen sich dann zum Beispiel (a) allgemeine Randbedingungen, (b) *nischenspezifische* Eigenschaften und (c) konkrete Interaktionen (singuläre Kausalbeziehungen) von (speziesspezifischen) Organismen mit Elementen in (b) differenzieren, um nur einige Aspekte eines derartigen Ansatzes zu nennen.

14 Laland, Kevin. N. / Odling-Smee, John / Feldmann, Marcus W: Niche construction, biological evolution, and cultural change, in: Behavioral and Brain Sciences 23 (2000), Issue 1, S. 133.

15 Thompson, Evan: Mind in Life. Biology, Phenomenology, and the Sciences of Mind. Cambridge/Massachussetts and London 2007, S. 158.

Zu b) Diese Aspekte leiten unmittelbar über zu der von Georg Toepfer herausgestellten Ambivalenz des Interaktionsbegriffs. Vollkommen zu Recht wird von ihm betont, dass man zwischen der Interdependenz der selbstbezüglichen Teile eines Organismus zueinander und seiner funktionalen Bezogenheit zum Beispiel auf Beutetiere kausaltheoretisch unterscheiden muss. Doch dies bedeutet nicht, dass es überhaupt keine für den Organismus und seine Teile konstitutiven kausalen Interdependenzen zu Eigenschaften seiner Umwelt geben würde. Derartige Relationen werden in Arbeiten zur schon erwähnten Nischenkonstruktion untersucht. Viele Säugetiere konstruieren zum Beispiel komplexe Höhlensysteme, von denen angenommen wird, dass sie bestimmte Eigenschaften wie ein bestimmtes Verteidigungsverhalten positiv selektionieren; diese Verhaltenseigenschaften stabilisieren im Gegenzug die Effektivität des Höhlenbaus für die jeweilige Spezies; der Selektionsdruck, der derartige Verhaltensweisen mitkonstituiert, ist jedoch erst aufgrund der Höhlenkonstruktionen überhaupt entstanden.[16]

Wie wichtig dieser Aspekt gerade auch für kulturell geprägte Wahrnehmungs- und Handlungsvorgänge ist, wird deutlich am Beispiel der *kulturellen Nischenbildung*.[17] Zirkulär aufeinander abgestimmte Wahrnehmungen und Handlungen des Menschen und die damit einhergehenden kognitiven Leistungen finden in hohem Maße in einer vom Menschen kulturell geschaffenen Umwelt statt. Die kontinuierliche kulturelle Wissensvermittlung basiert dabei zum Beispiel auf unterschiedlichen Ausprägungen und Stabilisierungen der Imitation (Handlung) des wahrgenommenen Verhaltens anderer Menschen. Einzelne Interaktionen mögen dabei nur temporärer Natur sein. Insgesamt sind sie jedoch an der Konstitution von habitualisierten Verhaltensweisen, der Ausbildung des kognitiven Vermögens wie auch der sozialen Identität des Menschen gerade auch aufgrund ihrer *Interkonnektivität* maßgeblich beteiligt. Denn sie weisen in ihrem Auftreten einen hohen enkulturierten Systemcharakter auf, der den kontinuierlichen Aufbau der genannten kognitiven Eigenschaften erst ermöglicht.[18]

---

16 Laland, Kevin. N. / Odling-Smee, John / Feldmann, Marcus W: Niche construction, biological evolution, and cultural change, in: Behavioral and Brain Sciences 23 (2000), Issue 1, S. 133.

17 Vgl. Sterelny, Kim: The Evolution and Evolvability of Culture, in: Mind & Language 21 (2006), Issue 2, S. 137-165 und Sterelny Kim: Minds: Extended or Scaffolded, in: Phenomenology and the Cognitive Sciences 9 (2010), S. 465-481.

18 Zlatev Jordan., / Persson, Tomas / Gärdenfors, Peter: Bodily Mimesis as ‚the Missing Link‘ in Human Cognitive Evolution, in: Lund University Cognitive Studies 121 (2005), S. 1-40.

Zu c) und d.) Diese Aspekte werfen auch bereits ein Licht auf die von Georg Toepfer unterstrichene Unterscheidung von der situativen Kopplung eines Organismus mit Objekten der Umwelt und der Bildung einer neuen systemischen Einheit mit einem solchen Objekt. Der Enaktivismus hat hier durchaus Kriterien entwickelt, um diese Unterscheidung für den Einzelfall auch operationalisieren zu können.[19] Die Dauer von Kontinuanten kann durchaus unterschiedlich sein und ist nicht auf den Lebenszyklus eines Organismus beschränkt.

Ich möchte an dieser Stelle nur hervorheben, dass man den Blick nicht nur einseitig auf einzelne temporäre Interaktionen *versus* die Kontinuität des Organismus' oder des Subjekts als Kontinuanten richten sollte. Wichtig ist auch, ob die temporären Interaktionen zum Beispiel in einem systemisch stabilen Rahmen auftreten, in dem sie häufig und aufeinander aufbauend vollzogen und vermittelt werden. Die Erziehung durch die Eltern oder familiären Kleingruppen, das Lernen in Schule, Studium und Ausbildung gewährleisten genau diese kulturelle Einbindung und Stabilisierung einzelner Interaktionstypen in einem sich selbst stützenden Netzwerk. Daraus resultiert dann überhaupt erst die Konstitution sozialer und personaler Identitäten als Kontinuanten.

Zu [10] | Die von Georg Toepfer in diesem Abschnitt herausgestellten Gesichtspunkte zur sozialen Konstitution der Wahrnehmung sind für die Anthropologie von zentraler Bedeutung. Sie zeigen überzeugend auf, dass rein biologische Wahrnehmungsmodelle, die lediglich den engen Zusammenhang von Perzeptionen und Handlungen herausstellen, den für den Menschen zentralen Aspekt der Handlungssuspendierung (Entkopplung relativ unvermittelter Wahrnehmungs- und Handlungsfolgen) und reflexiven Abwägung von Handlungsoptionen verfehlen.

Was den enaktiven Ansatz anbelangt, ist jedoch der biologisch orientierte sensomotorische Ansatz nur *ein* – wenn auch wichtiges – Forschungsgebiet des Enaktivismus. Die Ausdifferenzierung sensomotorischer Kopplungen mit der Umwelt zu sozialkulturell geprägten intersubjektiven Interaktionen ist in den letzten Jahren zunehmend in den Fokus der enaktiven Forschung gerückt.[20] Dass die Wahrnehmung von Objekten von vielfältigen Prozessen der Enkulturation abhängt – wie zum Beispiel von der Fähigkeit zur triadischen Kommunikation

---

19 Di Paolo, Ezequiel: Extended life, in: Topoi 28 (2009), S. 9-21.

20 Froese, Tom / Di Paolo, Ezequiel: The enactive approach. Theoretical sketches from cell to society, in: Pragmatics & Cognition 19 (2011), Issue 1, S. 1-36.

und wechselseitigen Perspektivenübernahme von Akteuren – wird kein Enaktivist ernsthaft leugnen.[21]

Diese Überlegungen legen nahe, dass sowohl die Differenzen als auch die Zusammenhänge von biologischen und sozialkulturellen menschlichen Wahrnehmungen weitergehend zu untersuchen sind. Es zeichnet sich jedoch bereits ab, dass ein strikter Dualismus beider Wahrnehmungsmodelle nicht wirklich plausibel ist. Systemische und sozialinteraktionistische Wahrnehmungstheorien müssen sich nicht notwendig in ihren Erklärungsansprüchen ausschließen. Zwar ist die menschliche Wahrnehmung besonders durch ihre soziokulturelle Konstitution geprägt, aber es trifft gleichfalls zu, dass es sich auch noch um die Wahrnehmung eines Organismus handelt.

Literaturhinweise

Barandiaran, Xabier, E.: Autonomy and Enactivism: Towards a Theory of Sensorimotor Autonomous Agency, in: Topoi (2016).

Bickhard, Mark, H.: Inter- and Enactivism: Some thoughts and comparisons, in: New Ideas in Psychology 41 (2016), S. 23-32.

Di Paolo, Ezequiel: Extended life, in: Topoi 28 (2009), S. 9-21.

Di Paolo, Ezequiel / Marieke. Rohde / De Jaegher, Hanna.: Horizons for the enactive mind: Values, social interaction, and play, in: Enaction: Toward a new paradigm for cognitive science, edited by John. Stewart, Olivier Gapenne and Ezequiel Di Paolo, Cambridge 2014, S. 33-87.

Froese, Tom / Di Paolo, Ezequiel: The enactive approach. Theoretical sketches from cell to society, in: Pragmatics & Cognition 19 (2011), Issue 1, S. 1-36.

Jonas, Hans: The Phenomenon of Life. Toward a Philosophical Biology, Evanston, Illinois 1966.

Laland, Kevin. N. / Odling-Smee, John / Feldmann, Marcus W: Niche construction, biological evolution, and cultural change, in: Behavioral and Brain Sciences 23 (2000), Issue 1, S. 131-175.

Mackie, John, L.: Causes and Conditions, in: American Philosophical Quaterly 2 (1965), Issue 4, S. 245-264.

O'Regan, J. Kevin / Noë, Alva: A sensorimotor account of vision and visual consciousness, in Behavioral and Brain Sciences 24 (2001), Issue 5, S. 939-973.

Sterelny, Kim: The Evolution and Evolvability of Culture, in: Mind & Language 21 (2006), Issue 2, S. 137-165.

Sterelny Kim: Minds: Extended or Scaffolded, in: Phenomenology and the Cognitive Sciences 9 (2010), S. 465-481.

Tomasello, Michael et al.: Understanding and Sharing Intentions: The Origins of Cultural Cognition, in: Behavioral and Brain Sciences 28 (2005), Issue 5, S. 675-691.

---

21 Tomasello, Michael et al.: Understanding and Sharing Intentions: The Origins of Cultural Cognition, in: Behavioral and Brain Sciences 28 (2005), Issue 5, S. 682.

Thompson, Evan: Mind in Life. Biology, Phenomenology, and the Sciences of Mind. Cambridge/Massachussetts and London 2007.

Thompson, Evan / Stapleton, Mog: Making Sense of Sense-Making: Reflections on Enactive and Extended Mind Theories, in: Topoi 28 (2009), S. 23-30.

Varela, Francisco, J.: Patterns of Life: Intertwining Identity and Cognition, in: Brain and Cognition 34 (1997), S. 72-87.

Varela, Francisco J. / Thompson, Evan / Rosch, Eleanor: The embodied mind: Cognitive science and human Experience, Cambridge/Massachusetts und London 1991.

Weber, Andreas / Varela Francisco, J.: Life after Kant: natural purposes and the autopoietic foundations of biological individuality, in: Phenomenology and the Cognitive Sciences 1 (2002), Issue 2, S. 97-125.

Zlatev Jordan., / Persson, Tomas / Gärdenfors, Peter: Bodily Mimesis as 'the Missing Link' in Human Cognitive Evolution, in: Lund University Cognitive Studies 121 (2005), S. 1-40.

Kontakt

PD Dr. phil. Christian Tewes
Section of Phenomenology
Universitätsklinikum Heidelberg
Voßstrasse 4
69115 Heidelberg
E-Mail: tewes@mk.uni-heidelberg.de
E-Mail: christian.tewes@uni-jena.de

Lambert Wiesing

Phänomenologisch Beschreiben *versus* modellierend Erklären

Zu [3] | Georg Toepfers Überlegungen basieren auf einer originellen Differenzierung. Als Kriterium zur Unterscheidung grundlegender Positionen innerhalb der Philosophie der Wahrnehmung nimmt er die jeweilige „Bestimmung des Verhältnisses von Organismus und Umwelt in Prozessen der Wahrnehmung". Die These lautet, dass sich mit diesem Kriterium das Denken über Wahrnehmung letztlich immer in einem von drei Modellen vollziehen lässt. Diese sind: erstens das dissoziative, zweitens das assoziative oder fusionistische Modell und drittens, als eine Art Aufhebung dieser beiden entgegengesetzten Modelle, das sozialinteraktionistische Modell. Dieser Typisierungsvorschlag hat seine besondere Stärke darin, dass er nicht – wie dies weiterhin in der Diskussion über Wahrnehmungsphilosophie oft der Fall ist – mit der abgegriffenen Gegenüberstellung von den angeblich alten Modellen der direkten Unmittelbarkeit einerseits und den angeblich neuen Modellen der indirekten Interpretation andererseits arbeitet. Im Gegenteil: Es stellt sich der erfreuliche Eindruck ein, dass durch Toepfers Vorschlag diese beiden klassischen Arten des Denkens über Wahrnehmung – eben der Mythos des Gegebenen wie der Mythos des Mittelbaren – gleichermaßen unter die Rubrik des dissoziativen Wahrnehmungsmodells fallen und daher kaum noch wissenschaftlich ernst zu nehmen sind; entsprechend und vollkommen angemessen geht Toepfer auf dieses längst und oft kritisierte Modell deshalb nur mit einer halben Seite ein. Denn sein Interesse ist nicht primär historisch, sondern systematisch: Toepfer will eine Wahrnehmungsphilosophie verteidigen, die nicht mehr die alte Frage stellt, wie die Wahrnehmung einem von der Welt entfremdeten, dissoziierten Subjekt den Zugang zu einer Welt verschaffe oder wie ein weltloses Subjekt mittels der Wahrnehmung hinüber zur Welt komme. Deshalb schließt er großenteils an dem fusionistischen Modell an, dessen Sichtweise Toepfer so auf den Punkt bringt: „Das fusionistische Wahrnehmungsmodell geht vom subjektiven Erleben in Wahrnehmungsakten eines Individuums aus, in der die Unterscheidung von Organismus und Objekt der Umwelt nicht getroffen wird. Der Organismus erscheint nach diesem Modell als eingetaucht in eine jeweilige Situation, in der er in seiner Tätigkeit mit Objekten der Umwelt zu einer Einheit höherer Ordnung verbunden, geradezu fusioniert ist. Es liegt danach in der Wahrnehmung ein Bezug zu Dingen vor, der nicht eine zusätzliche Leistung eines zuvor konstituierten Subjekts darstellt, sondern die Wahrnehmung wird vielmehr als *vor* der Subjekt-Objekts-Spaltung liegend verstanden."

Zu [5] | An zehn Ansätzen zeigt Toepfer, wie die Verwendung eines fusionistischen Modells bei ausgesprochen unterschiedlichen Philosophen im 20. Jahrhundert nachgewiesen werden könne. Abgesehen davon, dass hier ausgesprochen originelle Entdeckungen präsentiert werden – Melchior Palágyi etwa war schlicht in Vergessenheit geraten –, wird in dieser Präsentation deutlich, dass Toepfer selbst in seiner Typologie mit einer Sichtweise auf diese zehn Ansätze schaut, welche dazu führt, dass ein gravierender Unterschied zwischen den Ansätzen unthematisiert und ausgeklammert bleiben muss – und zwar ein Unterschied, welcher eine zentrale Rolle in der Beschreibung der Wahrnehmung spielt: Gemeint ist die Unterscheidung zwischen Philosophien, welche die Wahrnehmung aus der subjektiven Perspektive der ersten Person Singular thematisieren, und Philosophien, die aus der objektiven Perspektive der dritten Person Singular auf die Wahrnehmung schauen. Für diese drittpersonale Perspektive stehen besonders typisch die Ansätze von Jakob von Uexküll, Thure von Uexküll, sowie der von Andy Clark und David Chalmers. Hingegen findet sich eine erstpersonale Sichtweise beispielhaft in den Ansätzen der Phänomenologen Maurice Merleau-Ponty und Thomas Fuchs. Einige Ansätze, wie vielleicht der von Viktor von Weizsäcker, scheinen diesbezüglich eher eine Mischform zu sein. Doch das ist nicht der Punkt; es geht nicht darum, ob bei jedem Ansatz immer eine klare Zuordnung zu einer der beiden Perspektiven gegeben ist, sondern ob man den Unterschied thematisiert oder besser ausblendet. Denn in der Tat könnte man einerseits das bewusste Nichtthematisieren dieser Differenz in der Typologie von Toepfer als ihre besondere Stärke werten. Das heißt: Toepfer entwickelt eine Metatheorie über Wahrnehmungstheorien, welche die Differenz der Erst- und Dritt-Person-Perspektive schlicht unterläuft. Doch andererseits hat gerade die bewusste Ausblendung dieser Differenz in der Typologisierung auch systematische Auswirkungen auf den eigenen Vorschlag von Toepfer, der eine Art Aufhebung des dissoziativen und fusionistischen Modells entwickelt.

Die Ausblendung der Differenz zwischen der Erst- und Dritt-Person-Perspektive lässt sich an dem Faktum beobachten, dass unter den zehn Ansätzen des fusionistischen Modells auch phänomenologische Positionen vorkommen. Dies ist verwunderlich, da das oft erklärte und unstrittige Ziel einer Phänomenologie der Wahrnehmung ja gerade darin besteht, kein erklärendes Modell der Wahrnehmung zu entwickeln, sondern eine Beschreibung, welche phänomenale Notwendigkeiten der Wahrnehmung bestimmt. Insofern dürften ihre Beiträge gar nicht als Modellbildung dargestellt werden. Denn sicherlich gibt es phänomenologische Wahrnehmungsphilosophien, die sich durchaus untereinander unterscheiden, doch sie teilen bei aller Differenz die Absicht, die Wahrnehmung ganz „ohne irgend ein ideales Modell"[1] zu beschreiben – so Merleau-Ponty in der *Phänomenologie der Wahrnehmung*.

Das heißt: Wenn Toepfer phänomenologische Beschreibungen als Modellierungen interpretiert, dann rezipiert er diese in einer Weise, wie sie sich selbst nicht verstanden haben – was zuerst einmal nur ein Hinweis und kein Vorwurf ist, denn produktive und originelle Rezeptionen passen oft nicht zum Selbstverständnis der rezipierten Position. Problematisch wird diese Art der Rezeption, wenn durch diese Sichtweise ein Argument gestützt wird. Dies scheint zumindest teilweise der Fall zu sein, wie sich in den Passagen, in denen Toepfer seinen eigenen Vorschlag vorstellt, beobachten lässt.

Zu [9] | Toepfer entwickelt sein sozialinteraktionistisches Wahrnehmungsmodell explizit aus einer Bezugnahme auf Husserl heraus; er will folgenden Gedanken von Husserl aufgreifen: „[J]edes Objektive, das mir in einer Erfahrung und zunächst einer Wahrnehmung vor Augen steht, hat einen apperzeptiven Horizont, den möglicher Erfahrung, eigener und fremder. Ontologisch gesprochen, jede Erscheinung, die ich habe, ist von vornherein Glied eines offen endlosen, aber nicht explizit verwirklichten Unterfangens möglicher Erscheinungen von demselben, und die Subjektivität dieser Erscheinungen ist die offene Intersubjektivität." Bei diesem Satz ist allerdings zu beachten: Husserl beschreibt in ihm die Gegebenheitsweise des Wahrgenommenen für den Wahrnehmenden, also die Zumutung der Wahrnehmung für den Wahrnehmenden. Das heißt, seine These besagt, dass das Objekt einer Wahrnehmung „mir in einer Erfahrung" so gegeben sei, dass ich diesem Objekt die Eigenschaft zusprechen muss, dass es von anderen gesehen werden kann. Dies ist eine notwendige phänomenale Qualität alles Wahrgenommenen eben für den Wahrnehmenden, wenn er seine Wahrnehmung aus der Ersten-Person-Singular-Perspektive beschreibt. Man kann diesen Gedanken Husserls auch mit Kants Begriff der Anschauungsform vergleichen oder erklären: Für Husserl gibt es eine Art Intersubjektivitätsanschauungsform. Alles, was wahrgenommen werde, müsse in der Modalität der intersubjektiven Wahrnehmbarkeit wahrgenommen werden.

Es geht um folgenden Unterschied, welcher durch die Metaperspektive von Toepfer nivelliert, aber auch argumentativ ausgenutzt wird – es ist der Unterschied zwischen den Sätzen *Zur notwendigen Qualität einer wahrgenommenen Sache gehört, dass sie für den Wahrnehmenden so ist, dass er selbst meint, dass sie*

---

1   Merleau-Ponty, Maurice: Phänomenologie der Wahrnehmung [1945], Berlin 1966, S. 76.

immer von anderen gesehen werden könnte und dem Satz *Es gibt immer andere, die das, was man selbst sieht, auch wahrnehmen.* Beide Sätze können vollkommen unabhängig voneinander wahr und falsch sein; es besteht keine analytische Abhängigkeit. Denn es ist sowohl denkbar, dass ohne phänomenale Qualität einer Intersubjektivität immer ein anderer da ist, welcher das Wahrgenommene sehen kann, und es ist auch denkbar, dass trotz der phänomenalen Qualität solipsistisch kein anderer gegeben ist. Deshalb gilt es zu beachten: Dadurch, dass Toepfer phänomenologische Beschreibungen der Wahrnehmungsgegebenheit realistisch als Modelle der Wahrnehmung liest, wird der erste Satz so verstanden, als würde er dem zweiten entsprechen. Das heißt insbesondere: Aus der phänomenologischen Beschreibung der Wahrnehmung wird eine soziale Entstehungserklärung der Wahrnehmung abgeleitet. Konkret geschieht dies im Text an folgenden Stellen: Aus der treffenden Zusammenfassung der phänomenologischen Beschreibung, nämlich „dass im Wahrnehmen immer schon die Möglichkeit der Wahrnehmung des Wahrgenommenen durch andere bewusst ist" kommt es zur Ableitung der Erklärungsthese: „Im Ergebnis dieser interaktionistischen Perspektive erscheint das im naiven Wahrnehmungsbegriff Ursprüngliche, die objektive Gegebenheit der Gegenstände der Wahrnehmung, als entwicklungsgeschichtlich Spätes: Erst die auf der kooperativen Kommunikation beruhende besondere Kognition des Menschen zog die Trennung von Subjekt und Objekt der Wahrnehmung nach sich, führte zur Objektivierung des Wahrgenommenen." Das heißt: Es wird aus einer phänomenalen Gegebenheitsweise – welche in der ersten Person Singular beschrieben wird – auf ein genetisches Erklärungsmodell geschlossen, das aus der dritten Person Singular die Entstehung von Wahrnehmung beschreibt. Dieser Schluss scheint noch begründungsbedürftig – und diese Begründung kann nicht phänomenologisch geschehen. Denn einer phänomenologischen Perspektive geht es um den Gedanken, dass eine Folge der Wirklichkeit der Wahrnehmung (das nennt Husserl die Entfaltung des Wahrnehmungssinns) die Wirklichkeit des Anderen ist – dies wird auch in der von Toepfer zitierten Husserl-Stelle deutlich: „Die Entfaltung des Wahrnehmungssinnes und der Konstitution der Objektivität Welt, Ding, Mensch etc. führt auf die Intersubjektivität mit den zugehörigen konstitutiven Strukturen." Das heißt: Die Intersubjektivität ist – aus der ersten Person Singular – für Husserl eine Folge der Wirklichkeit der Wahrnehmung und nicht umgekehrt: Die Intersubjektivität ist von Husserl keinesfalls eine realistische Bedingung der Entstehungsmöglichkeit von Wahrnehmung. Damit ist nun keineswegs gesagt, dass die Intersubjektivität nicht trotzdem – eben wie Toepfer anders als Husserl annimmt – eine Bedingung der Möglichkeit von Wahrnehmung sein kann. Doch wie man das begründen könnte, ohne dass man das, was begründet werden soll, nämlich Wahrnehmung, schon voraussetzt, das scheint noch eine offene Frage zu sein.

Literaturhinweise

Merleau-Ponty, Maurice: Phänomenologie der Wahrnehmung [1945], Berlin 1966.

Kontakt

Prof. Dr. Lambert Wiesing
Lehrstuhl für Bildtheorie und Phänomenologie
Institut für Philosophie
Friedrich-Schiller-Universität Jena
Ernst-Abbe-Platz 8
07743 Jena
E-Mail: lambert.wiesing@)uni-jena.de

Matthias Wunsch

Wahrnehmung, Realisierung und Objektivität

Vorrede | Georg Toepfer hat, orientiert an der Frage des Organismus-Umwelt-Verhältnisses, eine beeindruckende Konzeption der Wahrnehmung vorgelegt. Sie besitzt einen transparenten systematischen Aufbau und enthält eine gut strukturierte Fülle interessanter Überlegungen. Da sie von ihrem Ansatz her sowohl die menschliche als auch die tierliche Wahrnehmung umgreift und sowohl philosophische als auch biologische Aspekte der Thematik einbezieht, ist sie zudem von großer Reichweite. Schließlich ist auch ihre systematische Pointe überzeugend, die Einzigartigkeit der Wahrnehmung des Menschen an dessen soziale Interaktionsformen zu binden. Wissenschaftlicher Austausch wird aber nicht durch bloße Zustimmung, sondern erst durch konstruktive Kritik fruchtbar. Im Folgenden werde ich daher den Blick auf einige innere Schwierigkeiten der im *target article* dargelegten Konzeption richten und teilweise auch Vorschläge anbieten, mit diesen Schwierigkeiten umzugehen.

Zu [1] | Eine Biologie/Anthropologie der Kognition/Wahrnehmung erfordert einen einheitlichen theoretischen Rahmen, in dem sowohl *biologische* als auch *kognitive* Eigenschaften und Prozesse diskutiert werden können. Toepfer gewinnt einen solchen Rahmen, indem er eine systematische Parallele von zwei Perspektiven auf Lebewesen einerseits zu zwei Perspektiven auf Wahrnehmung andererseits zieht. Von Lebewesen könne auf zwei biologischen Systemebenen die Rede sein. Unter einem Lebewesen könne entweder (a1) der lebendige Organismus als strukturell und funktional geschlossenes System oder (a2) ein übergeordnetes System, zu dem der Organismus zusammen mit seiner Umwelt gehört, verstanden werden. Auf diese beiden Perspektiven „gestützt" oder ihnen „entsprechend", so Toepfer, gibt es zwei Perspektiven auf Wahrnehmung. Wahrnehmung könne (b1) als ein Vermögen des Organismus verstanden werden, das „die Umwelt als etwas von ihm Getrenntes und ihm Gegenüberstehendes" erschließe, oder (b2) als eine „systeminterne Relation".

Nicht nur lebendige, sondern auch kognitive Systeme können so konzipiert werden, dass sie sich in die Umwelt erstrecken. Doch der kognitive Fall gehört einer eigenen Ordnung an, die nicht einfach parallel zur lebendigen Ordnung konzipierbar ist. Das lässt sich an einem Beispiel verdeutlichen, das für die Frage der Ausdehnung kognitiver Systeme als klassisch gelten kann. Es stammt von Maurice Merleau-Ponty: „Der Stock des Blinden ist für ihn kein Gegenstand mehr, er ist für sich selbst nicht mehr wahrgenommen, sein Ende ist zu einer Sinneszone geworden, er vergrößert Umfänglichkeit und Reichweite des Berührens, ist zu einem Analogon des Blicks geworden".[1] Das kognitive System wird hier so konzipiert, dass es den Körper der blinden Person und deren Blindenstock umfasst, also in die Umwelt ausgeweitet ist. Die taktile Wahrnehmung, um die es hier geht, findet jedoch (wie sonst auch) an den Grenzen des Systems statt und nicht systemintern. Wahrnehmung sollte daher – anders als bei Toepfer – nicht an der Ordnung lebendiger Systeme gemessen werden, sondern als Element einer eigenständigen Ordnung kognitiver Systeme begriffen werden.

Der theoretische Rahmen für die Diskussion sowohl biologischer als auch kognitiver Eigenschaften und Prozesse wäre entsprechend anzupassen. Aus meiner Sicht würde sich dabei der Begriff der Realisierung als zentrale Kategorie anbieten. Kognitive Eigenschaften und Prozesse sind durch physische Eigenschaften und Prozesse realisiert – biologische ebenso. Dabei wird durch das Vorliegen der realisierenden Eigenschaften oder Prozesse das Vorliegen dessen bestimmt oder festgelegt, was realisiert wird, also etwa von bestimmten biologischen oder kognitiven Eigenschaften.[2] Die maßgebliche Weichenstellung ergibt sich dann durch die Frage, ob die Realisierung einer Eigenschaft oder eines Prozesses vollständig in den Grenzen derjenigen Entität enthalten ist, die diese Eigenschaft hat bzw. an der dieser Prozess auftritt, oder nicht. Im ersten Fall kann man mit Robert Wilson von einer „entitätengebundenen Realisierung" und im zweiten Fall von einer „weiten Realisierung (*wide realization*)" der betreffenden Eigenschaft bzw. des betreffenden Prozesses sprechen.

Die Wahl des damit eröffneten theoretischen Rahmens hat mehrere Vorzüge. Der Rahmen ist erstens für den biologischen und für den kognitiven Fall geeignet. Zweitens konzipiert er die Frage der Realisierung der Wahrnehmung nicht einfach parallel zur Frage der Realisierung biologischer Eigenschaften und Prozesse. Drittens ermöglicht er im biologischen Fall eine differenziertere Sicht als die Unterscheidung zwischen (a1) und (a2), da hier die Frage nach der Art der Realisierung *je nach Eigenschaft oder Prozess* (und relativ zu der jeweiligen Spezies) verschieden beantwortet werden kann.

---

1   Merleau-Ponty, Maurice: Phänomenologie der Wahrnehmung, Berlin 1966, S. 173.
2   Vgl. dazu und zum Folgenden Wilson, Robert A.: Genes and the Agents of Life. The Individual in the Fragile Sciences Biology, New York 2005, S. 33 ff.

Zu [3] | Noch in Abschnitt [1] findet sich eine programmatische Abgrenzung: Der Streit zwischen verschiedenen *philosophischen Theorien der Wahrnehmung* soll in Toepfers Aufsatz außen vor bleiben bzw. nur insofern ins Spiel kommen, als er das „Grundproblem des Wahrnehmungsbegriffs in Bezug auf das Verhältnis von Organismus und Umwelt" betrifft. In [2] finden sich dann einige sprachliche und philosophiehistorische Beobachtungen zum *Wahrnehmungsbegriff* und in [3] die für die Struktur des Aufsatzes grundlegende Unterscheidung von drei *Wahrnehmungsmodellen.* Das erste, „dissoziative" Modell entspricht etwa der oben genannten Perspektive (b1) und das zweite, „assoziative oder fusionistische" Modell der Perspektive (b2). Während diese beiden zur Biologie der Wahrnehmung gehören, macht das dritte, „sozialinteraktionistische" Modell den Schritt in die Anthropologie der Wahrnehmung.

Was in den ersten drei Abschnitten ausbleibt, die Transparenz des Aufsatzes aber noch vergrößert hätte, ist die systematische Klärung des *Phänomens der Wahrnehmung.* Entsprechend fällt es schwer, den Status der Unterscheidung der drei Wahrnehmungsmodelle zu verstehen. Wird davon ausgegangen, dass „Wahrnehmung" ein einheitliches Phänomen ist, das in verschiedenen Modellen untersucht wird? Wie ist dann das genau zu kennzeichnen, wovon die Modelle Modelle sind? Oder ist „Wahrnehmung" grundsätzlich modellrelativ? Gibt es modellübergreifende Aspekte von „Wahrnehmung", etwa eine kausale Komponente, einen intentionalen Gehalt, Erfüllungsbedingungen, einen wahrgenommenen Gegenstand? In welchem Verhältnis steht die Unterscheidung verschiedener Wahrnehmungs*modelle* zur Unterscheidung verschiedener Wahrnehmungs*theorien* (etwa direkt-realistischen, repräsentationalistischen, disjunktivistischen, ökologischen Theorien etc.)?

Zu [8] | Nachdem Toepfer seine Konzeption des assoziativen oder fusionistischen Modells der Wahrnehmung entfaltet hat, indem er in [6] zehn verschiedene Ansätze eines solchen Modells vorgestellt hat, widmet er sich in [8] einer „Kritik des Fusionismus". In dieser Formulierung deuten sich zwei methodische Probleme seines Vorgehens an. Erstens: Die zehn Ansätze (Melchior Palágy, Jakob von Uexküll, Frederik Buytendijk, Viktor von Weizsäcker, Maurice Merleau-Ponty, Thure von Uexküll, *Extended Mind,* Lambert Wiesing, Thomas Fuchs, Enaktivismus) mögen zwar gewisse Familienähnlichkeiten aufweisen, weichen im Einzelnen aber signifikant voneinander ab. Das macht das Projekt einer „Kritik des Fusionismus" methodisch fragwürdig. Gerade Toepfers detaillierte Darstellung mag Zweifel daran wecken, ob es *den* Fusionismus überhaupt gibt. Doch auch wenn man von dieser Skepsis absieht, wäre jeweils zu prüfen, ob ein vorgebrachter Einwand eine Gefahr für den Fusionismus darstellt oder nur einen einzelnen Ansatz betrifft. Zweitens: Die Thematik der Wahrnehmung wird in Toepfers Darstellung der Kritikpunkte eher selten angesprochen. Daher kann der Eindruck entstehen, dass der eigentliche Gegenstand der Kritik die Perspektive (a2) ist, das heißt die allgemeine Auffassung, dass Organismus und Umwelt zu einem übergeordneten biologischen System vereinigt seien.[3] Dass diese Auffassung falsch ist, würde allerdings nicht implizieren, dass Wahrnehmungsprozesse nur eine entitätengebundene Realisierung haben können.

Um den Rahmen eines Kommentars nicht zu sprengen, wende ich mich nun lediglich den ersten beiden der insgesamt fünf Kritikpunkte am Fusionismus zu. Der erste Einwand kritisiert die „Unschärfe des Umweltbegriffs". Toepfer macht zu Recht geltend, dass Organismen nicht mit Umwelten interagieren, sondern allenfalls mit deren Objekten. Dass „Umwelt" allerdings kein sortaler Begriff sei, vermag nicht zu überzeugen, wenn der Umweltbegriff (wie bei Jakob von Uexküll, einer fusionistischen Gründungsfigur) ein artspezifischer Begriff ist; es also ebenso viele Umwelten wie Arten gibt. Auch dass eine Umwelt nicht ohne Bezugnahme auf einen Organismus konzipierbar sei, scheint mir aus Sicht des Fusionismus unproblematisch zu sein. Denn der Fusionist wird auch umgekehrt die Konzeption eines lebendigen Organismus ohne Bezugnahme auf die Umwelt nicht für möglich halten. Der zweite Einwand betrifft „Ambivalenzen des Interaktionsbegriffs". Er besagt, dass insofern keine systemische Einheit zwischen Organismus und Umweltdingen bestehe, als die Beziehung zwischen beiden nur als „Interaktion", nicht aber, wie zwischen Teilen des Organismus, als „Interdependenz" gelte. Toepfer räumt dann allerdings selbst ein, dass Organismen auch in Interdependenzverhältnissen zu morphologisch gesehen externen Dingen stehen können (wie die Spinne zu ihrem Netz). Reicht das aber nicht schon für ein Festhalten am Fusionismus aus?[4]

Zu [9] | Das systematisch größte Gewicht misst Toepfer dem dritten, von ihm als „sozialinteraktionistisch" bezeichneten Wahrnehmungsmodell zu. Es wurde bereits in Abschnitt [3] eingeführt, dort „speziell auf den Menschen bezogen" und dahingehend erläutert, dass menschliche Wahrnehmung „nie rein individuell ist, sondern die Praxis des Wahrnehmens vielmehr sozial eingeübt wird und sozial eingebettet ist"; sie sei „eng mit sprachlichen Kompetenzen verbunden und damit genuin auf eine kollektiv konstituierte Sphäre bezogen". Toepfer zufolge bildet das sozialinteraktionistische Wahrnehmungsmodell die Grundlage für den Schritt von der Biologie der Wahrnehmung zur Anthropologie der Wahrnehmung. Ich stimme dem zu – mir erscheint jedoch die Strategie problematisch, diesen Übergang an die Frage der Objektivität der Wahrnehmung zu knüpfen.

---

3   In diese Richtung scheint auch Toepfers Einleitungssatz von [8] zu gehen; siehe dort.
4   Einen Fusionismus dieser Art vertritt beispielsweise Turner, J. Scott: The Extended Organism. The Physiology of Animal-Built Structures, Cambridge/Massachusetts 2000.

Toepfer geht folgendermaßen vor: Er nimmt mit phänomenologischen Autoren wie Edmund Husserl und Jean-Paul Sartre an, (i) dass Objektivität der Wahrnehmung nur aufgrund der Intersubjektivität der Wahrnehmenden bestehen könne. Weiterhin geht er im Rekurs auf Max Scheler und Frederik Buytendijk davon aus, (ii) dass nur die Wahrnehmung von Menschen, nicht aber die von nicht-menschlichen Lebewesen die Eigenschaft der Objektivität besitze. Seine These ist dann, dass dieser Unterschied durch das sozialinteraktionistische Modell der Wahrnehmung verständlich gemacht wird. Denn nimmt man an, dass die für dieses Modell kennzeichnende soziale Interaktion begrifflich eng mit derjenigen Intersubjektivität verknüpft ist, aufgrund der die Wahrnehmung nach (i) die Eigenschaft der Objektivität besitzt, und dass diese Eigenschaft, wie in (ii) behauptet, nicht der nicht-menschlichen, sondern nur der menschlichen Wahrnehmung zukommt, dann lässt sich von dem sozialinteraktionistischen Modell sagen, dass es einen Aspekt erfasst, der die menschliche Wahrnehmung gegenüber der Wahrnehmung anderer Lebewesen auszeichnet.

Während (i) einen phänomenologischen und damit philosophischen Zusammenhang artikuliert (den ich hier nicht problematisieren möchte), ist (ii) eine empirische These. Die Antwort auf die Frage, ob „das Tier [...] keine ‚Gegenstände‘" habe (Scheler) und es nur beim Menschen ein „Bemerken eines außerhalb des Subjekts sich befindenden, ruhenden Gegenstandes" gebe (Buytendijk), hängt vom Stand der Tierforschung ab. In diesem Feld gab es in den letzten Jahrzehnten, insbesondere im Bereich der Primatenkognition, großen Wissenszuwachs. Daher erscheint es nicht ratsam, sich in dieser Frage auf ein Diktum von Scheler aus den 1920er oder von Buytendijk aus den 1930er Jahren zu verlassen. Dass aber der weiter unten von Toepfer angeführte Michael Tomasello als zeitgenössischer Zeuge für die These (ii) gelten kann, halte ich für bezweifelbar. Tomasello ist zwar der Auffassung, dass es einen strikten kognitiven Unterschied zwischen Menschen und nicht-menschlichen Primaten gibt. Er verortet diesen Unterschied aber gerade nicht im Bereich der „physical cognition", sondern in dem der „social cognition". Während Schimpansen und zweieinhalbjährige Kinder sich in ihren kognitiven Fähigkeiten, mit der physischen Welt zurechtzukommen, kaum unterscheiden, sind die sozialkognitiven Fähigkeiten der Kinder deutlich besser ausgeprägt als die der Schimpansen.[5] Die Tests, die zu diesem Ergebnis geführt haben, betrafen auf Seiten der „physical cogni-

---

5 Herrmann, Esther et al.: Humans Have Evolved Specialized Skills of Social Cognition. The Cultural Intelligence Hypothesis, in: Science 317 (2007), Issue 5843, S. 1360-1366. Siehe zusammenfassend auch Tomasello, Michael / Herrmann, Esther: Ape and Human Cognition. What's the Difference?, in: Current Direc-tions in Psychological Science 19 (2010), Issue 1, S. 3-8.

tion" das Verständnis von Dingen in sich verändernden Wahrnehmungssituationen (räumliches Gedächtnis, Verstehen von Objektpermanenz, von räumlicher Rotation, von räumlicher Transposition, von Quantitäten und von Kausalität). In anderen experimentellen Studien hat sich zudem gezeigt, dass Schimpansen wissen, dass ein von ihnen gesehenes Ding auch von anderen gesehen werden kann, und sogar wissen, dass ein solches Ding von einem anderen nicht gesehen wird, wenn es für diesen durch eine Barriere verdeckt ist.[6] Nimmt man all diese Resultate zusammen, so sollte nicht länger bestritten werden, dass es nicht-menschliche Tiere gibt, deren Wahrnehmung die Eigenschaft der Objektivität besitzt.

Zu [10] | Wie gesagt, stimme ich Toepfers Auffassung zu, dass das sozialinteraktionistische Wahrnehmungsmodell für den Übergang von der Biologie der Wahrnehmung zur Anthropologie der Wahrnehmung entscheidend ist. Meine Kritik betraf lediglich die auf These (ii) setzende bzw. auf den Begriff der Objektivität der Wahrnehmung abhebende Strategie der Erklärung dieses Übergangs. Damit stellt sich die Frage nach einer alternativen Strategie. Eine Antwort lässt sich durch einen von Toepfer selbst hervorgehobenen Gedanken gewinnen. *Wenn* es in sozialkognitiver Hinsicht etwas spezifisch Menschliches gebe, dann sollte es nicht als *Zusatz* zu unserer ansonsten mit den anderen Lebewesen geteilten Animalität begriffen werden, sondern als etwas, das unsere Animalität bis in ihre basalen Funktionen, zu denen auch die Wahrnehmung gehört, *durchdringe.* Menschliche Wahrnehmung unterscheidet sich dann aufgrund ihrer Transformation durch die in Anschlag gebrachte sozialkognitive anthropologische Differenz von der Wahrnehmung anderer Lebewesen. Dafür, *dass* es in sozialkognitiver Hinsicht etwas spezifisch Menschliches gibt – und zwar die Fähigkeit der kollektiven Intentionalität –, wäre nun in der Tat Michael Tomasello ein Hauptzeuge. Kollektive Intentionalität ermöglicht den Spracherwerb, eröffnet den Zugang zur institutionellen Wirklichkeit und führt damit zu einer grundlegenden Transformation auch der Wahrnehmung. Spezifisch menschlich wären dann aber nicht schon Wahrnehmungserfahrungen, die (à la Scheler oder Buytendijk) einen „Gegenstand haben", sondern erst solche, deren Inhalte von Sprache oder Statusfunktionen abhängig sind.

---

6 Siehe die Übersicht bei Call, Josep / Tomasello, Michael: Does the Chimpanzee Have a Theory of Mind? 30 Years Later, in: Trends in Cognitive Sciences 12 (2008), Issue 5, S. 187-192, hier S. 189 f.

Literaturhinweise

Call, Josep / Tomasello, Michael: Does the Chimpanzee Have a Theory of Mind? 30 Years Later, in: Trends in Cognitive Sciences 12 (2008), Issue 5, S. 187-192.
Herrmann, Esther et al.: Humans Have Evolved Specialized Skills of Social Cognition. The Cultural Intelligence Hypothesis, in: Science 317 (2007), Issue 5843, S. 1360-1366.
Merleau-Ponty, Maurice: Phänomenologie der Wahrnehmung, Berlin 1966.
Tomasello, Michael / Herrmann, Esther: Ape and Human Cognition. What's the Difference?, in: Current Directions in Psychological Science 19 (2010), Issue 1, S. 3-8.
Turner, J. Scott: The Extended Organism. The Physiology of Animal-Built Structures, Cambridge/Massachusetts 2002.
Wilson, Robert A.: Genes and the Agents of Life. The Individual in the Fragile Sciences Biology, New York 2005.

Kontakt

PD Dr. Matthias Wunsch
Universität Kassel
Fachbereich 02
Institut für Philosophie
Nora-Platiel-Str. 1
34127 Kassel
E-Mail: wunsch@uni-kassel.de

I
Diskurs

3 Replik

Georg Toepfer

Von Modellen und Beschreibungen –
und ihrem argumentativen Wert

So, wie mein „*target*-Artikel" geschlossen hat, muss auch diese Erwiderung auf die Kommentare beginnen: mit einem Dank an alle Kommentatoren, für ihre genaue Lektüre, präzise Kritik und insgesamt wohlwollende Haltung trotz mancher fundamentaler Differenz. Alle haben sie das *target* getroffen, arg demoliert, und nun ist es an mir, das Irreparable vom noch Brauchbaren zu trennen, das zu verwerfen, was kaputt gegangen ist, und das andere zu reparieren. Ich werde das tun, indem ich die mir am wichtigsten erscheinenden Kritikpunkte zu Themenkomplexen zusammenfasse und diese hintereinander abarbeite.

1   Die Unterscheidung von drei
Wahrnehmungsmodellen | Thesen [3] – [6]

Christian Tewes und Lambert Wiesing weisen darauf hin, dass meine Darstellung von phänomenologischen Positionen mittels des Modellbegriffs von vornherein gegen die Intention des phänomenologischen Ansatzes läuft, weil es in letzterem um „die Wahrnehmung (oder den Wahrnehmungsvorgang) selbst" (Tewes) bzw. die erstpersonale „phänomenale Gegebenheitsweise" von Wahrnehmung (Wiesing) gehe.

Ich gebe gerne zu, dass meine Darstellung phänomenologischer Positionen mittels des Modellbegriffs dem Selbstverständnis dieser Positionen entgegenläuft. Der Grund für diese Darstellung liegt in meiner Absicht, primär nicht eine *Beschreibung* des Phänomens der Wahrnehmung, sondern eine *Erklärung* von grundlegenden Aspekten von Wahrnehmung zu geben. Ich habe mich des Modellbegriffs bedient, weil ich verschiedene Auffassungen von Wahrnehmung – phänomenologische und nicht-phänomenologische – gemeinsam diskutieren und miteinander vergleichen wollte und weil ich diese Auffassungen in ein argumentatives Verhältnis zueinander stellen wollte. Insbesondere die drei von mir unterschiedenen Konzeptionen von Wahrnehmung habe ich als ‚Modelle' bezeichnet, weil ich sie als sehr unterschiedliche, aber doch einander nicht ausschließende, vielmehr komplementäre Perspektiven

127

verstanden wissen wollte, wobei die beiden ersten in der dritten „aufgehoben" sind. So wie der Welle- und Teilchenaspekt von mikrophysikalischen Objekten in einem Verhältnis der Komplementarität zueinander stehen und als zwei Modelle aufgefasst werden können, wollte ich auch die dissoziativen und fusionistisch-assoziativen Aspekte der Wahrnehmung als zentrale Elemente von Modellen verstehen, die in verschiedenen wissenschaftlichen Kontexten näher entfaltet werden können.

Ihrem Wesen nach antiphänomenologisch sind Modelle keine Beschreibungen des Gegebenen, sondern Idealisierungen und Fiktionen, Fiktionen allerdings nicht mit dem Ziel der Erschaffung einer neuen Realität, sondern der Erklärung der bestehenden. Sie zielen auf die hinter der Realität liegenden, nicht direkt beobachtbaren wirkenden Faktoren, die sie zu identifizieren und in ihrer Interaktion darzustellen beabsichtigen. Durch ihre Beschränkung auf die wesentlichen Faktoren sind Modelle Vereinfachungen von realen Strukturen oder Systemen, „eidetische Bilder" (Michael Lynch), die das Objekt gerade nicht abzubilden beabsichtigen, sondern es abstrakt in einer verschiedene Kontexte übergreifenden, wesentlichen Struktur darstellen. In diesem Sinne als wesentlich für Wahrnehmung und damit als Element von Modellen erschienen mir die Aspekte der Dissoziation und Assoziation von Subjekt und Objekt der Wahrnehmung.

Bezüglich des Verhältnisses der drei von mir unterschiedenen Wahrnehmungsmodelle vermisst Matthias Jung einen Hinweis darauf, dass sie „nicht auf derselben begrifflichen Ebene liegen". Nach seiner Ansicht ist mein drittes, das sozialinteraktionistische Modell „derivativ", denn Anthropologie setze „Biologie phylo- wie ontogenetisch voraus".

Nach meiner Ansicht habe ich die unterschiedlichen begrifflichen Ebenen der Modelle aber durchaus betont, insofern ich vom letzten geschrieben habe, es kombiniere Momente der beiden ersten und diese seien im dritten geradezu dialektisch „aufgehoben" [9]. Auch Jungs Begründung des derivativen Charakters der Anthropologie kann ich nicht folgen, denn ich würde von der Anthropologie nicht behaupten, dass sie die Biologie phylo- und ontogenetisch voraussetzt. Aus der (wohl begründeten) Annahme, dass es Leben nur auf der Grundlage von Stofflichkeit und menschliches Leben nur auf der Grundlage von nicht-menschlichem Leben geben kann, würde ich nicht schließen, dass die Biologie die Physik voraussetzt oder die Anthropologie die Biologie. Von der Anthropologie würde ich sogar behaupten, dass sie Prinzipien behandelt, die biologisch etablierten Grundsätzen widersprechen, etwa dem universalen „biologischen Imperativ" (Hubert Markl) der Fitnessmaximierung. So wie die Biologie als Wissenschaft methodologisch darüber charakterisiert werden könnte, dass dieser Imperativ für sie grundlegend ist, könnte die Anthropologie darüber bestimmt werden, dass sie von Wesen handelt, die sich diesem Imperativ entziehen (und dann eine Wissenschaft wie die Biologie betreiben können statt ihre Fortpflanzung zu optimieren). In dieser Hinsicht könnte die Biologie als derivativ gegenüber der Anthropologie gewertet werden.

Im Hinblick auf die Modelle der Wahrnehmung folge ich aber doch Jungs Sicht, das sozialinteraktionistische, besonders auf die Verhältnisse des Menschen anwendbare Wahrnehmungsmodell als derivativ gegenüber dem in der Biologie traditionell verankerten dissoziativen Modell einzuschätzen.

Jens Bonnemann ist der Ansicht, das sozialinteraktionistische Modell stehe in der Gefahr, „hinter die Einsichten einer assoziativ-fusionistischen Konzeption zurückfallen" zu können und damit „die Vorzüge und Gewinne des assoziativ-fusionistischen Modells gegenüber dem dissoziativen Modell" preiszugeben. Sozialität und Wahrnehmung sollten nicht dualistisch einander gegenübergestellt, sondern als „Verschränkung" verstanden werden.

In dieser Allgemeinheit würde ich das nicht bestreiten. Ich möchte aber doch daran festhalten, dass die sozialinteraktionistische Modellierung von Wahrnehmung Konsequenzen hat, die gegen eine rein fusionistische Konzeption und für eine Entzweiung von Subjekt und Objekt sprechen (also für das dissoziative Modell). Die gemeinschaftliche Tätigkeit und kommunikative Bezugnahme auf das Wahrgenommene bedingt die Entkopplung des Wahrgenommenen von jedem einzelnen Subjekt. Soziale Interaktionen konstituieren also das Wahrgenommene als objektivierte, von jedem einzelnen Erkenntnissubjekt getrennte Gegenstände.

2   Der Argumentationsgang

Besonders dankbar bin ich Matthias Wunsch für die genaue Analyse des Gangs meiner Argumentation. Ich kann ihm leider nur zustimmen, dass ich in manchen Punkten expliziter und sorgfältiger in der Argumentation hätte sein sollen. Ich denke, Wunsch hat *erstens* darin Recht, dass Wahrnehmung besser als „Element einer eigenständigen Ordnung kognitiver Systeme begriffen werden" sollte als sie ausgehend von der vitalen Ordnung eines Lebewesens zu entfalten. Denn ebenso wie kognitive Prozesse scheinen mir auch Wahrnehmungsvorgänge außerhalb von Lebewesen vorzukommen, etwa in sensorischen Systemen autonomer oder semiautonomer technischer Einrichtungen. Ebenso wie Kognition ist Wahrnehmung durch eine charakteristische Überschreitung der internen Logik eines Lebewesens, der Interdependenz und Interdetermination seiner Teile, gekennzeichnet; beide sind auf etwas anderes als die innere Ordnung eines lebendigen Systems bezogen.

Wunsch möchte ich *zweitens* darin zustimmen, dass ich den Status des Modellbegriffs hätte klären müssen, besonders hinsichtlich der Frage, ob es modellübergreifende Aspekte von Wahrnehmung gibt und welche das sind. Die von Wunsch angeführten Aspekte – kausale Komponente, intentionaler Gehalt, Erfüllungsbedingungen und wahrgenommener Gegenstand – sprechen meines Erachtens dafür, solche modellübergreifenden Bedingungen anzuerkennen. Gleichzeitig möchte ich aber gegen die phänomenologische Vorstellung einer modellfreien Wahrnehmungstheorie daran festhalten, dass jede nähere wissenschaftliche Analyse von Wahrnehmung ohne Modelle nicht möglich ist (siehe Punkt 1).

Drittens möchte ich Wunsch nicht darin widersprechen, dass meine „Kritik des Fusionismus"' methodisch fragwürdig ist, weil sie zehn sehr heterogene Positionen summarisch angreift. Weil die argumentative Situation in allen diesen Positionen sehr unterschiedlich ist, wäre für jede einzelne genau zu prüfen, inwiefern sie von meiner Kritik wirklich getroffen wird. Mit der kurzen Darstellung sehr vieler Positionen ging es mir darum, die weite Verbreitung fusionistischer Überzeugungen über sehr unterschiedliche Theoriekontexte zu belegen. Der Fusionismus mag in den verschiedenen Theorien jeweils andere Nuancen haben, trotzdem erscheinen mir die Positionen in ihrer grundsätzlichen Stoßrichtung mit der Behauptung, Wahrnehmung sei nicht eine Leistung von Organismen, sondern vollziehe sich in übergeordneten Organismus-Umwelt-Systemen geeint.

Viertens folge ich Wunsch schließlich auch darin, dass es nicht klug ist, die Argumentation an einen jeweiligen Stand der Tierforschung zu knüpfen. Der mögliche Wert der Unterscheidung von dissoziativen, fusionistisch-assoziativen und sozialinteraktionistischen Wahrnehmungsmodellen hängt nicht daran, welches Modell für eine Analyse der Wahrnehmung bestimmter Spezies fruchtbar ist, insbesondere nicht an der These, dass nur der Mensch von einer jeweiligen Situation ablösbare Gegenstände „hat" (Scheler). Ich hätte in meiner Argumentation also stärker die begrifflichen von den empirischen Bezügen trennen sollen. Wenn es um den Schritt vom Tier zum Menschen geht, ist es wohl richtig, mit Wunsch die *Sprache* als das Medium zu begreifen, das eine wesentliche Transformation von Wahrnehmung bewirkt. Für die Vermittlung von assoziativem und dissoziativem Wahrnehmungsmodell, um das es mir im sozialinteraktionistischen Modell ging, scheint mir aber nicht die Sprache der wesentliche Faktor zu sein, sondern die gemeinschaftliche Tätigkeit und (auch nonverbale) Kommunikation. In dem Maße, in dem diese Faktoren auch bei Tieren vorliegen, kann auch deren Wahrnehmung nach dem sozialinteraktionistischen Modell beschrieben werden.

Erhellend waren für mich auch die Kommentare Lambert Wiesings zur Logik meiner Argumentation. Als ein zunächst befremdliches, aber vielleicht nicht ganz unproduktives Missverstehen erscheint es ihm, wenn ich „phänomenologische Beschreibungen der Wahrnehmungsgegebenheit realistisch als Modelle der Wahrnehmung" lese. Die Phänomenologie werde damit gegen ihre Intention verstanden, weil sie ausdrücklich „kein erklärendes Modell der Wahrnehmung zu entwickeln" beabsichtigt habe. Unterlaufen werde mit diesem Ansatz die traditionell grundlegende Differenz der Erst- und Dritt-Person-Perspektive. Weil ich in meiner Argumentation von einer phänomenologischen „Gegebenheitsweise" in der Erst-Person-Perspektive ausgehe, diese aber als realistisches Modell in der Dritt-Person-Perspektive umdeute und daraus auf die Eigenart (die Verbindung von Assoziation und Dissoziation) nach dem dritten Modell (das besonders die Situation beim Menschen beschreibt) schließe, enthalte meine Argumentation eine Erklärungslücke. Der „Schluss" auf das sozialinteraktionistische Modell bleibe „begründungsbedürftig".

Eine naheliegende Reaktion auf diese Beobachtung (die nicht als Kritik formuliert ist) lautet, dass ich mich in dem Aufsatz ganz auf eine Dritt-Person-Perspektive hätte beschränken sollen, alles, was als Teil eines Arguments in meinem Aufsatz erscheint, also unabhängig von phänomenologischen Autoren hätte formulieren sollen. Dann könnte ich von theoretischen Annahmen oder empirischen Befunden über die besondere Bedeutung der gemeinschaftlichen Tätigkeit und Kommunikation in der Evolution mancher Arten von Lebewesen (insbesondere des Menschen) darauf schließen, dass für diese Lebewesen Wahrnehmen stets eine soziale Dimension hat, diesen Wesen also präsent ist, dass das, was sie wahrnehmen, auch von anderen wahrgenommen werden könnte. Verbunden wären mit diesem Konzept (Modell) von Wahrnehmung ausgeprägte dissoziative Momente, weil das Wahrgenommene nicht allein mit dem Wahrnehmenden, sondern stets auch mit anderen verbunden wäre, mit denen zusammen sich der Wahrnehmende auf das Wahrgenommene beziehen kann. Ich sehe nicht, was außer empirischen Belegen an der (hypothetischen) Herstellung dieses Zusammenhangs (oder „Schlusses") an Begründung noch fehlt.

Eine andere Reaktion könnte sein, dass ich den starken „Unterschied", den Wiesing zwischen der erst- und drittpersonalen Beschreibung sieht, nicht in gleichem Maße betonen würde. Ich sehe ein, dass es ein prinzipieller Unterschied ist, ob behauptet wird, (1) ein Wahrnehmender meint (subjektiv), dass das, was er wahrnimmt, auch von anderen wahrgenommen werden könnte, oder (2) es gebe (objektiv) immer andere, die das, was man wahrnimmt, auch wahrnehmen könnten. Nicht abwegig erscheint es mir aber, zumindest in dem vorliegenden Kontext, einen Zusammenhang von (1) und (2) zu sehen. Im Extremfall einer objektivistischen (naturalistischen) Perspektive könnte (2) als Grund (oder naturalistische Erklärung) von (1) angesehen werden (auch wenn keine analytische Abhängigkeit besteht, die Sätze also unabhängig voneinander wahr oder falsch sind und mit der Begründung oder Erklärung das Primat der erstpersonalen Phänomenalität nicht bestritten wird). Für diese objektivistische Begründung oder naturalistische Erklärung will ich hier nicht argumentieren. Die phänomenologische Grundlegung von Wahrnehmung aus erstpersonaler Perspektive hat meines Erachtens ihre Berechtigung.

Sie lässt sich aber für mein Argument nicht so einfach verwerten, wie ich es wollte, da möchte ich Wiesing Recht geben.

3   Unproduktivität der grundlegenden Unterscheidungen

Eine wesentliche Stoßrichtung der Kritik einiger Kommentatoren lautet, dass der gewählte Ansatz mit der Unterscheidung der drei Wahrnehmungsmodelle unproduktiv ist und einem adäquaten Verständnis von Wahrnehmung eher im Wege steht als sie befördert. Die Polarität von Dissoziation und Assoziation würde eine gerade zu vermeidende „dualistische Gegenüberstellung" (Bonnemann) befördern und einen „dualistischen und deshalb verzerrenden Bezugsrahmen" (Jung) aufmachen; am besten zu verstehen seien die beiden Aspekte als „polare Momente eines einheitlichen Phänomens" (Fuchs), nicht aber als Ansatzpunkte für seine Analyse – in Übereinstimmung mit dieser Kritik hatte ich in meinem Aufsatz geschrieben, die Modelle sollten nicht verstanden werden als „sich wechselseitig ausschließende Alternativen", sondern als „drei Aspekte oder Dimensionen von Wahrnehmung". Isoliert für sich genommen würden Assoziation und Dissoziation psychopathologischen „Extremen oder Entgleisungen einer Struktureinheit" (Fuchs) entsprechen. Phänomenaler Ausgangspunkt des Erlebens – und folglich der Analyse – sei unsere „Verschränkung" (Bonnemann), unser „Koexistieren" (Fuchs) mit den Dingen, d. h. „die handlungstheoretische Einbettung der Wahrnehmung" (Jung).

In Erwiderung auf diese Kritik möchte ich als erstes darauf verweisen, dass auch die Kritiker vielfach mit dem vordergründig geschmähten Dualismus von Organismus und Umwelt operieren und keinesfalls immer von Organismus-Umwelt-Systemen sprechen. Gerade im Kontext der von Matthias Jung referierten pragmatistischen Argumentation scheint dies unvermeidlich, insofern die Organismen als „Akteure" konzipiert werden, die „teleologisch nach der Realisierung dessen, was für sie gut ist", streben und ihnen die Dinge der „widerständigen Umwelt" gegenübergestellt werden. Jung betont auch explizit die „Geschlossenheit" des Organismus, die sich daraus ergebe, „dass der Organismus ein Wohl und daher Ziele hat, seine (anorganische) Umwelt jedoch nicht". Auch das erscheint mir als ein dualistischer Bezugsrahmen – den ich nicht kritisiere, sondern für viele Kontexte als grundlegend und sinnvoll verteidigen würde. Die „handlungstheoretische Einbettung der Wahrnehmung" stattet die „Organismus-Umwelt-Einheit" nach meinem Eindruck nicht nur mit einer „Asymmetrie" aus, wie Jung meint, sondern kann auch dazu beitragen, den für viele Kontexte fruchtbaren Dualismus von Organismus und Umwelt zu verteidigen.

Auch nicht bezweifeln möchte ich, dass der enaktivistische Standpunkt für manche Kontexte angemessen ist und daher seine Entwicklung ein Fortschritt gegenüber einer Beschränkung auf die einseitig dissoziativen oder assoziativen Modelle darstellt. Meines Erachtens erschöpft sich nur gerade die menschliche Wahrnehmung nicht in der situativen Kopplung mit Objekten. Weil das gemeinschaftliche Umgehen mit den Dingen und die kommunikative Bezogenheit auf Objekte für die Welt des Menschen kennzeichnend ist, kann sich die Wahrnehmung nicht im Verschmelzen mit einem Objekt vollziehen, sondern sie führt über die Fähigkeit des Perspektivwechsels stets das Moment der Entkopplung bei sich. Eine einseitig enaktivistische Wahrnehmungskonzeption verschenkt also die Möglichkeit, das spezifische oder zumindest besonders ausgeprägte dissoziative Moment der Wahrnehmung beim Menschen darzustellen. Um dieses Moment, und damit um die Gleichzeitigkeit von Kopplung und Entkopplung, Assoziation und Dissoziation, ging es mir im sozialinteraktionistischen Modell. Ich halte es daher für einseitig, allein die Kopplung mit Objekten der Umwelt in der Analyse von Wahrnehmungsphänomenen zu betonen. Und ich halte es dementsprechend für nicht richtig, Wahrnehmung als eine Leistung eines übergreifenden (nur situativ bestehenden) Organismus-Umwelt-Systems zu verstehen, wie es Thomas Fuchs am Ende seines Kommentars vorschlägt.

Für die meisten Forschungskontexte – etwa morphologische, physiologische, entwicklungsbiologische oder evolutionsbiologische – erscheint es mir fruchtbar, Wahrnehmung zunächst als eine Leistung, Aktivität oder „Performanz" (Haidle) eines Organismus zu verstehen. Dieses Vermögen ist seiner Natur nach auf die Umwelt des Organismus bezogen – bleibt damit aber nicht weniger Vermögen des Organismus. Innerhalb des Organismus ist dieses Vermögen in bestimmter Weise morphologisch realisiert, physiologisch vernetzt, entwicklungsbiologisch geworden und evolutionär angepasst an seine Funktion in einer bestimmten Umwelt – sodass es für viele wissenschaftliche Kontexte grundlegend bleibt, Wahrnehmung als Vermögen von Organismen zu konzipieren.

Für manche Kontexte ist es darüber hinaus sinnvoll, Wahrnehmung als ein Phänomen zwischen Organismus und Umwelt zu beschreiben. Wiederholt situativ auftretende Organismus-Umwelt-Systeme könnten sogar zu evolutionären Selektionseinheiten werden, die eine neben der Ebene der Organismen bestehende Selektionsebene begründen würden. Das will ich nicht bestreiten. Ich wollte nur die andere Seite, welche die Dissoziation stark macht, betonen. Für die Wichtigkeit dieser Seite scheint mir auch zu sprechen, dass Wahrnehmungsereignisse nicht nur eine harmonische Einheit von Organismus und Umwelt (nach dem Modell der Einheit von Atmungsprozess und Umgebungsluft) betreffen, sondern gerade störende und verstörende, widerständige und dysfunktionale Inhalte haben können. Der dysfunktionale paralysierende Blick auf ein angreifendes Raubtier ist nicht weniger ein

Akt der Wahrnehmung als das visuelle Fixieren einer Fliege, das dem funktionalen Beuteerwerb eines Frosches vorausgeht. In der Wahrnehmung müssen Organismus und Milieu nicht immer eine Funktionseinheit bilden, wie Thomas Fuchs behauptet.

4 *Interaktion* (von Organismus und Umwelt) *versus* Interdependenz (der organismischen Teile)

Einige Kommentatoren – unter ihnen Christian Tewes und Matthias Wunsch – sind der Ansicht, dass mein Vorschlag, das Verhältnis von Organismus und Umwelt als *Interaktion*, das der Teile in einem Organismus aber als *Interdependenz* zu verstehen, nicht plausibel sei, weil doch ein Organismus auch zu Teilen seiner Umwelt in einem Verhältnis der wechselseitigen Abhängigkeit stehe – worauf ich selbst mit meinem Beispiel von Spinne und Spinnennetz verwiesen hätte. Tewes führt noch weitere Fälle der „Nischenkonstruktion" durch Organismen an, in denen Dinge der Umwelt durch Organismen gezielt hergestellt werden, um das Leben der Organismen zu ermöglichen, sodass von einer „Ko-Konstitution" von Organismus und Umwelt auszugehen sei.

Ich will nicht bestreiten, dass es viele Fälle von Nischenkonstruktion und Ko-Konstitution gibt. In einem Stufenmodell würde ich dabei auch verschiedene Typen der Umwelt unterscheiden (mit *Symperiom* als Terminus für die *Mitwelt*, d.h. den Teil der Umwelt, mit der ein Organismus in einem wechselseitigen Nutzen- oder Abhängigkeitsverhältnis steht).[1] Festhalten möchte ich nur den fakultativen Charakter dieser Organismus-Umwelt-Interdependenz: Viele Organismen verändern ihre Umwelt nicht in der Weise, dass Objekte der Umwelt von ihrem Eingriff abhängen würden. Alle Organismen interagieren mit ihrer Umwelt, aber nur einige verändern diese so, dass eine solche wechselseitige Abhängigkeit von ihnen und Teilen ihrer Umwelt besteht, die analog zur Interdependenz der Teile in einem Organismus zu verstehen wäre.

5 Vernachlässigung wichtiger Positionen, vor allem des Pragmatismus

Wahrnehmung ist ein Thema, zu dem sich viele philosophische Schulen geäußert haben, nur wenige von ihnen habe ich behandelt. Nur als Fußnote zum Enaktivis-

---

1 Toepfer, Georg: Historisches Wörterbuch der Biologie. Geschichte und Theorie der biologischen Grundbegriffe, Bd. 3, Stuttgart 2011, S. 579.

mus erscheint beispielsweise die pragmatistische Position John Deweys. Moniert wird dies von Matthias Jung.

Weil es sich bei Deweys Position zweifellos um eine wichtige und einflussreiche Wahrnehmungstheorie handelt, wäre es vielleicht tatsächlich angemessener gewesen, den Enaktivismus als Fußnote zum Pragmatismus zu behandeln und Deweys Wahrnehmungstheorie ausführlicher darzustellen. Stärker als in den mir bekannten Darstellungen Deweys betonen aber die gegenwärtigen Vertreter des Enaktivismus die Verschränkung des Organismus mit seiner Umwelt im Akt der Wahrnehmung. Deweys Pragmatismus lässt sich daher nicht so ohne weiteres einer meiner drei Typen von Wahrnehmungsmodellen zuordnen. Dies spricht selbstverständlich nicht gegen den Pragmatismus (sondern allenfalls gegen meine typologisierende Klassifikation).

Dankbar nehme ich auch den Hinweis von Jens Bonnemann auf, dass die Subjektrelativität von Wahrnehmung „keineswegs allein mit Aktivität und Initiative zusammenfällt", vielmehr das Wahrgenommene „auch zustoßen und widerfahren kann". Diese pathischen Aspekte von Wahrnehmung habe ich nicht betont, weil sie mir für meine grundlegenden Unterscheidungen nicht notwendig erschienen. Eine umfassende Wahrnehmungstheorie hat sie aber zu berücksichtigen. Gleichfalls zu berücksichtigen hat eine solche Theorie die Momente von Täuschung, Negativität, Zeitlichkeit, Ungenauigkeit und Unbestimmtheit, auf die Michael Moxter sehr zu Recht verweist. Auch von diesen Momenten würde ich aber sagen, dass sie für meine Unterscheidungen nicht zentral sind, dass sie integrale Momente von allen drei Wahrnehmungsmodellen sein können.

6   Besonderheiten einer Anthropologie der Wahrnehmung | These [10]

Einige Kommentatoren – Andrea Berger und Daniel Hanus, Miriam N. Haidle und Matthias Wunsch – kritisieren meine Behauptung einer Sonderstellung der Wahrnehmung des Menschen. Die Kritik basiert bei allen Kommentatoren auf empirischen Argumenten. Empirische Untersuchungen hätten gezeigt, dass „auch andere Tierarten in der Lage sind", (1) „die (visuelle) Wahrnehmungsperspektive von Artgenossen einzunehmen und in ihren Entscheidungen zu berücksichtigen", (2) „Situationen und Entitäten auf abstrakte, also vom unmittelbaren perzeptuellen Input entkoppelte Weise kognitiv zu repräsentieren" sowie (3) „Perzeption und Aktion" grundsätzlich zu entkoppeln (Berger & Hanus zu [10]). Der Mensch habe diese Fähigkeiten nur perfektioniert.

Dieser Kritik möchte ich nicht auf der Ebene empirischer Argumente begegnen, sondern mittels meiner theoretischen Modelle: Wichtig ist mir die Unterscheidung von individuenzentrierten und sozialinteraktionistischen Modellen der Wahrnehmung – wie diese verschiedenen Spezies zuzuordnen ist, halte ich für eine empirische Frage, die begrifflich nicht zu entscheiden ist. Die Beobachtung, dass auch Tiere (in gewissem Grade) dazu in der Lage sind, die Wahrnehmungsperspektive anderer einzunehmen, Objekte abstrakt zu repräsentieren sowie Perzeption und Aktion zu entkoppeln, könnte eine Folge davon sein, dass auch bei ihnen soziale Interaktionen und Kommunikation eng mit Wahrnehmungen verschaltet sind. In dem Maße, in dem dies gegeben ist, wäre auch das sozialinteraktionistische Modell eine adäquate Beschreibung ihrer Wahrnehmung. Vorsichtiger sollte ich also mit dem Titel *Anthropologie der Wahrnehmung* sein. Die angeführten empirischen Untersuchungen deuten darauf hin, dass das Spezifische des Menschen sich nicht am Phänomen der Wahrnehmung festmachen lässt. Der Wert der Unterscheidung der verschiedenen Wahrnehmungsmodelle scheint mir davon aber nicht betroffen zu sein. Und auch wenn ‚Wahrnehmung' keinen festen Grund dafür zu liefern scheint, möchte ich trotzdem an dem kategorialen Unterschied von Mensch und Tier festhalten (wobei ‚Tier' dann nicht als biologische Klassifikationseinheit verstanden werden darf, sondern als typologische Lebensform: Mensch und Tier sind in ihrer Lebensform verschieden). In welcher Weise diese Differenz dargestellt werden könnte, möchte ich im letzten Punkt andeuten.

7   Bedeutung und Wert diagrammatischer Darstellungen | These [7]

Peter Bexte kritisiert in seinem Beitrag, dass den Punkten und Pfeilen in den von mir wiedergegebenen Diagrammen zur Wahrnehmung keine eindeutige Bedeutung zugewiesen sei. Es sei nicht klar, ob die Pfeile zeigen, zielen, verbinden, übertragen oder etwas integrieren.

Mit Bexte (und der Arbeitsgruppe um Nicolas Le Novère) bedaure ich, dass es in der Biologie bis heute zu keiner Standardisierung der grafischen Notation gekommen ist. Wie ich die Pfeile in den von mir wiedergegebenen Diagrammen interpretiert habe und wie ich diejenigen in meinem eigenen Diagramm (Abbildung 3) verstanden wissen wollte, habe ich erläutert: Sie bezeichnen „nicht bloß eine Wirkung, sondern darüber hinaus eine Abhängigkeit: Das Element, auf das ein Pfeil zeigt, ist in seiner weiteren Wirkung von dem Element abhängig, von dem der Pfeil ausgeht" [7].

Damit ist die Bedeutung der Pfeile etwas spezifiziert, auch wenn dies noch eine sehr weite Bestimmung ist. Aber selbst wenn sie notorisch uneindeutig und suggestiv sind, halte ich die simplen Diagramme für nützliche Werkzeuge, um wesentliche Aspekte einer Sache auf den Punkt zu bringen. Die Diagramme fungieren als verdichtete Formen von theoretischen Konzeptionen. Einfach darstellen lässt sich mit ihrer Hilfe beispielsweise der Unterschied zwischen der einseitigen Abhängigkeit des Organismus von der Einwirkung seiner Umwelt und der wechselseitigen Bedingung der Teile im Ganzen eines Organismus (Abbildung 3).

Peter Bexte fragt in seinen Überlegungen auch danach, ob auf der Basis dieser Diagramme eine valide Unterscheidung zwischen biologischer und anthropologischer Wahrnehmungskonzeption getroffen werden kann. Ich habe diese Frage nicht anhand der Diagramme gestellt (wie Bexte behauptet; ich habe die Frage später in meinem Aufsatz unabhängig von den Diagrammen behandelt). Ob der Unterschied zwischen biologischer und anthropologischer Wahrnehmungskonzeption (der mir wichtig ist) diagrammatisch gut darzustellen ist, weiß ich nicht. Thure von Uexkülls Vorschlag diesbezüglich halte ich auch nicht für sehr fruchtbar. Diagramme, die das spezifisch Menschliche der Wahrnehmung darstellen, müssen nach meinen Vorstellungen das Moment der Intersubjektivität betonen (aus der die besondere Objektivität der menschlichen Wahrnehmungsobjekte folgt). Sie könnten auf dem Diagramm aufbauen, das Thomas Fuchs 2014 liefert.[2]

Einen Vorschlag, wie der Unterschied zwischen biologischer und anthropologischer Perspektive anhand von Diagrammen darzustellen ist, habe ich an anderer Stelle in Bezug auf die Differenz von *Verhalten* versus *Handeln* (nicht für *Wahrnehmung*) gemacht.[3] In Form der Diagramme sollte dort der grundsätzliche Unterschied zwischen dem (zweckrationalen) Umweltbezug der Tiere und dem (autonomen) Weltbezug des Menschen ausgedrückt werden. Zugrunde liegt dem ein Verständnis von (biologischem) ,Verhalten' als „Regulation des Umwelteinflusses" und von (menschlicher) ,Kultur' als „Ideenorientierte Gestaltung der Welt". Die einfachen diagrammatischen Darstellungen können als Repräsentation der These gelten, dass der Mensch das einzige bekannte Wesen ist, das dazu in der Lage ist, die (biologisch universale) Zyklizität des Verhaltens (in ihrer systematischen Ausrichtung auf Selberhaltung und Selbstreproduktion) zu durchbrechen und mittels seines Handelns in eine (kulturelle) Linearität der Zwecksetzung zu überführen, gemäß

---

2   Fuchs, Thomas: Verkörperte Emotionen – Wie Gefühl und Leib zusammenhängen, in: Psychologische Medizin 25 (2014), S. 13-20, hier S. 17.

3   Toepfer, Georg: Historisches Wörterbuch der Biologie. Geschichte und Theorie der biologischen Grundbegriffe, 3 Bde., Stuttgart 2011, Bd. 1: S. XXXIV (Einleitung); Bd. 2: S. 341 (Kultur); Bd. 3: S. 654 (Verhalten).

des Diktums Kants: „Das Vermögen sich überhaupt irgend einen Zweck zu setzen ist das Charakteristische der Menschheit (zum Unterschiede von der Thierheit)"[4]. Ich denke also, dass es durchaus möglich ist, die Differenz von biologischer und anthropologischer Perspektive auch diagrammatisch auszudrücken. Die Differenz hängt meines Erachtens wesentlich an dem Unterschied der Teleologie in beiden Bereichen: Biologische Teleologie ist (zyklische) *Erhaltungsteleologie* (die nur durch eine lange Kette nicht intendierter Variationen das gigantische Transformationsgeschehen der Evolution nach sich zog); menschliche Teleologie ist dagegen (lineare) *Zwecksetzungsteleologie* (in der sowohl individuell als auch kollektiv neuartige Ziele intentional gesetzt werden). Die weitere Entwicklung dieser Überlegungen führt aber aus dem Thema der biologischen und anthropologischen Wahrnehmungstheorien heraus.

Literaturhinweise

Fuchs, Thomas: Verkörperte Emotionen – Wie Gefühl und Leib zusammenhängen, in: Psychologische Medizin 25 (2014), S. 13-20.
Kant, Immanuel: Metaphysik der Sitten [1797/98], in: Kant's gesammelte Schriften, Bd. VI, herausgegeben von der Königlich-Preußischen Akademie der Wissenschaften, Berlin 1907, S. 203-493.
Toepfer, Georg: Historisches Wörterbuch der Biologie. Geschichte und Theorie der biologischen Grundbegriffe, 3 Bde., Stuttgart 2011, online unter: http://www.zfl-berlin.org/personenliste-detail/items/toepfer.html.

Kontakt

PD Dr. Georg Toepfer
Zentrum für Literatur- und Kulturforschung
Schützenstr. 18
10117 Berlin
E-Mail: toepfer@zfl-berlin.org

---

4   Kant, Immanuel: Metaphysik der Sitten [(1797/98)], in: Kant's gesammelte Schriften, Bd. VI, herausgegeben von der Königlich- Preußischen Akademie der Wissenschaften, Berlin 1907, S. 203-493, hier S. 392.

II
Beiträge
(Peer Reviewed)

Thiemo Breyer

Soziale Wahrnehmung zwischen Erkenntnistheorie und Anthropologie

1   Einleitung

Dass unsere menschliche Wahrnehmung zutiefst von der Sozialität unseres Welt-bezugs geprägt ist, wurde in der Phänomenologie wie auch in der Philosophischen Anthropologie auf unterschiedliche Weise herausgearbeitet und durch Forschungen etwa im Bereich der interkulturellen Psychologie und der Ethnologie bestätigt. Es sei hier nur an Edmund Husserls Funktion des Anderen für die Konstitution von Wahrnehmungsobjekten im Rahmen einer *offenen transzendentalen Intersubjekti-vität*[1] erinnert, oder an Martin Heideggers Begriff des *Mitseins*[2], in dem beschlos-sen liegt, dass wir welthaft Begegnendes als eingesponnen in Bedeutungsgewebe und Handlungszusammenhänge wahrnehmen, die immer auch auf die Anderen verweisen, als Mittätige und Mitverstehende. In der „sozialisierten natürlichen Einstellung" gehören „erstens die Existenz intelligenter (mit Bewußtsein ausge-statteter) Mitmenschen und zweitens die – prinzipiell meiner Erfahrung ähnliche – Erfahrbarkeit der Gegenstände der Lebenswelt für meine Mitmenschen"[3] zu den *Grundaxiomen*, wie Alfred Schütz und Thomas Luckmann in ihrer phänomeno-logischen Soziologie der Lebenswelt postulieren.

Die Art und Weise, wie die lebensweltliche Wahrnehmung durch Sozialität be-stimmt ist, lässt sich empirisch an unterschiedlichen Phänomenen nachvollziehen. Schon in elementaren Prozessen der Formwahrnehmung zeigt sich der Einfluss so-ziokultureller Strukturen, in denen Subjekte aufwachsen. Wie kulturpsychologische

---

1   Vgl. Husserl, Edmund: Zur Phänomenologie der Intersubjektivität II, herausgegeben von Iso Kern, Husserliana XIV, Den Haag 1973, S. 289; Zahavi, Dan: Husserl und die transzendentale Intersubjektivität: Eine Antwort auf die sprachpragmatische Kritik, Dordrecht 1996, S. 39 ff.

2   Vgl. Heidegger, Martin: Sein und Zeit, Tübingen [18]2001, §25 ff.

3   Vgl. Schütz, Alfred / Luckmann, Thomas: Strukturen der Lebenswelt, Konstanz 2003, S. 98.

Studien zeigen, ist beispielsweise die Müller-Lyer-Täuschung nur dann wirksam, wenn die alltägliche Umwelt durch gerade Linien, Kanten und Winkel geprägt ist, sodass die nach innen oder außen weisenden Enden der Figur wie die Fluchtlinien eines dreidimensionalen geometrischen Körpers aufgefasst werden. Wo es keine derartige Architektur gibt, die sich noetisch in entsprechenden Wahrnehmungsgewohnheiten sedimentiert, unterliegen Subjekte der Illusion weniger stark oder gar nicht.[4] Wie Maurice Merleau-Ponty hervorhebt, sind die „beiden Strecken der Müller-Lyerschen Täuschung [...] weder gleich noch ungleich lang; denn zwingend ist diese Alternative nur in der Welt der Objektivität."[5] Damit ist gemeint, dass die Notwendigkeit einer Entscheidung darüber, ob die Linien die gleiche Länge haben oder nicht, aus einer Herauslösung der Figur aus dem Kontext ihrer jeweiligen Erscheinungsweise für ein Subjekt erwächst. Exakt messbare Längenverhältnisse im Sinne der Geometrie sind im Bereich der subjektiven, durch Gewohnheitsbildungen geprägten Wahrnehmung nicht von entscheidender Bedeutung. In der sozialen Lebenswelt habitueller und intersubjektiver Relativitäten und Relevanzen kann sich die objektiv messbare Gleichheit von Stimulusgrößen vielmehr in qualitativ erlebte Unterschiede verwandeln, und umgekehrt. Des Weiteren modulieren die eigene körperliche Disposition und die Wahrnehmung des eigenen Leibes u. a. die Größenwahrnehmung von Objekten.[6] Motorische Schemata sowie attentionale und kognitive Routinen, die in sozialen Interaktionen eingeübt werden, beeinflussen die Wahrnehmung von Bewegungsgestalten und komplexen sensorischen Strukturen.[7] Das Wahrnehmungserlebnis als Ganzes entsteht vor dem Hintergrund lebensweltlicher Regularitäten aus der Interaktion des durch seine körperliche Konstitution und seine ausgebildeten Gewohnheiten geprägten Subjekts mit der

---

4   Vgl. Segall, Marshall H. / Campbell, Donald T. / Herskovits, Melville J.: The Influence of Culture on Visual Perception, Indianapolis/Indiana 1966; McCauley, Robert N. / Henrich, Joseph: Susceptibility to the Müller-Lyer illusion, theory-neutral observation, and the diachronic penetrability of the visual input system, in: Philosophical Psychology 19 (2006), Issue 1, S. 79-101.

5   Merleau-Ponty, Maurice: Phänomenologie der Wahrnehmung, Berlin 1966, S. 24.

6   Van der Hoort, Björn / Ehrsson, H. Henrik: Body ownership affects visual perception of object size by rescaling the visual representation of external space, in: Attention, Perception & Psychophysics 76 (2014), Issue 5, S. 1414-1428.

7   Vgl. Merleau-Pontys Beispiel der kinästhetisch und perzeptiv aufeinander abgestimmten Spieler einer Fußballmannschaft (Merleau-Ponty, Maurice: Die Struktur des Verhaltens, herausgegeben von Bernhard Waldenfels, Berlin und New York 1976, S. 193 f.). Zur Problematik der in der Psychologie häufig anzutreffenden Unterscheidung zwischen *Top-down-* und *Bottom-up*-Effekten in der Wahrnehmung vgl. Shea, Nicholas: Distinguishing top-down from bottom-up effects, in: Perception and Its Modalities, herausgegeben von Dustin Stokes, Mohan Matthen und Stephen Biggs, Oxford 2014, S. 73-94.

ökologischen und sozialen Umgebung. Die Anderen sind aber nicht nur konstitutiv für die Herausbildung eines lebensweltlichen Horizonts, in dem ich mich alltäglich unhinterfragt bewege, sondern sie stellen jeweils auch Kristallisationspunkte meiner Wahrnehmung dar. Im Übergang vom impliziten Modus des Fungierens der Anderen im Hintergrund aller Wahrnehmung zur expliziten Fokussierung auf den Anderen als Individuum, dem ich wahrnehmend begegne, stellt sich die Frage, wie der Andere gestalthaft erscheint und was die Fremdwahrnehmung von der Gegenstandswahrnehmung unterscheidet.

Im Folgenden wird die sogenannte „direkte soziale Wahrnehmung"[8] als Konstrukt innerhalb einer interaktionistischen Theorie exponiert, die sich als Alternative zu dominierenden Theorien des Fremdverstehens in den vergangenen Jahren herausgebildet hat. Zunächst ist ein kurzer Überblick über diese Theorien notwendig, mit dem zugleich deren erkenntnistheoretische Weichenstellungen und Probleme aufgezeigt werden. Der Begriff des Ausdrucks und das Phänomen der Ausdruckswahrnehmung bzw. des Ausdrucksverstehens werden im Anschluss hieran genauer beleuchtet, um zu zeigen, dass die interaktionistische Theorie von einem reichhaltigeren und anthropologisch-hermeneutisch differenzierteren Verständnis von leibkörperlicher Expressivität profitieren kann.

2   Erkenntnistheoretische Prämissen der *Theory of Mind*

René Descartes hat in seinen *Meditationen* bekanntlich nicht nur die Existenz der Außenwelt, sondern auch der psychischen Innenwelt anderer Subjekte bezweifelt.[9] Wenn wir im Angesicht eines solchen Skeptizismus phänomenologisch fragen, wie es mit unserer Erfahrung des Anderen bestellt ist, dann sehen wir, dass unser alltägliches Miteinander durch und durch von der Hintergrundannahme der Intentionalität anderer Subjekte geprägt ist. Das ist natürlich auf der erkenntnistheoretischen Ebene kein Gegenargument gegen den Skeptiker, besitzt jedoch auf der anthropologischen als Feststellung über die Strukturierung unse-

---

8   Vgl. zu diesem Begriff Zahavi, Dan: Empathy and direct social perception: A phenomenological proposal, in: Review of Philosophy and Psychology 2 (2011), Issue 3, S. 541-558; Zahavi, Dan: Expression and empathy, in: Folk Psychology Re-Assessed, herausegeben von Daniel D. Hutto und Matthew Ratcliffe, Dordrecht 2007, S. 25-40; Gallagher, Shaun: Direct perception in the interactive context, in: Consciousness & Cognition 17 (2008), Issue 2, S. 535-543; Dullstein, Monika: Direct perception and simulation: Stein's account of empathy, in: Review of Philosophy and Psychology 4 (2013), Issue 2, S. 333-350.

9   Descartes, René: Meditationes de prima philosophia, herausgegeben von Christian Wohlers, Hamburg 2008, S. 25 (AT VII, 31).

rer „natürlichen Einstellung" eine hohe Relevanz. Die menschliche Tendenz zur
Intentionalitätszuschreibung geht häufig sogar so weit, dass wir auch unbelebten
Objekten einen bösen Willen oder Ähnliches unterstellen – beispielsweise wenn
wir auf ein Auto schimpfen, das nicht anspringt.[10] Dennoch gibt es aber auch
in der normalen Erfahrung, vor aller methodischen philosophischen Reflexion,
Momente der Unsicherheit und des Widerspruchs. Husserls bekanntes Beispiel ist
das einer Kleiderpuppe, die wir aus der Ferne für einen Menschen halten.[11] Wenn
wir uns ihr nähern, gibt es eine Phase des Widerstreitbewusstseins, in der wir uns
perzeptiv darüber Klarheit zu verschaffen suchen, ob unsere signitive Intention
(Gestalt = Mensch) sich in eine erfüllende Intuition (Gestalt = Puppe) verwandelt
oder nicht. Kommen wir der Puppe schließlich nah genug, um zu erkennen, dass
es definitiv kein Mensch ist, löst sich dieser Widerstreit zweier Auffassungsweisen
des Wahrnehmungsmaterials auf.

Angesichts dessen, dass wir in der Begegnung mit Anderen meist aber ganz
unthematisch von ihrer Geistbegabtheit ausgehen – eine „Einstellung zur Seele"[12]
haben, wie Ludwig Wittgenstein sagt –, stellt sich die Frage, was genau wir über
ihre intentionalen Zustände wissen können und welche Fähigkeiten vorausgesetzt
sind, um den Anderen auf diese Weise zu verstehen. Die erkenntnistheoretische
Frage nach dem Anderen und seinen subjektiven Erlebnissen fußt traditionell
auf den Grundannahmen, dass wir erstens einen direkten epistemischen Zugang
zu unseren eigenen psychischen Zuständen haben und dass zweitens fremdpsychische Zustände nur indirekt über die Sinneswahrnehmung des Körpers des
Anderen erschließbar sind. Im Rahmen der sogenannten *Theory-of-Mind*-Debatte
haben sich in den letzten Jahrzehnten unterschiedliche Erklärungsansätze dafür
herausgebildet, wie diese Erschließung funktioniert. In der Hauptsache streiten

---

10 Vgl. zu dieser Anthropomorphisierungstendenz Plessner, Helmuth / Buytendijk, Frederik
J. J.: Die Deutung des mimischen Ausdrucks: Ein Beitrag zur Lehre vom Bewußtsein
des anderen Ichs, in: Ausdruck und menschliche Existenz, herausgegeben von Günter
Dux, Odo Marquard und Elisabeth Ströker, VII: Gesammelte Schriften, Frankfurt am
Main 1980, S. 67-130, hier S. 82.

11 Husserl, Edmund: Erfahrung und Urteil : Untersuchungen zur Genealogie der Logik,
herausgegeben von Ludwig Landgrebe, Prag 1939, S. 99 ff.

12 Wittgenstein, Ludwig: Philosophische Untersuchungen, herausgegeben von Joachim
Schulte, Frankfurt am Main 2011, II, § IV.

drei Grundpositionen – die *Theorietheorie*[13], die *Simulationstheorie*[14] und der *Interaktionismus* – darum, was der primäre Modus unseres Bezugs zum Fremdpsychischen ist. Diese konkurrierenden, bei manchen Autoren aber auch im Ansatz synthetisierten,[15] theoretischen Modelle darüber, wie soziale Kognition operiert, sind mittlerweile schon vielfach gegenübergestellt und erläutert worden. Deshalb seien hier nur die Grundzüge rekapituliert,[16] sodass sich zeigen kann, in welchem Verhältnis die jeweiligen Ansätze zur genannten traditionellen Weichenstellung in der Erkenntnistheorie stehen.

Theorietheoretische Ansätze gehen davon aus, dass unser Wissen über den Anderen prinzipiell theorieförmig strukturiert ist und allgemeine Grundsätze sowie Regeln zu deren Anwendung auf Einzelfälle beinhaltet. Das Fremdverstehen wäre dann so gegliedert, dass auf der Grundlage einer beobachteten Körpererscheinung (z. B. eines Gesichtsausdrucks oder einer Geste), die als sensorischer Input fungiert, ein kognitiver Inferenzprozess angestoßen wird, der anhand gespeicherter Propositionen und Regeln eine wahrscheinliche psychische Ursache für die Körpererscheinung berechnet, die dann dem Anderen zugeschrieben wird. Für das Zustandekommen der Wissensinhalte und der kognitiven Algorithmen, die hierfür notwendig sind, gibt es wiederum unterschiedliche Erklärungen: Während nativistische Ansätze von angeborenen Modulen ausgehen, die auf die Verarbeitung sozialer Information spezialisiert sind, sehen akquisitive Varianten das frühkindliche Lernen als entscheidend an. Das Kind wird nach dem Muster eines „kleinen Wissenschaftlers" konzipiert, das in einem quasi experimentellen Modus der Interaktion mit Anderen erkennt, welche Korrelationen sich zwischen Physischem und Psychischen herstellen lassen, wobei aus den mannigfaltigen Erscheinungsformen sozialer Ausdrücke durch Abstraktion allgemeine Muster gebildet werden.

---

13 Vgl. Gopnik, Alison / Wellman, Henry M.: Why the child's theory of mind Is a theory, 1992, S. 145-171; Carruthers, Peter: Language, Thoughts, and Consciousness: An Essay in Philosophical Psychology, Cambridge 1996.

14 Vgl. Gordon, Robert M.: Folk psychology as simulation, 1986, S. 158-171; Gallese, Vittorio / Goldman, Alvin: Mirror neurons and the simulation theory of mind-reading, 1998, S. 493-501.

15 Vgl. Nichols, Shaun / Stich, Stephen P.: Mindreading: An Integrated Account of Pretence, Self-Awareness, and Understanding Other Minds, Oxford 2003; Goldman, Alvin I.: Simulating Minds: The Philosophy, Psychology, and Neuroscience of Mindreading, Oxford 2006.

16 Eine fundierte Übersicht bietet Schlicht, Tobias: Mittendrin statt nur dabei: Wie funktioniert soziale Kognition?, in: Grenzen der Empathie: philosophische, psychologische und anthropologische Perspektiven, herausgegeben von Thiemo Breyer, Paderborn 2013, S. 45-92.

Die Simulationstheorie behauptet demgegenüber, dass wir keine Theorie anwenden müssen, um den Anderen zu verstehen, sondern uns in den Anderen hineinversetzen, um dann durch eine analogisierende Assoziation zu prüfen, wie wir uns selbst in der Situation des Anderen fühlen würden, zu welchen Handlungen wir uns veranlasst sähen, etc. Das Ergebnis der so erzielten Repräsentation des Anderen im eigenen kognitiven System kann dann auf den Anderen projiziert werden. Was den Mechanismus der Simulation betrifft, so gibt es auch hier Unterschiede in der Erklärung: Neurobiologisch orientierte Ansätze berufen sich häufig auf die Aktivität der sogenannten „Spiegelneuronen" als subpersonalem Prozess der Mimesis von Fremd- und Eigenbewegung.[17] Lerntheoretische Ansätze versuchen dagegen, den bewusst erlebten Vorgang der Simulation zu beschreiben, der eine imaginative Transposition an die Stelle des Anderen ermöglicht.[18]

Insgesamt stimmen, trotz der augenscheinlichen Unterschiede, Theorietheorie und Simulationstheorie in der erkenntnistheoretischen Weichenstellung überein, indem sie nämlich von Subjekten ausgehen, die als voneinander getrennte Entitäten bzw. in sich abgeschlossene Informationsverarbeitungssysteme *qua* Fremdverstehen aufeinander treffen. Das eine Subjekt hat dann die Aufgabe, einen Blick hinter die Kulisse des beobachtbaren Verhaltens des anderen zu werfen und in dessen Innenwelt einzudringen, um ein Wissen von seinen psychischen Zuständen zu erlangen. Beide Theorieformen sind gekennzeichnet durch eine cartesianisch[19]

---

17 Hier gibt es allerdings philosophische Vorbehalte. Wie Shannon Spaulding herausgearbeitet hat, sind Spiegelneuronen kein geeignetes explanatorisches Konstrukt für die Simulationstheorie (Spaulding, Shannon: Mirror neurons are not evidence for the Simulation Theory, in: Synthese 189 (2012), Issue 3, S. 515-534).

18 Um diese intentionale Leistung des empathischen Bewusstseins näher zu bestimmen, wäre eine phänomenologische Analyse der Phantasie notwendig. Wertvolle Einsichten in die Funktionsweise der Phantasie in der Wahrnehmung, die auch im Hinblick auf die Fremdwahrnehmung weiterentwickelt werden könnten, bietet Lohmar, Dieter: Phänomenologie der schwachen Phantasie: Untersuchungen der Psychologie, Cognitive Science, Neurologie und Phänomenologie zur Funktion der Phantasie in der Wahrnehmung, Dordrecht 2007.

19 Der Begriff „Cartesianismus" ist freilich als Problembegriff zu lesen. Zwar liegt der ontologische Dualismus in radikaler und paradigmatischer Form in Descartes' *Meditationen* durchaus vor, allerdings spricht Descartes dort auch davon, dass Körper und Seele „aufs engste verbunden und gewissermaßen vermischt" (Descartes, René: Meditationes de prima philosophia, Hamburg 2008, S. 164 f.) sind, was anhand der Sinnesempfindungen veranschaulicht wird. Erkenntnistheoretisch wendet er außerdem in den Briefen an Elisabeth von der Pfalz ein, dass es dem menschlichen Geist nicht möglich sei, die Unterscheidung und die Einheit von Körper und Seele zugleich zu verstehen, „sie als ein einziges Ding zu begreifen und gleichzeitig auch als zwei Dinge, was sich widerspricht" (Descartes, René: Der Briefwechsel mit Elisabeth von der Pfalz, Hamburg 2014, S. 25,

anmutende Trennung von Körpererscheinung, die äußerlich registriert werden kann, und mentalen Zuständen oder Gehalten, die sich im unsichtbaren Innenraum des Psychischen befinden.

3   Der phänomenologische Interaktionismus und seine anthropologisch-hermeneutische Erweiterung

Die dualistische Trennung von Innen und Außen, die in der erkenntnistheoretischen Fragestellung zum Vorschein kommt, ist von Seiten der Phänomenologie und der Philosophischen Anthropologie häufig und vehement bestritten worden. So betont Husserl, das Bewusstsein sei kein „Sack"[20], Heidegger kritisiert „Kapsel-Vorstellungen"[21] der Psyche, Helmuth Plessner wendet sich gegen eine „Futteraltheorie der Existenz"[22] und Max Scheler konzipiert einen „in Hinsicht auf Ich-Du indifferente[n] Strom der Erlebnisse"[23]. *Interaktionistische* Theoretiker,[24] die an die Phänomenologie anknüpfen, wenden sich gegen eine Reduktion des Fremdverstehens auf entweder erstpersonale Fähigkeiten zur Simulation oder drittpersonale Fähigkeiten zur Beobachtung und Schlussfolgerung. Sie fordern vielmehr einen Fokus auf konkrete zwischenleibliche Interaktionen, in denen ein wechselseitiges Einlassen auf den Anderen, also eine „zweitpersonale" Perspektive der Teilnehmer

---

Brief vom 28. Juni 1643). Angezeigt wäre also auch mit Blick auf die gegenwärtigen Debatten um soziale Kognition eine differenziertere hermeneutische Rekonstruktion des bei Descartes reichhaltigen *cogito*-Begriffs – diesseits der häufig allzu schematisch und absolut dargestellten Trennung von *res cogitans* und *res extensa*.

20 Husserl, Edmund: Phänomenologische Psychologie, The Hague ²1968, S. 421.

21 Heidegger, Martin: Zollikoner Seminare, herausgegeben von Medard Boss, Frankfurt am Main 1987, S. 3.

22 Plessner, Helmuth: Ausdruck und menschliche Existenz, in: Ausdruck und menschliche Natur, herausgegeben von Günter Dux, Odo Marquard und Elisabeth Ströker, VII: Gesammelte Schriften, Frankfurt am Main 1980, S. 435-445, hier S. 437.

23 Scheler, Max: Die Sinngesetze des emotionalen Lebens, I: Wesen und Formen der Sympathie, Bonn 1923, S. 284.

24 Vgl. z. B. Gallagher, Shaun: The practice of mind: Theory, simulation, or interaction?, in: Journal of Consciousness Studies 8 (2001), Issue 5-7, S. 83-108; Gallagher, Shaun: Direct perception in the interactive context, in: Consciousness & Cognition 17 (2008), Issue 2, S. 535-543; De Jaegher, Hanne / Di Paolo, Ezequiel / Gallagher, Shaun: Can social interaction constitute social cognition?, in: Trends in Cognitive Sciences 14 (2010), Issue 10, S. 441-447.

erforderlich ist.[25] Das sich hierbei zeigende implizite Beziehungswissen und die sozialen Verhaltensbereitschaften lassen sich ontogenetisch bis in die primäre und sekundäre Intersubjektivität hinein zurückverfolgen und manifestieren sich etwa in der interaffektiven Resonanz der frühkindlichen Dyade.[26]

Zentrales Theoriestück des Interaktionismus ist die Ausdruckswahrnehmung, womit im Anschluss an Scheler von der Unmittelbarkeit des Fremdverstehens und einer gleichursprünglichen Zugänglichkeit von Eigen- und Fremdpsychischem ausgegangen wird. Um die bekannte Stelle aus *Wesen und Formen der Sympathie* aufzurufen: Dass in der Wahrnehmung des Anderen „‚Erlebnisse' da sind, das ist uns in den Ausdrucksphänomenen [...] ‚unmittelbar' gegeben im Sinne originären ‚Wahrnehmens'. Wir nehmen die Scham im Erröten wahr, im Lachen die Freude. Die Rede, es sei uns ‚zunächst nur ein Körper gegeben', ist völlig irrig."[27] Ausdruck bedeutet demnach nicht das leiblich vermittelte Nach-Außen-Treten eines innerpsychischen Zustands (z. B. eines Gefühls), sondern Expressivität selbst ist das Primäre, von dem her erst allmählich eine Zuordnung von Zuständen an das Ich oder das Du stattfinden kann. Ausdrücke sehen wir überall um uns herum – in der unbelebten Natur, an Gegenständen, Tieren und Menschen – bevor die Unterscheidung von Innen und Außen thematisch wird und einen Sinn ergibt. Um aber genauer zu verstehen, was in der vermeintlich unmittelbaren sozialen Wahrnehmung und der durch sie ermöglichten Erschlossenheit des Fremdpsychischen diesseits des Dualismus von beobachtbarer Körpererscheinung und dahinter liegender psychischer Erlebnisse gemeint ist, lohnt sich eine weitergehende Problematisierung des Ausdrucksgeschehens in mehrfacher Hinsicht: Der Ausdruck ist im Hinblick auf seine Beziehung zum Ausdrückenden, zum in ihm ausgedrückten Sinn und zum Wahrnehmenden, der ihn verstehen soll, wesentlich komplexer strukturiert als in den Diskussionen um die soziale Kognition und die Theorie des Geistes meist angenommen.

Die soziale Wahrnehmung ist bei elementaren Gefühlsausdrücken, wie etwa bei einem schmerzverzerrten Gesicht, überaus direkt und effektiv. Was wir aber hierbei wahrnehmen – so würde der erkenntnistheoretische Dualist einwenden – ist nicht der Schmerz selbst, denn sofern Schmerz ein Gefühl ist, kann er im eigentlichen

---

25 Vgl. hierzu Fuchs, Thomas: The phenomenology and development of social perspectives, in: Phenomenology and the Cognitive Sciences 12 (2013), Issue 4, S. 655-683.

26 Vgl. Trevarthen, Colwyn / Aitken, Kenneth J.: Infant Intersubjectivity: Research, Theory, and Clinical Applications, in: Journal of Child Psychology and Psychiatry 42 (2001), Issue 1, S. 3-48.

27 Scheler, Max: Die Sinngesetze des emotionalen Lebens. I. Wesen und Formen der Sympathie, Bonn 1923, S. 6.

Sinne nur gefühlt, nicht aber gesehen werden. Die phänomenologische Antwort auf dieses Dilemma steckt in einer korrelationalen Betrachtungsweise, im Rahmen derer der Ausdruck als Korrelat einer intentionalen Zuwendung verstanden wird, in der Wahrnehmung und Verstehen immer schon verschränkt sind. Magnus Schlette bezeichnet den synthetischen Charakter der Wahrnehmung als *„expressive Kognition"*[28] und erläutert diesen Begriff wie folgt: „Die Wahrnehmung ist epistemisch gehaltvoll und sie hat Ausdruckscharakter. Epistemisch gehaltvoll ist sie, weil sie dem Menschen kognitiven Zugang zu der Welt verschafft, in der er lebt; Ausdruckscharakter hat sie, insofern sich in ihr ein Ergriffensein durch atmosphärisch qualifizierte Situationen oder situativ gewahrte Gegenstände und Sachverhalte ausdrückt"[29]. Ausgehend hiervon kann behauptet werden, dass dasjenige, was wir in der Sphäre der Expressivität *unmittelbar* wahrnehmen, Ausdruckscharaktere wie „Schmerzhaftigkeit" oder „Traurigkeit" *als solche* sind, die als Anmutungen auch das über den Menschen hinausgehende welthaft Erscheinende prägen. *Mittelbar* hingegen nehmen wir den subjektiven Schmerz eines Individuums *als sein* Erlebnis wahr.

In der Wahrnehmung des Expressiven als Gefühlshaftem gibt es eine Evidenz, die auf der idealtypischen Verbindung von Form und Sinn beruht. Dass ein bestimmter Ausdruck den Sinn „Schmerz" oder Ähnliches in sich trägt, erleben wir mit unmittelbarer Gewissheit, unabhängig davon, um „wessen" Ausdruck es sich handelt. Die Evidenz dieser Verbindung tritt gestalthaft in der Sinneswelt und insbesondere in den organischen Bewegungen auf. Hier gibt es – wie Plessner und Frederik Buytendijk sich ausdrücken – eine *„Formschicht"*, die wir immer dann wahrnehmen, wenn wir ein Lebewesen als ein „sich Verhaltendes" und nicht nur als ein „sich Bewegendes" auffassen.[30] Diese Formschicht von Verhalten und Ausdruck, womit der Organismus, an dem sie sich zeigt, über die objektiv feststellbare Bewegung und das Haben von Merkmalen hinausgeht, ist „einfach da": Sie erscheint uns in einem ganzheitlichen „Gestaltcharakter" und ist dabei eingebettet in eine situationale Horizontstruktur, die sich in ihrem vollen Gehalt nur erschließt, wenn

---

28 Schlette, Magnus: Leben in Farben: Sprachkritische Vorüberlegungen zur Anthropologie der Wahrnehmung, in: Interdisziplinäre Anthropologie: Leib – Geist – Kultur, herausgegeben von Thiemo Breyer et. al., Heidelberg 2013, S. 107-138, hier S. 111.

29 Schlette, Magnus: Leben in Farben: Sprachkritische Vorüberlegungen zur Anthropologie der Wahrnehmung, in: Interdisziplinäre Anthropologie: Leib – Geist – Kultur, herausgegeben von Thiemo Breyer et. al., Heidelberg 2013, S. 107-138, hier S. 134.

30 Plessner, Helmuth / Buytendijk, Frederik J.: Die Deutung des mimischen Ausdrucks: Ein Beitrag zur Lehre vom Bewußtsein des anderen Ichs, in: Ausdruck und menschliche Existenz, herausgegeben von Günter Dux, Odo Marquard und Elisabeth Ströker, VII: Gesammelte Schriften, Frankfurt am Main 1980, S. 67-130, hier S. 82.

die „*Folgesinnigkeit*" des spezifischen Verhaltens und Ausdrucks berücksichtigt wird.[31] Die Dynamik einer Fluchtbewegung beispielsweise – und damit den Sinn, den die Bewegungsform „Flucht" für das flüchtende Lebewesen hat – erfassen wir in der Wahrnehmung nur, wenn wir sehen, wovor es flüchtet. Betrachtet man nur ein Segment einer Fluchtbewegung für sich, so könnte man es auch für einen Sprint bei einem Wettlauf halten.

Wie dieses Beispiel zeigt, ist es schon dort nötig, die Pluriperspektivität der Ausdruckswahrnehmung in Korrelation mit der Situationalität des Ausdrucks zu thematisieren, wo es eine idealtypische Verknüpfung von Ausdrucksform und Ausdruckssinn gibt. Noch komplexer wird die Lage, wenn es um die Zuordnung spezifischer Erlebnisgehalte zum Anderen als individuiertem Subjekt geht. Auf der Seite des Wahrnehmenden geht diese Zuordnung natürlich mit der idealtypischen Sinnerfassung zusammen und ist nur analytisch als eigene Komponente isolierbar. Dass es nämlich der Andere ist, der Schmerzen empfindet und der Schmerz nicht für sich in der Welt ist, das ist seinerseits eine Evidenz in der Ausdruckswahrnehmung. Was wir wahrnehmen ist also, *dass* der wahrgenommene Ausdruck „Schmerz" bedeutet und *dass* der Andere diesen Schmerz hat. *Ob* der Andere, der den Ausdruck des Schmerzes zeigt, jedoch tatsächlich Schmerz empfindet, bleibt ungewiss, wie am Beispiel des Schauspielers leicht nachvollzogen werden kann. Sofern der Andere den Zustand in Wirklichkeit hat, den unsere Ausdruckswahrnehmung implizit zuordnet, bleibt des Weiteren zu klären, *wie* (mit welcher Qualität und Intensität) er ihn erlebt und *warum* er ihn hat, d. h. wodurch er zustande kam. Diese detaillierteren Fragen, die beantwortet werden müssten, um zu einem reichhaltigeren Eindruck dessen zu gelangen, was dem Anderen widerfährt, erhöhen natürlich die Revisionsbedürftigkeit des Verständnisses, das wir anhand der Ausdruckswahrnehmung entwickeln. Dennoch spielt sich ihre Beantwortung auf einer anderen Ebene ab als derjenigen, auf der sich der grundlegende anthropologische Prozess der idealtypischen Ineinserfassung von Ausdruck und Sinn vollzieht. Eine phänomenologische Beschreibung dieses Prozesses sagt uns etwas über die anthropologische Struktur der Intersubjektivität und interessiert sich nicht primär für die Wahrheitsbedingungen der aus Ausdruckswahrnehmungen abgeleiteten Propositionen.

---

31 Plessner, Helmuth / Buytendijk, Frederik J. J.: Die Deutung des mimischen Ausdrucks: Ein Beitrag zur Lehre vom Bewußtsein des anderen Ichs, in: Ausdruck und menschliche Existenz, herausgegeben von Günter Dux, Odo Marquard und Elisabeth Ströker, VII: Gesammelte Schriften, Frankfurt am Main 1980, S. 67-130, hier S. 82.

Die erkenntnistheoretische Frage der „Akkuratheit"[32]von Akten sozialer Wahrnehmung im Hinblick auf die Zuschreibung spezifischer mentaler Zustände an den individuierten Anderen ist hier nicht von entscheidender Bedeutung. Vielmehr geht es um eine deskriptive Würdigung des Wahrnehmungsvorgangs selbst sowie der hermeneutischen Dimension, die ihn mit der Kontextualität und Horizontalität des Fremdverstehens verbindet. Nach Hans-Georg Gadamer ist das, „[w]as der Ausdruck ausdrückt, [...] eben nicht nur das mit ihm Gemeinte, sondern vorzüglich das, was in solchem Meinen und Sagen mit zum Ausdruck kommt, ohne daß es zum Ausdruck gebracht werden soll, also das, was der Ausdruck sozusagen ‚verrät'. In diesem weiten Sinne umfaßt der Begriff ‚Ausdruck' weit mehr als den sprachlichen Ausdruck. Er umfaßt vielmehr alles, hinter das zurückgegangen werden muß, wenn man dahinter kommen will, und was zugleich so ist, daß es ermöglicht, hinter es zurückzugehen. Interpretation meint hier also nicht den gemeinten, sondern den verborgenen und zu enthüllenden Sinn."[33] Gewiss geht es Gadamer in dieser Passage als Ausgangspunkt vornehmlich um sprachliche Ausdrücke im Sinne schriftlich fixierter historischer Lebensäußerungen, von denen ausgehend die historische Wirklichkeit erschlossen werden kann, aus der sie entstammen. Doch ist die Übertragung des hermeneutischen Prinzips auf die Ebene der leiblichen Ausdrücke durchaus sinnvoll, da sie auch deren Eingebettetheit in einen spezifischen Kontext (biographisch, sozial, kulturell) sowie die Mehrschichtigkeit des Ausdrucksverstehens in den Fokus rückt. Es herrscht hier also eine Bireferentialität vor, und zwar insofern, als der Ausdruck selbst Ausdruck von etwas ist, das er ausdrücken will oder dessen Sinn man unmittelbar erfasst *und* Ausdruck von etwas, das ungewollt mittransportiert wird und – mit entsprechenden hermeneutischen Mitteln – rekonstruiert werden kann.

Der Ansatz der direkten sozialen Wahrnehmung im Bereich der Forschungen zur sozialen Kognition hat einen gewissen anti-hermeneutischen Affekt, indem er bestreitet, dass eine komplexe kognitive Maschinerie zur Deutung leiblicher Ausdrücke in Gang gesetzt werden müsse. In antidualistischer Manier betont die Theorie der sozialen Wahrnehmung, dass nichts „hinter" dem Ausdruck liege, sondern „in ihm selbst" der subjektive Erlebnisgehalt des Ausdrückenden gegeben sei. Wie aber die philosophisch-anthropologische Einsicht in die „psychophysische Indifferenz"[34] des Ausdrucks besagt, ist es nicht das Psychische, das sich im Aus-

---

32 Vgl. Ickes, William: Empathic accuracy, New York 1997.

33 Gadamer, Hans-Georg: Wahrheit und Methode: Grundzüge einer philosophischen Hermeneutik, Tübingen 1960, S. 318.

34 Plessner, Helmuth / Buytendijk, Frederik J. J.: Die Deutung des mimischen Ausdrucks: Ein Beitrag zur Lehre vom Bewußtsein des anderen Ichs, in: Ausdruck und menschliche

druck als physischem unmittelbar zeigt, sondern Expressivität ist die Grundlage der Differenzierung in Psychisches und Physisches. Als originäres Phänomen vor dieser Unterscheidung nehmen wir den Ausdruck selbst wahr und verstehen ihn als Ausdruck-von-etwas. Bei manchen Ausdrücken (wie den universellen, s. u.) ist die Treffsicherheit der Zuordnung eines wahrgenommenen Komplexes von Ausdruck und Ausdruckssinn an den ihn artikulierenden Anderen sehr hoch. Doch muss das hermeneutische Element schon dann berücksichtigt werden, wenn der Ausdruck je nach Kontext und Situation Unterschiedliches bedeuten kann, wie in dem von Gilbert Ryle stammenden Beispiel des Augenlidschlags.[35]

Man stelle sich vier unterschiedliche Personen vor, die behavioristisch betrachtet alle das Gleiche tun, nämlich eine rasche Bewegung des Augenlids vollführen. Die erste hat einen unwillkürlichen Tick, ihr Zucken ist rein motorisch. Die zweite zwinkert und will damit eine geheime Botschaft vermitteln. Die dritte macht sich über den unbeholfenen Zwinkerversuch der zweiten lustig und nutzt den eigenen Lidschlag für eine Parodie. Um aber eine gute Parodie abgeben zu können, verwendet sie Zeit vor dem Spiegel, um sich selbst beim Einüben der Zwinkerparodie beobachten zu können. In einer „dünnen Beschreibung" tun diese Personen in ihren Funktionsrollen des Zuckenden, des Zwinkernden, des Parodierenden und des Übenden alle das Gleiche, während eine „dichte Beschreibung" die Intentionen und Nicht-Intentionen sowie die sozialen Gefüge hinter der reinen körperlichen Augenlidbewegung freilegt.[36] Dass wir uns nun auch bei den einfachsten körperlichen Bewegungen, die wir am Anderen wahrnehmen und die genuine Ausdrucksqualitäten haben, im Hinblick auf das Vorhandensein oder Nicht-Vorhandensein kommunikativer Intentionen und deren Inhalte täuschen können, ist offensichtlich. Um zu verstehen, ob ein Lidschlag ein Zucken, ein Zwinkern, ein parodierendes

---

Existenz, herausgegeben von Günter Dux, Odo Marquard und Elisabeth Ströker, VII: Gesammelte Schriften, Frankfurt am Main 1980, S. 67-130, hier S. 81. Schon Scheler spricht von der „psychophysische[n] Indifferenz der Person" (Scheler, Max: Der Formalismus in der Ethik und die materiale Wertethik: Neuer Versuch der Grundlegung eines ethischen Personalismus, herausgegeben von Christian Bermes, Hamburg 2014, S. 471).

35 Ryle, Gilbert: The thinking of thoughts: What is „le Penseur" doing?, in: Collected Essays 1929-1968, London 2009, S. 494 ff. Vgl. hierzu Geertz, Clifford: Dichte Beschreibung: Bemerkungen zu einer deutenden Theorie von Kultur, in: Dichte Beschreibung: Beiträge zum Verstehen kultureller Systeme, Frankfurt am Main 1987, S. 7-43, hier S. 10 f.

36 Ryle, Gilbert: The thinking of thoughts: What is „le Penseur" doing?, in: Collected Essays 1929-1968, London 2009, S. 496 f.: „The thinnest description of what the rehearsing parodist is doing is, roughly, the same as for the involuntary eyelid twitch; but its thick description is a many-layered sandwich, of which only the bottom slice is catered for by that thinnest description."

Zwinkern oder probendes parodierendes Zwinkern ist, müssen wir den situationalen Kontext ebenso wie die Intentionen des Lidschlägers berücksichtigen. Dies betonen auch Plessner und Buytendijk: „Ob jemand zornig, eifersüchtig, gramvoll, heiter, jovial ist, ob er sich schämt, ob er bereut oder nur so tut, als ob er in einer dieser Affektlagen wirklich drinstünde, diese Frage erfüllt sich im Rahmen der jeweiligen *Situation* an der Betrachtung der Gestaltcharaktere des Verhaltens. Scham, Reue, Eifersucht, Zorn usw. sind hier für Kundgeben und Kundnehmen im Miteinander, im Verhältnis zur Mitwelt intersubjektive Seinsweisen, deren Identifikation erst aus der Entwicklung der Situation einigermaßen gelingt."[37]

Was das Verhältnis von Sinnlichkeit und Sinnhaftigkeit betrifft, das für die anthropologisch-hermeneutische Differenzierung und Spezifizierung der sozialen Wahrnehmung bedeutsam ist, so ist die Schicht des Verhaltens und der Expressivität eine solche, in der „zugleich Anschaulichkeit und Verständlichkeit untrennbar gegeben sind, sodass das Verhalten nicht wahrgenommen werden kann, ohne im Ansatz wenigstens (evtl. falsch) gedeutet zu werden. Das Verhalten ist also sowohl psychophysisch als auch bildhaft-sinnhaft indifferent."[38] Es vollzieht sich hier demnach eine quasi automatische Ineinserfassung von Ausdruck und idealtypischem Sinn (z. B. dem Typus einer Emotion). Wie die Autoren in Parenthese erhellend einräumen, kann die aus diesem Mechanismus resultierende Auffassung (und Zuschreibung) falsch sein.[39] Hiermit wird offenbar, dass es in der philosophisch-anthropologischen Betrachtung nicht primär darum geht, dem erkenntniskritischen Skeptizismus bezüglich der Evidenz des Ausdrucksverstehens zu begegnen, sondern eine Beschreibung des strukturellen Zusammenhangs von Anschaulichkeit und Verständlichkeit zu liefern.

---

37 Plessner, Helmuth / Buytendijk, Frederik J. J.: Die Deutung des mimischen Ausdrucks: Ein Beitrag zur Lehre vom Bewußtsein des anderen Ichs, in: Ausdruck und menschliche Existenz, herausgegeben von Günter Dux, Odo Marquard und Elisabeth Ströker, VII: Gesammelte Schriften, Frankfurt am Main 1980, S. 67-130, hier S. 125 f.

38 Plessner, Helmuth / Buytendijk, Frederik J. J.: Die Deutung des mimischen Ausdrucks: Ein Beitrag zur Lehre vom Bewußtsein des anderen Ichs, in: Ausdruck und menschliche Existenz, herausgegeben von Günter Dux, Odo Marquard und Elisabeth Ströker, VII: Gesammelte Schriften, Frankfurt am Main 1980, S. 67-130, hier S. 83 f.

39 Dass gerade auch beim inferentiellen und imaginativen Fremdverstehen, wie es von Theorie- und Simulationstheorien beschrieben wird, notwendig ist, die durchaus häufigen Fehlzuschreibungen zu berücksichtigen, betont Shannon Spaulding mit ihrem Begriff des „mind misreading". Als Fehlerquellen nennt die Autorin Projektion und Stereotypisierung, die zwar notwendig sind, um vom Selbst auf den Anderen bzw. vom Allgemeinen auf den besonderen Fall des Anderen schließen zu können, die aber auch die Gefahr mit sich bringen, dass man sie in einem situational unangemessenen Maße einsetzt. Vgl. Spaulding, Shannon: Mind misreading, in: Nous Supplement: Philosophical Issues, im Erscheinen.

4   Ordnungen des leiblichen Ausdrucks

Auf der Seite der Ausdruckswahrnehmung sind einige Aspekte der hermeneutischen Komplexitäten benannt worden. Durch die Betonung der Interaktion zwischen Ausdruckswahrnehmung und Ausdrucksverstehen wurde hierbei der Weg von einer schlichten Wahrnehmung des allgemein Fremdpsychischen zu einer „hermeneutischen"[40] Wahrnehmung des Anderen als individuiertes Subjekt beschritten. Nun sollen auch auf der Seite der leiblichen Ausdrücke idealtypische Differenzierungen vorgenommen werden, und zwar durch eine Gliederung in vier Ordnungen: *universelle, idiosynkratische, soziale* und *kulturelle* Ausdrücke. Eine Frage bei der Beschreibung dieser Ausdrucksformen ist, auf welchen Aspekt der Fremdheit das Verstehen des Ausdrucks zielt und welche subjektiven und intersubjektiven Gehalte in den jeweiligen Modi zur Gegebenheit kommen. Dadurch, dass die Ausdrücke auf solche Gehalte hinweisen, gewinnen sie einen spezifischen Sinn. Dasjenige, worauf sich der Mit- oder Einfühlende verwiesen findet, ist intentionalanalytisch doppelt strukturiert. Zum einen geht es um den subjektiven Zustand des Anderen, mit dem man eine Situation teilt, zum anderen um den Anlass oder Gegenstand, auf den der Andere intentional bezogen ist.

(1) Universelle Ausdrücke sind stark an die Trieb- und Affektstruktur des Menschen gekoppelt, also an elementare Zustände wie Schmerz, Furcht oder Ekel.[41] Die Verbindung von Empfindung und Ausdruck ist hier relativ starr, d. h. die Ausdrucksbe-

---

40   Als „hermeneutisch" in einem elementaren Sinne kann die Wahrnehmung bezeichnet werden, da sie als dynamischer zeitlicher Prozess eine Erfüllungsstruktur besitzt, in die gemachte Erfahrungen, aktuelle Sinneseindrücke und Erwartungen gleichermaßen eingehen. Das Wahrgenommene ist kein fragmentarisches Standbild, sondern ein mehrschichtiges Phänomen, das in einen breiteren Erfahrungsverlauf eingebettet ist – kein passiver Rezeptor für Stimuli der Außenwelt, sondern eine aktive Auseinandersetzung mit dem Begegnenden, das kontinuierlich erschlossen und gedeutet wird. Vgl. Staiti, Andrea: On Husserl's alleged cartesianism and conjunctivism: A critical reply to Claude Romano, in: Husserl Studies 31 (2014), Issue 2, S. 123-141 S. 134: „perception can never be plausibly described as a momentary snapshot of reality which may or may not engage what is actually the case. Rather, perception is a temporal process characterized by constant readjustments and retrospective modifications. Perception is thus, broadly speaking, an interpretive process, a process that essentially has to negotiate between the prompts issuing from present sensibility and the anticipatory construals projected on such prompts from past experience".

41   Diese Art von Ausdrücken steht im Zentrum von Norbert Meuters großangelegter Studie. Ihm geht es um den *„vorsprachlichen körpergebundenen Ausdruck grundlegender Emotionen"* (Meuter, Norbert: Anthropologie des Ausdrucks: Die Expressivität des Menschen zwischen Natur und Kultur, München 2006, S. 25, Hervorhebung im Original).

wegung lässt sich in Ausführung und Resultat schwer beeinflussen. Die subjektive Relevanz der Empfindung des Anderen kann aufgrund dieser Rigidität und damit Objektivität aus einer unbeteiligten Beobachterperspektive heraus erfasst werden, auch wenn keine Nachempfindung der spezifischen Erlebnisqualität möglich sein mag. Das Verstehen dieser Art von Ausdrücken zielt auf den leiblich-affektiven Gehalt des fremdpsychischen Zustands und korrelativ dazu auf seinen intentionalen Gegenstand (beispielsweise eine verdorbene Speise, die ein ekelverzerrtes Gesicht hervorruft). Obwohl die Verknüpfung von Ausdruck und Sinn bei den universellen Ausdrücken als fixiert erscheint, sind sie isoliert zuweilen durchaus polyvalent. So kann das Verziehen der Mundwinkel, das für den Schmerzausdruck typisch ist, auch in einer körperlichen Ekstase seine Ursache haben. Ebenso gibt es einen fließenden Übergang zwischen den aufgerissenen Augen bei den Elementarreaktionen von Schreck und Überraschung.

(2) Idiosynkratische Ausdrücke erhalten ihren Sinn durch die Persönlichkeit des Ausdrückenden und setzen beim Wahrnehmenden eine Vertrautheit mit dessen Charaktereigenschaften oder Stilmerkmalen im Verhalten voraus. Die husserlsche Unterscheidung zwischen *Allgemeintypischem* und *Individualtypischem* im Fremdverstehen ist hier aufschlussreich. Wie Husserl schreibt, kann man „im einzelnen nachverstehen, wie [ein anderes] Ich motiviert ist: z. B. er greift jetzt zur Tasse, weil er trinken will und das, weil er Durst hat. Das hat mit seiner Person im allgemeinen nichts zu tun; es ist ein Allgemein-Menschliches. Aber daß er z. B. die Tasse plötzlich absetzt, ehe er getrunken, weil er einem armen, in der Nähe stehenden Kinde Hunger und Durst ansieht, und daß er die Tasse dem Kinde reicht, das bekundet sein ‚gutes Herz' und gehört zu seiner Persönlichkeit."[42] Gegenüber den zuvor eingeführten universellen Ausdrücken, die das Allgemeintypische vermitteln, heben die idiosynkratischen Ausdrücke das Individualtypische als eine besondere Schicht im Ausdrucksphänomen heraus. „Jeder Mensch hat", wie Husserl fortfährt, „seinen Charakter, wir können sagen, seinen Lebensstil in Affektion und Aktion, hinsichtlich der Art, durch die und die Umstände motiviert zu sein [...]. Demnach kann man einigermaßen erwarten, wie der Mensch sich gegebenenfalls benehmen wird, wenn man ihn in seiner Persönlichkeit, in seinem Stil richtig apperzipiert hat. Die Erwartung ist im Allgemeinen nicht eindeutig, sie hat ihre apperzeptiven Horizonte unbestimmter Bestimmbarkeit innerhalb eines umgrenzenden

---

42 Husserl, Edmund: Ideen zu einer reinen Phänomenologie und phänomenologischen Philosophie. Zweites Buch: Phänomenologische Untersuchungen zur Konstitution, herausgegeben von Marly Biemel, Husserliana IV, The Hague 1952, S. 270.

intentionalen Rahmens"[43]. Die Erwartung, die sich an einen wahrgenommenen idiosynkratischen Ausdruck im Hinblick auf sein Verstehen knüpft, wird dabei von unterschiedlichen Faktoren moduliert. In manchen Fällen reicht ein situationaler Hinweis aus, in anderen Fällen bedarf es eines gemeinsamen Erfahrungshorizonts, den man mit dem Anderen teilt, um seinen Ausdruck zu verstehen.[44] So oder so sind die Zuschreibungen spezifischer Erlebnisgehalte, die aus der Wahrnehmung idiosynkratischer Ausdrücke erwachsen, fehleranfällig und revisionsbedürftig – sie bewegen sich in einer Sphäre der unbestimmten Bestimmbarkeit, wie die Wahrnehmung im Allgemeinen, sofern sie eine dynamische zeitliche Bewegung von Intention und Erfüllung darstellt.

(3) Soziale Ausdrücke sind Ausdrücke, die von der Möglichkeit des Wahrgenommenwerdens durch Andere abhängig sind. Beispiele hierfür sind die Ausdrücke von Scham, Schuld und Stolz. Diese haben einen unwillkürlichen körperlichen Anteil, wie etwa die Reaktion der Schamesröte. Zugleich sind derartige Gefühle aber auch sozial modulierbar. Je nachdem, welche gesellschaftlichen Normen vorherrschen, werden sie unterschiedlich bearbeitet (sanktioniert oder belohnt). Durch Habitualisierungsprozesse sind die entsprechenden Ausdrücke auch vom Individuum zu einem bestimmten Grad beeinflussbar. Das Verstehen sozial imprägnierter Ausdrücke zielt auf den zwischenleiblich-sozialen Gehalt des Zustands des Anderen und gegebenenfalls wiederum auf dessen Gegenstand (zum Beispiel auf das sozial relevante Schamgefühl und das Worüber der Scham). Isoliert betrachtet können rote Wangen freilich Ausdruck unterschiedlicher Erlebnisqualitäten sein, beispielsweise der Hitze, die auf körperliche Anstrengung zurückgeht, oder der Reizung durch einen Schlag. Dass sie Ausdruck der Scham sind, erkennt man nur, wenn die schaminduzierende soziale Situation und das Verhalten des Ausdrückenden in angemessener Weise erfasst werden.
(4) Kulturelle Ausdrücke sind ebenfalls in Korrelation zur Wahrnehmung durch Andere zu sehen. Mehr noch als die sozialen Ausdrücke adressieren sie die Anderen mit spezifischen Mitteilungen. Sie sind konventionalisierte Formen leiblicher Kommunikation, bei denen sich die Ausdrucksbedeutung von der leiblichen Regung weitgehend entkoppeln kann. Anders als bei den sozialen Ausdrücken fehlt hier

---

43 Husserl, Edmund: Ideen zu einer reinen Phänomenologie und phänomenologischen Philosophie. Zweites Buch: Phänomenologische Untersuchungen zur Konstitution, herausgegeben von Marly Biemel, Husserliana IV, The Hague 1952, S. 270.

44 Vgl. zu diesem Kriterium der Erfahrungsbedingtheit auch Sartre, Jean-Paul: Entwürfe für eine Moralphilosophie, herausgegeben von Hans Schöneberg und Vincent von Wroblewsky, Reinbek bei Hamburg 2005, S. 500 f.

mitunter die unwillkürliche Körperreaktion (wie etwa das Aufsteigen der Schamesröte, das sich nicht unterdrücken lässt). Das Verständnis kultureller Ausdrücke hängt von einem Lernprozess ab, durch den die Verknüpfung von Ausdruck und Bedeutung erst hergestellt wird. Beispiele sind Gesten mit symbolischem, sich nicht direkt aus der leiblichen Befindlichkeit des Ausdrückenden ergebendem Gehalt, die bereits innerhalb einer Gemeinschaft geteilter Bedeutungen je nach Situation Unterschiedliches meinen können, in besonderem Maße aber eine hohe interkulturelle Variabilität aufweisen. Das Verstehen dieser Ausdrücke zielt auf den symbolischen Gehalt und damit verknüpft den zwischenleiblich-sozialen Gehalt des Zustands des Anderen (etwa die Daumen-hoch-Geste, die beim Tauchen signalisiert, dass man an die Oberfläche aufsteigen möchte, an Land hingegen ein Zeichen der Wertschätzung oder des Wohlbefindens ist). Geht man von einem „expressive[n] Kontinuum"[45] zwischen leiblichen und sprachlichen Ausdrucksformen aus, so sind die kulturellen Ausdrücke am sprachförmigsten, da sie dem Kriterium der arbiträren Verknüpfung von Zeichen und Bedeutung unterliegen. Zwar ist es mitunter möglich, bei bestimmten Ausdrücken die Genesis dieser Verknüpfung auf eine leibliche Disposition oder eine gleichsam onomatopoetische Imitation zurückzuführen, doch spricht dies nicht gegen die prinzipielle Symbolfähigkeit körperlicher Artikulationen, wie auch die elaborierten Gebärdensprachen zeigen.

5   Schlussbemerkung

Wie die vorausgegangenen Überlegungen gezeigt haben, nehmen wir bei der Ausdruckswahrnehmung den leiblichen Ausdruck (und seinen ineins gegebenen Sinn) wahr. Beim Ausdrucksverstehen verstehen wir im Ausgang von der Ausdruckswahrnehmung das Verhältnis zwischen dem Ausdruck-Sinn-Komplex und dem ausdrückenden Subjekt. Ausdruckswahrnehmung ist somit die Wahrnehmung einer Relation zwischen Ausdruck (materielle Konfiguration) und Sinn (Bedeutung, die

---

45 Jung, Matthias: Gewöhnliche Erfahrung, Tübingen 2014, S. 78. Mit Blick auf die Unterscheidung zwischen sozialen und kulturellen Ausdrücken legt die Kontinuitätsvorstellung nahe, dass es sich hier nur um eine graduelle Verschiebung zwischen zwei Modalitäten intersubjektiver Expressivität handelt. Die sozialen Ausdrücke sind durch ihre stärkere Körpergebundenheit und die Tatsache charakterisiert, dass sich in ihnen ein Widerfahrnis des ausdrückenden Subjekts zeigt, das seinen Ursprung im Wahrgenommenwerden durch Andere hat. Die kulturellen Ausdrücke sind demgegenüber mehr von der kommunikationsintentionalen Aktivität des Ausdrückenden gekennzeichnet und näher am Pol des Sprachhaften angesiedelt.

der Ausdruck von sich aus, seiner Gestalt nach hat), die verschränkt vorliegen.[46] Ausdrucksverstehen ist dann das Verstehen einer weitergehenden Relation, nämlich derjenigen, die zwischen der Ausdruck-Sinn-Relation und der Person, die diesen Ausdruck hervorbringt, besteht. Je mehr man sich von den universellen Ausdrücken in den Bereich des biographisch, sozial, kulturell und historisch Aufgeladenen bewegt, desto nötiger wird die hermeneutische Komponente des Fremdverstehens, die über die schlichte Ausdruckswahrnehmung hinausgeht. Wenn mit „direkter sozialer Wahrnehmung" in den aktuellen Debatten der Theorie des Geistes und der sozialen Kognition die schlichte und unmittelbare Erfassung fremdpsychischer Gehalte gemeint ist, dann wäre eine „hermeneutische soziale Wahrnehmung" ein geeignetes Ergänzungskonzept, mit dem die anthropologische Komplexität des Ausdrucksphänomens sowie der Erfahrungssättigung und Kontextualität des Ausdrucksverstehens Rechnung getragen werden könnte.

Literaturhinweise

Carruthers, Peter: Language, Thoughts, and Consciousness: An Essay in Philosophical Psychology, Cambridge 1996.

Descartes, René: Meditationes de prima philosophia, herausgegeben von Christian Wohlers, Hamburg 2008.

Descartes, René: Der Briefwechsel mit Elisabeth von der Pfalz, herausgegeben von Isabelle Wienand und Olivier Ribordy, Hamburg 2014.

Dullstein, Monika: Direct perception and simulation: Stein's account of empathy, in: Review of Philosophy and Psychology 4 (2013), Issue 2, S. 333-350.

Fuchs, Thomas: The phenomenology and development of social perspectives, in: Phenomenology and the Cognitive Sciences 12 (2013), Issue 4, S. 655-683.

Gadamer, Hans-Georg: Wahrheit und Methode: Grundzüge einer philosophischen Hermeneutik, Tübingen 1960.

Gallagher, Shaun: The practice of mind: Theory, simulation, or interaction?, in: Journal of Consciousness Studies 8 (2001), Issue 5-7, S. 83-108.

Gallagher, Shaun: Direct perception in the interactive context, in: Consciousness & Cognition 17 (2008), Issue 2, S. 535-543.

Gallese, Vittorio / Goldman, Alvin: Mirror neurons and the simulation theory of mind-reading, in: Trends in Cognitive Sciences 2, 1998, S. 493-501.

Geertz, Clifford: Dichte Beschreibung: Bemerkungen zu einer deutenden Theorie von Kultur, in: Dichte Beschreibung: Beiträge zum Verstehen kultureller Systeme, Frankfurt am Main 1987, S. 7-43.

---

46 Dies ist der Grundgedanke der *Artikulation*. Vgl. hierzu Niklas, Stefan: Ein etwas rabiater Versuch, den Begriff der Artikulation zu artikulieren, in: Formen der Artikulation: Philosophische Beiträge zu einem kulturwissenschaftlichen Grundbegriff, herausgegeben von Stefan Niklas und Martin Roussel, München 2013, S. 15-34.

Goldman, Alvin I.: Simulating Minds: The Philosophy, Psychology, and Neuroscience of Mindreading, Oxford 2006.

Gopnik, Alison / Wellman, Henry M.: Why the child's theory of mind Is a theory, in: Mind & Language 7 (1992), S. 145-171.

Gordon, Robert M.: Folk psychology as simulation, in: Mind & Language 1 (1986), 158-171.

Heidegger, Martin: Zollikoner Seminare, herausgegeben von Medard Boss, Frankfurt am Main 1987.

Heidegger, Martin: Sein und Zeit, Tübingen [18]2001.

Husserl, Edmund: Erfahrung und Urteil : Untersuchungen zur Genealogie der Logik, herausgegeben von Ludwig Landgrebe, Prag 1939.

Husserl, Edmund: Ideen zu einer reinen Phänomenologie und phänomenologischen Philosophie. Zweites Buch: Phänomenologische Untersuchungen zur Konstitution, herausgegeben von Marly Biemel, Husserliana IV, The Hague 1952.

Husserl, Edmund: Phänomenologische Psychologie, herausgegeben von Walter Biemel, Husserliana IX, The Hague [2]1968.

Husserl, Edmund: Zur Phänomenologie der Intersubjektivität II, herausgegeben von Iso Kern, Husserliana XIV, Den Haag 1973.

Ickes, William: Empathic accuracy, New York 1997.

De Jaegher, Hanne / Di Paolo, Ezequiel / Gallagher, Shaun: Can social interaction constitute social cognition?, in: Trends in Cognitive Sciences 14 (2010), Issue 10, S. 441-447.

Jung, Matthias: Gewöhnliche Erfahrung, Tübingen 2014.

Lohmar, Dieter: Phänomenologie der schwachen Phantasie: Untersuchungen der Psychologie, Cognitive Science, Neurologie und Phänomenologie zur Funktion der Phantasie in der Wahrnehmung, Dordrecht 2007.

McCauley, Robert N. / Henrich, Joseph: Susceptibility to the Müller-Lyer illusion, theory-neutral observation, and the diachronic penetrability of the visual input system, in: Philosophical Psychology 19 (2006), Issue 1, S. 79-101.

Merleau-Ponty, Maurice: Phänomenologie der Wahrnehmung, Berlin 1966.

Merleau-Ponty, Maurice: Die Struktur des Verhaltens, herausgegeben von Bernhard Waldenfels, Berlin und New York 1976.

Meuter, Norbert: Anthropologie des Ausdrucks: Die Expressivität des Menschen zwischen Natur und Kultur, München 2006.

Nichols, Shaun / Stich, Stephen P.: Mindreading: An Integrated Account of Pretence, Self-Awareness, and Understanding Other Minds, Oxford 2003.

Niklas, Stefan: Ein etwas rabiater Versuch, den Begriff der Artikulation zu artikulieren, in: Formen der Artikulation: Philosophische Beiträge zu einem kulturwissenschaftlichen Grundbegriff, herausgegeben von Stefan Niklas und Martin Roussel, München 2013, S. 15-34.

Plessner, Helmuth: Ausdruck und menschliche Existenz, in: Ausdruck und menschliche Natur, herausgegeben von Günter Dux, Odo Marquard und Elisabeth Ströker, VII: Gesammelte Schriften, Frankfurt am Main 1980, S. 435-445.

Plessner, Helmuth / Buytendijk, Frederik J. J.: Die Deutung des mimischen Ausdrucks: Ein Beitrag zur Lehre vom Bewußtsein des anderen Ichs, in: Ausdruck und menschliche Existenz, herausgegeben von Günter Dux, Odo Marquard und Elisabeth Ströker, VII: Gesammelte Schriften, Frankfurt am Main 1980, S. 67-130.

Ryle, Gilbert: The thinking of thoughts: What is „le Penseur" doing?, in: Collected Essays 1929-1968, London 2009, S. 494-510.

Sartre, Jean-Paul: Entwürfe für eine Moralphilosophie, herausgegeben von Hans Schöneberg und Vincent von Wroblewsky, Reinbek bei Hamburg 2005.

Scheler, Max: Die Sinngesetze des emotionalen Lebens, I: Wesen und Formen der Sympathie, Bonn 1923.

Scheler, Max: Der Formalismus in der Ethik und die materiale Wertethik: Neuer Versuch der Grundlegung eines ethischen Personalismus, herausgegeben von Christian Bermes, Hamburg 2014.

Schlette, Magnus: Leben in Farben: Sprachkritische Vorüberlegungen zur Anthropologie der Wahrnehmung, in: Interdisziplinäre Anthropologie: Leib – Geist – Kultur, herausgegeben von Thiemo Breyer et. al., Heidelberg 2013, S. 107-138.

Schlicht, Tobias: Mittendrin statt nur dabei: Wie funktioniert soziale Kognition?, in: Grenzen der Empathie: philosophische, psychologische und anthropologische Perspektiven, herausgegeben von Thiemo Breyer, Paderborn 2013, S. 45-92.

Schütz, Alfred / Luckmann, Thomas: Strukturen der Lebenswelt, Konstanz 2003.

Segall, Marshall H. / Campbell, Donald T. / Herskovits, Melville J.: The Influence of Culture on Visual Perception, Indianapolis/Indiana 1966.

Shea, Nicholas: Distinguishing top-down from bottom-up effects, in: Perception and Its Modalities, herausgegeben von Dustin Stokes, Mohan Matthen und Stephen Biggs, Oxford 2014, S. 73-94.

Spaulding, Shannon: Mind misreading, in: Nous Supplement: Philosophical Issues, im Erscheinen.

Spaulding, Shannon: Mirror neurons are not evidence for the Simulation Theory, in: Synthese 189 (2012), Issue 3, S. 515-534.

Staiti, Andrea: On Husserl's alleged cartesianism and conjunctivism: A critical reply to Claude Romano, in: Husserl Studies 31 (2014), Issue 2, S. 123-141.

Trevarthen, Colwyn / Aitken, Kenneth J.: Infant Intersubjectivity: Research, Theory, and Clinical Applications, in: Journal of Child Psychology and Psychiatry 42 (2001), Issue 1, S. 3-48.

Van der Hoort, Björn / Ehrsson, H. Henrik: Body ownership affects visual perception of object size by rescaling the visual representation of external space, in: Attention, Perception & Psychophysics 76 (2014), Issue 5, S. 1414-1428.

Wittgenstein, Ludwig: Philosophische Untersuchungen, herausgegeben von Joachim Schulte, Frankfurt am Main 2011.

Zahavi, Dan: Husserl und die transzendentale Intersubjektivität: Eine Antwort auf die sprachpragmatische Kritik, Dordrecht 1996.

Zahavi, Dan: Expression and empathy, in: Folk Psychology Re-Assessed, herausgegeben von Daniel D. Hutto und Matthew Ratcliffe, Dordrecht 2007, S. 25-40.

Zahavi, Dan: Empathy and direct social perception: A phenomenological proposal, in: Review of Philosophy and Psychology 2 (2011), Issue 3, S. 541-558.

Kontakt

Jun.-Prof. Dr. Thiemo Breyer
Universität zu Köln
a.r.t.e.s. Graduate School for the Humanities
Albertus-Magnus-Platz
50923 Köln
E-Mail: thiemo.breyer@uni-koeln.de

Rebekka A. Klein

Verwundbar geboren
Kritische Anfragen an den Gebrauch einer interdisziplinären anthropologischen Metapher

1 Die Entdeckung der Verletzlichkeit als Signatur ihrer Abschaffung

Wird ein Mensch geboren, so ist er in seiner leib-körperlichen Existenz in jeder Hinsicht verwundbar, empfänglich und darin responsiv auf die Fürsorge und den Schutz eines anderen angewiesen. Bereits die Geburt gilt daher als das erste Trauma, das ein Mensch durchlebt. Er wird vom nährenden Mutterleib getrennt und tritt in eine Existenz der körperlichen und seelischen Verletzlichkeit ein. Geboren wird der Mensch als ein unsicheres, schutzloses Wesen, das sich nicht selbst erhalten kann. Als Säugling ist er nicht fähig zu sagen, was er will und braucht, sondern kann dies nur durch lautes Schreien anzeigen. Er kann sich nicht selbst nähren und muss basale Körperfunktionen wie Saugen, Trinken und Schlucken erst übend erlernen. Er hat kaum Kontrolle über seinen eigenen Körper, kann seinen Kopf nicht selbst aufrechthalten, seine Augen nicht geradeaus richten und mit seinen Händen nicht gezielt nach etwas greifen. Menschliche Säuglinge gelten daher zum Zeitpunkt ihrer Geburt im Vergleich zu anderen Säugetieren als besonders unreif.

Diese Unreife und die mit ihr einhergehende Empfänglichkeit intensivieren sich, wenn ein Mensch zu früh geboren wird. Sein Lebensbeginn ist dann ohne die Errungenschaften der modernen Medizin nicht denkbar. Diese stellt ihm eine Reihe von Hilfsmitteln bereit, die seinem extrem verletzlichen Dasein technische Unterstützung zuteilwerden lassen: Dem Frühchen wird eine Magensonde gelegt, es wird an eine Atemhilfe angeschlossen und in einen Brutkasten gelegt. Auf diese Weise kann es seine Körperfunktionen aufrechterhalten. Geschützt wächst es auf einer von der Außenwelt abgeschirmten und der dunkelroten Wärme des mütterlichen Leibes nachempfundenen medizinischen Versorgungsstation auf. Diese kann jedoch die emotionale Behütung, die der Fötus im Mutterleib erfährt, nicht ersetzen. Denn die neonatologische Intensivmedizin bietet für die symbiotische Einheit und seelisch bergende Kraft einer Gebärmutter keinen adäquaten Ersatz. Möglichst schnell wird den körperlich unreifen Kindern daher zugemutet, basale

Lebensfunktionen vollständig selbst zu übernehmen und den Zwischenzustand einer dem Mutterleib ‚entborgenen' Verletzlichkeit zu verlassen. Auf diese Weise haben die zu früh Geborenen – noch bevor ihre Zeit gekommen ist – einen Entwicklungsschritt zu vollziehen, der sie reif geborenen Kindern gleichstellt. In ihrer exponierten körperlichen Unreife sind sie herausgefordert, ihr verletztes leibliches Selbst in einem Überlebenskampf zu mobilisieren.

Am Umgang mit Neugeborenen und zu früh Geborenen zeigt sich in besonderer Weise, dass menschliches Leben sich von Anfang an in einem spannungsvollen Dialog zwischen Abhängigkeit und Selbstbehauptung, zwischen Bindung und Autonomie vollzieht. Das Widerfahrnis der Verletzlichkeit ist dabei keinesfalls nur einem der beiden Pole zuzuordnen. So kann es für Menschen nicht nur zum Grund ihres konstitutiven Angewiesenseins auf Andere werden, sondern auch zu einer Ressource, die im Prozess ihrer Selbstwerdung und Selbstintegration mobilisiert und eingesetzt wird. So kann die Erfahrung, verletzlich zu sein, bewirken, dass ein leibliches Selbst sich nicht abfindet mit dem, was ihm widerfährt und was ihm von anderen fürsorglich mitgeteilt wird. Seine körperliche und seelische Verwundbarkeit hilft ihm nicht nur, ein Bewusstsein für die Grenzen der Selbstmächtigkeit seiner eigenen Existenz zu entwickeln, sondern sie schafft auch einen Leidensdruck, der zur Gestaltung und Veränderung des Lebens antreibt.

Daher ist es nicht unerheblich und keineswegs selbstverständlich, dass die Einsicht in die Möglichkeit, verletzt werden zu können, viele Menschen heute in erster Linie dazu bewegt, sich gegen das Verletzlichsein immunisieren zu wollen.[1] Dazu setzen sie retrospektiv auf Strategien der Verdrängung oder Neuprogrammierung dessen, was ihnen Negatives widerfahren ist, aber auch präventiv auf Strategien zur Stärkung ihrer Widerstandsfähigkeit gegen seelische und körperliche Verletzungen. Nicht umsonst haben die Resilienzforschung und die sogenannte positive Psychologie, aber auch die Pharmakologie und Alternativmedizin mit der Zielsetzung der Stärkung von Gesundheit und Immunsystem in der Gegenwart immens an Bedeutung gewonnen. Durch sie wollen Menschen sich gegen negative Widerfahrnisse, gegen Krankheiten wie Krebs, aber auch gegen das Auftreten von Allergien und psychischen Traumata oder einfach nur gegen ein Stimmungstief schützen. Es scheint, als solle durch Techniken der Resilienz das verletzliche leibliche Selbst zum Verschwinden gebracht werden – und mit ihm auch der Leidensdruck als Ressource des Widerstands gegen das Bestehende.

---

1   Vgl. Klein, Rebekka A.: Schmerzfrei Leben? Religionsphilosophische Perspektiven auf den Diskurs über die Affirmation und Integration von Verletzlichkeit, in: Neue Zeitschrift für Systematische Theologie und Religionsphilosophie 57 (2015), S. 301-317, hier S. 302-306.

Dies betrifft insbesondere den Umgang mit den scheinbar verletzlichsten Subjekten unserer Gesellschaft, den Kindern.[2] Nach Auffassung der modernen Psychologie ist für sie die Wirklichkeit des Verletztwerdens zunächst nur als Möglichkeit präsent. Aus diesem Grund ist denen, die sie lieben, geboten, alles daran zu setzen, die Kinder vor einem direkten Kontakt mit ihrer eigenen Verletzlichkeit zu bewahren. Kinder dürfen heute zum Beispiel nur noch auf gummierten Spielplätzen herumturnen und nicht ohne Aufsicht in der Natur spielen. Die Erfahrung eines gebrochenen Armes oder einer Gehirnerschütterung soll ihnen möglichst erspart bleiben – so wie viele andere Erfahrungen des Leidens auch. Anstatt sie mit Trennungen und unwiederbringlichen Abschieden vertraut zu machen, wird ihnen von Psychologen und Eltern eine heile Patchwork-Realität verordnet und vorgespielt. Im Umgang mit dem scheinbar noch unversehrten, unverletzten, aber dafür umso mehr der Möglichkeit der Verletzung ausgesetzten Leben von Kindern, aber noch mehr in dem Kult, der um ihren Schutz vor möglichen negativen Erfahrungen betrieben wird, zeigt sich etwas Grundsätzliches. Nicht das Alter und sein an Verletzungen reiches und sattes Leben, sondern die Kindheit als eine Zeit der Abwesenheit von Verletzung und Beschädigung wird in unserer Gesellschaft zum Ideal erhoben. In ihr bleibt das Verletztwerden auf seine bloße Möglichkeit, nämlich auf die *Verletzbarkeit* an sich reduziert, während die traumatische Erfahrung des tatsächlichen Verletztwerdens und Verwundetseins weitgehend abwesend und (noch) vermeidbar scheint. Der Kult um das unversehrte Kindliche kreist daher um das Phantasma, dass es ein menschliches Leben ohne leidende, verletzliche Selbstheit geben könne – und ist damit ebenso populär wie absurd.

Die Entdeckung der Verletzlichkeit des Menschen in der Anthropologie und Ethik der Gegenwart ist damit aber zugleich als eine Signatur des gesellschaftlichen Versuchs ihrer Abschaffung zu betrachten. Während es in der Anthropologie der Aufklärung noch als Inbegriff eines humanen Miteinanders galt, sich in seiner Verletzlichkeit vor anderen exponieren und auf ihre Sensibilität vertrauen zu können,[3] ist heute der Anspruch an seine Stelle getreten, sich innerlich und äußerlich gegen möglicherweise tatsächlich eintretende Verletzungen zu ‚stählen‘ und zu immunisieren. Die ethische Forderung, dass kein menschliches Leben verletzt oder beschädigt werden dürfe, soll demnach eingelöst werden, indem das Leben von negativen Widerfahrnissen und Erschütterungen freigehalten oder indem alles, was uns widerfährt, in etwas transformiert wird, mit dem wir zurechtkommen

2 Vgl. Jensen, David H.: Graced Vulnerability. A Theology of Childhood, Cleveland 2005, sowie zum moralischen Status der Verletzlichkeit bei Kindern Giesinger, Johannes: Autonomie und Verletzlichkeit, Bielefeld 2007.

3 Vgl. Liebsch, Burkhard: Menschliche Sensibilität, Weilerswist 2008, S. 55-62.

und gewinnbringend umgehen können. Doch dies ist weder eine ehrliche noch eine anthropologisch überzeugende Art und Weise, dem Begehren nach Unversehrtheit gerecht zu werden.

Die folgenden Überlegungen wollen ausgehend von dieser kritischen Beobachtung die Plausibilität der Rede von Verletzlichkeit im Kontext der Anthropologie untersuchen. Dazu soll im zweiten Teil des Beitrags die Rede von Verletzlichkeit als eine metaphorische Rede begriffen und ihr leib-phänomenologischer Horizont erörtert werden. Daran anschließend werden gegenwärtige Dimensionen der Verwendung des Terminus' ‚Verletzlichkeit' in unterschiedlichen wissenschaftlichen Disziplinen miteinander verglichen. Der dritte Teil entfaltet dann zwei kritische Anfragen an den Diskurs über die Verletzlichkeit ausgehend von der neueren philosophischen Debatte. Schließlich sollen am Beispiel der Religionsanthropologie in einem letzten Teil Konsequenzen aus der kritischen Diskussion aufgezeigt werden.

2   Leib-phänomenologischer Horizont und interdisziplinäre Resonanz

Nicht nur das Geborenwerden, sondern auch Phänomene wie Altern, Verlassenwerden, Sterben, Kranksein, Armsein sowie Erfahrungen der Gewalt, der Benachteiligung, der Diskriminierung und Ausbeutung zeichnen das menschliche Leben als eine in hohem Maße verletzliche Existenz aus. In der modernen Anthropologie wurden die meisten dieser Phänomene noch unter dem Begriff der Endlichkeit, Begrenztheit und Unvollkommenheit des menschlichen Lebens gefasst, um sie dann aus religionsanthropologischer Sicht von der Beziehung des Endlichen mit dem Unendlichen und Transzendenten her zu deuten.[4] Ihren Niederschlag fand diese Sichtweise auf den Menschen auch in der Philosophischen Anthropologie des 20. Jahrhunderts. Sie entfaltete eine Auffassung vom Menschen als einem (biologischen) Mängelwesen, das paradoxerweise eine Sonderstellung im Tierreich innehat. Ihres metaphysischen Transzendenzbezuges beraubt, präsentierte die moderne Anthropologie den Menschen damit als ein durch und durch endliches – im Vergleich zum Tier von Defiziten und begrenzten Fähigkeiten geprägtes – Wesen, das in seinem Leib allerdings, wie Arnold Gehlen einmal formuliert hat, eine ‚übertierische Struktur' aufweist.[5]

---

4   Vgl. Höfner, Markus / Schaede, Stephan / Thomas, Günther (Hg.): Endliches Leben. Interdisziplinäre Zugänge zum Phänomen der Krankheit, Tübingen 2010, S. V-XIII.
5   Vgl. Gehlen, Arnold: Der Mensch, Frankfurt am Main 1993, S. 16-17.

In der Tradition des Nachdenkens über die besondere humane Struktur des menschlichen Leibes ist auch die neuere interdisziplinäre Rede von der Verletzlichkeit des Menschen zu verorten. Im Kontext der Frage nach dem Subjektsein des Menschen steht das Wort ‚Verletzlichkeit' in erster Linie für den Wechsel hin zu einer körperorientierten Anthropologie. Denn obwohl mit ihm auch soziale, ökonomische und politische Phänomene wie Armut, Ausgrenzung und Benachteiligung bezeichnet werden, verweist die Rede von ‚Verletzung' und ‚Wunde' zunächst auf den Körper und sein größtes Organ, die Haut. Der Haut wird oft eine Schutzfunktion zugeschrieben. Es heißt, sie schirme das Körperinnere vor äußeren Einflüssen ab. Phänomenologisch ist die Haut hingegen als ein Organ des ‚Zwischen' – des Kontakts zwischen Innen und Außen – zu betrachten. Durch sie und mit ihr erkundet der Mensch tastend und spürend die Welt. Durch sie dringt diese Welt aber auch gleichsam in sein Inneres ein und macht ihn durch die Empfindungen von Kälte und Hitze, Trockenheit und Nässe, Weichheit und Härte empfindsam für ihre Veränderungen. Des Weiteren ist die Haut dasjenige Organ, durch das der Mensch zu sich selbst Kontakt findet, durch das er sich selbst spüren kann, indem er sich beispielsweise selbst anfasst, streichelt oder kneift. Dadurch, dass ein Mensch seine Haut nicht wie ein Kleidungsstück abstreifen kann, trägt sie z. B. in Gestalt von Vernarbungen oder Falten auch die Zeichen seiner Lebensgeschichte unwiederbringlich an sich und macht ihn einzigartig und unverwechselbar. Dennoch bleibt sie in unserer Kultur für gewöhnlich zu neunzig Prozent abgedeckt. Dies geschieht u. a. aus pragmatischen Gründen, denn die nackte Haut erfüllt ihre Schutzfunktion nur bedingt. Sie ist wie ein Seismograph in hohem Maße empfänglich und responsiv. Unbedeckt lässt sie sich leicht beschädigen und macht uns damit verletzlicher und anfälliger als uns lieb ist – wie die umgangssprachliche Rede von der Dünnhäutigkeit suggeriert.

Die Haut ist aber auch ein soziales und politisches Organ: Ob schwarz oder weiß, blass oder puterrot, makellos oder unrein – das Hautbild vermittelt dem Gegenüber einen Eindruck von unserer sozialen Position, unserer psychischen Verfassung und nährt nicht selten auch die Vorurteile, mit denen andere uns begegnen. Zudem kann niemand seine Haut ablegen und ist damit optisch den Blicken Anderer ausgesetzt und durch sie visuell weitgehend festgelegt.[6] Dies ist ein weiterer Grund, die nackte Haut und insbesondere unsere Blöße durch Kleidung und Schuhe zu bedecken und uns vor den aufdringlichen Blicken anderer Menschen zu verhüllen. Nicht umsonst heißt es von einer Person, welche die Aufmerksamkeit Anderer und das Rampenlicht um jeden Preis sucht, sie würde ihre Haut zu Markte tragen. Die Haut ist somit nicht

---

6 Vgl. Blumenberg, Hans: Beschreibung des Menschen, Frankfurt am Main 2006, S. 777-895.

erst durch physische Einwirkungen und Verletzungen, sondern bereits in ihrem intakten Zustand als Projektionsfläche sozialer Stigmatisierung und Vereinnahmung ein überaus verletzliches Organ. Die Rede von ihrer Verwundbarkeit muss daher nicht erst auf blutende Körperöffnungen, sondern kann bereits auf ihre Nacktheit und Unbedecktheit bezogen werden und hat von Anfang eine soziale Dimension.

Auf diese hebt auch die Übertragung der Metapher der Verwundung in die Diskurse von Anthropologie, Ethik und politischer Philosophie in der Gegenwart ab. Die Metapher der Verwundung wird hier in einen Begriff vom Menschen überführt. Durch ihn soll ein ganz bestimmtes Menschenbild, nämlich dasjenige des souverän über sich selbst herrschenden und verfügenden Subjekts korrigiert werden. An die Stelle des bewusst sich selbst steuernden wird das leiblich-verletzliche Selbst gesetzt, das niemals ‚Herr im eigenen Haus‘ sein kann. Aus diesem Grund vollzieht sich in der Orientierung am Begriff der Verletzlichkeit seit etwa einem Jahrzehnt eine Neubestimmung der an den modernen Leitideen der Autonomie und der praktischen Souveränität orientierten Auffassungen vom Subjektsein des Menschen. Menschliches Leben wird – jenseits seiner medizinischen, ökonomischen und biopolitischen Verfügbarkeit – verstärkt als verletzlich und damit als nicht-souverän wahrgenommen. Der Begriff der Verletzlichkeit wird auf diese Weise initial als Gegenbegriff zum modernen Begriff der Selbstbestimmung in den anthropologischen Diskurs eingeführt.

An diese neue Begriffsbildung schließt sich nun in jüngerer Zeit eine politisch, ethisch, anthropologisch und seit kurzem auch interreligiös[7] geführte Debatte über den Schutz und die Würdigung menschlicher Verletzlichkeit an. Diese zeichnet sich dadurch aus, dass die Bedeutung des Wortes ‚Verletzlichkeit‘ sukzessive immer mehr verschoben wird: Von einer Kategorie zur Identifikation von sozial benachteiligten oder körperlich eingeschränkten Subjekten ist Verletzlichkeit zu einer universellen Dimension des Menschseins erklärt worden. Der Schutz von Verletzlichkeit wird dabei zu einer der zentralen ethischen und politischen Fragen der Gegenwart stilisiert. Einen Meilenstein in dieser Entwicklung stellt die Erhebung der Verletzlichkeit zu einem bioethischen Prinzip dar. Seit der „UNESCO Declaration on Bioethics and Human Rights" aus dem Jahr 2005 gilt der Schutz von verletzlichen Subjekten (Individuen und Gruppen) als ein fundamentales Prinzip globaler Bioethik.[8] Der Terminus ‚Verletzlichkeit‘ wird dabei zunächst als Attribut für Subjekte verwendet,

---

7   Vgl. z. B. Tham, Joseph / Garcia, Alberto / Miranda, Gonzalo (Hg.): Religious Perspectives on Human Vulnerability in Bioethics, Dordrecht 2014.

8   Vgl. Bankowski, Zbigniew / Bryant, John H. (Hg.): Poverty, Vulnerability, the Value of Human Life and the Emergence of Bioethics. Highlights and Papers of the 28th CIOMS Conference, Ixtapa, Guerrero State, Mexico, 17.-20.4.1994, Geneva 1994.

deren Autonomie physisch, emotional oder sozial eingeschränkt ist. Ursprünglich sollten damit Zweifel an der Ausübung von Autonomie im Fall von Krankheit und körperlicher Versehrtheit zum Ausdruck gebracht werden. Später wurde das Bedeutungsspektrum auch auf soziale Benachteiligungen ausgeweitet.[9]

Vor allem aber wird durch die Verwendung des Begriffs der Verletzlichkeit eine Wende in der Bioethik eingeleitet: Mit ihm können nicht nur Respekt für die autonomen Entscheidungen anderer, sondern auch Fürsorge und Schutz für Personen, die zu solchen Entscheidungen nicht oder nicht durchgehend in der Lage sind, normativ begründet werden. Allerdings birgt die Rede von der Verletzlichkeit bestimmter Menschen auch die Gefahr, dass Passivität und Abhängigkeit der entsprechend als verletzlich identifizierten Personen und Gruppen verstärkt bzw. Subjekte zu Objekten degradiert werden. Auf diesen kritischen Einwand hat der bioethische Diskurs reagiert, indem er sich auf die Analyse der biologischen und sozialen Bedingungen für Verletzlichkeit anstatt einer diskriminierenden Zuordnung von Personen oder Personengruppen zu dieser Kategorie konzentriert hat.[10]

Zeitgleich zur bioethischen Debatte hat auch die politische Philosophie den Begriff der Verletzlichkeit aufgegriffen. So entwickelte die feministische Rechtstheoretikerin Martha Albertson Fineman vor etwa zehn Jahren, ausgehend von der Analyse sozialer Abhängigkeitsstrukturen, eine Kritik des autonomen Subjekts und damit des Fundamentes liberaler Rechtstheorien.[11] Ihre These, Verletzlichkeit sei eine Grundbedingung des Menschseins und damit Teil der *conditio humana*, verbindet sie mit der Forderung nach einem ‚responsiven‘ Staat. Dieser solle eine neue Vision sozialer Egalität entwickeln, die weit über den Antidiskriminierungsansatz der US-amerikanischen Minderheitenschutzpolitik hinausgeht. Der Begriff des verletzlichen Subjekts wird aber auch als eine ontologische Kategorie

---

9   Vgl. Ten Have, Henk: The Principle of Vulnerability in the UNESCO Declaration on Bioethics and Human Rights, in: Religious Perspectives on Human Vulnerability in Bioethics, herausgegeben von Joseph Tham, Alberto Garcia und Gonzalo Miranda, Dordrecht 2014, S. 15-28, hier besonders S. 24 f.

10   Vgl. Ten Have, Henk: The Principle of Vulnerability in the UNESCO Declaration on Bioethics and Human Rights, in: Religious Perspectives on Human Vulnerability in Bioethics, herausgegeben von Joseph Tham, Alberto Garcia und Gonzalo Miranda, Dordrecht 2014, S. 15-28, hier besonders S. 25.

11   Vgl. Fineman, Martha A.: The Autonomy Myth. A Theory of Dependency, New York 2004 sowie Fineman, Martha A.: The Vulnerable Subject. Anchoring Equality in the Human Condition, in: Yale Journal of Law and Feminism 20 (2008), Issue 1, S. 1-23 und Fineman, Martha A. / Grear, Anna (Hg.): Vulnerability. Reflections on A New Ethical Foundation for Law and Politics, Farnham 2013.

zur Begründung der Menschenrechte herangezogen.[12] Ausgehend vom Postulat einer universell-menschlichen Disposition zur Verletzbarkeit charakterisiert der Soziologe Bryan Turner die Menschenrechte als universelle Schutzrechte, die allen Individuen aufgrund ihrer miteinander geteilten Erfahrung der Verletzlichkeit zukommen.[13] Der Gefahr der Stigmatisierung von Personen oder Personengruppen beim Gebrauch des Wortes ‚Verletzlichkeit' wird demnach in der politischen Ethik begegnet, indem Verletzlichkeit als eine fundamentale Dimension des Menschseins verstanden und damit ontologisiert wird. Verletzlich sind nicht bestimmte Gruppen oder einzelne Personen, sondern alle Menschen. Der Rekurs auf eine solche Ontologie des verletzlichen Menschen dient vor allem der Begründung eines dem liberalen Rechtsdiskurs radikal entgegenzusetzenden Rechtsverständnisses, das nicht auf Individualität und Freiheit, sondern auf Fürsorge und Schutz von Subjekten abstellt.

Die Übertragung der Metapher der Verwundung in einen Begriff vom Menschen in der Bioethik und politischen Philosophie zeichnet sich also durch eine sukzessive Erweiterung ihres leibphänomenologischen Horizonts aus. Es ist nicht der Körper, sondern das leibliche Selbst und mithin das ganze menschliche Dasein, welches als verletzlich betrachtet wird. Verletzlichkeit wird damit ontologisch als eine universelle Struktur, als *conditio humana* thematisiert und zur Begründung weitreichender Korrekturen des liberalen politischen Diskurses herangezogen.

3   Kritische Anfragen

In kritischer Distanz zu dieser soeben skizzierten Perspektive, die Verletzlichkeit vor allem als Einschränkung und Mangel des menschlichen Daseins begreift, hat die Philosophin Judith Butler in einem Vortrag aus dem Jahre 2015 vorgeschlagen, Verletzlichkeit als eine Ressource des Subjekts anzusehen. Verletzlichkeit bedürfe nicht des Schutzes, sondern könne in Praktiken des politischen Widerstands mobilisiert werden.[14] Butler stellt damit die Frage nach der Übertragbarkeit der Metapher der Verletzlichkeit vom individuellen auf den politischen Körper und begreift Verletzlichkeit als eine Ressource für den kollektiven gesellschaftlichen Protest. Ihr Ansatz wird nicht durch die Frage nach Kompensation und Schutz, sondern durch die Frage dominiert, wie Verletzlichkeit in subversiven Praktiken

---

12   Vgl. Turner, Bryan S.: Vulnerability and Human Rights, University Park 2006.

13   Vgl. Misztal, Barabara A.: The Challenges of Vulnerabilty, Hounmills 2011, S. 42-43.

14   Vgl. Butler, Judith: Lecture on Vulnerability and Resistance (Los Angeles, 4.3.2015), online verfügbar unter der URL: https://www.youtube.com/watch?v=fbYOzbfGPmo [16.11.2015].

des Widerstands gegen herrschende Normen politisiert werden kann. Motiviert ist ihre Sichtweise auf Verletzlichkeit des Weiteren durch eine gendertheoretische Kritik der Verwendung des Wortes Verletzlichkeit.

Als zentral in diesem Zusammenhang erachtet Butler zunächst das Verhältnis von Empfänglichkeit und Responsivität des Subjekts. Ihrer Auffassung nach ist jedes Subjekt der Macht der Sprechakte, die es konstituieren, radikal ausgesetzt. Hervorgebracht durch soziale Mächte, die nicht seiner Kontrolle unterliegen und die seinem Willen vorausgehen, findet sich das Subjekt nach Butler in seinem Körper den Normen der Gesellschaft rückhaltlos unterworfen. Dies werde bereits am Umgang mit Säuglingen deutlich, die entsprechend der geltenden Geschlechternormen von Anfang an als Mädchen oder als Junge angesprochen werden. In ihrer Empfänglichkeit und Angewiesenheit auf Ansprache, Zuwendung und Aufmerksamkeit antworten und internalisieren diese Kinder Geschlechternormen, noch bevor sie verstehen, was zu ihnen gesprochen wird. Dies ist laut Butler nicht als willentliche Zustimmung zu werten, sondern vielmehr als eine radikale Empfänglichkeit des leiblichen Selbst, die sich jedoch in der Folge – im Umdeuten und Abweichen (im queer-werden) von den Geschlechternormen – in ein aktives Tun verwandeln kann.

Verkannt werde dies jedoch durch die Auffassung, dass Verletzlichkeit eine ohnmächtige Position des Subjekts darstelle. Butler sieht die Verletzlichkeit in unserer Gesellschaft in diesem Sinne als etwas spezifisch ‚Weibliches' identifiziert. Indem Frauen und anderen marginalisierten Gruppen der Status des verletzlichen Subjekts zugesprochen werde, würden sie zugleich unter den Schutz einer paternalistischen Macht gestellt, die sie bewache und erhalte. Diesem Vorurteil begegnet Butler nun durch eine neue Sichtweise auf die Verletzlichkeit benachteiligter Subjekte. Sie behauptet, Verletzlichkeit sei im gesellschaftlichen Diskurs nicht zu schützen, sondern zu exponieren. Dies zeige sich beispielsweise, wenn eine Frau unbegleitet auf die Straße gehe und ihren Körper damit bewusst der Möglichkeit eines sexuellen Übergriffs aussetze. Durch das Exponieren ihrer körperlichen Verletzlichkeit bitte sie nicht um Schutz, sondern demonstriere, dass sie ihr Recht auf Mobilität wahrnehmen und sich nicht aus dem öffentlichen Raum vertreiben lassen will. Die exponierte Verletzlichkeit des weiblichen Körpers werde hier zum Medium des Widerstands gegen die Unterdrückung des sogenannten ‚schwachen' Geschlechts. Butler versteht Verletzlichkeit demnach nicht als eine radikal passive Subjektposition, die mit der Unfähigkeit zu handeln einhergeht, sondern geißelt dies als eine Auffassung, die dem maskulinistischen Blick auf das Weibliche und Schwache entspringt. Die binäre Opposition, die im paternalistischen Denken zwischen Verletzlichkeit und Selbstmächtigkeit aufgemacht wird, verdecke, dass ein leibliches Selbst ohne Verletzlichkeit gar nicht handeln könne und dass seine Verletzlichkeit in keinerlei Gegensatz zu seiner Handlungsmacht stehe, sondern diese geradezu ermögliche. Denn Verletzlichkeit sei auf der Schwelle zwischen Empfänglichkeit (susceptibility) und Handlungsmacht (agency) zu verorten.

Mit ihrer Neuorientierung des Begriffs der Verletzlichkeit verbindet Butler in erster Linie eine radikale Kritik an der dominanten ‚maskulinistischen' Auffassung von leiblicher Subjektivität. Die von ihr zurückgewiesene These, dass Verletzlichkeit stets eine radikal passive, ohnmächtige Subjektposition impliziere, wird allerdings dezidiert durch den Philosophen Burkhard Liebsch vertreten. Liebschs Position kann daher einerseits parallel zu Butler als kritisches Korrektiv zum dominierenden Gebrauch der Metapher der Verletzlichkeit in der Anthropologie sowie andererseits als kontrastierendes Argument zu Butlers Auffassung betrachtet werden.

Aus einem ähnlichen Motiv heraus wie Butler, nämlich um den herrschenden Diskurs zur Verletzlichkeit zu kritisieren, entfaltet Liebsch in seinem Buch *Verletztes Leben*[15] eine Phänomenologie des leiblichen Selbst und seiner traumatischen Widerfahrnisse. Er lenkt den Blick zurück von der Begriffsbildung auf die Phänomene und kritisiert, dass die vielfältigen Phänomene eines verletzten Lebens im Diskurs der Gegenwart in unzulässiger Weise universalisiert und verallgemeinert würden. Ihnen werde damit ihre radikale Negativität genommen.[16] Daher sucht er, Verletzlichkeit als unvermeidlich pathische Dimension menschlichen Lebens zu würdigen, die sich in konkreten Phänomenen leibkörperlicher und sozialer Verwundung manifestiere. Verletzung widerfahre als ein traumatisches Ereignis, dem gegenüber sich das Subjekt im extremsten Fall rückhaltlos ausgesetzt erfahre, da es ihm in und durch seinen Leib geschehe, den es nicht verlassen könne.[17] Verletzungen seien daher unvermeidlich traumatisierend und von irreversiblem Charakter. Die Rede vom verletzlichen Selbst könne demnach darauf aufmerksam machen, dass menschliches Leben durch Widerfahrnisse von Leid, Schmerz und Gewalt irreparabel zerstört werde und dass diese Widerfahrnisse auch durch ein souveränes Subjekt nicht wirksam unterdrückt oder überwunden werden können, sondern vielmehr dessen souveräne Lebensführung unterlaufen und im Folgenden unmöglich machen.[18] Es müsse daher anerkannt werden, dass Verletzung als ein Medium sozialer Kommunikation geradezu unausweichlich sei.[19] Ohne zu verletzen, lasse sich gar keine Verbindung zwischen Menschen herstellen. Dennoch dürfe das Begehren, nicht verletzt zu werden, niemals aufgegeben werden.[20] Anstatt

---

15 Vgl. Liebsch, Burkhard: Verletztes Leben, Zug 2014.
16 Vgl. Liebsch, Burkhard: Verletztes Leben, Zug 2014, S. 15.
17 Vgl. Liebsch, Burkhard: Verletztes Leben, Zug 2014, S. 27-53.
18 Vgl. Liebsch, Burkhard: Verletztes Leben, Zug 2014, S. 46 f.
19 Vgl. Liebsch, Burkhard: Verletztes Leben, Zug 2014, S. 18.
20 Vgl. Liebsch, Burkhard: Verletztes Leben, Zug 2014, S. 84.

Verletzungen jedoch vermeiden, verdrängen oder überwinden zu wollen, sei eine Haltung nicht-vergleichgültigender Sensibilität für sie zu entwickeln, die es erlaube, mit dieser Erfahrung radikaler Negativität zu leben.[21]

In seinem Ansatz dient Liebsch nun die dergestalt praktizierte Identifikation von Verletzung und Trauma im Weiteren als ‚Hebel' zur Entfaltung einer religionskritischen Anthropologie.[22] Liebsch möchte mit ihnen eine Pointe geltend machen, die das Verhältnis von philosophischer Anthropologie und Religion als solches betrifft. Seine Ausführungen können daher als eine weitere kritische Anfrage an den Diskurs über die Verletzlichkeit des Menschen in der Ethik und politischen Philosophie, aber auch an eine vorschnelle theologische Aneignung der Phänomene des verletzten Lebens gewertet werden.

Das Postulat praktischer Souveränität und mit ihm die Idee eines rational kontrollier- und beherrschbaren Lebensvollzuges ist in der Moderne als Gegenentwurf zur Orientierung des Lebens an religiösen und metaphysischen Transzendenzfiguren (ewiges Leben, Himmelreich etc.) entwickelt worden und diente dazu, die Abwertung des Diesseits zugunsten des Jenseits kritisch zu überwinden. Bei näherem Hinsehen zeigt sich jedoch, dass die moderne Idee eines rational beherrschbaren Lebensvollzuges die religiös-metaphysischen Transzendenzfiguren lediglich abgelöst, aber nicht überwunden hat. Denn auch die Vorstellung einer praktischen Souveränität des Subjekts ist dem Prinzip einer teleologischen Überwindung negativer Erfahrungen und damit dem Prinzip der Transzendenz verpflichtet. Liebsch konkretisiert dies am Beispiel des Einflusses der Geistphilosophie Hegels in der Moderne.[23]

Diese gehe davon aus, dass die Negativität von Verletzungen als ein bloßes Durchgangsmoment im Prozess der Versöhnung des Geistes mit seiner eigenen Endlichkeit zu verstehen sei. In Hegels Philosophie werde daher die Illusion genährt, Verletzungen könnten rational transzendiert und aufgehoben werden.[24] Einen ähnlichen Mechanismus sieht Liebsch nun auch in religiösen Lebensformen am Werk. Insbesondere die monotheistischen Religionen würden im Rekurs auf ein unendliches Leben eine teleologische Rationalisierung von Leid und Schmerz anstreben und unter Zuhilfenahme heilsgeschichtlicher Argumente auf ein Ende des Leidens ‚vertrösten'.[25] Dies sei jedoch in einer spätmodernen, nach-metaphysisch orientierten Gesellschaft nicht mehr legitim. Denn dieser stünden Verweise

---

21   Vgl. Liebsch, Burkhard: Verletztes Leben, Zug 2014, S. 83-116.
22   Vgl. Liebsch, Burkhard: Verletztes Leben, Zug 2014, S. 268-277.
23   Vgl. Liebsch, Burkhard: Verletztes Leben, Zug 2014, S. 68 f.
24   Vgl. Liebsch, Burkhard: Verletztes Leben, Zug 2014, S. 68 f.
25   Vgl. Liebsch, Burkhard: Verletztes Leben, Zug 2014, S. 268 ff.

auf ein ewiges, unendliches Leben und andere Transzendenzfiguren nicht mehr zur Verfügung.[26]

Liebsch behauptet demnach, dass sich unter Berufung auf die Phänomene eines verletzten Lebens eine weitreichende religionskritische Wende in der Subjekttheorie und Anthropologie einleiten lasse. Die theologisch-metaphysische Vision einer geistigen Transzendierung von Leid und anderen Beeinträchtigungen des menschlichen Lebens sei zu verabschieden und der ruinöse Charakter von Schmerz, Gewalt und sozialer Ausgrenzung ungehindert aufzudecken. Gegen religiöse und andere Ideologien könne gezeigt werden, dass menschliches Leben jenseits seiner bürgerlichen und ökonomischen Normalisierung stets ein um seine würdevolle Lebbarkeit ringendes Leben sei, das sich Verletzungen immer wieder neu ausgesetzt finde.[27]

4 Konsequenzen

Abschließend sollen nun einige Konsequenzen der Überlegungen aufgezeigt werden. Sowohl Judith Butler als auch Burkhard Liebsch akzentuieren, dass Verletzungen für ein leibliches Selbst unhintergehbar seien und dass ein verletztes Leben in keiner Weise durch Autonomie und Selbstmächtigkeit wiederhergestellt oder beherrscht werden könne. Sie betonen weiter, dass eine Würdigung der Verletzlichkeit des Menschen nicht darin bestehen könne, diese unter Schutz zu stellen oder geistige Techniken zu ihrer Transzendierung und Überwindung zu entwickeln. Worin Verletzlichkeit besteht, beschreiben jedoch beide unterschiedlich. Während Butler das Subjekt in seiner Verletzlichkeit als aktiv und widerständig kennzeichnet, beschreibt Liebsch es als traumatisiert und irreparabel beschädigt. Liebsch spricht davon, dass Subjekte ihren Verletzungen ausgesetzt und durch sie ohnmächtig und handlungsunfähig sind, während Butler ein Subjekt thematisiert, welches seine körperliche Verletzlichkeit im Kampf um seine Rechte bewusst exponiert und dessen Widerstandsfähigkeit gegen gesellschaftliche Normen daher durch seine Verletzlichkeit allererst ermöglicht wird.

Beide richten ihr Augenmerk damit auf ein ganz in die Immanenz des Endlichen zurückgeworfenes menschliches Dasein und lehnen Transzendenzfiguren wie die Idee einer paternalen Macht, die Verletzliches schützt, Negativität aufhebt und vom Leiden erlöst, ab. Ausgehend von den kritischen Anfragen, die Liebsch und Butler an den interdisziplinären Diskurs über die Würdigung und den Schutz von Verletzlichkeit gestellt haben, lässt sich daher die These erheben, dass in säkularen

---

26 Vgl. Liebsch, Burkhard: Verletztes Leben, Zug 2014, S. 269.
27 Vgl. Liebsch, Burkhard: Verletztes Leben, Zug 2014, S. 275.

Verletzlichkeitsdiskursen religiös-metaphysische Annahmen unreflektiert fortgeschrieben werden. Liebsch sieht eine der Hauptursachen hierfür in der Wirkung der christlichen Geschichtsphilosophie, die bis heute das zentrale Symbol der Verwundung im christlichen Glauben, nämlich die Kreuzigung Jesu, in den Horizont der Geschichte einer finalen Überwindung des Leidens stellt.[28] Auch Judith Butlers Hinweis, dass Verletzlichkeit im herrschenden Diskurs paternalistisch eingehegt und damit das ihr eigene Potenzial zu Widerstand, Emanzipation und Veränderung unterschlagen werde, entspringt letztendlich einem religionskritischen Impetus, der sich gegen die ‚Vater'-Macht eines allmächtigen Gottes richtet.

Würde die kritische Analyse von Liebsch und Butler zutreffen, müsste der Transzendenzbezug, welchen die moderne Anthropologie in Bezug auf die humane Struktur der leib-körperlichen Existenz des Menschen aufrechtzuerhalten sucht, radikal abgebaut werden. Der Diskurs über die Verwundbarkeit des Menschen wäre in ein ausgesprochen kontroverses Verhältnis zur Religionsanthropologie der Gegenwart zu rücken. Zweifel an dieser Sichtweise können jedoch wie folgt begründet werden.

In jüngeren Debatten über die öffentliche Bedeutsamkeit von Religion, wie etwa in der von Eduardo Mendieta und Jonathan VanAntwerpen im Jahr 2009 in New York veranstalteten Debatte über ‚Religion und Öffentlichkeit', wird der Religion eine besondere Überzeugungskraft gerade aufgrund ihrer Sensibilität für leidvolle Erfahrungen sowie für das Schicksal benachteiligter und verletzter Subjekte zugeschrieben.[29] Doch worin besteht diese Sensibilität? Nach Judith Butler, die an dieser Debatte ebenfalls teilgenommen hat, kann sie jedenfalls nicht darin bestehen, diese Subjekte angesichts dessen, was ihnen widerfahren ist, auf ein Ende des Leidens am Ende der Geschichte zu vertrösten. Dies ist ihrer Auffassung nach auch gar nicht der Fall, denn insbesondere die jüdische Religion vermag am Leitfaden der Exilerfahrung den Blick auf eine einzelne und unvergleichliche leidvolle Erfahrung zu richten und diese als bleibend und nicht als teleologisch überwunden zu betrachten. Nach Butler kann Religion damit das Leiden universalisieren, ohne es teleologisch aufzuheben. Dies gelingt ihr, indem sie einzelne Leiderfahrungen auf eine „sich annähernde und unterbrechende Menge von Zeitlichkeiten",[30] d. h. auf

---

28 Vgl. dazu Pannenberg, Wolfhart: Systematische Theologie, Bd. III, Göttingen 1993, S. 684-689.

29 Vgl. Mendieta, Eudardo / VanAntwerpen, Jonathan (Hg.): Religion und Öffentlichkeit, Berlin 2012; vgl. dazu Aktualisierungen der Gemeinwohl-Tradition in sozialethischer Perspektive, in: Gemeinwohl, herausgegeben von Elisabeth Gräb-Schmidt, Leipzig 2014, S. 77-124, hier S. 107 f. und S. 114 f.

30 Vgl. Butler, Judith: Ist das Judentum zionistisch?, in: Religion und Öffentlichkeit, herausgegeben von Eduardo Mendieta und Jonathan VanAntwerpen, Berlin 2012, S. 102-133,

eine sich differenzierende Pluralität des Leidens hin öffnet und zerstreut. Erlösung vollzieht sich demnach in der jüdischen Religion nicht als Erlösung vom Leiden, sondern als Erlösung von derjenigen teleologischen Sicht auf die Geschichte des Leidens, durch welche die Unvergleichlichkeit des einzelnen Leidens ignoriert wird.

Die Argumentation Butlers zeigt, dass eine ausgehend von religiösen Erlösungsfiguren entfaltete Anthropologie keineswegs darauf angelegt sein muss, das verletzliche leibliche Selbst durch geschichtsphilosophische Transzendenzfiguren wieder weitgehend zum Verschwinden zu bringen. Vielmehr macht sie deutlich, dass in der Religion – aber keineswegs allein in ihr – auf meisterhafte Weise eine Form der imaginären Universalisierung des Leidens kultiviert wird, die dieses Leiden nicht aufhebt, sondern pluralisiert und zerstreut. Über Liebsch hinausgehend kann daher geltend gemacht werden, dass es sich weniger um etwas spezifisch Religiöses als vielmehr um die Macht der Imagination handelt, die Traumata und Verletzungen dadurch heilt, dass sie die Widerfahrnisse an Bildern der Erlösung und Befreiung neu ausrichtet.[31] Dabei muss nicht jede Vision der Befreiung die zerstörerische Wirkung des Widerfahrenen radikal aufzuheben suchen, wie das Beispiel der bleibenden Exilsituation des jüdischen Volkes zeigt. Es scheint jedoch, als würde insbesondere Liebsch in seinem religions- und metaphysikkritischen Gestus die Kraft dieser und anderer Imaginationen und ihrer ‚heilenden‘ Wirkung in Bezug auf Verletzungen verkennen. Ein menschliches Dasein ohne die Möglichkeit der phantasievollen und kreativen Überschreitung des Wirklichen und insbesondere der Phänomene des zerstörten und verletzten Lebens wäre jedoch eine vertane Müh und ein leeres Spiel.

Literaturhinweise

Bankowski, Zbigniew / Bryant, John H. (Hg.): Poverty, Vulnerability, the Value of Human Life and the Emergence of Bioethics. Highlights and Papers of the 28th CIOMS Conference, Ixtapa, Guerrero State, Mexico, 17.-20.4.1994, Geneva 1994.

Blumenberg, Hans: Beschreibung des Menschen, Frankfurt am Main 2006.

Butler, Judith: Ist das Judentum zionistisch?, in: Religion und Öffentlichkeit, herausgegeben von Eduardo Mendieta und Jonathan VanAntwerpen, Berlin 2012, S. 102-133.

---

hier S. 118.

31 Vgl. insbesondere die Ergebnisse der neueren Traumatherapieforschung in Reddemann, Luise: Imagination als heilende Kraft. Zur Behandlung von Traumafolgen und ressourcenorientierten Verhalten, Stuttgart 2015; sowie aus theologischer Perspektive Jones, Serene: Trauma and Grace. Theology in a Ruptured World, Louisville 2009; Rambo, Shelly: Spirit and Trauma. A Theology of Remaining, Louisville 2010.

Butler, Judith: Lecture on Vulnerability and Resistance (Los Angeles, 04.03.2015), online verfügbar unter der URL: https://www.youtube.com/watch?v=fbYOzbfGPmo [16.11.2015].

Dabrock, Peter: Öffentlichkeit und Religion. Aktualisierungen der Gemeinwohl-Tradition in sozialethischer Perspektive, in: Gemeinwohl, herausgegeben von Elisabeth Gräb-Schmidt, Leipzig 2014, S. 77-124.

Fineman, Martha A. / Grear, Anna (Hg.): Vulnerability. Reflections on A New Ethical Foundation for Law and Politics, Farnham 2013.

Fineman, Martha A.: The Vulnerable Subject. Anchoring Equality in the Human Condition, in: Yale Journal of Law and Feminism 20 (2008), Issue 1, S. 1-23.

Fineman, Martha A.: The Autonomy Myth. A Theory of Dependency, New York 2004.

Gehlen, Arnold: Der Mensch. Seine Natur und seine Stellung in der Welt, Teilband 1, Gesamtausgabe 3.1, Frankfurt am Main 1993.

Giesinger, Johannes: Autonomie und Verletzlichkeit. Der moralische Status von Kindern und die Rechtfertigung von Erziehung, Bielefeld 2007.

Höfner, Markus / Schaede, Stephan / Thomas, Günther (Hg.): Endliches Leben. Interdisziplinäre Zugänge zum Phänomen der Krankheit, Tübingen 2010.

Jensen, David H.: Graced Vulnerability. A Theology of Childhood, Cleveland 2005.

Jones, Serene: Trauma and Grace. Theology in a Ruptured World, Louisville 2009.

Klein, Rebekka A.: Schmerzfrei Leben? Religionsphilosophische Perspektiven auf den Diskurs über die Affirmation und Integration von Verletzlichkeit, in: Neue Zeitschrift für Systematische Theologie und Religionsphilosophie 57 (2015), S. 301-317.

Liebsch, Burkhard: Menschliche Sensibilität. Inspiration und Überforderung, Weilerswist 2008.

Liebsch, Burkhard: Verletztes Leben. Studien zur Affirmation von Schmerz und Gewalt im gegenwärtigen Denken, Zug 2014.

Mendieta, Eduardo / VanAntwerpen, Jonathan: Religion und Öffentlichkeit, Berlin 2012.

Misztal, Barbara A.: The Challenges of Vulnerabilty: In Search of Strategies for A Less Vulnerable Life, Hounmills 2011.

Pannenberg, Wolfhart: Systematische Theologie, Bd. III, Göttingen 1993.

Rambo, Shelly: Spirit and Trauma. A Theology of Remaining, Louisville 2010.

Reddemann, Luise: Imagination als heilende Kraft. Zur Behandlung von Traumafolgen und ressourcenorientierten Verhalten, Stuttgart 2015.

Ten Have, Henk: The Principle of Vulnerability in the UNESCO Declaration on Bioethics and Human Rights, in: Religious Perspectives on Human Vulnerability in Bioethics, herausgegeben von Joseph Tham, Alberto Garcia und Gonzalo Miranda, Dordrecht 2014, S. 15-28.

Tham, Joseph / Garcia, Alberto / Miranda, Gonzalo (Hg.): Religious Perspectives on Human Vulnerability in Bioethics, Dordrecht 2014.

Turner, Bryan S.: Vulnerability and Human Rights, University Park 2006.

Kontakt

PD Dr. Rebekka A. Klein
Martin-Luther-Universität Halle-Wittenberg
Theologische Fakultät
Franckeplatz 1/30
06099 Halle/S.
E-Mail: rebekka.klein@theologie.uni-halle.de

Robert Ullrich

From 'speech' to 'gesture': The 'oral' as norm in 'language' research

Abstract

The term 'language' is used ambiguously by scientists. As a consequence, up until now no attempt to define 'language' as a clear-cut 'faculty' remains uncontested. This text investigates the term 'language' as a putative social construct, based on social norms. Here it is proposed that the existence of a specific social norm – the oral norm – led scientists to the idea that one aspect of 'language' could embrace the whole concept. Until the middle of the 20th century, an overly narrow construction of 'language' delimited the ascription of the term to certain populations within the human species itself. For instance, deaf people's use of non-oral communication was considered insufficient in constituting 'language'. The present study aims to track the form and function of the oral norm historically and its aftermaths in recent scientific discourse. A comparative approach applies the findings of this examination to current research of animal communication. As a result, it will be shown how the oral norm of the past and its remaining manifestations played and play a part in contributing to the construction of a concept of 'language' that is unique to humans.

1   Introduction

'Language': A plain and an ambiguous definition

To avoid misunderstandings from the onset, it seems worthwhile clarifying the use of vocabulary in this text. The term 'language' is used in a twofold sense: (i) 'A language' – a noun with an article and a plural form – denotes a system by which individuals communicate (e.g. 'Russian' or 'American Sign Language' (ASL)). The use of this term is not controversial, but well-defined.[1] (ii) By contrast, 'language' – a mass noun without article and plural – is generally used to make assertions about 'language' in general. For most researchers, 'language' in general is a type of behaviour[2]. But it is behaviour, so the agreement goes, of a very particular sort. Thus it is often supplemented by attributions like: "cornerstone"[3], "most complex"[4], "extraordinary"[5], or "without parallel"[6]. 'Language' stands out, because it appears as *the* defining feature that grants humans the competence for "cultural change"[7], "cooperation about common future goals"[8], "abstract thought"[9], "explicit norms and allocation rules"[10], or even being "the dominant species on the planet today"[11]. After all, there exists no consensus about what specifically identifies 'language' in general[12]. Some scientists use the mass noun 'language' to refer to signal coding that enables communication[13], while others refer to the underlying cognitive abilities

1   Simpson, Jane: Language, in: The Encyclopedia of Language and Linguistics, Oxford 1994, p. 1894.

2   E.g. Zuberbühler, Klaus: Linguistic Capacity of Non-Human Animals, in: Wiley Interdisciplinary Reviews: Cognitive Science 6 (2015), p. 315.

3   Berwick, Robert et al.: Evolution, Brain, and the Nature of Language, in: Trends in Cognitive Sciences 17 (2013), p. 98.

4   Gómez, Rebecca L. / Gerken, Lou A.: Infant Artificial Language Learning and Language Acquisition, in: Trends in Cognitive Sciences 4 (2000), p. 178-186.

5   Tattersall, Ian: A Putative Role for Language in the Origin of Human Consciousness, in: The Evolution of Human Language, edited by Richard K. Larson, Viviane Déprez and Hiroko Yamakido, Cambridge 2010, p. 193.

6   Fisher, Simon E. / Marcus, Gary F.: The Eloquent Ape: Genes, Brains and the Evolution of Language, in: Nature Reviews. Genetics 7 (2006), p. 93.

7   Maynard-Smith, John / Harper, David: Animal Signals, Oxford 2003, p. 130.

8   Gärdenfors, Peter: The Role of Cooperation in the Evolution of Protolanguage and Language, in: Evolution of Mind, Brain and Culture, edited by Gary Hatfield and Holly Pittman, Philadelphia 2013, p. 193.

9   Bickerton, Derek: Adam's Tongue, New York 2009, p. 5.

10 Smith, Eric A.: Communication and Collective Action: Language and the Evolution of Human Cooperation, in: Evolution and Human Behaviour 31 (2010), p. 242.

11 Fitch, Tecumseh W.: The Evolution of Language, Cambridge/Massachussetts 2010, p. 1.

12 Simpson, Jane: Language, in: The Encyclopedia of Language and Linguistics, Oxford 1994, p. 1894.

13 Jackendoff, Ray: What Is the Human Language Faculty? Two Views, in: Language 87 (2011), p. 586-624; Lieberman, Philip: Language Did Not Spring Forth 100,000 Years Ago, in: PLoS biology 13 (2015); Zuberbühler, Klaus: Primate Communication, in: New Perspectives on the Origins of Language, edited by Claire Lefebvre, Bernhard Comrie and Henri Cohen, Amsterdam 2013, p. 187-210.

which make communication as behaviour possible[14]. Still others claim that the use of the term only makes sense in metalinguistic discourse[15]. This brief overview illustrates that there is no common-sense use of the term 'language' within the scientific discourse. That is why the term is set in inverted commas throughout the paper. Given the ambiguous use of terminology, there are in fact scientists who doubt the existence of an entity labelled 'language'[16]. Noam Chomsky labelled this position the 'nonexistence approach'[17]. For its exponents, 'language' is first of all a concept; hence a result of normative construction[18]. This approach will be used as a starting point for the current text. It receives support from studies investigating the role of value-driven social norms in science in general[19]. Various researchers have investigated to which extent unuttered background assumptions construct narratives in empirical research[20]. While a number of publications report bias-

---

14 Christiansen, Morten / Chater, Nick: The Language Faculty That Wasn't: A Usage-Based Account of Natural Language Recursion, in: Frontiers in Psychology 6 (2015), p. 1-18; Scott-Phillips, Thomas C. / Kirby, Simon: Information, Influence and Inference in Language Evolution, in: Animal Communication Theory: Information and Influence, edited by Ulrich E. Stegmann, Cambridge 2013, p. 421-442; Tomasello, Michael: Origins of Human Communication, Cambridge/Massachussetts and London 2008; Sperber, Dan / Origgi, Gloria: A Pragmatic Perspective on the Evolution of Language, in: The Evolution of Human Language, edited by Richard K. Larson, Viviane Déprez and Hiroko Yamakido, Cambridge 2010, p. 124-131.

15 Taylor, Talbot J.: Folk-Linguistic Fictions and the Explananda of the Language Sciences, in: New Ideas in Psychology, in press (2015), p. 1-7.

16 Taylor, Talbot J.: The Origin of Language: Why It Never Happened, in: Language sciences 19 (1997), p. 67-77.

17 Chomsky, Noam: Language and Other Cognitive Systems. What Is Special About Language, in: Learning and Development 7 (2011), p. 264.

18 Harris, Roy: The Language Myth, London 1981; Love, Nigel: Cognition and the Language Myth, in: Language Sciences 26 (2004), p. 525-544.

19 Mulkay, Michael J.: Norms and Ideology in Science, in: Social Science Information 15 (1976), p. 637-656; Allchin, Douglas: Values in Science: An Educational Perspective, in: Science Education 8 (1999), p. 1-12; Longino, Helen E.: Science as Social Knowledge: Value and Objectivity in Scientific Inquiry, Princeton/New Jersey 1990.

20 E.g. the role of 'Chimpocentrism' to (re-)construct human evolution: Vaesen, Krist: Chimpocentrism and Reconstructions of Human Evolution (a Timely Reminder), in: Studies in History and Philosophy of Biological and Biomedical Sciences 45 (2014), p. 12-21; e.g. the role of the Aristotelian idea of a 'scala naturae' in neuroscientific research: Northcutt, R. Glenn: Changing Views of Brain Evolution, in: Brain Research Bulletin 55 (2001), p. 663-674; e.g. the role of motives, norms, and values of scientists in general in relationship to empirical results: Fisch, Rudolf: Psychology of Science, in: Science, Technology and Society, edited by Ina Spiegel-Rosing and Derek de Solla Price, London and Beverly Hills 1977, p. 277-299.

es[21], attitudes[22], values[23], ideologies[24] and paradigms[25] of 'language' research, the discourse analysis employed here aims to subsume those approaches under the heading of social norms in science, which are hereafter referred to as 'scientific norms'. Scientific norms differ from the above-mentioned alternative concepts by their form and function; therefore, a theory of scientific norms might depict more precisely actual scientific practice.

The form and function of a scientific norm

In contrast to values, biases and attitudes, which encompass only partial aspects, scientific norms are sufficiently characterised by five criteria: (i) Scientific norms are implicitly, rarely explicitly, shared by a group of scientists.[26] (ii) They are followed by normative attitudes, which imply that one can distinguish something as right/ appropriate or wrong/inappropriate.[27] (iii) They exist independently of one's own desire, since a significant proportion of a group expects or enjoins group members to conform to the scientific norm.[28] (iv) The violation of a scientific norm may be followed by sanctions. (v) The core function of a scientific norm is to express shared values of what is commonly approved.[29] Such knowledge creates the group's

---

21 E.g. 'sampling bias': Evans, Nicholas: Language Diversity as a Resource for Understanding Cultural Evolution, in: Cultural Evolution: Society, Technology, Language and Religion, edited by Peter J. Richardson and Morten Christiansen, Cambridge 2013, p. 233-268.

22 E.g.: Bauman, H-Dirksen: Audism: Exploring the Metaphysics of Oppression, in: Journal of deaf studies and deaf education 9 (2004), p. 239-246.

23 E.g.: Jackendoff, Ray: Your Theory of Language Evolution Depends on Your Theory of Language, in: The Evolution of Human Languages: Biolingustic Perspectives, edited by Richard K. Larson, Viviane Déprez and Hiroko Yamakido, Cambridge 2010, p. 63-72.

24 Bauman, Richard / Briggs, Charles L.: Voices of Modernity. Language Ideologies and the Politics of Inequality, Cambridge and New York 2003; Woolard, Kathryn A. / Schiefflein, Bambi B.: Language Ideology, in: Annual Review of Anthropology 23 (1994), p. 55-82; Joseph, John E. / Taylor, Talbot J.: Ideologies of Language, edited by John E. Joseph and Talbot J. Taylor, New York 1990.

25 Hintikka, Jaakko: Paradigms for Language Theory, in: Paradigms for Language Theory and other Essays, Dordrecht 1998, p. 146-174.

26 Bicchieri, Cristina / Muldoon, Ryan: Social Norms, in: The Stanford Encyclopedia of Philosophy, edited by Edward N. Zalta, Stanford 2014.

27 Southwood, Nicholas / Eriksson, Lina: Norms and Conventions, in: Philosophical Explorations 14 (2011), p. 195-217.

28 Bicchieri, Cristina: The Grammar of Society, Cambridge and New York 2006, p. 11.

29 Southwood, Nicholas / Eriksson, Lina: Norms and Conventions, in: Philosophical Explorations 14 (2011), p. 208.

self-concept,[30] where the element of normativity can constitute hierarchical, exclusive, and unjust relationships between this group and another.[31] Consequently, the social functions of a scientific norm range from maintaining group cohesion[32] and social order[33] to promoting cooperative behaviour[34].

Scientific norms may have a bad reputation since they are mostly mentioned – as in the present case – when they influence scientific progress with values rather than by empirical facts. Consequently, the ideal scientific practice is often described as value-free[35]. Yet in some cases scientific norms are very conducive to further progress; e.g. by producing alternative possible answers to questions where empirical evidence is scarce. In this case, competing norms and their respective proponents critically examine opposing results and push forward new ideas.[36] Seen in this light, a value-free science is not only impossible, but not even an ideal.[37]

The 'oral norm' as an example for a scientific norm

In order to demonstrate the validity of the opening premise of this text ('language' as construction), it must be verified to what extent scientific norms assist in constructing a certain concept of 'language'. Here it is claimed that historically the oral norm has contributed to constructing an oral-oriented concept of 'language' which has led to the marginalisation and non-recognition of non-oral forms of communication. The hypothesis is: The oral norm did not just exclude deaf people's sign languages from recognition as a 'natural language'; it also imposed a restricted framework on the concept of 'language' beyond that which would be merited by empirical actualities.

---

30 Bicchieri, Cristina / Muldoon, Ryan: Social Norms, in: The Stanford Encyclopedia of Philosophy, edited by Edward N. Zalta, Stanford 2014.

31 Southwood, Nicholas / Eriksson, Lina: Norms and Conventions, in: Philosophical Explorations 14 (2011), p. 211.

32 Tajfel, Henri: Social Categorization, Social Identity and Social Comparison, in: Differentiation between Social Groups: studies in the social psychology of intergroup relations, edited by Henri Tajfel, London 1978, p. 61-76.

33 Elster, Jon: The Cement of Society: A Study of Social Order, Cambridge and New York 1989.

34 Axelrod, Robert: An Evolutionary Approach to Norms, in: The American Political Science Review 80 (1986), p. 1095-1111.

35 Reiss, Julian / Sprenger, Jan: Scientific Objectivity, in: The Stanford Encyclopedia of Philosophy, edited by Edward N. Zalta, Stanford 2014.

36 Vinck, Dominique: The Sociology of Scientific Work, Northhampton/Massachussetts 2010, p. 46.

37 Douglas, Heather E.: Science, Policy, and the Value-Free Ideal, Pittsburgh 2009, p. 87.

The analysis of the history of this discourse will highlight some parallels to more current discourse regarding signal coding in non-human animals. By uncovering the aftermaths of the oral norm in current discourse regarding animal communication, this paper aims to show to which extent value-based narratives still help to construct a concept of 'language' as something unique to humans.

2   The structure of the oral norm in recent history

Norm compliance is often not deliberate, but unreflective.

The mass noun 'language' was, and still is, defined from a broad range of different perspectives. The Encyclopaedia Britannica' – to pick a 'layman's position' – defined 'language' as follows (emphasis added):

> 1951: "By language in the widest sense of the word is meant any means of communication between living beings. [...] We may distinguish two kinds of language [...] *ear-language* and *eye-language*, of which the former is by far the more important."[38]

> 1962: "Language may be defined as an arbitrary system of *vocal symbols* by means of which human beings, as members of a social group and participants in a culture, interact and communicate."[39]

> 1977: "Language, the chief means of human communication. As conventionally defined, language consists of *vocal sounds* to which meanings have been assigned by cultural convention; it is often supplemented by various gestures."[40]

> 2002: "Language, a system of conventional *spoken* or *written symbols* by means of which human beings, as members of a social group and participants in its culture, communicate. Language so defined is the peculiar possession of humans."[41]

> 2015: "Language, a system of conventional *spoken, manual,* or *written symbols* by means of which human beings [...] express themselves."[42]

---

38 Jespersen, Otto: Language, in: Encyclopaedia Britannica, Chicago 1951, p. 696.
39 Trager, George L.: Language, in: Encyclopaedia Britannica, Des Moines/Chicago 1962, p. 696.
40 Robins, Robert H.: Language, in: Encyclopaedia Britannica Micropaedia, Chicago 1977, p. 32.
41 Robins, Robert H.: Language, in: Encyclopaedia Britannica Micropaedia, Chicago 2002, p. 147.
42 Crystal, David: Language, in: Encyclopaedia Britannica 2015, online verfügbar unter der URL: https://www.britannica.com/topic/language [29.07.2016].

What is evident in those definitions is a change over time from a purely oral picture of 'language' towards the openers for other modalities. The fact that the oral modality was set as a defining feature was most likely not always registered. Already the very term 'language' stems from the Latin expression 'linguia', which can also be translated as 'tongue'[43]. In his famous article 'The Origin of Speech', Charles Hockett wrote that the "vocal-auditory channel" is the most obvious design feature of 'language', which "appear[s] so trivial that no one looking just at language would bother to note".[44] Hence, the oral modality was implicitly assumed as a kind of naturally given default modus. Without any critical reflection, 'speech' and 'language' were interpreted as being inextricably linked with each other[45] and responsible for the creation of mind[46]. There was no reflection or discussion about the constitutive role of the oral modality. This might have happened because those defining the concept of 'language' were already immersed in this modality, though this was not true for all human beings. The simple fallacy behind a purely oral picture of 'language' was pointed out by Brenda Brueggemann, who summarised thus: "Language is human; speech is language; therefore deaf people are inhuman".[47] Although one clearly identifies the fallacy of the statement today, experts from the 19th century did in fact partially internalise it.[48] This is exemplified by Thomas Huxleys ("A man born dumb [as a "result from congenital deafness", R.U.] [...] would be capable of few higher intellectual manifestations than an Orang or a Chimpanzee [...]"[49]) and Mary McCowen,[50] who thought that *verbal* 'language' is "one of the distinguishing characteristics between man and the lower order of

---

43 pointed out by Bauman, H-Dirksen: Audism: Exploring the Metaphysics of Oppression, in: Journal of deaf studies and deaf education 9 (2004), p. 239-246.

44 Hockett, Charles: The Origin of Speech, in: Scientific American 203 (1960), p. 6.

45 Armstrong, David / Karchmer, Michael: William C. Stokoe and the Study of Signed Languages, in: Sign Language Studies 9 (2009), p. 389.

46 DeMatteo, Asa: Visual Imagery and Visual Analogues in American Sign Language, in: On the other hand: new perspectives on American sign language, edited by Lynn Friedman, New York 1977, p. 109.

47 Brueggemann, Brenda: Lend Me Your Ear: Rhetorical Constructions of Deafness, Washington D.C. 1999, p. 11.

48 Gessinger, Joachim: Der Ursprung Der Sprache Aus Der Taubstummheit, in: Theorien vom Ursprung der Sprache Bd. 3, edited by Joachim Gessinger and Wolfert von Rahden, Berlin and New York 1989, p. 347.

49 Huxley, Thomas H.: Man's Place in Nature, New York 1863, p. 121.

50 founder of the Oral School for deaf individuals in Chicago (1883)

animals".[51] Lewis Dudley from the Clarke School for the Deaf (1866) confirmed that people using a sign language "felt themselves to be less than human".[52] Referring to the use of a sign language, the Swiss deaf teacher Johan Conrad Amman wrote: "How little do they differ from animals!".[53]

These drastic statements were an outcome of the implicit presumption that 'language' must be oral. With these illustrations one arrives at the first backbone constituting the oral norm: The norm was stated implicitly. As such it escaped critical reflection or even mere detection for a long time. Its omnipresence looms large, as shown in the excerpts from 'The Encyclopaedia Britannica'. The sometimes implicit character of norms directly leads to expectations on the part of scientists. Those expectations constitute the second backbone of the oral norm.

Expectations can be based on collective decisions.

Expectations and motives make a collective behaviour a norm[54]. The belief of a scientist that the majority of a scientific community conforms to the conviction that 'language' must be oral is called "empirical expectation".[55] The belief of a scientist that the majority of a scientific community *expects* to conform to the conviction that 'language' must be oral is called "normative expectation".[56] The oral norm in 'language' discussions holds true for both. The omnipresence of a purely oral picture of 'language' is a good example of the former. 'The Second International Congress on Education of the Deaf', taking place in 1880 in Milan, is a good example for the latter. In this case, 158 educators of deaf students (out of 164, including one deaf person) formed a joint commitment concerning the method of instructing deaf students[57]. The collective decision to abandon instructions via a sign language and to replace them by oral education, such as lip reading, is an example of how normative expectations for actual and subsequent teachers of the deaf were installed. After

---

51   quoted by Baynton, Douglas: Forbidden Signs: American Culture and the Campaign against Sign Language, Chiago 1996, p. 52

52   Quoted by Baynton, Douglas: Forbidden Signs: American Culture and the Campaign against Sign Language, Chiago 1996, p. 52.

53   Amman, Conrad J.: A Dissertation on Speech, London 1873, p. 2.

54   Bicchieri, Cristina: The Grammar of Society, Cambridge and New York 2006, p. 29.

55   Bicchieri, Cristina: The Grammar of Society, Cambridge and New York 2006, p. 11.

56   Bicchieri, Cristina: The Grammar of Society, Cambridge and New York 2006, p. 11.

57   Van Cleve, John: A Place of Their Own: Creating the Deaf Community in America, Gallaudet 1989, p. 108 ff.

all, the majority of experts followed the decision until the late 1960s[58], in Germany even to the late 1980s.[59] These 'dark ages',[60] as the deaf community dubbed that period, lead structurally to a dramatic deterioration in the quality of deaf pupils' educations.[61] This leads the discussion to the third backbone of a norm in general and the oral norm specifically: sanctions.

Sanctions range from gossip to open censure.

The biography of William Stokoe – one of the first linguists[62] who assumed American Sign Language (ASL) to be a 'natural language' and who carried out a structural analysis of it – offers two generic examples of how sanctions follow the violation of a scientific norm. When Stokoe accepted a job offer for Gallaudet University – the oldest and largest university for deaf students in the United States – he concurrently took a job of a deaf candidate (Bob Panara) who already taught at Gallaudet and had received major support from the deaf students. Clearly, in 1955 oral education was the dominant orientation of Gallaudet University and Stokoe profited from what McDonnell and Saunders describe as "internal strategies against signing".[63] In the narrow sense of the word, appointment procedures of this kind were sanctions. Sanctions could entail seating students with their hands restrained in order to prevent signing,[64] or to fill a position with staff conforming to the oral orientation of the school. Bob Panara retrospectively described the situation when he was replaced as chairman by William Stokoe thus: "we were much like the Negro at that time".[65] The statement indicates the existence of various sanctions that existed

58 McDonnell, Patrick / Saunders, Helena: Sit on Your Hands, in: Looking back, edited by Renate Fischer and Harlan Lane, Hamburg 1993, p. 255-260.

59 Mally, Gertrud: The Long Road to Self-Confidence of the Deaf in Germany, in: Looking back, edited by Renate Fischer and Harlan Lane, Hamburg 1993, p. 177-198.

60 Chough, Steven / Dobyns, Kristina: How Is Asian Deaf Culture Different from American Deaf Culture, 2006, in: The Deaf Way II Reader, edited by Harvey Goodstein, Waschington D.C. 2006, p. 227.

61 Sacks, Oliver: Seeing Voices. A Journey into the World of the Deaf, New York 1990, p. 28.

62 Bernard T. Tervoort was similar intentioned. He also concluded that manual communication can be described as behaviour in a linguistic sense; see: Tervoort, Bernard T.: Developmental Features of Visual Communication, Amsterdam and Oxford 1975.

63 McDonnell, Patrick / Saunders, Helena: Sit on Your Hands, in: Looking back, edited by Renate Fischer and Harlan Lane, Hamburg 1993, p. 259.

64 Simms, Laurene: Deaf Education: Whose "Way" Is It?, in: The Deaf Way II Reader, edited by Harvey Goodstein, Washington D.C. 2006, p. 84.

65 Maher, Jane: Seeing Language in Sign: The Work of William C. Stokoe, Washington D.C. 1996, p. 49.

and created a negative image of the use of signs in general. The attempt to suppress sign languages "created a stigma [...] and a negative, guilty attitude about its use".[66] "Even educated deaf people were ashamed of it though among themselves, and in secret, they signed".[67]

After Stokoe had observed Bob Panara's and various deaf pupils' use of manual signs, he proposed to systematically investigate the structure of ASL. In 1960 he published his first results, claiming that sign languages were fully-fledged natural languages containing syntax, morphology, and grammar.[68] Sanctions to this violation of the oral norm (that did not allow for a non-oral 'language' definition) followed quickly. Maher writes: "[...] his paper was like that of Martin Luther's Ninety-five Theses".[69] Gilbert Eastman, who worked at Gallaudet, recalls that "my colleagues and I laughed at Dr. Stokoe and his crazy project"[70]. Lou Fant, also a teacher at Gallaudet at that time, added, "oralism was the dominant philosophy of education. [...] The quickest path to becoming a nonentity was to downgrade oralism".[71] Accordingly, Stokoe "was reviled and ridiculed".[72] Few people found his work interesting or devoted much attention to it;[73] and people who read it (deaf people included) reacted with "much resistance".[74] These sanctions were a result of what people saw as inappropriate research conclusions. They were a consequence of the violation of shared values, which in fact constitute the fourth backbone of the oral norm.

---

66 Gannon, Jack R.: Deaf Heritage: A Narrative History of Deaf America, edited by Jane Butler and Laura-Jean Gilbert, Washington D.C. ²2012, p. 362.

67 Maher, Jane: Seeing Language in Sign: The Work of William C. Stokoe, Washington D.C. 1996, p. 55.

68 Stokoe, William C.: Sign Language Structure: An Outline of the Visual Communication Systems of the American Deaf [1960], in: Journal of deaf studies and deaf education 10 (2002), p. 3-37.

69 Maher, Jane: Seeing Language in Sign: The Work of William C. Stokoe, Washington D.C. 1996, p. 71.

70 Maher, Jane: Seeing Language in Sign: The Work of William C. Stokoe, Washington D.C. 1996, p. 71.

71 Maher, Jane: Seeing Language in Sign: The Work of William C. Stokoe, Washington D.C. 1996, p. 75.

72 Padden, Carol / Humphries, Tom: Inside Deaf Culture, in: Sign Language Studies, Harvard 2006, p. 125.

73 Gannon, Jack R.: Deaf Heritage: A Narrative History of Deaf America, edited by Jane Butler and Laura-Jean Gilbert, Washington D.C. ²2012, p. 365.

74 Nomeland, Nomeland: The Deaf Community in America, 2012, p. 107.

Norms can be valued.

Norms are accompanied by normative attitudes, which allow evaluating a behaviour or concept as 'right'/'appropriate' or 'wrong'/'inappropriate'.[75] Deaf people were victims of normative attitudes for most of history of their institutional education. To be sure, mediated through personal experience, early educators of the deaf like George W. Veditz (1890: "to make the eye take the place of the ear [...] is a violation of the laws of nature"[76]), Edward M. Gallaudet (1898: "gestural expression is in no respect inferior"[77]), Wilhelm Wundt (1904: "sign languages are independent and arise spontaneously"[78]), and Arnold Hill Payne (1911: "Speech [...] is only one way of expressing [...] language"[79]) presented alternative accounts for the use of signs years earlier. However, those scientists did not share the values of the majority. The majority of scientists were able to hear and had barely any contact with deaf persons. Their values were defined from the perspective of members of hearing society. Here follow a few statements from more recent history which, though representing untested claims, exercised a great impact on the prevailing scientific discourse:

1873: "[...] how inadequate and defective is the language of gestures and signs which they must use!"[80]

1933: "Even when gestures are symbolic, they go little beyond the obvious [...] Some communities have a *gesture language* [...] It seems certain that these gesture languages are merely developments of ordinary gestures [...] language always ran ahead of gesture."[81]

---

75 Southwood, Nicholas / Eriksson, Lina: Norms and Conventions, in: Philosophical Explorations 14 (2011), p. 199.

76 Veditz, George W.: Notices of Publications: The Deaf-Mute and His Language, in: American Annals of the Deaf 35 (1890), p. 272.

77 Gallaudet, Edward M.: The Deaf and Their Possibilities, Chicago 1898, p. 211.

78 Wundt, Wilhelm: Völkerpsychologie, Bd. 1: Die Sprache, Leipzig 1904, p. 138.

79 "If we apply the same test to English that is applied to signs by those who would rule out any which they suppose cannot come under the head of natural gesture or pantomime, what fraction of our so-called natural language should we have left?"; Payne, Arnold H.: Deaf and Dumb, in: Encyclopaedia Britannica, Cambridge 1911, p. 884–885.

80 Amman, Conrad J.: A Dissertation on Speech, London 1873, p. 2.

81 Bloomfield, Leonard: Language [1933], Chicago and London 1984, p. 39-40 [emphasis in the original].

1947: "How tragic it is to see a group of deaf adults talking to each other by grotesque and inefficient finger acrobatics!"[82]

1950: "Beside speech there is no other generally used universal sign system. [...] Other sign systems, like the deaf-mute language [...] are either transposed, restricted or parasitic."[83]

1958: "The sign language, like writing, is a substitute for speech, not an independent or original method of communication."[84]

1961: "Speech is the highest and most developed of all forms of communication, alongside which are to be found, even in humans, more rudimentary language systems based on gesture, sign, and acoustic signal."[85]

1964: "Ideographic language systems, in comparison with verbal symbol systems, lack precision, subtlety, and flexibility. [...] Comparatively, a verbal language is more abstract."[86]

1970: "It is generally agreed that sign language is bound to the concrete and is rather limited with respect to abstraction, humour, and subtleties such as figures of speech with rich expression"[87]

It is not surprising that the values related to the oral norm also constitute their own empirical evidence. From today's perspective, it seems odd what kinds of attributes were ascribed to sign languages in the late 19th and early 20th century: Garrick Mallery observed that, for instance, "an English deaf-mute had no difficulty in conversing with

---

82 Goodhill, Victor: The Educational Treatment of the Pre-School Deaf Child., in: The Laryngoscope 57 (1947), p. 559.

83 Lotz, John: Speech and Language, in: Journal of Acoustical Society of America 22 (1950), p. 712.

84 Kroeber, Alfred: Sign Language Inquiry, in: International Journal of American Linguistics 24 (1958), p. 13.

85 Kainz, Friedrich: Die 'Sprache' der Tiere, Stuttgart 1961, p. 3. (translated by RU. Original reading: „Die Lautsprache ist das höchste und vollendetste aller Kommunikationsmittel, neben dem sogar noch beim Menschen unvollkommenere Systeme dieser Art (Gebärden-, Zeichen-, Ton- und Schallsignalsprachen) stehen.")

86 Myklebust, Helmer: The Psychology of Deafness. Sensory Deprivation, Learning and Adjustment, New York and London 1964, p. 241.

87 Davis, Hallowell / Silverman, Richard: Hearing and Deafness, New York 1970, p. 390; cited in: Battison, Robbin M: American Sign Language Linguistics 19701980: Memoir of a Renaissance, in: The Signs of Language Revisited, edited by Karen Emmorey and Haraln Lane, London 2000, p. 6.

Laplanders".[88] He concluded that there exists only one universal sign language. Hans Furth reviewed 39 studies comparing the cognitive performance of deaf students to that of hearing ones.[89] He found that deaf students are "linguistically deficient".[90] If there was a study showing that deaf students outperformed the hearing group, Furth hypothesised, it would be "because of their less sophisticated approach".[91] When hearing experts did research on a sign language used by deaf people, they usually translated expressions 'sign-by-sign' into English language. The result read as the early attempts of machine translation. Hence, they concluded that the signs of deaf people would lack syntax, meaning, complex grammar, and would suffer a paucity of vocabulary.[92] All these putative shortcomings would ultimately lead to a deficiency in abstraction[93] and would result in the development of behaviourally impulsive, immature beings.[94] This short overview simply aims to show the manner in which the oral norm constituted its own evidence. As long as the oral was set as the default modus, terms and concepts were defined according to it. The modality-independent nature of 'language' was ignored or not even perceived. The oral-associated structure (i.e. syntax, morphology) was considered the core of 'language'. Gesture, expression, and context were marginalised as supplementary to it. Here it is necessary to turn to the core function of norms. The question arises: What are norms good for and why are they impossible to remove from science?

Norms express shared values of what is commonly approved.

Norms in science serve the same functions they serve in other parts of human life. They coordinate expectations, facilitate cooperation, create and galvanise meanings

---

88 Mallery, Garrick: Sign Language among North American Indians: Compared with That among Other Peoples and Deaf-Mutes, The Hague 1881, p. 307.

89 Furth, Hans G.: Linguistic Deficiency and Thinking: Research with Deaf Subjects 1964-1969, in: Psychological Bulletin 76 (1971), p. 58-72.

90 Cf. Bornstein, Harry / Roy, Howard: Comment on "Linguistic Deficiency and Thinking: Research with Deaf Subjects 1964-1969", in: Psychological Bulletin 76 (1973), p. 211-214.

91 Furth, Hans G.: The Influence of Language on the Development of Concept Formation in Deaf Children, in: Journal of Abnormal and Social Psychology 63 (1961), p. 388.

92 Schlesinger, Hilde S. / Meadow, Kathryn P.: Sound and Sign, Berkeley 1982, p. 39; Klima, Edward / Bellugi, Ursula: The Signs of Language, New York and Cambridge/ Massachussetts 1979, p. vii.

93 Myklebust, Helmer / Brutten, Milton: A Study of the Visual Perception of Deaf Children, in: Acta otolaryngologica Supplementum 105 (1953), p. 1-126.

94 Schlesinger, Hilde S. / Meadow, Kathryn P.: Sound and Sign, Berkeley 1982, p. 2; Lane, Harlan: The Medicalization of Cultural Deafness in Historical Perspective, in: Looking back, edited by Renate Fischer and Harlan Lane, Hamburg 1993, p. 484.

and identities, generate accountability,[95] constitute repressive, hierarchical, exclusive, or unjust relationships; in short, they express shared values.[96] The human preference for similar, rather than dissimilar, interlocutors has been widely investigated under the heading of homophilic behaviour.[97] Investigations of homophilic behaviour include prominent lines of research such as in-group favouritism[98] and biases to conformity[99]. The results show that people who belong to salient groups tend to evaluate the attributes of their own (in-) group more positively than those of other (out-) groups.[100] One of the driving forces behind this seems to be the well-studied human tendency to homophilic social preference.[101] Such preference appears ubiquitous in all human and some non-human populations.[102] The psychologist Harlan Lane wrote, with specific reference to deaf culture and the use of sign languages, "on the face of it, people are quite afraid of [human] diversity and look to social institutions to limit or eradicate it".[103] The institutionalised oral education of deaf students is an example of one such 'social institution'. Scientific practice itself, with its highly ritualised research procedures, is another one. Given the concrete example discussed here, there is no need for explicit awareness of the creation of such a scientific norm by any concrete scientist. It suffices to be able to use and hear an oral form of a language to form an in-group of hearing experts, who prefer

95 Elster, Jon: The Cement of Society: A Study of Social Order, Cambridge and New York 1989, p. 97.

96 Southwood, Nicholas / Eriksson, Lina: Norms and Conventions, in: Philosophical Explorations 14 (2011), p. 211.

97 Haun, Daniel / Over, Harriet: Like Me: A Homophily-Based Account of Human Culture, in: Cultural Evolution: Society, Technology, Language and Religion, edited by Peter J. Richerson and Morten H. Christiansen, Cambridge 2013, p. 75-85.

98 Tajfel, Henri et al.: Social Categorization and Intergroup Behaviour, in: European Journal of Social Psychology 1 (1971), p. 149-178.

99 Levine, John M.: Solomon Asch's Legacy for Group Research, in: Personality and Social Psychology Review 3 (1999), p. 358-364.

100 Fu, Feng et al.: Evolution of in-Group Favoritism, in: Scientific Reports 2 (2012), p. 1-6.

101 Haun, Daniel / Over, Harriet: Like Me: A Homophily-Based Account of Human Culture, in: Cultural Evolution: Society, Technology, Language and Religion, edited by Peter J. Richerson and Morten H. Christiansen, Cambridge 2013, p. 75-85.

102 Haun, Daniel / Rekers, Yvonne / Tomasello, Michael: Majority-Biased Transmission in Chimpanzees and Human Children, but Not Orangutans, in: Current Biology 22 (2012), p. 727-731; Fu, Feng et al.: Evolution of in-Group Favoritism, in: Scientific Reports 2 (2012), p. 1-6; Campbell, Matthew / de Waal, Frans: Chimpanzees Empathize with Group Mates and Humans, but Not with Baboons or Unfamiliar Chimpanzees, in: Proceedings of the Royal Society B: Biological Sciences 281 (2014).

103 Lane, Harlan: When the Mind Hears: A History of the Deaf, New York 1984, p. xiii.

similar attributes to those they recognise in themselves. In other words, scientific norms – such as the oral norm – express what is commonly approved in a certain (in-) group. On this reading, a deviant modality becomes denied,[104] marginalised,[105] or appraised.[106] Statements that are based on in-group favouritism also explain why hearing experts ascribed complexity, flexibility, precision, independence, perfection, efficiency, development, and so on to oral, but not manual modalities of 'language'. By virtue of the defining power of the majority of the group, social order is maintained. This is the case because it is the deviant part of society that has to change its behaviour. While in many cases the existence of norms makes societies or even scientific practice function smoothly, in this particular case the oral norm had a negative impact on the education and lives of deaf people. As will be shown in the next chapter, the construction of a broader concept of 'language' alleviated the situation.

3   Widening the lens: When communication becomes 'language'

Lou Fant, a pioneering expert on ASL, once wrote: "I had signed ASL since infancy, but I had never thought of it as a language, it was just a way to communicate".[107] Taking this statement seriously, one may wonder what distinguishes 'a way to communicate' from 'a language', and, as a consequence thereof, from 'language' in general. That much is clear that the changing status of a sign language emerged from detailed structural research into ASL, initiated by William Stokoe. This change was confirmed and extended by various influential linguistic studies.[108] It becomes

---

104 E.g. 'if auditory receptive language cannot be established […], then acquisition of all of the succeeding language functions will be impeded'; Myklebust, Helmer: The Psychology of Deafness. Sensory Deprivation, Learning and Adjustment, New York 1964, p. 233.

105 E.g. 'the deaf child is reduced to gestures to indicate his wants'; Whetnall, Edith / Fry, Dennis: The Deaf Child, London 1964, p. 1.

106 E.g. 'Speech is the highest and most developed of all forms of communication'; Kainz, Friedrich: Die 'Sprache' Der Tiere, Stuttgart 1961, p. 3.

107 Fant, Lou: Two Memorable Meals with Ursula and Ed, in: The Signs of Language Revisited, edited by Karen Emmorey and Harlan Lane, Mahwah/New Jersey and London 2000, p. 4.

108 Klima, Edward / Bellugi, Ursula: The Signs of Language, New York and Cambridge/Massachussetts 1979; Sandler, Wendy / Lillo-Martin, Diane: Sign Language and Linguistic Universals, Cambridge 2006; Pfau, Roland / Steinbach, Markus / Woll, Bencie: Sign Language. An International Handbook, 2012.

apparent, however, that some of the earlier, more structural analyses of sign languages defined 'language' merely as a unimodal, linearly structured grammatical code. Gradually Stokoe's successors softened this view of 'language'. Instead of transferring the 'linear' oral linguistic theory to a sign language, major empirical studies found 'simultaneity of structure' at every level of phonology, morphology, prosody, and discourse.[109] The oral modality of languages was identified as an empirical filter that had allowed only a subset of languages to become subsumed to the concept of 'language'.[110] The generative grammar theory has been criticised as too narrow,[111] the separation of speech and gesture's grammar as too artificial.[112] Unimodal views that regarded speech as the most developed manifestation of 'language', with gesture and other non-oral forms of communication serving a mere scaffold function[113] became replaced in favour of more multimodal (i.e. involving more than one communicative modality at a time) or modality-independent accounts of 'language'.[114] Among others, Nick Enfield noted that meaning in 'language' does not originate in a certain linguistic structure, but is rather a result of intention, composition, and context.[115] While the structural properties of 'established' sign languages such as German, French, or American Sign Language are influenced by

109 Aronoff, Mark / Meir, Irit / Sandler, Wendy: The Paradox of Sign Language Morphology, in: Language 81 (2005), p. 314.

110 Meier, Richard P.: Language and Modality, in: Sign Language. An International Handbook, edited by Roland Pfau, Markus Steinbach and Bencie Woll, Berlin and Boston 2012, p. 575.

111 Liddell, Scott K.: Grammar, Gesture, and Meaning in American Sign Language, Cambridge and New York 2003, p. 71 ff.

112 Fricke, Ellen: Towards a Unified Grammar of Gesture and Speech: A Multimodal Approach, in: Body – Language – Communication, edited by Cornelia Müller et al., Berlin and Boston 2013, p. 733-754.

113 As can be found in Myklebust, Helmer: The Psychology of Deafness. Sensory Deprivation, Learning and Adjustment, New York 1964, p. 232.

114 Slocombe, Katie E. / Waller, Bridget M. / Liebal, Katja: The Language Void: The Need for Multimodality in Primate Communication Research, in: Animal Behaviour 81 (2011), p. 919-924; Perniss, Pamela/ Özyürek, Asli / Morgan, Gary: The Influence of the Visual Modality on Language Structure and Conventionalization: Insight from Sign Language and Gesture, in: Topics in Cognitive Science 7 (2015), p. 2-11; McNeill, David: Gesture and Thought, Chicago and London 2005; Levinson, Stephen C. / Holler, Judith: The Origin of Human Multi-Modal Communication, in: Philosophical Transactions of the Royal Society B 369 (2014), p. 1-9; Vigliocco, Gabriella (Perniss, Pamela / Vinson, David: Language as a Multimodal Phenomenon, in: Philosophical Transactions of the Royal Society in London, Series B, Biological Sciences 369 (2014).

115 Enfield, Nick J.: The Anatomy of Meaning, Cambridge 2009.

the social circumstances of their communities, researchers began to investigate 'village signs' to control for those influences.[116] Researchers realised that putative linguistic universals such as 'duality of patterning'[117] cannot be found everywhere.[118] Furthermore, none of the village sign languages showed inflectional morphology, some do not use syntactical subordination, and still others show an unexpected high degree of lexical variation.[119] Consequently, current research interprets more and more linguistic forms and structures as 'cultural add-ons', rather than biologically grounded.[120] In the face of a shifting oral norm, research into 'language' has become more independent of form and the focus has moved towards pragmatics, i.e. function and context.[121] Altogether there is a growing awareness of and allowance for more diversity in terms of what constitutes 'language'.[122] The impression is created that the oral norm could be forgone, because it no longer provided a suitable explanation for human uniqueness. What remains is a long-standing discourse that defines human exceptionalism by contrasting humans with non-human animals. The shift helped to loosen the long-held fixation on modality or structure in defining 'language'. To make sense of this point, one must look at how far the scientific discourse proceeds with non-human species when the term 'language' is in use in current research.

116 Meir, Irit et al.: The Influence of Community on Language Structure, in: Linguistic Variation 12 (2012), p. 247-291.

117 Hockett, Charles: The Origin of Speech, in: Scientific American 203 (1960), p. 88-111.

118 Sandler, Wendy et al.: The Gradual Emergence of Phonological Form in a New Language, in: Natural Language and Linguistic Theory 29 (2011), p. 503-543; Levinson, Stephen C. / Dediu, Dan: The Interplay of Genetic and Cultural Factors in Ongoing Language Evolution, in: Cultural Evolution: Society, Technology, Language and Religion, edited by Peter J. Richerson and Morten H. Christiansen, Cambridge 2013, p. 222.

119 Meir, Irit et al.: The Influence of Community on Language Structure, in: Linguistic Variation 12 (2012), p. 247-291.

120 Wray, Alison / Grace, George: The Consequences of Talking to Strangers: Evolutionary Corollaries of Socio-Cultural Influences on Linguistic Form, in: Lingua 117 (2007).

121 E.g. Scott-Phillips, Thomas C.: Nonhuman Primate Communication, Pragmatics, and the Origins of Language, in: Current Anthropology 56 (2015), p. 56-80.

122 Evans, Nicholas / Levinson, Stephen: The Myth of Language Universals: Language Diversity and Its Importance for Cognitive Science, in: The behavioral and brain sciences 32 (2009), p. 4429-448.

4   Familiar terms, familiar discourse: 'Language' in non-human animals

The closing chapter aims to show the following: the use of the term 'language' in the scientific discourse on non-human animals (henceforth 'animals') mirrors the developments that have been described so far regarding the maintenance of the oral norm towards deaf people. Note, that this is not an attempt to compare human 'language' to animal communication systems. It is in fact scientists themselves who draw a link between animal communication and human 'language'.

The legacy of the oral norm is still observable in animal communication discourse today. For the sake of brevity the main focus will be on primate communication. In the early 20th century researchers were fascinated by the idea of teaching human 'language' to great apes, to show 'language' equivalents in these species closely related to humans. The initial motivation to show this was to challenge the idea that there is no evolutionary continuity between animal communication and human 'language'.[123] Two strategies of teaching were implemented: an oral in the early 20th century and a non-oral strategy in the 1960s and 1970s. After the first methodologically unsound attempt of Richard Garner to teach oral 'language' to an ape[124] at least five methodologically refined studies tried to do the same, all with little success.[125] Additionally, in 1925 Robert Yerkes suggested the teaching of sign or symbolic 'language' to apes[126] – a suggestion independently supported by Lev Vygotsky[127]. However, it was only after William Stokoe published his structural analysis of ASL that the first researchers implemented these ideas. Referring to Stokoe's work, Gardner and Gardner claimed to have taught conventional signs of ASL to a chimpanzee.[128] This, as well as another non-oral study conducted by Premack,[129] gave rise to an influential, yet already familiar idea: the gestural origin of 'language'. Gordon Hewes, who is cited frequently as the initiator of this idea,

---

123 Radick, Gregory: The Simian Tongue: The Long Debate about Animal Language, Chicago and London 2007, p.16 & 107.

124 Radick, Gregory: The Simian Tongue: The Long Debate about Animal Language, Chicago and London 2007, p.233-234.

125 Kellogg, Winthrop N.: Communication and Language in the Home-Raised Chimpanzee, in: Science 162 (1968), p.423-427.

126 Yerkes, Robert: Almost Human, London 1925, p.180.

127 Vygotsky, Lev: Thought and Language [1934], edited by Alex Kozulin, Cambridge 1986, p.75.

128 Gardner, Richard / Gardner, Beatrix: Teaching Sign Language to a Chimpanzee, in: Science 165 (1969), p.664-672.

129 Premack, David: Language in Chimpanzee?, in: Science 172 (1971), p.808-822.

refers in his paper[130] to the long historical tradition of the gestural origin, leading back to the 18th and 19th century. However, it was only after ASL was acknowledged as a natural 'language', and only after the failure of oral and alleged success of manual experiments, that the gestural origin was debated again. Since then, two contrary positions dominated the 'language origin' discourse: the oral and the manual[131] position. While the oral position could find complexity and flexibility in oral utterances only[132] referring to proper vocal learners such as songbirds,[133] the manual position downgraded primate vocalisations as rather emotional and restricted, speaking lightly of the parrot's and pigeon's general learning abilities, denoting their vocalisations as a "clearly negative" example of 'language'.[134]

However, the optimistic results of the Gardners did not survive for long. In 1979 Herbert Terrace expressed fundamental criticisms to Premack, Gardner and Rumbaugh about the applied methods and interpretation of the results.[135] Following the publication of this paper, there was a decline in the number of experimental procedures that attempted to train animals for human-like 'language'. During the second half of the 20th century observations of animals communicating in their natural environment became more influential. Again, initial studies focused on the oral modality of communication, such as the alarm call system of vervet monkeys.[136] This study gave rise to a novel field of research that examined this phenomenon in various animal species as well as initiating a debate about the role of functionally

---

130 Hewes, Gordon: Primate Communication and the Gestural Origin of Language, in: Current Anthropology 14 (1973), p. 5-24.

131 Note; in order to keep cogency of writing style (previous chapters) and to highlight parallels in the line of argument I prefer the technical terms 'oral' vs 'manual' to 'vocal' vs 'gestural'.

132 "[...] it is clear that any wild chimpanzee who spent a lot of time doing deaf sign [...] would soon be a very dead chimpanzee." Hill, Jane: On the Evolutionary Foundations of Language, in: American Anthropologist 74 (1972), p.311.

133 Nottebohm, Fernando: The Origins of Vocal Learning, in: American Naturalist 106 (1972), p.133.

134 Premack, David: Language in Chimpanzee?, in: Science 172 (1971), p.808; Premack, David The Codes of Man and Beasts, Behavioral and Brain Sciences 6 (1983), p. 133.

135 Terrace, Herbert et al.: Can an Ape Create a Sentence?, in: Science 206 (1979), p. 891-902; for a more recent review see: Rivas, Esteban: Recent Use of Signs by Chimpanzees (Pan Troglodytes) in Interactions with Humans, in: Journal of comparative psychology 119 (2005), p. 404-417.

136 Seyfarth, Robert M. / Cheney, Dorothy / Marler, Peter: Monkey Responses to Three Different Alarm Calls: Evidence of Predator Classification and Semantic Communication, in: Science 210 (1980), p. 801-803.

referential calls.[137] At the same time, only few studies concerned with non-oral channels of communication were published. A metastudy analysed 553 primate communication studies from 1960 to 2008 and found that the majority (64%) focussed on oral communication.[138] Only 22% looked at facial, 9% at gestural and 5% at multimodal communication. 89% of all studies conducted in the primate's natural habitats focussed on the oral domain. Furthermore, the majority of oral studies used experimental methods (62%) while observational methods were favoured in the other modalities.

Together, this suggests that when considering research aiming at identifying the origin of human 'language' by studying primates, researchers traditionally focus on the oral modality of communication. The simple reason for this is the assumption that 'language' must be something oral. Only if no similarities between humans and primates are found in the oral domain, researchers will start to explore other communicative modalities. It is part of an ongoing scientific debate to question the role of modalities involved in 'language' evolution. To date researchers interested in this evolution no longer blindly follow a pre-empirical oral norm. However, there are some tendencies in current research that can be explained only by reference to the history of the discourse and seem to emerge as aftermaths of the oral norm. First, as already suggested, there is an ongoing general research bias towards oral communication.[139] This focus might also explain the vast interest in songbird communication. Researchers involved in this field continue to stress the similarities between birdsong and 'language'.[140] This observation by no means implies that birdsong studies are of no use when attempting to unfold presumed roots of human 'language'. However, it demonstrates why researchers often see similarities between courtship song and oral 'language' but rarely draw similar conclusions from courtship dance or any combination of modalities. Second, most studies about animal communication do not acknowledge that all animals communicate with their entire body. The present bias for unimodal research can also be explained by reference

---

137 Price, Tabitha et al.: Vervets Revisited: A quantitative analysis of alarm call structure and context specificity, in: Scientific Reports 5 (2015), p. 2 and the references therein.

138 Slocombe, Katie E. / Waller, Bridget M. / Liebal, Katja: The Language Void: The Need for Mutimodality in Primate Communication Research, in: Animal Behaviour 81 (2011), p. 919-924.

139 Slocombe, Katie E. / Waller, Bridget M. / Liebal, Katja: The Language Void: The Need for Mutimodality in Primate Communication Research, in: Animal Behaviour 81 (2011), p. 919-924.

140 Bolhuis, Johan / Okanoya, Kazuo / Scharff, Constance: Twitter Evolution: Converging Mechanisms in Birdsong and Human Speech, in: Nature reviews. Neuroscience 11 (2010), p. 747-759.

to the historical oral norm, which implies that something called 'language' might be fully realised in a single modality. The multimodal approach of 'language' is a relatively contemporary concept (see previous chapter, fn 114). Until 2008 only 28 out of 533 primate communication studies focussed on this specifically.[141] Third, research advocating an oral origin of 'language' to date sometimes uses similar explanatory models as can be found in the sign languages discourse in the mid-20th century. Klaus Zuberbühler writes:

> "Language is mainly a vocal behaviour. Of course, it is true that *rudimentary language-like* gestural systems have emerged in deaf populations, but this is not the *default* pattern in *normally developing* humans."[142]

Given the analysis of the previous chapters this statement might remind the reader of earlier citations. Despite this formulation, Zuberbühler does not set the oral trait as constitutive for 'language'. But he, and some of his colleagues,[143] seem convinced that oral modality plays a 'default' role in human 'language' and likewise animal communication. What makes this statement interesting is that it reveals its normative foundations. To date there is no empirical evidence for such a 'default pattern' of 'language'. The statement is not as descriptive as it might seem. A certain species may communicate via oral, seismic, or visual signals. Whether it uses any combination of the three, is not a result of any human or animal proficiency, but rather, among other things, it is a function of the environment.[144] As there is no 'default

---

141 Slocombe, Katie E. / Waller, Bridget M. / Liebal, Katja: The Language Void: The Need for Mutimodality in Primate Communication Research, in: Animal Behaviour 81 (2011), p. 919-924.

142 Zuberbühler, Klaus: Linguistic Capacity of Non-Human Animals, in: Wiley Interdisciplinary Reviews: Cognitive Science 6 (2015), p. 315. Emphasis added.

143 E.g. (i) "speech is the biological default modality": Brainard, Michael S. / Fitch, Tecumseh W.: Editorial Overview: Animal Communication and Human Language, in: Current Opinion on Neurobiology 28 (2014), p. v; (ii) in a foreword to a special issue titled 'Language and Birdsong' one can read: "[…] one essential characteristic of human language is that it is based on a capacity for vocal learning": Brenowitz, Eliot / Perkel, David J. / Osterhout, Lee: Language and Birdsong: Introduction to the Special Issue, in: Brain and Language 115 (2010), p. 2; (iii) a review of vocal communication as relevant to earliest stages of 'language' evolution: Cheney, Dorothy / Seyfarth, Robert: Constraints and Preadaptations in the Earliest Stages of Language Evolution, in: The Linguistic Review 22 (2005), p. 135-159.

144 Candolin, Ulri: The Use of Multiple Cues in Mate Choice, in: Biological Reviews 78 (2003), p. 575-595.

environment' for any organism and no 'default development' in humans,[145] there cannot be a 'default modality' of 'language'. For the current case, oral communication is more prominent, relative to its marginalised alternatives, and might be identified as a legacy of the oral norm.

However, an empirical aim leads the current discourse of 'language' origin to describe similarities and dissimilarities between human and animal communicational systems. Scientific norms, such as the oral norm, no longer hinder a broad empirical sampling, nor do they produce 'wrong' results. Empirical facts can never be 'wrong', but their interpretation can lead to a misguided conception of 'language'. In fact, it is scientific narrative that is influenced by scientific norms. Conclusions such as "[h]uman language is a vocal behaviour, so a natural focus has been the study of non-human primate vocal behaviour"[146] construct a primarily oral narrative of 'language'. Thereby it perpetuates the narrative of human uniqueness since "humans are enormously vocal primates, especially when compared with their nearest primate relatives"[147]. This is the point where shared values constitute an identity by setting humans apart from even closely related animals based on features that are chosen and constructed by the researchers themselves. Research narratives can be found in every academic publication. They have a significant effect on the interpretation and exploration of empirical facts. Hence, the aim of the current paper is to unveil a specific scientific norm as an unuttered background assumption allowing the reader of scientific research to form an opinion about empirical facts. As the term 'language' is used from several scientific perspectives, it is worth continuing this line of inquiry by unveiling more normative background assumptions in this domain. Bringing to light the scaffold upholding a concept called 'language' might assist future empirical research in clarifying its implications.

---

145 See Lane, Harlan: Construction of Deafness, in: The Disability Studies Reader, edited by Lennard J. Davis, New York and London 1997, p. 153-171.

146 Zuberbühler, Klaus: Linguistic Capacity of Non-Human Animals, in: Wiley Interdisciplinary Reviews: Cognitive Science 6 (2015), p. 318.

147 Zuberbühler: Linguistic Capacity of Non-Human Animals, in: Wiley Interdisciplinary Reviews: Cognitive Science 6 (2015), p. 315.

Literature

Allchin, Douglas: Values in Science: An Educational Perspective, in: Science Education 8 (1999), p. 1-12.

Amman, Conrad J.: A Dissertation on Speech, London 1873.

Armstrong, David / Karchmer, Michael: William C. Stokoe and the Study of Signed Languages, in: Sign Language Studies 9 (2009), p. 389-397.

Aronoff, Mark / Meir, Irit / Sandler, Wendy: The Paradox of Sign Language Morphology, in: Language 81 (2005), p. 301-344.

Axelrod, Robert: An Evolutionary Approach to Norms, in: The American Political Science Review 80 (1986), p. 1095-1111.

Battison, Robbin M.: American Sign Language Linguistics 19701980: Memoir of a Renaissance, in: The Signs of Language Revisited, edited by Karen Emmorey and Harlan Lane, London 2000, p. 5-16.

Bauman, H-Dirksen: Audism: Exploring the Metaphysics of Oppression, in: Journal of deaf studies and deaf education 9 (2004), p. 239-246.

Bauman, Richard / Briggs, Charles L.: Voices of Modernity. Language Ideologies and the Politics of Inequality, Cambridge and New York 2003.

Baynton, Douglas: Forbidden Signs: American Culture and the Campaign against Sign Language, Chicago 1996.

Berwick, Robert et al.: Evolution, Brain, and the Nature of Language, in: Trends in Cognitive Sciences 17 (2013), p. 98.

Bicchieri, Cristina: The Grammar of Society, Cambridge and New York 2006.

Bicchieri, Cristina / Muldoon, Ryan: Social Norms, in: The Stanford Encyclopedia of Philosophy, edited by Edward N. Zalta, Stanford 2014.

Bickerton, Derek: Adam's Tongue, New York 2009.

Bloomfield, Leonard: Language [1933], Chicago and London 1984.

Bolhuis, Johan / Okanoya, Kazuo / Scharff, Constance: Twitter Evolution: Converging Mechanisms in Birdsong and Human Speech, in: Nature reviews. Neuroscience 11 (2010), p. 747-759.

Bornstein, Harry / Roy, Howard: Comment on "Linguistic Deficiency and Thinking: Research with Deaf Subjects 1964-1969", in: Psychological Bulletin 79 (1973), p. 211-214.

Brainard, Michael S. / Fitch, Tecumseh W.: Editorial Overview: Animal Communication and Human Language, in: Current Opinion in Neurobiology 28 (2014), p. v–viii.

Brenowitz, Eliot / Perkel, David J. / Osterhout, Lee: Language and Birdsong: Introduction to the Special Issue, in: Brain and Language 115 (2010), p. 1-2.

Brueggemann, Brenda: Lend Me Your Ear: Rhetorical Constructions of Deafness, Washington DC 1999.

Campbell, Matthew / de Waal, Frans: Chimpanzees Empathize with Group Mates and Humans, but Not with Baboons or Unfamiliar Chimpanzees., in: Proceedings of the Royal Society B: Biological Sciences 281 (2014), Issue 1782.

Candolin, Ulri: The Use of Multiple Cues in Mate Choice, in: Biological Reviews 78 (2003), p. 575-595.

Cheney, Dorothy / Seyfarth, Robert: Constraints and Preadaptations in the Earliest Stages of Language Evolution, in: The Linguistic Review 22 (2005), p. 135-159.

Chomsky, Noam: Language and Other Cognitive Systems. What Is Special About Language?, in: Language Learning and Development 7 (2011), p. 263-278.

Chough, Steven / Dobyns, Kristina: How Is Asian Deaf Culture Different from American Deaf Culture, in The Deaf Way II Reader, edited by Harvey Goodstein, Washington D.C. 2006, p. 227-232.

Christiansen, Morten / Chater, Nick: The Language Faculty That Wasn't: A Usage-Based Account of Natural Language Recursion, in: Frontiers in Psychology 6 (2015), p. 1-18.

Crystal, David: Language, in: Encyclopædia Britannica 2015, online verfügbar unter der URL: https://www.britannica.com/topic/language [29.07.2016].

Davis, Hallowell / Silverman, Richard: Hearing and Deafness, New York 1970.

DeMatteo, Asa: Visual Imagery and Visual Analogues in American Sign Language, in: On the other hand: new perspectives on American sign language, edited by Lynn Friedman, New York 1977, p. 109-136.

Douglas, Heather E.: Science, Policy, and the Value-Free Ideal, Pittsburgh 2009.

Elster, Jon: The Cement of Society: A Study of Social Order, Cambridge and New York 1989.

Enfield, Nick J.: The Anatomy of Meaning, Cambridge 2009.

Evans, Nicholas: Language Diversity as a Resource for Understanding Cultural Evolution, in: Cultural Evolution: Society, Technology, Language and Religion, edited by Peter J. Richerson and Morten Christiansen, Cambridge 2013, p. 233-268.

Evans, Nicholas / Levinson, Stephen: The Myth of Language Universals: Language Diversity and Its Importance for Cognitive Science., in: The behavioral and brain sciences 32 (2009), p. 429-448.

Fant, Lou: Two Memorable Meals with Ursula and Ed, in: The Signs of Language Revisited, edited by Karen Emmorey and Harlan Lane, Mahwah, New Jersey and London 2000, p. 3-4.

Fisch, Rudolf: Psychology of Science, in: Science, Technology and Society, edited by Ina Spiegel-Rösing and Derek de Solla Price, London and Beverly Hills 1977, p. 277-299.

Fisher, Simon E / Marcus, Gary F.: The Eloquent Ape: Genes, Brains and the Evolution of Language., in: Nature reviews. Genetics 7 (2006), p. 9-20.

Fitch, Tecumseh W.: The Evolution of Language, Cambridge/Massachusetts 2010.

Fricke, Ellen: Towards a Unified Grammar of Gesture and Speech: A Multimodal Approach, in: Body – Language – Communication, edited by Cornelia Müller et al., Berlin and Boston 2013, p. 733-754.

Fu, Feng et al.: Evolution of in-Group Favoritism, in: Scientific Reports 2 (2012), p. 1-6.

Furth, Hans G.: Linguistic Deficiency and Thinking: Research with Deaf Subjects 1964-1969, in: Psychological Bulletin 76 (1971), p. 58-72.

Furth, Hans G.: The Influence of Language on the Development of Concept Formation in Deaf Children, in: Journal of Abnormal and Social Psychology 63 (1961), p. 386-389.

Gallaudet, Edward M.: The Deaf and Their Possibilities, Chicago 1898.

Gannon, Jack R.: Deaf Heritage: A Narrative History of Deaf America, edited by Jane Butler and Laura-Jean Gilbert, Washington D.C. ²2012.

Gärdenfors, Peter: The Role of Cooperation in the Evolution of Protolanguage and Language, in: Evolution of Mind, Brain, and Culture, edited by Gary Hatfield and Holly Pittman, Philadelphia 2013, p. 193-216.

Gardner, Richard / Gardner, Beatrix: Teaching Sign Language to a Chimpanzee, in: Science 165 (1969), p. 664-672.

Garner, Richard L.: The Speech of Monkeys, London 1892.

Gessinger, Joachim: Der Ursprung Der Sprache Aus Der Taubstummheit, in: Theorien vom Ursprung der Sprache Bd. 3, edited by Joachim Gessinger and Wolfert von Rahden, Berlin and New York 1989, p. 345-387.

Gómez, Rebecca L. / Gerken, Lou A.: Infant Artificial Language Learning and Language Acquisition., in: Trends in cognitive sciences 4 (2000), p. 178-186.

Goodhill, Victor: The Educational Treatment of the Pre-School Deaf Child., in: The Laryngoscope 57 (1947), p. 555-563.

Harlan, Lane: Construction of Deafness, in: The Disability Studies Reader, edited by Lennard J. Davis, New York and London 1997, p. 153-171.

Harris, Roy: The Language Myth, London 1981.

Haun, Daniel / Over, Harriet: Like Me: A Homophily-Based Account of Human Culture, in: Cultural Evolution: Society, Technology, Language, and Religion, edited by Peter J. Richerson and Morten H. Christiansen, Cambridge 2013, p. 75-85.

Haun, Daniel / Rekers, Yvonne / Tomasello, Michael: Majority-Biased Transmission in Chimpanzees and Human Children, but Not Orangutans, in: Current Biology 22 (2012), p. 727-731.

Hewes, Gordon: Primate Communication and the Gestural Origin of Language, in: Current Anthropology 14 (1973), p. 5-24.

Hill, Jane: On the Evolutionary Foundations of Language, in: American Anthropologist 74 (1972), p. 308-317.

Hintikka, Jaakko: Paradigms for Language Theory, in: Paradigms for Language Theory and other Essays, Dordrecht 1998, p. 146-174.

Hockett, Charles: The Origin of Speech, in: Scientific American 203 (1960), p. 88-111.

Huxley, Thomas H.: Man's Place in Nature, New York 1863.

Jackendoff, Ray: What Is the Human Language Faculty? Two Views, in: Language 87 (2011), p. 586-624.

Jackendoff, Ray: Your Theory of Language Evolution Depends on Your Theory of Language, in: The Evolution of Human Languages: Biolinguistic Perspectives, edited by Richard K. Larson, Viviane Dèprez and Hiroko Yamakido, Cambridge 2010, p. 63-72.

Jespersen, Otto: Language, in: Encyclopaedia Britannica, Chicago 1951, p. 696-703.

Joseph, John E. / Taylor, Talbot J.: Ideologies of Language, edited by John E. Joseph and Talbot J. Taylor, New York 1990.

Kainz, Friedrich: Die 'Sprache' Der Tiere, Stuttgart 1961.

Kellogg, Winthrop N.: Communication and Language in the Home-Raised Chimpanzee, in: Science 162 (1968), p. 423-427.

Klima, Edward / Bellugi, Ursula: The Signs of Language, New York und Cambridge/Massachusetts 1979.

Kroeber, Alfred Sign Language Inquiry, in: International Journal of American Linguistics 24 (1958), p. 1-19.

Lane, Harlan: The Medicalization of Cultural Deafness in Historical Perspective, in: Looking back, edited by Renate Fischer and Harlan Lane, Hamburg 1993, p. 479-493.

Lane, Harlan: When the Mind Hears: A History of the Deaf, New York 1984.

Levine, John M.: Solomon Asch's Legacy for Group Research, in: Personality and Social Psychology Review 3 (1999), p. 358-364.

Levinson, Stephen C. / Dediu, Dan: The Interplay of Genetic and Cultural Factors in Ongoing Language Evolution, in: Cultural Evolution: Society, Technology, Language, and Religion, edited by Peter J. Richerson and Morten H. Christiansen, Cambridge 2013, p. 219-231.

Levinson, Stephen C. / Holler, Judith: The Origin of Human Multi-Modal Communication, in: Philosophical Transactions of the Royal Society B 369 (2014), p. 1-9.

Liddell, Scott K.: Grammar, Gesture, and Meaning in American Sign Language, Cambridge and New York 2003.

Lieberman, Philip: Language Did Not Spring Forth 100,000 Years Ago, in: PLoS biology 13 (2015), e1002064.

Longino, Helen E.: Science as Social Knowledge: Value and Objectivity in Scientific Inquiry, Princeton/New Jersey 1990.

Lotz, John: Speech and Language, in: Journal of Acoustical Society of America 22 (1950), p. 712-717.

Love, Nigel: Cognition and the Language Myth, in: Language Sciences 26 (2004), p. 525-544.

Maher, Jane: Seeing Language in Sign: The Work of William C. Stokoe, Washington D.C. 1996.

Mallery, Garrick: Sign Language among North American Indians: Compared with That among Other Peoples and Deaf-Mutes, The Hague 1881.

Mally, Gertrud: The Long Road to Self-Confidence of the Deaf in Germany, in: Looking back, edited by Renate Fischer and Harlan Lane, Hamburg 1993, p. 177-198.

Maynard-Smith, John / Harper, David: Animal Signals, Oxford 2003.

McDonnell, Patrick / Saunders, Helena: Sit on Your Hands, in: Looking back, edited by Renate Fischer and Harlan Lane, Hamburg 1993, p. 255-260.

McNeill, David: Gesture and Thought, Chicago and London 2005.

Meier, Richard P.: Language and Modality, in: Sign Language. An International Handbook, edited by Roland Pfau, Markus Steinbach and Bencie Woll, Berlin and Boston 2012, p. 574-601

Meir, Irit et al.: The Influence of Community on Language Structure, in: Linguistic Variation 12 (2012), p. 247-291.

Mulkay, Michael J.: Norms and Ideology in Science, in: Social Science Information 15 (1976), p. 637-656.

Myklebust, Helmer: The Psychology of Deafness. Sensory Deprivation, Learning, and Adjustment, New York and London ²1964.

Myklebust, Helmer / Brutten, Milton: A Study of the Visual Perception of Deaf Children, in: Acta oto-laryngologica, Supplementum 105 (1953), p. 1-126.

Nomeland, Melvia M. / Nomeland, Ronald E.: The Deaf Community in America: History in the Making, North Carolina 2012.

Northcutt, R. Glenn: Changing Views of Brain Evolution., in: Brain research bulletin 55 (2001), p. 663-674.

Nottebohm, Fernando: The Origins of Vocal Learning, in: American Naturalist 106 (1972), p. 116-140.

Padden, Carol / Humphries, Tom: Inside Deaf Culture, in: Sign Language Studies, Harvard 2006, p. 217.

Payne, Arnold H.: Deaf and Dumb, in: Encyclopaedia Britannica, Cambridge 1911, p. 880-894.

Perniss, Pamela / Özyürek, Asli / Morgan, Gary: The Influence of the Visual Modality on Language Structure and Conventionalization: Insights From Sign Language and Gesture, in: Topics in Cognitive Science 7 (2015), p. 2-11.

Pfau, Roland / Steinbach, Markus / Woll, Bencie (eds.): Sign Language. An International Handbook, Berlin and Boston 2012.

Premack, David: The Codes of Man and Beasts, in: Behavioral and Brain Sciences 6 (1983), p. 125-167.

Premack, David: Language in Chimpanzee?, in: Science 172 (1971), p. 808-822.

Price, Tabitha et al.: Vervets Revisited: A quantitative analysis of alarm call structure and context specificity, in: Scientific Reports 5 (2015), p. 1-11.

Radick, Gregory: The Simian Tongue: The Long Debate about Animal Language, Chicago and London 2007.

Reiss, Julian / Sprenger, Jan: Scientific Objectivity, in: The Stanford Encyclopedia of Philosophy, edited by Edward N. Zalta, Stanford 2014.

Rivas, Esteban: Recent Use of Signs by Chimpanzees (Pan Troglodytes) in Interactions with Humans, in: Journal of comparative psychology 119 (2005), p. 404-417.

Robins, Robert H.: Language, in: Encyclopaedia Britannica Micropaedia, Chicago 1977, p. 32.

Robins, Robert H.: Language, in: Encyclopaedia Britannica Micropaedia, Chicago 2002, p. 147.

Sacks, Oliver: Seeing Voices. A Journey into the World of the Deaf, New York 1990.

Sandler, Wendy et al.: The Gradual Emergence of Phonological Form in a New Language, in: Natural Language and Linguistic Theory 29 (2011), p. 503-543.

Sandler, Wendy / Lillo-Martin, Diane: Sign Language and Linguistic Universals, Cambridge 2006.

Schlesinger, Hilde S. / Meadow, Kathryn P.: Sound and Sign, Berkeley 1982.

Scott-Phillips, Thomas C.: Nonhuman Primate Communication, Pragmatics, and the Origins of Language, in: Current Anthropology 56 (2015), p. 56-80.

Scott-Phillips, Thomas C.: Speaking Our Minds, London and New York 2015.

Scott-Phillips, Thomas C. / Kirby, Simon: Information, Influence and Inference in Language Evolution, in: Animal Communication Theory: Information and Influence, edited by Ulrich E. Stegmann, Cambridge 2013, p. 421-442.

Seyfarth, Robert / Cheney, Dorothy: Signalers and Receivers in Animal Communication, in: Annual Review of Psychology 54 (2003), p. 145-173.

Seyfarth, Robert M. / Cheney, Dorothy / Marler, Peter: Monkey Responses to Three Different Alarm Calls: Evidence of Predator Classification and Semantic Communication., in: Science 210 (1980), p. 801-803.

Simms, Laurene: Deaf Education: Whose "Way" Is It?, in: The Deaf Way II Reader, edited by Harvex Goodstein, Washington D.C. 2006, p. 81-86.

Simpson, Jane: Language, in: The Encyclopedia of Language and Linguistics, Oxford 1994, p. 1894.

Slocombe, Katie E. / Waller, Bridget M. / Liebal, Katja: The Language Void: The Need for Multimodality in Primate Communication Research, in: Animal Behaviour 81 (2011), p. 919-924.

Smith, Eric A.: Communication and Collective Action: Language and the Evolution of Human Cooperation, in: Evolution and Human Behavior 31 (2010), p. 231-245.

Southwood, Nicholas / Eriksson, Lina: Norms and Conventions, in: Philosophical Explorations 14 (2011), p. 195-217.

Sperber, Dan / Origgi, Gloria: A Pragmatic Perspective on the Evolution of Language, in: The Evolution of Human Language, edited by Richard K. Larson, Viviane Déprez and Hiroko Yamakido, Cambridge 2010, p. 124-131.

Stokoe, William C: Sign Language Structure: An Outline of the Visual Communication Systems of the American Deaf [1960], in: Journal of deaf studies and deaf education 10 (2002), p. 3-37.

Tajfel, Henri: Social Categorization, Social Identity and Social Comparison, in: Differentiation between Social Groups: studies in the social psychology of intergroup relations, edited by Henri Tajfel, London 1978, p. 61-76.

Tajfel, Henri et al.: Social Categorization and Intergroup Behaviour, in: European Journal of Social Psychology 1 (1971), p. 149-178.

Tattersall, Ian: A Putative Role for Language in the Origin of Human Consciousness, in: The Evolution of Human Language, edited by Richard K. Larson, Viviane Déprez and Hiroko Yamakido, Cambridge 2010, p. 193-198.

Taylor, Talbot J.: Folk-Linguistic Fictions and the Explananda of the Language Sciences, in: New Ideas in Psychology, in press (2015), p. 1-7.

Taylor, Talbot J.: The Origin of Language: Why It Never Happened, in: Language sciences 19 (1997), p. 67-77.

Terrace, Herbert et al.: Can an Ape Create a Sentence?, in: Science 206 (1979), p. 891-902.

Tervoort, Bernhard: Developmental Features of Visual Communication, Amsterdam and Oxford 1975.

Tomasello, Michael: Origins of Human Communication, Cambridge/Massachusetts and London 2008.

Trager, George L.: Language, Encyclopaedia Britannica, Des Moines/Chicago 1962, p. 696.

Vaesen, Krist: Chimpocentrism and Reconstructions of Human Evolution (a Timely Reminder), in: Studies in History and Philosophy of Biological and Biomedical Sciences 45 (2014), p. 12-21.

Van Cleve, John: A Place of Their Own: Creating the Deaf Community in America Gallaudet 1989.

Veditz, George W.: Notices of Publications: The Deaf-Mute and His Language, American Annals of the Deaf 35 (1890), p. 271-275.

Vigliocco, Gabriella / Perniss, Pamela / Vinson, David: Language as a Multimodal Phenomenon, in: Philosophical Transactions of the Royal Society of London, Series B, Biological sciences 369 (2014), Issue 1651.

Vygotsky, Lev: Thought and Language [1934], edited by Alex Kozulin, Cambridge 1986.

Vinck, Dominique: The Sociology of Scientific Work, Northhampton/Massachussetts 2010.

Whetnall, Edith / Fry, Dennis: The Deaf Child, London 1964.

Woolard, Kathryn A. / Schiefflein, Bambi B.: Language Ideology, in: Annual Review of Anthropology 23 (1994), p. 55-82.

Wray, Alison / Grace, George: The Consequences of Talking to Strangers: Evolutionary Corollaries of Socio-Cultural Influences on Linguistic Form, in: Lingua 117 (2007), p. 543-578.

Wundt, Wilhelm: Völkerpsychologie, Bd. 1: Die Sprache, Leipzig 1904.

Yerkes, Robert: Almost Human, London 1925.

Zuberbühler, Klaus: Linguistic Capacity of Non-Human Animals, in: Wiley Interdisciplinary Reviews: Cognitive Science 6 (2015), p. 313-321.

Zuberbühler, Klaus: Primate Communication, in: New Perspectives on the Origins of Language, edited by Claire Lefebvre, Bernhard Comrie and Henri Cohen, Amsterdam 2013, p. 187-210.

Zuberbühler, Klaus: The Phylogenetic Roots of Language: Evidence from Primate Communication and Cognition, in: Current Directions in Psychological Science 2005, p. 126-130.

Contact

Robert Ullrich
Freie Universität Berlin
Habelschwerdter Allee 45
14195 Berlin
E-Mail: robert.ullrich@fu-berlin.de

Thomas Wagner

Zum Ebenbild geschaffen

Grundzüge des Gott-Mensch-Verhältnisses in altorientalischen
und alttestamentlichen Schriften

Einer der wichtigen Aspekte des jüdisch-christlich-islamischen Dialogs ist die
Beschreibung der Stellung des Menschen zu Gott. Trotz gemeinsamer traditionsgeschichtlicher Wurzeln zeigen sich markante Unterschiede in der Bestimmung
dieser Relation, die sich bereits in der Vielfalt der in den Grundlagentexten verwendeten Reflexionen dieses Verhältnisses finden lassen. Innerhalb des Alten
Testaments finden sich Spuren eines Diskurses über die Stellung des Menschen
zu Gott, der in der christlichen Theologie durch die Ableitung der Anthropologie
aus der Christologie auf einen Aspekt verengt wird. Im folgenden Beitrag wird
der Versuch unternommen, diesen Diskurs partiell nachzuzeichnen. Dies bietet
in der weiteren Diskussion die Möglichkeit, eine christliche Beschreibung des
Gott-Mensch-Verhältnisses neu fassen und mit Blick auf den Austausch mit den
beiden anderen abrahamitischen Religionen erweitern zu können.

1   Zur Ableitung des christlichen Menschenbildes aus der Christologie

Die christliche Theologie wird bis in die heutige Zeit hinein von einem von Röm
3,22-24 ausgehenden und in den altkirchlichen Bekenntnissen implizit dogmati-
sierten Menschenbild geprägt, demzufolge der Mensch als erlösungsbedürftiger
Sünder auf das Werk Christi verwiesen ist, um eschatologisches Heil zu erfahren.
Dieses Verständnis menschlichen Lebens wurde altkirchlich jedoch nicht aus der
Beobachtung menschlicher Existenz und ihrer Problemstellungen, also anthro-
pologisch, begründet, sondern aus der Verhältnisbestimmung innergöttlicher
Trinität sowie der Seinsweise Christi gewonnen. Zum einen bildet der Sohn nach
dem Nicäno-Konstantinopolitanum (trinitarisches Dogma von 381 n. Chr.) als
Hypostase einer göttlichen Entität (,ein Wesen, drei Hypostasen') eine wesenhafte
Einheit mit Vater und Geist, die ihn grundlegend von allen anderen Menschen
unterscheidet. Zum anderen wird in der Zwei-Naturen-Lehre des Chalcedonense

(christologisches Dogma von 451 n. Chr.) eine Trennung zwischen einer göttlichen und einer menschlichen Natur festgelegt, die sich jeweils in Christus ,in zwei Naturen unvermischt, unverwandelt, ungetrennt, ungesondert' konstituieren. Diese Trennung in zwei Naturen geht auf einen längeren Entwicklungsprozess der Christologie zurück, der von Melitons Darlegung[1] ausging und sich vor allem in der christologischen Debatte weiter ausbildete. Die wesenhafte Differenzierung von Gott und Mensch wird in den Schriften Justins[2] profiliert. Er wiederum wählt im Blick auf die Beschreibung der beiden Naturen Christi den Ansatzpunkt, die Anthroplogie von der Harma- und der Soteriologie her zu beschreiben. Durch den ,Sündenfall' (Gen 3) wird seines Verständnisses nach eine grundsätzliche Trennung von Gott und Mensch hervorgerufen, durch welche die Gottebenbildlichkeit des Menschen (Gen 1,26) derart belastet werde, dass die Menschheit der Erlösung durch das Heilswerk Christi bedürfe. Dieser sei als einziger Mensch wahrhaftes ,Ebenbild' (gr. *eikon*) Gottes. In der Fortschreibung dieses Ansatzes durch Irinäus[3], Clemens Alexandrinus[4], Origines[5] und Basilius[6] trat zur durch den Sündenfall hervorgerufenen Vorstellung einer wesenhaften Trennung von Gott und Mensch der der mittelplatonischen Ethik innewohnende Gedanke eines Ziels menschlicher Existenz hinzu. Grundlegend für die teleologische Ausrichtung wurde die Logika-Lehre des Origines', für den die Erschaffung der sichtbaren Welt der Inkorporation der ,Geistwesen' (gr. *logika*) diene, die von Gott abfielen und die in freier Entscheidung durch lenkende heilsgeschichtliche ,Vorhersehung' (gr. *pronoia*) und individuelle Erziehung (gr. *paideusis*) wieder zur reinen Geisthaftigkeit geführt werden sollen.

1   Meliton, Passahomilie 66; 70, in: Lohse, Bernhard (Hrsg.): Die Passa-Homilie des Bischofs Meliton von Sardes, Textus minores 24, Leiden 1958, S. 25 f.

2   Grundlegend Justin, Apologie II,13,2-6, in: Ritter, Adolf M. (Hrsg.): Alte Kirche. Kirchen- und Theologiegeschichte in Quellen I, 5. Auflage Neukirchen-Vluyn ⁵1991, S. 37.

3   Irinäus, Entlarvung und Widerlegung der fälschlich so genannten Gnosis III,17,1-4; 18,1; 20,2 f.; 23,1.5; IV,33,1.10.14; 38,1-3; V,6,1), in: Emmenegger, Gregor (Hrsg.): Bibliothek der Kirchenväter, online verfügbar unter der URL: http://www.unifr.ch/bkv/kapitel581. htm, Fribourg 2005 ff., letzter Abruf am 05. März 2016.

4   Clemens Alexandrinus, Theodot 56,1-3, in: Ritter, Adolf M. (Hrsg.): Alte Kirche. Kirchen- und Theologiegeschichte in Quellen I, Neukirchen-Vluyn ⁵1991, S. 50.

5   Origines, Über die Grundlehren der Glaubenswissenschaft, Vorrede I,4; II,6,2, in: Emmenegger, Gregor (Hrsg.): Bibliothek der Kirchenväter, online verfügbar unter der URL: http://www.unifr.ch/bkv/kapitel5133.htm, Fribourg 2005 ff., letzter Abruf am 05. März 2016, und Origines, Gegen Celsus IV,15, in: Emmenegger, Gregor (Hrsg.): Bibliothek der Kirchenväter, online verfügbar unter der URL: http://www.unifr.ch/bkv/kapitel136. htm, Fribourg 2005 ff., letzter Abruf am 05. März 2016.

6   Basilius, Über den Heiligen Geist IX,22 f., in: Ritter, Adolf M. (Hrsg.): Alte Kirche. Kirchen- und Theologiegeschichte in Quellen I, Neukirchen-Vluyn ⁵1991, S. 175 f.

Dies erfolge durch den Bewusstwerdungsprozess, dass der Mensch das Heilswerk Christi er- und die eigene Erlösungsbedürftigkeit anerkenne. Der Verstoß gegen das göttliche Gebot in Gen 3 führt in der christiologischen Deutung also zu einer wesenhaften Trennung von Gott und Mensch, die erst durch das Heilswerk Christi eschatologisch überwunden werden kann. Zentral wurde dieser Aspekt von Athanasius[7] behandelt, der die Inkarnation des Logos als Notwendigkeit beschrieb, das gefallene Geschöpf, das aufgrund seiner Natur gottentfernt existiere, wieder in die Gottesgemeinschaft zurückzuführen. Diese Rückführung sei kein objektives Offenbarungs-, Schöpfungs- und Erlösungswerk, sondern ein subjektiver Veränderungsprozess einzelner Menschen. Dieser werde im Verständnis des trinitarischen Dogmas durch den Heiligen Geist bewirkt, da allein er einen Zugang des Menschen zu Gott ermöglichen kann. An diese Vorstellung schloss Augustin im späten 4. / frühen 5. Jahrhundert n. Chr. mit seinen Erläuterungen an, die sich auf diesen subjektiven Zugang beziehen. Er versteht den Heiligen Geist als die dem Menschen erfahrbaren Konkretionen göttlichen Gnadenhandelns, die der Mensch wiederum in den ‚innerweltlichen Spuren der Trinität' (lat. *vestigias trinitaris*) entdecken könne.

---

7   Athanasius, Über die Menschwerdung des Logos, in: Emmenegger, Gregor (Hrsg.): Bibliothek der Kirchenväter, online verfügbar unter der URL http://www.unifr.ch/bkv/ kapitel2251.htm, Fribourg 2005 ff., letzter Abruf am 05. März 2016. In Kapitel 1 führt Athanasius aus: „Tatsächlich ist ja der Mensch von Natur aus sterblich, da er aus dem Nichts entstanden ist. Doch dank seiner Ähnlichkeit mit dem Seienden hätte er in dem Falle, daß er sie mit einer richtigen Herzensstellung zu ihm bewahrt hätte, die naturgemäße Auflösung von sich ferngehalten und wäre unverweslich geblieben, wie ja die Weisheit sagt: „Die Beobachtung der Gebote ist die Sicherung der Unverwüstlichkeit" (Spr 6,19)." Die Erlösung des Menschen ist ein Akt der Güte Gottes (inc.verb. 6). Um die Erlösung zu erwirken, muss Gott den Menschen wieder zum Ebenbild Gottes werden lassen. Dies bewirkt er durch seinen Logos Christus: „Wie hätte aber dies geschehen können, wenn nicht das Ebenbild Gottes selbst, unser Heiland Jesus Christus, erschien? Durch Menschen war dies unmöglich, da ja auch sie nach dem Bilde geschaffen sind, aber auch nicht durch Engel, – sie sind ja keine Ebenbilder. Deshalb kam der Logos persönlich zu uns, um als Bild des Vaters den ebenbildlich erschaffenen Menschen wiederherzustellen. Dies hätte aber wieder nicht anders vor sich gehen können, wenn nicht Tod und Verwesung beseitigt wurden. Daher nahm er natürlich einen sterblichen Leib an, damit nunmehr der Tod in ihm vernichtet werden könnte und die ebenbildlich erschaffenen Menschen wieder erneuert würden. So war also niemand anders dieser Aufgabe gewachsen als nur das Bild des Vaters" (inc.verb. 13).

2   Zur anthropologischen Forschung im Alten Testament

Hervorgerufen durch die innerchristliche Diskussion über das Wesen Gottes in Vater, Sohn und Heiligem Geist wurde die den biblischen Schriften implizite Anthropologie zur näheren Bestimmung der Christologie harmatologisch sowie teleologisch und damit rein christozentrisch interpretiert. Das dieser Deutung implizite Menschenbild wurde für die weitere christliche Theologie grundlegend, sodass selbst die Interpretation der alttestamentlichen und damit die vor dem Christusereignis verfassten Schriften des antiken Israels sowie das in diesen geschilderte Gott-Mensch-Verhältnis in der Wahrnehmung christlicher Interpreten oftmals dieser Perspektive unterliegen. Dieses Verständnis wird innerhalb der Darstellung alttestamentlicher Theologien und Anthropologien meist von Gen 2 f. her entwickelt, wobei die Abhandlungen, die diesen Text zum Ausgangspunkt ihrer Darstellung haben werden lassen, die in Gen 1 geschilderte Schaffung des Menschen zum Ebenbild Gottes weitgehend unberücksichtigt lassen. So ergab sich auch innerhalb der alttestamentlichen Forschung ein teleologisch-soteriologisch ausgerichtetes Menschenbild. Dieses wurde in der neuesten Diskussion weitgehend destruiert, was mit einer Verschiebung hin zur Deutung des Menschen von Gen 1 her in Verbindung zu bringen ist.

Die zentrale Stellung der Gottebenbildlichkeit des Menschen für die alttestamentliche Theologie geht auf die *Anthropologie des Alten Testaments* nach Hans-Walter Wolff (erstveröffentlicht 1972) zurück. Wie sein Lehrer Gerhard von Rad ist Wolffs Werk von den Grundzügen der dialektischen Theologie geprägt, doch wählt er im Gegensatz zu von Rad nicht Gen 2 f., sondern Gen 1 zum Ausgangspunkt seiner Überlegungen. Wolff rückt in seiner Darstellung zunächst die somatische Verfasstheit des Menschen in den Vordergrund, indem er die Bedeutung von Begriffen, die Körperteile bezeichnen, beschreibt. Im zweiten Teil seines Werkes werden unter dem Titel ,Biographische Anthropologie' das Entstehen, der Verlauf und das Vergehen menschlichen Lebens, wie das Alte Testament sie versteht, dargelegt. Im dritten Teil wendet sich Wolff schließlich soziologischen Aspekten zu, unter die er auch die Gott-Mensch-Beziehung fasst. Mit der in Gen 1,26 über den geschaffenen Menschen ausgedrückten Bestimmung wird Gottes Verhältnis zum Menschen „als Voraussetzung zum Selbstverständnis des Menschen"[8] charakterisiert. Wolff entfaltet die Schaffung nach dem Bild und Abbild Gottes als Vorgang zur Einsetzung in ein Herrschaftsamt und versteht die Gottebenbildlichkeit damit funktional. Im Weiteren stellt Gen 2 f. eine narrative Entfaltung dieser Amtseinsetzung dar.

---

8   Wolff, Hans W.: Anthropologie des Alten Testaments. Mit zwei Anhängen neu herausgegeben von Bernd Janowski, Gütersloh 2010, S. 229.

Durch die Einsetzung in sein Amt übernimmt der Mensch die Verwaltung der Werke Gottes, durch die er stets in das Verhältnis zu Gott gestellt wird. „Demnach ist das Entsprechungsverhältnis, auf das die Bestimmung ‚Bild Gottes' hinweist, auch darin zu sehen, dass der Mensch in der Welt mit den gleichen Dingen zu schaffen hat, die Gott erschaffen hat."[9] Die Schaffung nach dem Bilde Gottes zeigt die Menschheit als Repräsentant des Schöpfers in der Schöpfung. Da nach Gen 1 die gesamte Menschheit und nicht ein einzelner Mensch beauftragt wird, wird im weiteren Verlauf des Alten Testaments vor allem nach der Rolle der Menschen gefragt, die nicht herrschaftlich leben (Arme, Schwache, Waisen, Witwen, Sklaven, Fremde etc.). Die soziale Differenzierung der Gesellschaft führe zu einem Missbrauch des Mandats, sodass Menschen für die Überschreitung der mit dem Mandat verbundenen Gebote bestraft werden. Die Vorstellung der Sündigkeit des Menschen findet sich bei Wolff nicht.

Der von Wolff gebotene Ansatz wirkt bis in die neueste anthropologische Forschung der alttestamentlichen Wissenschaft fort. Neben Wolffs Ausführungen wurde die von Werner H. Schmidt im *Alttestamentlichen Glauben* dargelegte religionsgeschichtliche Erläuterung der Vorstellung von der Gottebenbildlichkeit des Menschen für ihr Verständnis grundlegend.[10] Nach Schmidt leitet sich das Motiv aus der Königsideologie ab. Der König stellte bei verschiedenen altorientalischen Völkern den Mittler zwischen Gott und Mensch dar. „[E]r vertritt einerseits die Gottheit auf Erden und andererseits seine Untertanen vor den Mächten des Himmels."[11] Dieser gehört nicht der göttlichen Sphäre an, verfügt aber zumindest partiell und temporär über einen Zugang zu ihr. Das Verhältnis von Gott und König wird häufig als Vater-Sohn-Beziehung dargestellt (vgl. Ps 2). Diese altorientalisch vorgeprägte Metapher wird im Alten Testament in einem ersten Schritt auf das Gott-Volk-Verhältnis, danach auf das Gott-Mensch-Verhältnis übertragen. Schmidt nennt diesen Vorgang ‚Demokratisierung', die in der nachköniglichen Zeit einsetzt. Seinen sprachlichen Ausdruck fand der Vorgang in der Bezeichnung des Menschen als Gottes Ebenbild. Diese aus der Königstradition entlehnte Vorstellung, die wiederholt in der ägyptischen Pharaonentheologie belegt ist, wurde von der

---

9 Wolff, Hans W.: Anthropologie des Alten Testaments. Mit zwei Anhängen neu herausgegeben von Bernd Janowski, Gütersloh 2010, S. 231.

10 Zu einer an Hans Walter Wolff orientierten Darstellung anthropologischer Grundbegriffe vgl. Schmidt, Werner H.: Anthropologische Begriffe im Alten Testament, in: Schmidt, Werner H.: Vielfalt und Einheit alttestamentlichen Glaubens, Bd. 2: Psalmen und Weisheit, Theologische Anthropologie und Jeremia, Theologie des Alten Testaments, herausgegeben von Axel Graupner, Holger Delkurt und Alexander B. Ernst, Neukirchen-Vluyn 1995, S. 77-91.

11 Schmidt, Werner H.: Alttestamentlicher Glaube, Neukirchen-Vluyn [11]2011, S. 261.

Priesterschrift auf jeden Menschen (und nicht nur auf die Israeliten) übertragen. Die beiden Begriffe spielen im Kontext von Gen 1 auf die altorientalische Tradition an, Standbilder an fernen Orten aufzustellen, um die Gebiete als Raum der eigenen Herrschaft zu kennzeichnen. Mit Ps 8 erhält der Mensch als Bild Gottes eine Stellung zwischen dem Schöpfer und seiner Schöpfung. Da mit der Vorstellung der Gottebenbildlichkeit keine Aussage über Gott getroffen werden soll und die Denkfigur eines himmlischen Ur- und irdischen Abbildes bewusst unterdrückt wird, scheint die Beschreibung des Menschen als Ebenbild Gottes „nicht mehr streng mythisch gedacht, sondern [...] eher nur noch [als] ein Titel"[12] verwendet zu werden. Dementsprechend wird mit der Metapher das Amt des Menschen in der Welt beschrieben. Er erhält von Gott die Möglichkeit, sie als sein zur Herrschaft beauftragtes Geschöpf auszuüben. Diese Herrschaft findet jedoch am Menschen selber ihre Grenze, da der Mensch seine Macht wiederholt missbraucht. Dieses wird im Kontext der Urgeschichte mehrfach ausgedrückt, indem der Mensch Schuld (und nicht Sünde) auf sich lädt.

Bernd Janowski variiert das von Schmidt formulierte Verständnis dahingehend, dass er nicht von einer ‚Demokratisierung der Königsideologie', sondern von einer ‚Royalisierung des Menschen' spricht.[13] Gen 1 ziele nicht darauf, die besondere Rolle des Königs zu destruieren, sondern betone die Einsetzung eines jeden Menschen in das Königsamt. Dieses leitet Janowski aus der in Gen 1 und Ps 8 dargelegten sozialen Rolle des Menschen ab, die im Besonderen die Würde aller Menschen (hebr. *kabôd*) bezeichnet. Eine solche Würde kommt in altorientalischen, teilweise auch in alttestamentlichen Texten vor allem dem König zu und beschreibt dessen herausgehobene soziale Stellung. In den alttestamentlichen Texten zeigt sich zudem eine Interdependenz, in der die Gott-Mensch-Beziehung und die Mensch-Mensch- (zumeist Mensch-Feind-) Beziehung in Korrelation stehen. Diese Interdependenz liegt bereits in Gen 1,26-28 vor, indem der Mensch mit einer doppelten Ausrichtung auf Gott und auf die Welt geschaffen wird. Erst im Bezug zu Gott und in Abhängigkeit von Gott erhält der Mensch seine besondere Stellung für die Welt.[14]

---

12 Schmidt, Werner H.: Alttestamentlicher Glaube, Neukirchen-Vluyn [11]2011, S. 281.

13 Vgl. Janowski, Bernd: Die lebendige Statue Gottes. Zur Anthropologie der priesterlichen Urgeschichte, in: Janowski, Bernd (Hg.): Die Welt als Schöpfung, herausgegeben von Bernd Janowski, Neukirchen-Vluyn 2008, S. 140-171. Den Terminus ‚Royalisierung' verwendet auch Waschke, Ernst-Joachim: Die Bedeutung der Königstheologie für die Vorstellung der Gottebenbildlichkeit des Menschen, in: Anthropologische Aufbrüche. Alttestamentliche und interdisziplinäre Zugänge zur historischen Anthropologie, herausgegeben von Andreas Wagner, Göttingen 2009, S. 235-254, hier S. 248.

14 Vgl. Janowski, Bernd: Anthropologie des Alten Testaments. Versuch einer Grundlegung, in: Anthropologische Aufbrüche. Alttestamentliche und interdisziplinäre Zugänge zur

Die mit der in Ps 8,6 ausgedrückten Verleihung von ‚Würde und Ehre' an den Menschen bei seiner Erschaffung verliehenene soziale Rolle wurde im Anschluss an Janowski in weiteren Beiträgen aufgenommen. In seiner Habilitationsschrift *Das Lichtkleid JHWHs* geht Thomas Podella abschließend auf den Prozess der Royalisierung des Menschen durch die in Gen 1,26-28 gewählte Formulierung ein und zeigt im Rahmen der priesterschriftlichen Schöpfungserzählung, dass es sich bei der Beschreibung des Menschen als Bild und Abbild Gottes um die damit verbundene Ähnlichkeit des Menschen mit Gott handele. Diese Ähnlichkeit ist Teil auch der mesopotamischen Königsideologie, wie es in ABL 652:9-13, einem Brief des Königs Assarhaddon aus der Zeit neuassyrischer Herrschaft, sichtbar wird: „Das ist es, was das Volk sagt: Der Schatten Gottes ist der Mensch, und der Schatten der Menschheit ist ein Mensch: der König, welcher die ganze Ähnlichkeit Gottes ist."[15] Der König partizipiert anders als jeder andere Mensch an göttlichen Gaben und kann so seine Herrschaft ausüben: „Während offenbar auch der König in Analogie zum Menschen aus einer Lehmfigur geformt wird [...], bestehen jedoch charakteristische Unterschiede. Der König ist ‚mit Gutem umhüllt' [...] und mit Fähigkeiten und Attributen für sein Amt ausgestattet: mit *Kampf* [...], *Krone und Thron* [...] sowie mit *Waffen und Schreckensglanz* [...]."[16] Dieses Entsprechungsverhältnis findet Podella bezogen auf jeden Menschen in Ps 8,6 f. wieder. Dieser Text stellt das Gott-Mensch-Verhältnis zweifach dar, indem er zunächst eine qualitative (V. 6 f.), anschließend eine funktionale (V. 7) Relation nennt. Durch die Investitur partizipiert der Mensch an der königlichen Pracht, die durch die Gestaltung des Kosmos' sichtbar wird. „Überblickt man die Aussagen von Gen 1,26 ff. und Ps 8 [...], so erscheint nach den Aussagen dieser Texte der Mensch in zweifacher Hinsicht als *Königsgestalt* Er ist einerseits dazu beauftragt, königlich, d. h. JHWH auf der Erde vertretend zu herrschen. [...] Andererseits wird der Mensch in seiner körperlichen Gestalthaftigkeit [...] als Stellvertreter JHWHs mit königlicher Würde [...] ausgestattet und materiell behaftet. Der Mensch an sich erscheint damit in Analogie zum König als dem exemplarischen Menschen bzw. als dem Urmenschen."[17]

---

historischen Anthropologie, herausgegeben von Andreas Wagner, Göttingen 2009, S. 13-41.

15 Textübersetzung nach Podella, Thomas: Das Lichtkleid JHWHs. Untersuchungen zur Gestalthaftigkeit Gottes im Alten Testament und seiner altorientalischen Umwelt, Tübingen 1996, S. 255.

16 Podella, Thomas: Das Lichtkleid JHWHs. Untersuchungen zur Gestalthaftigkeit Gottes im Alten Testament und seiner altorientalischen Umwelt, Tübingen 1996, S. 258 f.

17 Podella, Thomas: Das Lichtkleid JHWHs. Untersuchungen zur Gestalthaftigkeit Gottes im Alten Testament und seiner altorientalischen Umwelt, Tübingen 1996, S. 263 f.

Erneut werden Gen 1 und Ps 8 unter dem Titel *Herrschen in den Grenzen der Schöpfung* von Ute Neumann-Gorsolke betrachtet. In ihrer 2004 veröffentlichten Dissertation zeigt sie zunächst an Ps 8 auf, dass der Mensch durch seine Investitur zur königlichen Gestalt „an der Bannung des Feindlichen aus der geordneten Lebenswelt des Schöpfers mitzuwirken (V. 3) wie auch die Durchsetzung und Erhaltung dieser konstitutiven geschöpflichen Ordnung (VV. 6-9) mitzugestalten"[18] habe. Das Verhältnis von Gott und Mensch sei durch die Begrenzung der Macht des Menschen gekennzeichnet, da er selber Teil der Schöpfung sei und nur eine Sonderstellung innerhalb der Schöpfung einnehme. Mit der Partizipation an der göttlichen Macht zur Wahrnehmung wird zugleich die Abhängigkeit des Menschen von Gott betont. Die Übernahme seiner Funktion begründet damit auch die Stellung des Menschen, sodass seine Royalisierung als funktionale Notwendigkeit zu verstehen ist. Anders stellt sich der Herrschaftsauftrag in Gen 1 dar. Dieser ergehe an den Menschen, damit er die in seinem Lebensraum ebenfalls anwesenden Landtiere beherrsche.[19] Der Auftrag bezieht sich demnach allein auf das Verhältnis des Menschen zu den Landtieren. „Die Potentialität einer Konkurrenzsituation dieser beiden Landbewohner wird […] zugunsten des Menschen entschieden."[20] Das Verhältnis zu den Landtieren wird schließlich durch die Ebenbildlichkeit des Menschen und damit die Übernahme der Repräsentanz Gottes durch den Menschen bestimmt. Den Landtieren wird auf diese Weise ein mittelbarer Zugang zu Gott verschafft, da sie nicht in direktem Kontakt stehen. Das *dominium terrae* zeigt sich schließlich im Kontext der Königsideologie (vgl. Ps 72,12-14.16f.) als Frieden stiftende Herrschaft des Menschen über die göttliche Schöpfung. Dieses gilt bereits in der Vermittlung zwischen Gott und Landtier: Der Mensch weist dem Tier seine Nahrung zu und sorgt damit für die Erhaltung des Lebens auf der Erde.[21] „Mit der Royalisierung des Menschen versichert Elohim seine Treue und zeigt seine Zuwendung zu seinem Menschen. Das bedeutet *vice versa*: Im Gegenüber des königlichen Schöpfergottes

---

18 Vgl. Neumann-Gorsolke, Ute: Herrschen in den Grenzen der Schöpfung. Ein Beitrag zur alttestamentlichen Anthropologie am Beispiel von Psalm 8, Genesis 1 und verwandten Texten, Neukirchen-Vluyn 2004, S. 127.

19 Vgl. Neumann-Gorsolke, Ute: Herrschen in den Grenzen der Schöpfung. Ein Beitrag zur alttestamentlichen Anthropologie am Beispiel von Psalm 8, Genesis 1 und verwandten Texten, Neukirchen-Vluyn 2004, S. 301.

20 Neumann-Gorsolke, Ute: Herrschen in den Grenzen der Schöpfung. Ein Beitrag zur alttestamentlichen Anthropologie am Beispiel von Psalm 8, Genesis 1 und verwandten Texten, Neukirchen-Vluyn 2004, S. 302.

21 Vgl. Neumann-Gorsolke, Ute: Herrschen in den Grenzen der Schöpfung. Ein Beitrag zur alttestamentlichen Anthropologie am Beispiel von Psalm 8, Genesis 1 und verwandten Texten, Neukirchen-Vluyn 2004, S. 308.

erhält der königliche Mensch seinen Ort und seine Aufgabe, Geborgenheit in der Welt und seine ‚krisenfeste' Identität."[22]

Annette Schellenberg befasst sich in ihrer 2011 veröffentlichten Monographie *Der Mensch, das Bild Gottes? Zum Gedanken einer Sonderstellung des Menschen im Alten Testament und in weiteren altorientalischen Quellen*, unter anderem auch mit dem aus Gen 1, Gen 2f. und Ps 8 ableitbaren Gott-Mensch-Verhältnis. Sie grenzt die Gottebenbildlichkeit von der im Alten Orient verbreiteten Vorstellung der Repräsentanz einer Gottheit durch ihr Bild ab. Ihrer Analyse zufolge diene die Aussage dazu, „das Verhältnis zwischen Gott und Mensch als besonders eng zu beschreiben".[23] Auf diese Weise reduziert sie die Bedeutung der Gottebenbildlichkeit auf die soziale Stellung des Menschen, indem sie diese mit dem mit ihr verbundenen Aspekt ‚Würde' gleichsetzt. Deren Ursprung erkennt Schellenberg in der in Ps 8 formulierten Erhöhung des Menschen durch Gott, der durch die Partizipation an göttlicher Ehre und Herrlichkeit Würde erhalte.[24] Relativiert wird diese Vorstellung in Gen 2 f., da der Mensch in der Paradieserzählung durch das Essen vom Baum der Erkenntnis sich selber in eine gottähnliche Position begibt. Diese Stellung wird dem Menschen durch den Ausschluss aus dem Paradiesgarten wieder genommen. Dieser von Schellenberg erkannte Differenzierungsprozess deutet auf die Annahme eines teleologisch-soteriologisch ausgerichteten Gott-Mensch-Verhältnisses hin, das auf eine Überwindung dieser Trennung zielt. Sie verbleibt jedoch bei der Herleitung der Vorstellungen und geht nicht weiter auf die anthropologischen Implikationen ein.

Die Bedeutung der soziologischen Aspekte zur Beschreibung des Gott-Mensch-Verhältnisses im Alten Testament relativiert Christian Frevel. Er zeigt auf, dass mit Gen 1 und Ps 8 in nur zwei alttestamentlichen Texten die Würde des Menschen vor Gott zum Ausdruck des Gott-Mensch-Verhältnisses erhoben wird. Erst mit der paulinischen Deutung der Gottebenbildlichkeit in Röm 3,23, der sie als durch Sünde verloren versteht und damit einen Zusammenhang zwischen Gen 1 und Gen 3 herstellt, wird sie zu einem Leitthema der Deutung alttestamentlicher Theologie im christlichen Kontext. Innerhalb des Alten Testaments erscheint sie zwar an zentraler Stelle am Anfang des Werkes, wird inneralttestamentlich aber

---

22 Neumann-Gorsolke, Ute: Herrschen in den Grenzen der Schöpfung. Ein Beitrag zur alttestamentlichen Anthropologie am Beispiel von Psalm 8, Genesis 1 und verwandten Texten, Neukirchen-Vluyn 2004, S. 315.

23 Schellenberg, Annette: Der Mensch, das Bild Gottes? Zum Gedanken einer Sonderstellung des Menschen im Alten Testament und in weiteren altorientalischen Quellen, Leipzig 2011, S. 127.

24 Vgl. Schellenberg, Annette: Der Mensch, das Bild Gottes? Zum Gedanken einer Sonderstellung des Menschen im Alten Testament und in weiteren altorientalischen Quellen, Leipzig 2011, S. 167 f.

nur selten aufgenommen. Eine aus dem Neuen Testament und den altkirchlichen Bekenntnissen stammende Deutung der Gottebenbildlichkeit steht dem Verständnis des Alten Testaments entgegen: „Wenn aber Gottebenbildlichkeit etwas ist, das dem Menschen nur *qua imago* Christi in der Spannung von ‚schon' und ‚noch nicht' bzw. im Rechtfertigungsgeschehen zukommt, ist die Universalität der Gottebenbildlichkeit nur noch bedingt gegeben. Dann wird die Angleichung an Christus in der Taufe zur Voraussetzung der Würdezuschreibung und die Menschenwürde droht zwar zu einem universalen Angebot, zugleich aber zu einer exklusiv christlichen Zuschreibung zu werden, die vollkommen abhängig ist vom christlichen Menschenbild."[25] Würde erhält der Mensch jedoch nicht aufgrund der Aufhebung seiner Sündigkeit durch Christus, sondern durch die Wahrnehmung des Herrschaftsauftrags, durch den er durch den Schöpfer gegenüber der Schöpfung in eine hervorgehobene Position gesetzt wird. Mit seinem Beitrag zeigt Frevel zwei für die Diskussion entscheidende Aspekte auf: Zum einen ist die Textbasis, von der das Gott-Mensch-Verhältnis des Alten Testaments üblicherweise bestimmt wird, bezogen auf das Alte Testament sehr schmal. Zum anderen stehen Gen 1 und Ps 8 innerhalb der alttestamentlichen Schriften nicht allein, sondern reagieren bereits auf ältere Texte und sind somit Teil eines längeren Diskurses. Mit der Transformation der Königsideologie zur Anthropologie bringen sie ein Novum in diesen Diskurs ein, mit dem sie sich von einem älteren Bild bewusst abgrenzen. Markante Positionen dieses Diskurses werden im Folgenden nachgezeichnet.

3   Der Mensch als königliche Gestalt

Ein erster Zugang zum inneralttestamentlichen Diskurs über die Stellung des Menschen zu Gott erfolgt durch die Wahrnehmung einer Außenperspektive. Gen 1 und Ps 8 sowie die gesamte Urgeschichte der Genesis weisen literarische Bezüge zu mesopotamischen Texten auf, in denen Anthropogonie, Gründung menschli-

---

25 Frevel, Christian: Gottesbildlichkeit und Menschenwürde. Freiheit, Geschöpflichkeit und Würde des Menschen nach dem Alten Testament, in: Anthropologische Aufbrüche. Alttestamentliche und interdisziplinäre Zugänge zur historischen Anthropologie, herausgegeben von Andreas Wagner, S. 255-274, hier S. 265. Erweitert werden kann das Bild durch Analysen der Menschenbilder in den Büchern Hiob und Kohelet. Einen ersten Ansatz dazu bietet Frevel, Christian: Schöpfungsglaube und Menschenwürde im Hiobbuch. Anmerkungen zur Anthropologie der Hiob-Reden, in: Das Buch Hiob und seine Interpretationen. Beiträge zum Hiob-Symposium auf dem Monte Verità vom 14.-19. August 2005, herausgegeben von Thomas Krüger, Manfred Oeming, Konrad Schmid und Christoph Uehlinger, Zürich 2007, S. 467-497.

cher Zivilisation und Sintflut behandelt werden. Bisherige Studien zu Gen 1 und Ps 8 zeigen, dass diese beiden Texte offenbar bekannt waren, da sie sich mit deren Vorstellungen auseinander- und von ihnen absetzen.

Die mesopotamischen Texte entstammen zwei unterschiedlichen Sprach- und Kulturkreisen, besitzen jedoch eine hohe thematische und motivische Dichte. Dies deutet auf kulturellen Austausch zwischen den sumerischen Städten und dem babylonischen Einflussgebiet hin. Eine eindeutige Zuordnung der Texte zu den Kulturkreisen ist nur mit Einschränkungen möglich, da die Ursprünge zwar in der sumerischen Mythologie zu suchen sind, es aber in späteren Zeiten, nachdem die sumerischen Städte dauerhaft unter babylonischen Einfluss gerieten, sich das Sumerische als Kult- und Kultursprache erhielt. So wurden auch in späteren Zeiten sumerische Texte verfasst, die ihrerseits thematisch und motivisch von (alt-) babylonischen Texten abhängig sind. Die Abfassung in unterschiedlichen Sprachen kann also nur bezogen auf frühe Texte als Differenzierungskriterium dienen. Mit Blick auf das Gott-Mensch-Verhältnis sind aus dem Corpus mesopotamischer Texte drei von besonderem Interesse: der sumerische Mythos *Enki und Ninmach*, der altbabylonische *Atrachasis-Epos* und die sumerische *Erzählung über König Ziusudra* (sum. *zi.u₄.sud₄.ra_s* oder *zi.ud.su₃.ra₂*). Diese stehen sich motivisch so nahe, dass offensichtlich ein engerer traditionsgeschichtlicher Zusammenhang besteht.

Der Mythos *Enki und Ninmach* erzählt von der Schaffung der Menschen als Arbeitsstellvertreter der Götter. Im ersten Teil des Mythos wird davon berichtet, dass *Namma*, die Mutter des Weisheitsgottes *Enki* (Z. 12-14: ,der mit dem weiten Verstand'), diesen an seinem Wohnort, dem *Abzu*, also der unter der Erde liegenden Süßwassertiefe, aufsucht, um ihm die Klagen der Götter über die hohe Arbeitsbelastung auf Erden zu überbringen (Z. 15 ,Die Götter rufen Tränen hervor, sprechen: Er hat die vorhandene Mühsal gemacht.'). *Enki* und seine Mutter bilden aus dem fruchtbaren Lehm des *Abzu* einen Urfötus, den *Namma* mit Hilfe *Ninmachs* und anderer Gottheiten gebiert. Den Menschen wird schließlich die Arbeit der Götter auferlegt: „Meine Mutter, binde an die Schöpfung, die du geschaffen hast, den Frondienst der Götter" (Z. 30). Dieser Dienst findet in der Aufrichtung der sumerischen Kultur ihr Ziel: „Rather than a golden age at the beginning, Sumerians thought of human history as a progression from an original primitive beginning to its zenith in a glorious age of civilizaton – which contemporary Sumerian society was thought to exemplify par excellence."[26] Dieser Prozess wird im Mythos *Wie das Getreide nach Sumer kam* dargelegt. Für die Bestimmung des Gott-Mensch-Verhältnisses ist dieser

---

26 Batto, Bernard F.: In the Beginning. Essays on Creation Motifs in the Ancient Near East and the Bible, Winona Lake/Indiana 2013, S. 27.

Aspekt dahingehend von Interesse, als er in der Fortschreibung der Thematik im altbabylonischen _Atrachasis-Epos_ zu einer entscheidenden Differenzierung führt. Die Erzählung dieses Epos umfasst eine Anthropogonie, einen Bericht über die Vernichtung der Menschheit durch eine Flutkatastrophe sowie eine erneute Erschaffung des Menschen nach der Flut. Die zu leistende Arbeit als Grund der Schaffung des Menschen wird bereits einleitend als Leitmotiv des Epos ausgebreitet: „Als die Götter (auch noch) Menschen waren, trugen sie die Mühsal, schleppten den Tragkorb. Der Götter Tragkorb war groß, die Mühsal schwer, viele Beschwerden gab es" (_Atr._ I 1:1-4).[27] Die hohe Arbeitsbelastung führt dazu, dass die Götter beschließen, sich Fronarbeiter (Menschen) zu schaffen, die die Belastung fortan zu tragen haben. So schaffen sie aus Lehm sowie dem Fleisch und Blut des Gottes _Geschtu'e_ den Menschen (_Atr._ I 1:219-229).[28] Die Wahl fällt auf _Geschtu'e_, da er Planungsfähigkeit (akk. _t√emu_) besitzt,[29] die durch sein Blut auf den Menschen übergeht. Diese Planungsfähigkeit befähigt den Menschen, Zivilisation zu schaffen. Die Gabe göttlicher Weisheit (akk. _chakâmu / emqu_) bleibt jedoch auf einen einzelnen Menschen beschränkt, der innerhalb der Gesellschaft eine Führungsrolle, also ein Fürsten- oder Königsamt, einnimmt. Diese „Begabung ist mit der Partizipation des Fürsten / Königs an den wirkmächtigen Attributen der Gottheiten (z. B. _melammu, dinânu, namrirru_ etc.) vergleichbar. In den einzelnen Erzählungen können daher jeweils unterschiedliche Fähigkeiten genannt werden, da nicht der Gehalt der Weisheit, sondern ihre Herkunft (nicht ursprünglich bei der Schaffung des Menschen übermittelt, sondern bei ihrer Einsetzung übertragen) und ihre Wirkmächtigkeit entscheidend sind".[30] Innerhalb des _Atrachasis-Epos_ wird diese Partizipation an göttlicher Weisheit durch zwei Gegebenheiten dargestellt; Zum

---

27 Einleitung und Textübersetzung in von Soden, Wolfram: Der altbabylonische Atramchasis-Mythos, in: Texte aus der Umwelt des Alten Testaments. Bd. III/4: Weisheitstexte, Mythen und Epen, herausgegeben von Otto Kaiser, Gütersloh 2005, S. 612-647, hier S. 618.

28 Zur Schaffung des Menschen in mesopotamischen Texten vgl. Oshima, Takayoshi: When the Gods Made Us from Clay, in: Menschenbilder und Körperkonzepte im Alten Israel, in Ägypten und im Alten Orient, herausgegeben von Angelika Berlejung, Jan Dietrich und Joachim F. Quack, Tübingen 2012, S. 407-431, bes. S. 408-416.

29 Zur Bedeutung von t√emu vgl. Oshima, Takayoshi: When the Gods Made Us from Clay, in: Menschenbilder und Körperkonzepte im Alten Israel, in Ägypten und im Alten Orient, herausgegeben von Angelika Berlejung, Jan Dietrich und Joachim F. Quack, Tübingen 2012, S. 407-431, hier S. 416-420.

30 Zur Bedeutung von t√emu vgl. Oshima, Takayoshi: When the Gods Made Us from Clay, in: Menschenbilder und Körperkonzepte im Alten Israel, in Ägypten und im Alten Orient, herausgegeben von Angelika Berlejung, Jan Dietrich und Joachim F. Quack, Tübingen 2012, S. 407-431, hier S. 416-420.

einen bekommt der Held der Erzählung einen Namen (akk. *Atra-chasis* bedeutet ‚der an Weisheit Übergroße [oder Überragende]'[31]), der ihn als mit göttlicher Weisheit Begabter erscheinen lässt. Zum anderen ist er der einzige Mensch im Ort, der nicht die lokale Gottheit oder den Himmelsgott, sondern *Ea* (babylonische Form des sumerischen Weisheitsgottes *Enki*) verehrt. Er besitzt eine personale Beziehung zu *Ea*, sodass dieser ihn wiederholt vor den Beschlüssen des Götterrates warnt und so das Überleben *Atrachasis* beim Versuch des Götterrates, die zur Überpopulation angewachsene Menschheit zu vernichten, sichert. Weisheit erscheint im *Atrachasis-Epos* also nicht als besondere geistige Begabung, sondern als rechte Gottesfurcht, durch die ein personales Verhältnis entsteht. Dieses ist so eng, dass der Weisheitsgott als Schutzgottheit des einzelnen Menschen auftritt. Am Ende der die Menschheit vernichtenden Sintflut werden zur Verhinderung einer erneuten Überpopulation Dämonen (Krankheiten) geschaffen, durch die das Leben der Menschen beschränkt wird (*Atr.* III 6:45ff.). Die Trennung zwischen der Begabung mit Planungsfähigkeit und der aus einer personalen Gottesbeziehung resultierenden göttlichen Weisheit eines Einzelnen (Führenden) bleibt bestehen.

Aufgenommen wird die im *Atrachasis-Epos* erstmals in der bekannten mesopotamischen Literatur dargebotene Flutthematik von der *Erzählung über König Ziusudra* (auch sumerische Fluterzählung). Dieser nur in Auszügen erhaltene Text umfasste ursprünglich wohl wie der *Atrachasis-Epos* eine Anthropogonie, eine Fluterzählung und eine nachsintflutliche Fortsetzung der Menschheitsgeschichte. König *Ziusudra* (III:20) wird von *Enki* vor dem Plan zur Vernichtung der Menschen gewarnt. *Ziusudra* gelingt es, mittels des Baus eines Schiffes die Flut zu überleben und von den Göttern als gottähnliches Wesen akzeptiert zu werden, das „den Namen des G[etie]rs (und) den Samen der Menschheit beschützt hatte" (VI:10). Die Folge der Flut ist die Beschränkung der Lebens- und Regierungszeit der Herrscher, wie es in den z. T. älteren sumerischen Königslisten wiederholt überliefert ist.[32]

Damit zeigen sich erste Merkmale der Ausprägungen des Gott-Mensch-Verhältnisses in der altorientalischen Literatur: Der Mensch ist eine Schöpfung der Götter, deren Zweck die Übernahme der auf Erden zu leistenden Arbeit ist. Die Menschen erhalten für die Arbeit Wissen (Planungsfähigkeit), das sie in die Lage versetzt, eine Zivilisation zu gründen und sich auf diese Weise von den Tieren abzusetzen.

---

31 Wagner, Thomas: Von der Sehnsucht des Menschen nach Göttlichkeit, in: Anthropologie(n) des Alten Testaments, herausgegeben von Jürgen van Oorschot und Andreas Wagner, Leipzig 2015, S. 203-219, hier S. 210 Anm. 18.

32 Vgl. von Soden, Wolfram: Der altbabylonische Atramchasis-Mythos, in: Texte aus der Umwelt des Alten Testaments. Bd. III/4: Weisheitstexte, Mythen und Epen, herausgegeben von Otto Kaiser, Gütersloh 2005, S. 612-647, hier S. 612.

An göttlicher Weisheit partizipiert nicht die gesamte Menschheit, sondern allein der Fürst / König, der aufgrund seines persönlichen Verhältnisses zum Gott der Weisheit *Ea / Enki* durch diesen über die Planungen des Götterrates informiert und über geeignete Gegenmaßnahmen unterrichtet wird. Hier zeigt sich also eine Trennung zwischen der Menschheit als der für den Frondienst geschaffenen Erdenbevölkerung und dem König, der durch seine Partizipation an göttlicher Weisheit ein langes und sicheres Leben führen kann.

Im Alten Testament sind nur noch einzelne Spuren einer vergleichbaren Stellung des Königs gegenüber Gott und gegenüber seinem Volk erkennbar. In 2Sam 7,14 wird Gott als Vater des Königs bezeichnet. Dies deutet auf ein einzigartiges Verhältnis des Königs zu Gott hin.[33] Es liegt auch Gottes Aussage ‚Ich habe dich heute gezeugt' in Ps 2,7 zugrunde.[34] Die bezogen auf den jeweiligen Herrschaftsraum einzigartige Gottesbeziehung führt zu einer Befähigung des Königs mittels göttlicher Gaben. Im Gebet nach seiner Inthronisation (1Kön 3) bittet Salomo Gott um Weisheit, um das Volk gerecht richten zu können. Weisheit wird hier als eine Form von Spezialwissen verstanden, die dem Menschen nicht eigen ist, sodass er sie gesondert von Gott vermittelt bekommen muss. Diese besondere Begabung des Königs wird auch in Jes 9,5 deutlich. Der erste der nach Jes 9,5 dem neuen König verliehenen Namen, lautet ‚Wunderbares planend' (hebr. *päl`ä jo'ez*). „The first title illustrates the king's ability to make decisions himself and act according to what is right. He does not need advisors."[35] Dieser Titel ist an den Namen des assyrischen Herrschers Tiglat-pileser angelehnt, der seinerseits den Thronnamen ‚der sich selbst Ratende' (akk. *maliku ramanischu*) führt.[36] Mit dieser Bezeichnung wird zum einen angedeutet, dass der König keines menschlichen Beraters bedarf, was einzig damit zu begründen ist, dass er von Gott mit entsprechender Weisheit begabt wurde. Die mit der von Gott gegebenen Weisheit verbundene Fähigkeit,

---

33 Dazu vgl. Wagner, Thomas: Wasser ist nicht gleich Wasser, in: Text – Textgeschichte – Textwirkung. Festschrift zum 65. Geburtstag von Siegfried Kreuzer, herausgegeben von Thomas Wagner, Jonathan M. Robker und Frank Ueberschaer, Münster 2014, S. 3-27, hier S. 15 Anm. 31.

34 Vgl. Kreuzer, Siegfried: Gott als Vater des Königs. Die Namen der Thronfolger Abija (I Reg 14,1.31; 15,1.7 f.) und das Selbstverständnis der frühisraelitischen Könige (II Sam 7,14), in: Gott und Mensch im Dialog. Festschrift für Otto Kaiser zum 80. Geburtstag, Bd. 1, herausgegeben von Markus Witte, Berlin und New York 2004, S. 425-438.

35 Mit diesem Motiv wird auch der Einfluss ägyptischer Königstradition deutlich vgl. Ockinga, Boyo: Die Gottebenbildlichkeit im alten Ägypten und im Alten Testament, Wiesbaden 1984, in der es eine vergleichbare Stellung des Königs zu Gott gibt.

36 Laato, Anti: Who is Immanuel? The Rise and the Foundering of Isaiah's Messianic Expectations, Åbo 1988, S. 193.

gerecht zu richten, wird auch im Königspsalm Ps 72,1f. als Gabe Gottes an den König beschrieben: „Gott, gib dein Gericht dem König und deine Gerechtigkeit dem Königssohn, dass er dein Volk richte mit Gerechtigkeit und die Elenden rette." Über Regierungs- und Gerichtsweisheit obliegt dem König auch die Erkundung der Lebenswelt. Dies wird im Bericht über den Besuch der Königin von Saba bei Salomo in 1Kön 10,1-3 deutlich: „Und als die Königin von Saba die Kunde von Salomo vernahm, kam sie, um Salomo mit Rätselfragen zu prüfen. Und sie kam nach Jerusalem mit einem sehr großen Gefolge, mit Kamelen, die Spezereien trugen und viel Gold und Edelsteine. Und als sie zum König Salomo kam, redete sie mit ihm alles, was sie sich vorgenommen hatte. Und Salomo gab ihr Antwort auf alles, und es war dem König nichts verborgen, was er ihr nicht hätte sagen können." So wird der König schließlich als ‚Erkundender' beschrieben, der aufgrund seiner Fähigkeit seine soziale Rolle einnimmt: „Es ist Gottes Ehre eine Sache zu verbergen; aber der Könige Ehre ist es, eine Sache zu erforschen" (Spr 25,2). Durch die ihnen von Gott gegebene Weisheit besitzen die Könige also Einsicht, die nur sie, nicht aber ihre Untertanen erzielen können: „Der Himmel ist hoch und die Erde tief, aber der Könige Herz ist unerforschlich" (Spr 25,3).[37]

In den biblischen Anthropogonien Gen 1 und Gen 2f. sowie in der Beschreibung der Stellung des Menschen in Ps 8 lassen sich erste Transformationen der Königsideologie zur Anthropologie erkennen. Die in der altorientalischen Umwelt bekannte Trennung zwischen der Menschheit und dem König wird aufgehoben. Gen 1 stellt den Menschen als königlichen Herrscher vor, dessen Aufgabe es sei, über die Schöpfung zu herrschen.[38] Diese Aufgabe bleibe nicht einem einzelnen Menschen vorbehalten, sondern stelle einen Auftrag an die gesamte Menschheit dar. Die Königsmotivik prägt auch Ps 8, wenn der Psalmist die Erschaffung des Menschen als Krönung mit Ehre und Herrlichkeit (hebr. *kabôd w^ehadar*) und als Einsetzung zum Herrn über die Schöpfung beschreibt (Ps 8,5f.).[39] Dieser Darstellung

---

37 Vgl. Wagner, Thomas: Gottes Herrschaft. Eine Analyse der Denkschrift (Jes 6,1-9,6), Leiden/Boston 2006, S. 238 f.

38 Zur sozial bedeutenden Rolle des Königs vgl. Dietrich, Jan: Ehre und Ehrgefühl im Alten Testament, in: Der Mensch im Alten Israel. Neue Forschungen zur alttestamentlichen Anthropologie, herausgegeben von Bernd Janowski und Kathrin Liess, Freiburg/Basel/Wien 2009, S. 419-452. Zum Verhältnis von göttlicher und königlicher Ehre in Spr 25 vgl. Wagner, Thomas: Gottes Herrlichkeit. Bedeutung und Verwendung des Begriffs kabôd im Alten Testament, Leiden/Bosten 2012, S. 402 f.

39 Zur Bedeutung des in Gen 1,26 verwendeten Begriffs ‚herrschen' (hebr. *radah*) vgl. Wöhrle, Jakob: dominium terrae. Exegetische und religionsgeschichtliche Überlegungen zum Herrschaftsauftrag in Gen 1,26-28*, in: Zeitschrift für die alttestamentliche Wissenschaft 121 (2009), S. 171-188.

schließt sich auch die Paradieserzählung in Gen 2f. an, die das Bild des Menschen als Herrn über den göttlichen Garten entwirft. Dieses Motiv ist seit persischer Zeit als Teil der Königsideologie belegt.[40] „Auch wenn der Mensch nach [Gen] 2,15 nicht als gärtnender König gezeichnet wird, steht er im Dienst eines gärtnenden Gottes – eine Aufgabe, die sonst Königen vorbehalten ist."[41] Dem Ausschluss des Menschen aus dem ‚königlichen Garten' am Ende von Gen 2f., der dazu führt, dass der Mensch den Zugang zum Baum des Lebens und damit zur Lebenserhaltung respektive -erneuerung verliert, folgt, dass er damit auch seiner königlichen Position enthoben wird.[42] Das die Paradieserzählung abschließende Votum, das Gott wohl zum göttlichen Thronrat spricht: „Siehe, der Mensch ist geworden wie unsereiner und weiß, was gut und böse ist. Nun aber, dass er nicht ausstrecke seine Hand und breche auch von dem Baum des Lebens und esse und lebe ewiglich" (Gen 3,22), läuft auf eine dauerhafte Trennung von Gott und Menschheit hinaus. Der Mensch verliert die Möglichkeit zur Erlangung der Nichtsterblichkeit, weil er göttliche Weisheit erlangt. Diese im Kontext der altorientalischen und alttestamentlichen Anthropogonien auffällige Position setzt voraus, dass literarisch früher entstandene Texte von einer Hochwertung der Weisheit ausgehen, durch die der Mensch die Möglichkeit zur Überbrückung der Trennung von Gott und Mensch besitzt. Gen 2f. betont gegen diese Annahme, dass diese (räumliche und lebenszeitliche) Trennung nicht durch Weisheit überwunden werden könne, sondern vielmehr durch die Erlangung der Weisheit hervorgerufen werde. Dieses Verständnis der Paradieserzählung setzt voraus, dass sie erst nach der Abfassung von Gen 1 (und wohl auch Ps 8) geschrieben wurde und auf diese reagierte.

---

40 Zur Königsmotivik als traditionsgeschichtliche Basis der Anthropologie vgl. Waschke, Ernst-Joachim: Die Bedeutung der Königstheologie für die Vorstellung der Gottebenbildlichkeit des Menschen, in: Anthropologische Aufbrüche. Alttestamentliche und interdisziplinäre Zugänge zur historischen Anthropologie, herausgegeben von Andreas Wagner, Göttingen 2009, S. 235-254.

41 Vgl. Rüterswörden, Udo: Erwägungen zur alttestamentlichen Paradiesvorstellung, in: Theologische Literaturzeitung 123 (1998), S. 1154-1162; Jericke, Detlef: Königsgarten und Gottes Garten. Aspekte der Königsideologie in Genesis 2 und 3, in: Exegese vor Ort. Festschrift für Peter Welten zum 65. Geburtstag, herausgegeben von Christel Maier, Rüdiger Liwak und Klaus-Peter Jörns, Leipzig 2011, S. 161-176; zur Bedeutung besonderer Bäume im Gottesgarten vgl. Bauks, Michaela: Sacred Trees in the Garden of Eden and Their Ancient Near Eastern Precursors, in: Journal of Ancient Judaism 3 (2012), S. 267-301.

42 Schellenberg, Annette: Der Mensch, das Bild Gottes? Zum Gedanken einer Sonderstellung des Menschen im Alten Testament und in weiteren altorientalischen Quellen, Leipzig 2011, S. 228.

4 Spuren eines alttestamentlichen Diskurses über die Stellung des Menschen zu Gott

In der alttestamentlichen Forschung wird eine solche literaturgeschichtliche Einordnung von Gen 2f. erst in neueren Analysen vertreten. Galt die Paradieserzählung seit den Anfängen historisch-kritischer Exegese als der ältere der beiden Schöpfungsberichte und häufig einer der beiden älteren Pentateuchquellenschriften zugewiesen, die in der frühen staatlichen Zeit Israels und Judas entstanden, änderte sich die Bewertung dieses Textes durch neuere Erkenntnisse der Pentateuchforschung. Die quellenkritischen Ansätze zur Beschreibung der Genese der Pentateuchtexte wurden in der alttestamentlichen Forschung zumeist von der Annahme der Entstehung der Schriften durch übergreifende redaktionelle Fortschreibungen eines – bezogen auf den Gesamtumfang des Alten Testaments – vergleichsweise geringen Umfangs an älteren Texten abgelöst. In Folge dieses Paradigmenwechsels in der Pentateuchforschung wurde auch der Ursprung der Paradieserzählung Gen 2f. in Frage gestellt. Eckard Otto weist in einem 1996 veröffentlichten Beitrag darauf hin, dass Gen 2f. nicht Gen 1 vorausgesetzt ist, sondern als Reaktion auf die priesterschriftliche Schöpfungserzählung entstand. Neben seinen in der Forschung wiederholt bestrittenen redaktionsgeschichtlichen Argumenten führt er einen für die Beschreibung des alttestamentlichen Diskurses über das Gott-Mensch-Verhältnis entscheidenden Aspekt an: Gen 2f. weist eine hohe Anzahl an Begriffen auf, die vermehrt in weisheitlichen Kontexten erscheinen, wodurch eine direkte Beziehung zur Weisheitstradition entsteht.[43] Diese wird in Gen 2f. negativ gewertet, da die Erlangung von Weisheit – das Essen der Frucht vom Baum der Erkenntnis des Guten und des Bösen – zum Verlust der Gottesnähe, zum Ausschluss aus dem Paradies und damit zur Unterdrückung der Möglichkeit zur Erlangung ewigen Lebens durch das Essen der Frucht vom Baum des Lebens führt. Die alttestamentliche Weisheit erfährt auf diese Weise eine negative Wertung.

Aufgenommen wird das in der Paradieserzählung dargebotene Bild der Todesverfallenheit des Menschen, die Resultat des Übertretens des einzigen Gebotes, das Gott dem Menschen für das Leben im Garten Eden gab, ist, in Hiob 3-28. Direkte Anspielungen finden sich in Hi 7,1; 11,20 und 14,7-9. In den jeweiligen Abschnitten

---

43 Diesen Schluss legt die Parallele zur Paradieserzählung in Ez 28,11-19 nahe. In der zweiten Unheilsansage gegen den König von Tyros wird diesem der Untergang seines Königtums prophezeit. Sein Königtum wird als Dasein im Gottesgarten dargestellt, in dem der König „ein Gott" (V. 14) ist. Im Hintergrund steht offenbar eine ältere Tradition, an der die Verfasser von Gen 2 f. und Ez 28 Texte Anleihen nahmen (so Mettinger, Tryggve N.D.: The Eden Narrative. A Literary and Religio-historical Study of Genesis 2-3, Winona Lake/Indiana 2007, S. 85-93).

geht Hiob auf Aussagen seiner Gesprächspartner ein. Dabei nutzt er die Bezüge zur Paradieserzählung als Gegenargumente. Zudem rekurriert Hiob auf Ps 8. Sowohl die Frage: „Was ist der Mensch?" (Ps 8,5 in Hi 7,17), als auch die Einsetzung des Menschen in ein königliches Amt (Ps 8,6 in Hi 19,9) werden von Hiob aufgenommen und in ihr Gegenteil verkehrt.[44] Beide Bezugnahmen dienen innerhalb des Hiobbuches dazu, „die Tragödie deutlich zu machen und die Ungerechtigkeit und Unrechtmäßigkeit des Schicksals Ijobs herauszustreichen"[45]. Hiobs Klage liegt eine Deutung des Gott-Mensch-Verhältnisses zugrunde, die gegen das von seinen Kontrahenten vertretene traditionelle Verständnis steht. Im Diskurs des Hiobbuches werden vier Aspekte sukzessive herausgearbeitet, die auch Gegenstand der Paradieserzählung Gen 2f. sind: (a) die Ausgestaltung menschlicher Existenz durch Gott, (b) das Angewiesensein des Menschen auf Gottes Gnade, (c) die räumliche Distanz von Gott und Mensch sowie (d) die Bedeutung der Weisheit.

(a) Die Ausgestaltung menschlicher Existenz durch Gott

Ausgangspunkt der im Hiobbuch dargelegten Kontroverse ist die Frage nach der Bedeutung des Todes für die menschliche Existenz. Hiob versucht, seinen Gesprächspartnern aufzuzeigen, dass der Tod keine Strafe für falsches, nicht der Weisheit entsprechendes Verhalten, sondern Teil menschlichen Geschaffenseins ist. Hiob setzt sich also gegen die von seinen Kontrahenten vertretene Vorstellung ab, ein der Weisheit entsprechendes Leben führe zu einem Ausschluss von Leid im menschlichen Leben und damit wohl zur Teilhabe an der Gottesgemeinschaft, wie es in Ps 16,10f. im Sinne von Spr 10,17 formuliert wird und zu einer Abwendung der Postexistenz in der ‚Scheol' (Totenreich) führt.[46] Dies bedeutet, dass zum einen

---

44 Auch wenn er noch die Zuordnung von Gen 2 f. zur Quellenschrift J beibehält, so stellt bereits Müller, Hans-Peter: Weisheitliche Deutungen der Sterblichkeit: Gen 3,19 und Pred 3,21; 12,7 im Licht antiker Parallelen, in: Mensch – Umwelt – Eigenwelt. Gesammelte Aufsätze zur Weisheit Israels, herausgegeben von Hans-Peter Müller, Stuttgart/Köln/Berlin 1992, S. 69-100, diesen Bezug her.

45 Zur Aufnahme von Ps 8,6 in Hi 19,9 vgl. Frevel, Christian: Schöpfungsglaube und Menschenwürde im Hiobbuch. Anmerkungen zur Anthropologie der Hiob-Reden, in: Das Buch Hiob und seine Interpretationen. Beiträge zum Hiob-Symposium auf dem Monte Verità vom 14.-19. August 2005, herausgegeben von Thomas Krüger, Manfred Oeming, Konrad Schmid und Christoph Uehlinger, Zürich 2007, S. 467-497, hier S. 487 f.

46 Frevel, Christian: „Eine kleine Theologie der Menschenwürde". Ps 8 und seine Rezeption in Buch Ijob, in: Das Manna fällt auch heute noch. Beiträge zur Geschichte und Theologie des Alten, Ersten Testaments (Festschrift für Erich Zenger), herausgegeben von Frank-Lothar Hossfeld und Ludger Schwienhorst-Schönberger, Freiburg/Basel/Wien 2004, S. 244-272, hier S. 266. Zur Aufnahme von Ps 8 im Buch Hiob vgl. Köhlmoos, Melanie:

Leid Teil menschlichen Lebens und damit unabhängig vom Verhalten des Individuums und dass zum anderen eine Vermeidung des Eingangs des Menschen in das Totenreich nicht möglich ist. Jeder Mensch wird seine Postexistenz im Totenreich verbringen. Diese Fortexistenz in der Scheol ruft bei Hiob zwei Gedanken hervor. Zunächst führt er in Hi 7,13-15 an, die Existenz des Menschen als Fronarbeiter Gottes führe dazu, dass der Mensch sein Leben als leidvolles wahrnimmt. Da Gott den Menschen selbst im Schlaf nicht in Ruhe lässt, ist der Tod und die damit verbundene Existenz des Menschen in der Scheol der einzige Ort, an dem der Mensch vor Gott Ruhe finden kann.[47] Dies deutet Hiob bereits in Hi 3,19 an, wenn er sich in der Einleitung zum Dialog dazu auslässt, besser nie geboren oder aber als Säugling gestorben zu sein. Die Scheol nimmt er als den Ort wahr, „da Klein und Groß gleich sind und der Knecht frei von seinem Herrn ist". Im weiteren Verlauf des Diskurses kehrt Hiob in Hi 14,13-20 nochmals zum Dasein des Menschen in der Scheol zurück. An dieser Stelle geht Hiob auf die Vorstellung ein, Gott würde Menschen aus dem Dasein in der Scheol befreien und in göttliche Gegenwart führen können (V. 14a: „Meinst du, ein toter Mensch wird wieder leben?"). Hiob führt aus, eine Befreiung des Menschen aus der Scheol sei nicht zu erwarten, da dies voraussetzen würde, dass sich Gottes Zorn gegen das verstorbene Individuum lege und dass Gott dieses Menschen gedenke. Ein Gedenken kann jedoch nur dann stattfinden, wenn vom Menschen ein Rest bleiben würde.[48] Da der Mensch jedoch im Verlaufe der Krankheit[49] und nach seinem Ableben „eine Beute des Gewürms"

Das Auge Gottes. Textstrategie im Hiobbuch, Tübingen 1999, S. 362: „Der wichtigste Intertext für die Hiob-Dichtung ist der mehrfach rezipierte Ps 8."

47 Ps 16,10 f. liegt offensichtlich die Vorstellung der Entrückung zugrunde. Dazu vgl. Janowski, Bernd: JHWH und die Toten. Zur Geschichte des Todes im Alten Israel, in: Tod und Jenseits im alten Israel und in seiner Umwelt, herausgegeben von Angelika Berlejung und Bernd Janowski, Tübingen 2009, S. 447-477, hier S. 466; zum Verhältnis zu Spr 10,17 vgl. Wagner, Thomas: Von der Sehnsucht des Menschen nach Göttlichkeit, in: Anthropologie(n) des Alten Testaments, herausgegeben von Jürgen van Oorschot und Andreas Wagner, Leipzig 2015, S. 203-219, hier S. 213 f.

48 In akkadischen Texten wird als ein Zeichen der Unterwelt die ‚mächtige Stille' (akk. *schischschu dannu*) genannt. Vgl. Berlejung, Angelika: Tod und Leben nach den Vorstellungen der Israeliten. Ein ausgewählter Aspekt zu einer Metapher im Spannungsfeld von Leben und Tod, in: Das biblische Weltbild und seine altorientalischen Kontexte, herausgegeben von Bernd Janowski und Beate Ego, Tübingen 2001, S. 465-502, hier S. 469, mit weiteren Angaben.

49 Horst, Friedrich: Hiob, Biblischer Kommentar. Altes Testament XVI/1, Neukirchen-Vluyn 1963, S. 211, weist auf eine Parallele in den aramäischen Achikar-Texten hin. Hier wird davon berichtet, dass König Assarhaddon dem Weisen Achikar gedenkt, als er seinen Rat begehrt. Das Gedenken (hebr. *zakar*) deutet auf eine personale Beziehung, in der

(Hi 7,5) sei, bleibe vom Menschen nichts übrig, sodass Gott, wenn er dem Menschen gedenke, nichts vorfinden werde. Hiob beschreibt sein körperliches Leid als einen voranschreitenden Prozess, der zum Tod führen wird,[50] wenn Gott ihm nicht das ihm zustehende Recht erweist. Erst in der Retrospektive erkennt Hiob, dass eine Leiderfahrung bis zur Agonie nicht zwingend im Tod enden muss, sondern eine Gesundung des Menschen möglich ist: „Siehe, das alles tut Gott zwei- oder dreimal mit einem jeden, dass er sein Leben zurückhole von den Toten und ihn mit dem Licht der Lebendigen erleuchte" (Hi 33,29f.). Krankheit wird von Hiob als Einbrechen des Todes in das Leben verstanden, sodass der kranke Mensch den Tod bereits erlebt.[51] Der Mensch ist in diesen Situationen von Gottes Gnade abhängig, um sein Leben fortführen zu können.

Bestimmt wird das Gott-Mensch-Verhältnis durch die Funktion, die der Mensch für Gott wahrnehmen muss. Hiob beschreibt das menschliche Leben als ‚Tagelöhner- oder Frondienst' (hebr. *zab'a*) und schließt damit an ein in der Paradieserzählung Gen 2f. sowie im *Atrachasis-Epos* (*Atr.*) erscheinendes Motiv an. Während Gen 2,5 die Aufgabe des Menschen im Paradies als Dienst eines göttlichen Knechts und damit als königlichen Dienst beschreibt (hebr. *'abad*), bezeichnet *Atr.* I:150 die menschliche Aufgabe als ‚Frondienst' (akk. *dûllanima*). Die Vorstellung von unfreiwilliger Arbeit wird in Gen 2f. durch das an den Mann ergehende Strafwort in Gen 3,17f. hervorgerufen. Die Arbeit des Mannes, die der Ernährung durch den Ertrag des Ackers dient, wird mühselig sein, da der Acker ‚Dornen und Disteln' und nicht mehr wie im Paradies ‚Grünes und Kraut' tragen wird. Die in Gen 2f.

---

derjenige, an den eine König / eine Gottheit gedenkt, eine Funktion für den Gedenkenden besitzt. Die Wahrnehmung der Funktion kann laut Hiob nur dann gewährleistet werden, wenn der Körper des Menschen im Grab noch existiert.

50 Vgl. Horst, Friedrich: Hiob, Biblischer Kommentar. Altes Testament XVI/1, Neukirchen-Vluyn 1963, S. 115: „Wörtlich wird dieser Fäulnisprozeß beschrieben als eine Zersetzung des Gewebes durch Maden (vgl. auch 17_{14} 21_{26} 25_6) [...]." Dieses Bild beruht auf Erfahrungen postmortaler Verwesungsprozesse.

51 Hier ergibt sich ein grundlegendes Problem der Beschreibung der Postexistenz. Hiob nimmt altorientalische Vorstellungen einer fortwährenden Existenz des Menschen im Totenreich auf (zu diesen vgl. Berlejung, Angelika: Tod und Leben nach den Vorstellungen der Israeliten. Ein ausgewählter Aspekt zu einer Metapher im Spannungsfeld von Leben und Tod, in: Das biblische Weltbild und seine altorientalischen Kontexte, herausgegeben von Bernd Janowski und Beate Ego, Tübingen 2001, S. 465-502), greift dann zugleich auf die Ankündigung der Verwesung des Menschen (Gen 3,19) zurück, um das Ergehen des Menschen im Tod zu beschreiben. Diese beiden Konzepte werden im Buch Hiob so nebeneinander gestellt, als dass es einen Übergang von einer leiblichen Existenz in der Scheol bis zum Verfall des Menschen zu Erde gibt. Hiob kennt noch keine Dichotomie menschlicher Existenz.

formulierte Entlassung des Menschen aus einer königlichen Existenz, wird von Hiob aufgenommen und hinsichtlich der seit der Vertreibung aus dem Paradies geltenden Bedingungen menschlicher Existenz ausgeführt. So beschreibt Hiob die Entthronung des Menschen in Hi 19,9: „Er hat mir mein Ehrenkleid ausgezogen und die Krone von meinem Haupt genommen." Als einen solchen Vorgang beschreibt Hiob das Leid, das er im Leben erfuhr und das seines Erachtens im Gegensatz zu seinem eigenen Handeln stehe. Hier bestätigt sich erneut Hiobs einleitende Bemerkung, dass Leid Teil menschlicher Existenz und damit keine Folge göttlicher Strafe sei. Bezogen auf die Selbstwahrnehmung des Menschen bedeutet dies eine Neubewertung der eigenen Existenz durch die Erfahrung von Leid. Fühlt sich der Mensch, solange er vom Leid verschont bleibt, als königliche und damit als von Gott bevorzugte Gestalt, verändert sich dies durch Leiderfahrungen dahingehend, dass der Mensch sich als von Gottes Willkür abhängige Kreatur wahrnimmt. Damit wird die in der Weisheit grundlegende Vorstellung eines gerechten Handelns Gottes' negiert. Die Erfahrung göttlicher Gerechtigkeit ist keine Folge menschlichen Verhaltens.

(b) Das Angewiesensein des Menschen auf Gottes Gnade

Die Auswirkung göttlicher Macht über den Menschen, die sich laut Hiob im nach weisheitlichen Maßstäben nicht immer gerechten Handeln Gottes widerspiegelt, führt Hiob in Hi 9,19 aus: „Geht es um Macht und Gewalt: Er hat sie. Geht es um Recht: Wer will ihn vorladen?" Hiob verdeutlicht, dass der göttliche Rechtsspruch kein Akt geltenden Rechts, sondern göttlicher Gnade ist. „Gottes Macht läßt das Recht zunichte werden, sein Recht gründet sich auf seine Macht."[52] Der Mensch besitze nicht die Möglichkeit, seinen Rechtsanspruch gegen Gott durchzusetzen: „Ein Mensch kann gegen Gott nicht Recht behalten" (Hi 9,2; vgl. auch Hi 12,13). Dies führt dazu, dass dem Menschen einzig das Flehen um Recht bleibe: „Wenn ich auch Recht habe, so kann ich ihm doch nicht antworten, sondern ich müsste um mein Recht flehen" (Hi 9,15).[53]

---

52 Fohrer, Georg: Das Buch Hiob, Kommentar zum Alten Testament XVI, Gütersloh 1963, S. 208.

53 Direkt mit der Einsicht der Angewiesenheit des Menschen auf die Gnade Gottes ist im Buch Hiob die Hoffnung verbunden, dass der Schöpfer seiner Verantwortung gegenüber seinem Geschöpf gerecht wird. Dieses explizitert sich vor allem in Hi 10. Vgl. dazu Frevel, Christian: Schöpfungsglaube und Menschenwürde im Hiobbuch. Anmerkungen zur Anthropologie der Hiob-Reden, in: Das Buch Hiob und seine Interpretationen. Beiträge zum Hiob-Symposium auf dem Monte Verità vom 14.-19. August 2005, herausgegeben von Thomas Krüger, Manfred Oeming, Konrad Schmid und Christoph Uehlinger, Zürich 2007, S. 467-497, bes. S. 490-495.

Seine Gesprächspartner bringen gegen Hiob unterschiedliche Aspekte vor, die das göttliche Richten erklären. Zunächst betont Elifas in Hi 5,17, dass das göttliche Gericht und das mit ihm verbundene Strafen als Lernprozess dienen, damit der Mensch Seligkeit erlangen könne (vgl. Ps 73,14; Spr 3,11). Formgeschichtlich betrachtet verwendet Elifas hier einen sog. ‚Heilsspruch' (vgl. Spr 3,13; 8,32.34; 14,21 u.ö.), der sich stets auf Personen bezieht und ihnen Heil ansagt.[54] „Die Eigentümlichkeit der vorliegenden Stelle ist es, dass sie den prozessualen Begriff neben den pädagogischen stellt, beide aufeinander bezogen und doch voneinander unterschieden sein lässt. Leiden ist deshalb aus den Händen Gottes anzunehmen als die richterliche wie zugleich erzieherische Maßnahme, durch die Gott menschliches Fehlverhalten als solches aufweist und zurückweist, aber es auch zurechtbringen will."[55] Das Heil entsteht, nachdem der Mensch seine Existenz an der erfahrenen Züchtigung durch Gott ausrichtet. Diese Verhaltensänderung bringt es mit sich, dass Gott den Menschen letztlich vor den Folgen irdischer Katastrophen wie Hungersnot, Krieg oder Bedrohung durch wilde Tiere bewahrt. Nach Spr 3,8 ist dieser Prozess für das Leben des Menschen förderlich.

Neben der Züchtigung ist auch die Strafe für die Toren Gegenstand göttlicher Gerechtigkeit. Dieses führt Bildad aus. Zunächst betont dieser, dass Gott gerecht sei (Hi 8,3, vgl. Spr 11,18.23; 13,9; 23,17f.; 24,19f.), was dem in Dtn 1,17 Formulierten entspricht, Gott richte ohne Ansehen der Person gerecht. In seiner späteren Bildrede über den Ungerechten (Hi 18) verdeutlicht er, dass ungerechtes Handeln zwingend zu göttlicher Strafe führe (vgl. Spr 13,9; 24,20). Hiobs erfahrenes Leid kann also unterschiedliche Ursachen besitzen: Entweder will Gott ihn züchtigen oder er will ihn strafen.

Gegen diese Deutungsmöglichkeiten der Ursachen göttlicher Gerechtigkeit wendet sich Hiob mit Beobachtungen unterschiedlicher Art. Einerseits werden Gottlose durchaus alt und nehmen an Kraft zu (Hi 21,7), andererseits müssen auch Gottesfürchtige in schlechter körperlicher Verfassung oder mit erheblichen materiellen Einschränkungen leben. Das irdische Ergehen nimmt wiederum keinen Einfluss auf die Postexistenz: „Und doch liegen beide in der Erde, und Gewürm deckt sie zu" (Hi 21,26). Hiobs anthropologische Erkenntnisse nehmen damit auch

---

54 Vgl. Fohrer, Georg: Das Buch Hiob, Kommentar zum Alten Testament XVI, Gütersloh 1963, S. 152.

55 Horst, Friedrich: Hiob, Biblischer Kommentar. Altes Testament XVI/1, Neukirchen-Vluyn 1963, S. 86.

Einfluss auf sein Rechtsverständnis: Der Mensch kann von Gott keine Gerechtigkeit erfahren, da alle Menschen durch Tod und Vergänglichkeit gleich sind.[56]

Während Hiob die Frage göttlicher Gerechtigkeit also aus Beobachtungen der Existenz anderer Menschen, eigener Erfahrung sowie von der Postexistenz des Menschen her entfaltet, gehen seine Gesprächspartner vor allem auf Vorstellungen über das göttliche Wesen ein, die aus der persönlichen, sich im Kult konstituierenden Gottesbeziehung gewonnen werden. Bildad stellt in Hi 8,3 die Frage, ob Hiob der Meinung sei, Gott würde ungerecht richten und das Recht verkehren. Ohne Hiobs Antwort abzuwarten, führt er aus: „Siehe, Gott verwirft die Frommen nicht und hält die Hand der Boshaften nicht fest, bis er deinen Mund voll Lachens mache und deine Lippen voll Jauchzens" (Hi 8,20f.). Es obliege dem Menschen, sich bei Gott durch Gebet respektive durch Flehen Gehör zu verschaffen. Die Anrufung Gottes werde dazu führen, dass sich das Ergehen des Menschen wandele: „Wenn du rein und fromm bist, wird Gott deinetwegen aufwachen" (Hi 8,6). Anders als Hiob in Hi 9,15, der den Erweis von Recht als Willkür aufgrund göttlicher Macht bezeichnet, versteht Bildad dies als eine Folge der Bewusstwerdung des Ergehens des einzelnen Menschen. Gott wisse nicht zwingend um das, was dem Menschen widerfahre, sodass er, wenn er davon Kenntnis erlange, sich gerecht verhalte. Überwunden werden könne das Leid des Menschen also nur durch Gottesfurcht. Das gerechte Verhalten Gottes könne jedoch nur dann eintreten, wenn Gott Handeln und Ergehen des einzelnen Menschen wahrnehme.

(c) Die räumliche Distanz von Gott und Mensch

Um seine Gesprächspartner von seiner Position zu überzeugen, weist Hiob auf die durch die Schöpfung hervorgerufene räumliche Distanz zwischen Gott und Mensch hin. Ihre ontologische Geschiedenheit spiegelt sich nach Hiob also auch in einer räumlichen Trennung wider. Gott sei für den Menschen unverfügbar, da der Mensch nicht wisse, wo Gott sich aufhalte. Hiob drückt dies in Hi 23,3 aus: „Ach, dass ich wüsste, wie ich ihn finden und zu seinem Thron kommen könnte." Das Motiv des Thrones Gottes deutet auf kosmologische Vorstellungen hin, in deren Zentrum der Tempel als Ort des Thrones Gottes steht. Die Verzweifelung Hiobs, nicht zu wissen, wo er den Thron Gottes finden könne, weist darauf hin, dass Hiob die mit dem Jerusalemer Tempel verbundenen kosmologischen Implikationen in Zweifel

---

56 Vgl. Strauß, Hans: Hiob, Biblischer Kommentar. Altes Testament XVI/2, Neukirchen-Vluyn 2000, S. 49: „Der Tod erreicht Glückliche wie Unglückliche unversehens und endgültig, und deshalb kann er in keiner Weise ein besonderes Gericht für Gottlose sein". Ebenso Fohrer, Georg: Das Buch Hiob, Kommentar zum Alten Testament XVI, Gütersloh 1963, S. 346.

zieht. Der Tempel als Zentrum der Welt, an dem Himmel und Erde aufeinander stoßen und an dem der Thron Gottes steht, dient als Kontaktstelle zwischen Gott und dem Menschen.[57] Das sich an Gott richtende Flehen / Bitten, das Hiob von seinen Gesprächspartnern nahegelegt wird, erfolgt üblicherweise im oder zumindest gen Tempel. Der Zusammenhang zwischen dem Gebet im oder zum Tempel und dem Hören Gottes im Himmel wird in 1Kön 8,46-49 deutlich: „Wenn sie an dir sündigen werden – denn es gibt keinen Menschen, der nicht sündigt – und du zürnst ihnen und gibst sie dahin vor ihren Feinden, dass sie sie gefangen führen in das Land der Feinde, fern oder nahe, und sie nehmen sich's zu Herzen im Lande […] und bekehren sich zu dir von ganzem Herzen und von ganzer Seele im Lande ihrer Feinde, die sie weggeführt haben, und beten zu dir nach ihrem Lande hin, das du ihren Vätern gegeben hast, nach der Stadt hin, die du erwählt hast, und nach dem Hause hin, das ich deinem Namen gebaut habe: So wollest du ihr Gebet und Flehen hören im Himmel, an dem Ort, wo du wohnst, und ihnen Recht schaffen." Der Himmel ist zugleich Teil der Schöpfung Gottes, da er ihn über der Erde ausspannte und die Gestirne an den Himmel setzte (Hi 9,8f. vgl. Ps 104,2). Hiob betont, dass Gott den Überblick über die gesamte Schöpfung behält. Im in Hi 28 dargebotenen Lied über die Weisheit nimmt Hiob schließlich traditionelle Vorstellungen auf, die Gottes Weitsicht mit der kosmologischen Metapher „der die Enden der Erde sieht und alles, was unter dem Himmel ist" (Hi 28,24) beschreiben. Doch auch wenn Gott seinerseits einen vollständigen Einblick in und Überblick über die Schöpfung besitzt, so ist er für den Menschen nicht auffindbar. Dieses drückt Hiob in Hi 26 mit dem aus der Jerusalemer Tempeltheologie stammenden traditionellen Motiv des Selbstrückzugs Gottes in den Tempel durch Verhüllung seines Thrones aus: „Er verhüllt seinen Thron und breitet seine Wolken davor. Er hat am Rande des Wassers eine Grenze gezogen, wo Licht und Finsternis sich scheiden. Die Säulen des Himmels zittern und entsetzen sich vor seinem Schelten" (Hi 26,9-11). An dieser Stelle spielt Hiob, auch wenn ihm bereits das Konzept eines mehrschichtigen Himmelsgebäudes geläufig ist,[58] auf den Tempelweihspruch 1Kön 8,12 an: „Da sprach Salomo: Die Sonne hat JHWH an den Himmel gestellt; er hat

---

57   Vgl. Hartenstein, Friedhelm: Wolkendunkel und Himmelsfest. Zur Genese und Kosmo-
     logie der Vorstellung des himmlischen Heiligtums JHWHs, in: Das biblische Weltbild
     und seine altorientalischen Kontexte, herausgegeben von Bernd Janowski und Beate Ego,
     Tübingen 2001, S. 125-179, hier S. 127: „Erst in frühjüdischen Texten wird ausdrücklich
     von einem ‚Bauwerk' im Himmel, einem ‚*himmlischen Heiligtum*' gesprochen, zu dessen
     Engelliturgie der irdische Kult in einem Analogieverhältnis stand."
58   Darauf weist die Anspielung auf die Fundamente des Himmels hin. Dazu vgl. Har-
     tenstein, Friedhelm. Wolkendunkel und Himmelsfest: Zur Genese und Kosmologie
     der Vorstellung des himmlischen Heiligtums JHWHs, in: Das biblische Weltbild und

aber gesagt, er wolle im Dunkeln wohnen." Der Ort des Dunkels in der Jerusalemer Tempeltheologie ist die im Tempel präsente Wolke Gottes: „Das ‚*Wolkendunkel*‘ ([…]) als Umschreibung für den eng mit dem Heiligtum verbundenen hintergründigen Bereich JHWHs ist ein ambivalentes *Phänomen der atmosphärischen Himmels*, das in der Wohnvorstellung von 1Kön 8,12f. JHWHs Thronsphäre *umhüllt* und so deren Transzendenz markiert."[59] Diese Vorstellung wurde in exilisch-nachexilischer Zeit um die Annahme eines mehrschichtigen Himmelsgebäudes ergänzt. Hiob klagt nun darüber, dass der Ort des Thronens Gottes im Himmel im Dunkeln und damit außerhalb der dem Menschen zugänglichen Sphäre liege. Aufgrund dieser selbst gewählten Verhüllung Gottes ist dem Menschen die Möglichkeit der Aufnahme eines direkten Kontakts genommen.[60]

---

seine altorientalischen Kontexte, herausgegeben von Bernd Janowski und Beate Ego, Tübingen 2001, S. 125-179, bes. S. 133-136.

59 Hartenstein, Friedhelm: Wolkendunkel und Himmelsfest. Zur Genese und Kosmologie der Vorstellung des himmlischen Heiligtums JHWHs, in: Das biblische Weltbild und seine altorientalischen Kontexte, herausgegeben von Bernd Janowski und Beate Ego, Tübingen 2001, S. 125-179, hier S. 128.

60 Zur Selbstverhüllung Gottes als Gerichtsmotiv vgl. Hartenstein, Friedhelm: Die Unzugänglichkeit Gottes im Heiligtum. Jesaja 6 und der Wohnort JHWHs in der Jerusalemer Kulttradition, Neukirchen-Vluyn 1997, S. 136-166. Die Anspielung auf die Unauffindbarkeit Gottes steht in Kontrast zur Verehrung des Sonnengottes (akk. *Schamasch*), der den Menschen tagtäglich aufgrund seiner Präsenz am Himmel zugänglich ist. Er wird als König bzw. Herr der Totengeister und Herr der Toten verehrt, über deren Reich er nach Sonnenuntergang regiert. Inschriften von in Ketef Hinnom gefundener Grabamulette lassen vermuten, dass mit JHWH auch chthonische Aspekte verbunden werden und er als Gott verehrt wird, der die Grenze zwischen dem Dies- und dem Jenseits überwinden kann (vgl. Berlejung, Angelika: Tod und Leben nach den Vorstellungen der Israeliten. Ein ausgewählter Aspekt zu einer Metapher im Spannungsfeld von Leben und Tod, in: Das biblische Weltbild und seine altorientalischen Kontexte, herausgegeben von Bernd Janowski und Beate Ego, Tübingen 2001, S. 465-502, bes. S. 472, 489 f.). Altorientalische Weltbilder kennen keine strikte Trennung der einzelnen Bereiche, sondern gehen von einer (temporären oder mit einem Aspekt verbundenen) Ausweitung der einen Sphäre in die andere aus: „Das Jenseits ist dabei offenbar ein Machtbereich, der geradezu räumlich ins Diesseits hineinragt und dieses zu einem Todesraum, zu einem *jenseitigen Bereich in der diesseitigen Welt* umgestaltet" (Janowski, Bernd: JHWH und die Toten. Zur Geschichte des Todes im Alten Israel, in: Tod und Jenseits im alten Israel und in seiner Umwelt, herausgegeben von Angelika Berlejung und Bernd Janowski, Tübingen 2009, S. 447-477, hier S. 456).

(d) Die Bedeutung der Weisheit

Die unterschiedlichen Positionen, die Hiob und seine Gesprächspartner zur Gerechtigkeit Gottes und zur Stellung Gottes gegenüber dem Kosmos einnehmen, wirken sich auf ihr Verständnis der Weisheit aus. Grundlegend für die Bestimmung der Bedeutung der Weisheit ist Hiobs Aussage in Hi 9,4a: „Gott ist weise und mächtig." Diese Annahme wird von keinem der Gesprächspartner bestritten; es stellen sich für sie nur zwei Fragen: Was ist Weisheit? Und wie wird der Mensch weise?

Als Ausgangspunkt der Betrachtung der Diskussionspositionen bietet es sich an, erneut Elifas erste Rede zu wählen. Aus dem Gedanken der Niedrigkeit des Menschen leitet er ab, dass der Mensch vor Gott als Tor erscheinen müsse, da dieser ja selbst seinen Boten Torheit vorwerfe. Es sei Teil menschlicher Existenz, Unheil zu erzeugen, denn dieses sei irdisch gegeben, komme aber nicht von allein aus der Erde hervor (Hi 5,7). So wird der Mensch für das von ihm ausgehende Unheil von Gott gezüchtigt. Menschliche Weisheit entstehe dadurch, dass der Mensch die göttlichen Züchtigungen als Erziehung zur Weisheit verstehe. Zeige sich der Mensch in diesen Züchtigungen als gottesfürchtig, so wird Gott ihn vor den weiteren Folgen der Züchtigungen bewahren. Die Weisheit des Menschen zeige sich demnach darin, sich als gottesfürchtig zu erweisen, indem er Gott in den sein Leben bedrohenden Situationen um Hilfe anrufe. Die Reduktion menschlicher Weisheit auf die Gottesfurcht ist der mangelnden Weitsicht des Menschen geschuldet. Zofar führt dieses mittels eines kosmologischen Motivs über die Breite göttlicher Weisheit aus: „Die Weisheit ist höher als der Himmel: Was willst Du tun?, tiefer als die Hölle: Was kannst du wissen?, länger als die Erde und breiter als das Meer" (Hi 11,8f.). Da der Mensch nicht den gesamten Kosmos überblicken kann, kann er die von Gott getroffenen Entscheidungen auch nicht beurteilen. „So muß Hiob sich also fragen lassen, ob er sich vermesse, mit seinen vordergründigen Urteilen das in seiner letzten Tiefe sich menschlicher Bemächtigung unzugänglich haltende Handeln Gottes ausfindig machen zu können."[61] Da Zofar davon ausgeht, dass Gott gerecht am Menschen handelt und er sich spätestens dann so verhält, wenn der Mensch ihn anruft, kann nur das Ergehen des Menschen Auskunft über seine Weisheit, d. h. seine Gottesfurcht geben. Dies bedeutet, dass Gottes Weisheit seine Kenntnis menschlichen Verhaltens und Handelns sowie das Überwachen der von ihm aufgestellten Ordnung ist. Hier zeigt sich also ein direkter Zusammenhang von Tun und Ergehen, der auch für seine Gesprächspartner vom Ergehen her deutbar ist.

---

61 Horst, Friedrich: Hiob, Biblischer Kommentar. Altes Testament XVI/1, Neukirchen-Vluyn 1963, S. 169 f.

Hiob stellt diesen Zusammenhang von Tun und Ergehen dahingehend in Frage, dass Fehlverhalten nicht zwingend zu Strafe führe. „Die Hütten der Verwüster stehen ganz sicher, und Ruhe haben, die wider Gott toben, die Gott in ihrer Faust führen" (Hi 12,6). Da der postulierte Tun-Ergehen-Zusammenhang von der Wirkung her betrachtet empirisch überprüfbar falsch ist und das Ergehen der Menschen in Gottes Hand liege, muss auch das Wohlergehen der Frevler Teil göttlicher Weisheit sein. Damit werden Weisheit und Kriegsmacht in ein enges Verhältnis gesetzt, da Gott diese Macht benutzt, um die in seiner Weisheit geschlossenen Pläne umzusetzen (Hi 12,13).

Zofars Ausführungen zur Weisheit und Hiobs Antwort lassen zwei unterschiedliche Weisheitskonzepte erkennen. Der Erkenntnis Gottes und seines Handelns in einer idealtypischen Welt, in der Gott den Gottesfürchtigen erfahrenes Leid überwinden lässt und dadurch den Tun-Ergehen-Zusammenhang herstellt, steht Hiobs Erkenntnis irdischer Realität und ihrer Ursachen im göttlichen Handeln gegenüber. Der von seinen Kontrahenten vertretenen Auffassung, der Mensch würde Weisheit durch die Erkenntnis seiner Züchtigungen gewinnen und so zur Gottesfurcht kommen, stellt Hiob die Offenbarung göttlicher Weisheit entgegen. Anders als die materiellen Güter der Erde, sei Weisheit kein dem Menschen frei zugängliches oder von ihm produzierbares Gut, sondern Gegenstand einer Botschaft Gottes an den Menschen. Diese ließ er ihn bereits bei der Schöpfung erfahren: „Als er dem Wind sein Gewicht gegeben und dem Wasser sein Maß gesetzt, als der dem Regen ein Gesetz gegeben hat und dem Blitz und Donner den Weg; damals schon sah er sie und verkündigte sie, bereitete sie und ergründete sie und sprach zum Menschen: Siehe, die Furcht des Herrn, das ist Weisheit, und meiden das Böse, das ist Einsicht" (Hi 28,24-28).[62] Damit löst sich Hiob vom Gedanken, der Mensch könne durch seine geistige Leistung Weisheit erlangen.[63] Vielmehr reduziert er die Weisheit des Menschen auf das Halten göttlicher Weisungen, da der Mensch die

---

62 Vgl. Fohrer, Georg: Das Buch Hiob, Kommentar zum Alten Testament XVI, Gütersloh 1963, S. 399: „Bei der Schöpfung der Welt hat Gott die ‚Weisheit' als innerstes Geheimnis der Welt angewendet und alles ihr entsprechend geordnet (vgl. Spr 8,27-31; Sap 8,1; 11,20)."

63 van Oorschot, Jürgen: Hiob 28: Die verborgene Weisheit und die Furcht Gottes als Überwindung einer generalisierenden הׇמְכׇח, in: The Book of Job, edited by Willem A. M. Beuken, Leuven 1994, 183-201, scheidet zwischen einer dem Menschen verborgenen Weisheit, die in der Schöpfung integriert ist, die der Mensch jedoch nicht erkennen kann, und einer Weisheit, die als Gottesfurcht für den Menschen bestimmt ist und die ihm trotz aller Skepsis gegenüber der menschlichen Einsichtsfähigkeit als Weisheit zugänglich ist. Damit erhält die Weisheit für das menschliche Leben eine andere Funktion, mit der die Einschätzung der Gesprächspartner, Weisheit sei dem Menschen grundsätzlich zugänglich, widerspricht. Weiter dazu vgl. Wanke, Roger M.: Praesentia

Zusammenhänge nicht überblicken könne.[64] In diesem Sinne versteht er sich selber als weisen, weil gerechten Menschen.

5   Zusammenfassung

Das Gott-Mensch-Verhältnis unterlag in der Entstehung und Entwicklung der alttestamentlichen Schriften einem tiefgehenden Wandel. Angelehnt an das mesopotamische Verständnis des Königs als einem mit göttlicher Weisheit begabten Herrscher wird auch der Jerusalemer König als Weiser verstanden, der aufgrund seines besonderen Gottesverhältnisses von Gott zu Kriegsführung, Rechtsprechung und Erkenntnis der eigenen Lebenswelt befähigt ist. Seine herausragende soziale Position begründend und von dieser abhängig erhält der König Anteil an der göttlichen Weisheit, sodass er von anderen Menschen unabhängig wird. Dieses spiegelt sich im Alten Testament sowohl in Thronnamen als auch in Erzählungen wider. Anders als die sumerischen und babylonischen Texte besitzen die alttestamentlichen jedoch keinen mythologischen Charakter. Das Dasein des Menschen, sein Verhältnis zu Gott und zum König werden in den alttestamentlichen Texten nicht weiter reflektiert. Stattdessen entwickelt sich das Menschenbild dergestalt fort, dass eine Transformation der mit dem Königtum verbundenen anthropologischen Vorstellungen stattfindet. Dies wird in Gen 1 und Ps 8 sichtbar. Vorstellungen, die aus der Königsideologie stammen, werden auf jeden Menschen übertragen. Verbunden wird dies mit der Herrschaft des Menschen über die göttliche Schöpfung. Dadurch wird auch das Verhältnis von Gott und Mensch beschrieben: Der Mensch wird von Gott als Verwalter seiner Schöpfung eingesetzt. Aus der Königsideologie wird nicht nur der Aspekt der Gottebenbildlichkeit, sondern auch die Begabung eines jeden Menschen mit Weisheit entlehnt. Diese Weisheit kann der Mensch einsetzen, um von Gott als gerecht wahrgenommen zu werden. Damit qualifiziert die Weisheit den Menschen vor Gott, sodass der Mensch von Gott als würdevoll angesehen wird. In dieses Stadium der Traditionsausbildung fallen auch die von den Gesprächspartnern Hiobs dargelegten Vorstellungen. Gott wird als gerechter Herrscher und Richter wahrgenommen, der den Menschen nach seinem Handeln

---

Dei. Die Vorstellungen von der Gegenwart Gottes im Hiobbuch, Berlin und New York 2013, S. 240-256.

64 Und selbst das Einhalten der Weisungen Gottes schützt den Menschen nicht vor dem göttlichen Zorn: „Menschliche Weisheit kann nicht begreifen, dass Gottes Macht nicht nur gegen die Schöpfung ausübt, sondern auch gegen den Menschen, sogar gegen den Gerechten" (Wanke, Roger M.: Praesentia Dei. Die Vorstellungen von der Gegenwart Gottes im Hiobbuch, Berlin und New York 2013, S. 230).

beurteilt. Jeder Mensch ist in der Lage, Würde vor Gott zu erhalten. Dafür muss er einzig der göttlichen Weisheit, d. h. den göttlichen Geboten folgen, diese in den einzelnen Situationen anwenden und damit Gottesfurcht zum Ausdruck bringen. Maßstab der Weisheit ist das göttliche Gebot / die göttliche Weisung, da diese Gottes Weisheit kenntlich machen und dem Menschen die Möglichkeit geben, an dieser Weisheit zu partizipieren. Die Trennung der Menschen erfolgt in diesem Stadium nicht mehr in Herrschende und Beherrschte, so wie es im ersten noch der Fall war, sondern in Weise, Gerechte, Gottesfürchtige und Frevler. Zu denen zählen Hiobs Kontrahenten ihn zunächst nicht; im Verlauf des Gesprächs und vor allem gefördert durch Elifas' Reden wird Hiob von ihnen zunehmend als ein solcher wahrgenommen.

Hiobs Argumentation baut auf einer anderen Deutung menschlicher Existenz auf. Er lehnt sich gegen die Darstellung seiner Kontrahenten an die Paradieserzählung Gen 2f. auf, womit der individuelle Lebensweg Hiobs und die von ihm vorgetragene Deutung einen für menschliches Leben prototypischen Charakter erhalten. In der Paradieserzählung wird die Bedeutung der Weisheit für das menschliche Leben kritisch hinterfragt. Literarisch dient sie als Brücke zwischen der Menschenschöpfung und der Fluterzählung in Gen 6-9. Auch in der Paradiesgeschichte wird der Mensch als königliches Wesen dargestellt, doch verliert er seine Position, indem er das göttliche Gebot übertritt und aus dem Gottesgarten ausgewiesen wird. Die mit der Übertretung gewonnene Weisheit führt also zur Trennung von Gott und Mensch. Durch den Gewinn der Weisheit wird Gott für den Menschen unverfügbar, da dieser den Zugang zu seinem Schöpfer verliert. An Gen 2f. lehnt sich Hiob mit seiner Darstellung des Menschen als Frondienstarbeiters an. Gott erscheint dem Menschen als übermächtig, da er jederzeit über den Menschen verfügen kann, dieser aber keinen Zugang zur göttlichen Sphäre besitzt. Göttliche Gerechtigkeit kann der Mensch, so Hiob, nur dann erfahren, wenn Gott seine Gnade walten lässt. Hiob klagt darüber, dass der Mensch nicht in der Lage ist, Gott für ein mögliches ungerechtes Verhalten anzuklagen oder gar zur Rechenschaft zu ziehen. Damit aber trägt auch die Weisheit, die Hiob im Sinne eines königlichen Weisheitsbegriffs als Durchdringung irdischer Zusammenhänge und nicht reduziert auf Gehorsam gegenüber dem göttlichen Gebot deutet, für den Menschen nichts aus. Zum einen kann der Mensch nicht die gesamte Schöpfung überblicken, was dazu führt, dass er das irdische Leben mit all seinen Begebenheiten zwar als von göttlicher Weisheit gewollt, aber nicht nach den Maßgaben göttlicher Weisung ausgerichtet erkennt. Zum anderen ist der Mensch nicht in der Lage, sich das in der Weisheit Erkannte zunutze zu machen, da Gott ihn weder in Ruhe leben lässt, noch der Mensch aufgrund seiner Verfallenheit an den Tod Macht über das Leben besitzt. Das Verhältnis von Gott und Mensch ist nach Hiob vor allem von Gegensätzen geprägt: groß –

klein, mächtig – schwach, unsterblich – sterblich, überblickend – eingeschränkt, hoch erhaben – (er)niedrig(t). Die Abhängigkeit des Menschen von Gott wird damit offenkundig. So bleibt Hiob letztlich nur die Erkenntnis, dass wirkliche menschliche Weisheit nicht Erkenntnis der Welt und des Lebens, sondern allein Gottesfurcht sein kann. Was die ersten Menschen im Paradies gewannen, führt also nicht zur Verbesserung des Lebens, sondern nur dazu, dass der Mensch sich und seine irdische Existenz erkennt. Und diese nötigt ihn dazu, Gott zu verehren, damit dieser die Grenzen seiner Existenz verschiebt. Dies wird Gott nach Hiobs Vorstellung nur dem gerechten Menschen zuteilwerden lassen.

Literaturhinweise

Batto, Bernard F.: In the Beginning. Essays on Creation Motifs in the Ancient Near East and the Bible, Winona Lake/Indiana 2013.

Bauks, Michaela: Sacred Trees in the Garden of Eden and Their Ancient Near Eastern Precursors, in: Journal of Ancient Judaism 3 (2012), S. 267-301.

Berlejung, Angelika: Tod und Leben nach den Vorstellungen der Israeliten. Ein ausgewählter Aspekt zu einer Metapher im Spannungsfeld von Leben und Tod, in: Das biblische Weltbild und seine altorientalischen Kontexte, herausgegeben von Bernd Janowski und Beate Ego, Tübingen 2001, S. 465-502.

Dietrich, Jan: Ehre und Ehrgefühl im Alten Testament, in: Der Mensch im Alten Israel. Neue Forschungen zur alttestamentlichen Anthropologie, herausgegeben von Bernd Janowski und Kathrin Liess, Freiburg/Basel/Wien 2009, S. 419-452.

Emmenegger, Gregor (Hrsg.): Bibliothek der Kirchenväter, online verfügbar unter der URL: www.unifr.ch/bkv/ [28.07.2016].

Fohrer, Georg: Das Buch Hiob, Kommentar zum Alten Testament XVI, Gütersloh 1963.

Frevel, Christian: „Eine kleine Theologie der Menschenwürde". Ps 8 und seine Rezeption in Buch Ijob, in: Das Manna fällt auch heute noch. Beiträge zur Geschichte und Theologie des Alten, Ersten Testaments (Festschrift für Erich Zenger), herausgegeben von Frank-Lothar Hossfeld und Ludger Schwienhorst-Schönberger, Freiburg/Basel/Wien 2004, S. 244-272.

Frevel, Christian: Schöpfungsglaube und Menschenwürde im Hiobbuch. Anmerkungen zur Anthropologie der Hiob-Reden, in: Das Buch Hiob und seine Interpretationen. Beiträge zum Hiob-Symposium auf dem Monte Verità vom 14.-19. August 2005, herausgegeben von Thomas Krüger, Manfred Oeming, Konrad Schmid und Christoph Uehlinger, Zürich 2007, S. 467-497.

Frevel, Christian: Gottesbildlichkeit und Menschenwürde. Freiheit, Geschöpflichkeit und Würde des Menschen nach dem Alten Testament, in: Anthropologische Aufbrüche. Alttestamentliche und interdisziplinäre Zugänge zur historischen Anthropologie, herausgegeben von Andreas Wagner, Göttingen 2009, S. 255-274.

Hartenstein, Friedhelm: Die Unzugänglichkeit Gottes im Heiligtum. Jesaja 6 und der Wohnort JHWHs in der Jerusalemer Kulttradition, Neukirchen-Vluyn 1997.

Hartenstein, Friedhelm: Wolkendunkel und Himmelsfest. Zur Genese und Kosmologie der Vorstellung des himmlischen Heiligtums JHWHs, in: Das biblische Weltbild und seine altorientalischen Kontexte, herausgegeben von Bernd Janowski und Beate Ego, Tübingen 2001, S. 125-179.

Horst, Friedrich: Hiob, Biblischer Kommentar. Altes Testament XVI/1, Neukirchen-Vluyn 1963.

Janowski, Bernd: Die lebendige Statue Gottes. Zur Anthropologie der priesterlichen Urgeschichte, in: Die Welt als Schöpfung, herausgegeben von Bernd Janowski, Neukirchen-Vluyn 2008, S. 140-171.

Janowski, Bernd: JHWH und die Toten. Zur Geschichte des Todes im Alten Israel, in: Tod und Jenseits im alten Israel und in seiner Umwelt, herausgegeben von Angelika Berlejung und Bernd Janowski, Tübingen 2009, S. 447-477.

Janowski, Bernd: Anthropologie des Alten Testaments. Versuch einer Grundlegung, in: Anthropologische Aufbrüche. Alttestamentliche und interdisziplinäre Zugänge zur historischen Anthropologie, herausgegeben von Andreas Wagner, Göttingen 2009, S. 13-41.

Jericke, Detlef: Königsgarten und Gottes Garten. Aspekte der Königsideologie in Genesis 2 und 3, in: Exegese vor Ort. Festschrift für Peter Welten zum 65. Geburtstag, herausgegeben von Christel Maier, Rüdiger Liwak und Klaus-Peter Jörns, Leipzig 2011, S. 161-176.

Köhlmoos, Melanie: Das Auge Gottes. Textstrategie im Hiobbuch, Tübingen 1999.

Kreuzer, Siegfried: Gott als Vater des Königs. Die Namen der Thronfolger Abija (I Reg 14,1.31; 15,1.7 f.) und das Selbstverständnis der frühisraelitischen Könige (II Sam 7,14), in: Gott und Mensch im Dialog. Festschrift für Otto Kaiser zum 80. Geburtstag Bd. 1, herausgegeben von Markus Witte, Berlin und New York 2004, S. 425-438.

Laato, Anti: Who is Immanuel? The Rise and the Foundering of Isaiah's Messianic Expectations, Åbo 1988.

Lohse, Bernhard (Hrsg.): Die Passa-Homilie des Bischofs Meliton von Sardes, Textus minores 24, Leiden 1958.

Mettinger, Tryggve N.D.: The Eden Narrative. A Literary and Religio-historical Study of Genesis 2-3, Winona Lake/Indiana 2007.

Müller, Hans-Peter: Weisheitliche Deutungen der Sterblichkeit: Gen 3,19 und Pred 3,21; 12,7 im Licht antiker Parallelen, in: Mensch – Umwelt – Eigenwelt. Gesammelte Aufsätze zur Weisheit Israels, herausgegeben von Hans-Peter Müller, Stuttgart/Köln/Berlin 1992.

Neumann-Gorsolke, Ute: Herrschen in den Grenzen der Schöpfung. Ein Beitrag zur alttestamentlichen Anthropologie am Beispiel von Psalm 8, Genesis 1 und verwandten Texten, Neukirchen-Vluyn 2004.

Ockinga, Boyo: Die Gottebenbildlichkeit im alten Ägypten und im Alten Testament, Wiesbaden 1984.

Oshima, Takayoshi: When the Gods Made Us from Clay, in: Menschenbilder und Körperkonzepte im Alten Israel, in Ägypten und im Alten Orient, herausgegeben von Angelika Berlejung, Jan Dietrich und Joachim F. Quack, Tübingen 2012, S. 407-431.

Podella, Thomas: Das Lichtkleid JHWHs. Untersuchungen zur Gestalthaftigkeit Gottes im Alten Testament und seiner altorientalischen Umwelt, Tübingen 1996.

Ritter, Adolf M. (Hrsg.): Alte Kirche. Kirchen- und Theologiegeschichte in Quellen I, Neukirchen-Vluyn ⁵1991.

Rüterswörden, Udo: Erwägungen zur alttestamentlichen Paradiesvorstellung, in: Theologische Literaturzeitung 123 (1998), S. 1154-1162.

Schellenberg, Annette: Der Mensch, das Bild Gottes? Zum Gedanken einer Sonderstellung des Menschen im Alten Testament und in weiteren altorientalischen Quellen, Leipzig 2011.

Schmidt, Werner H.: Anthropologische Begriffe im Alten Testament, in: Vielfalt und Einheit alttestamentlichen Glaubens, Bd. 2: Psalmen und Weisheit, Theologische Anthropologie und Jeremia, Theologie des Alten Testaments, herausgegeben von Werner H. Schmidt, Axel Graupner, Holger Delkurt und Alexander B. Ernst, Neukirchen-Vluyn 1995, S. 77-91

Schmidt, Werner H.: Alttestamentlicher Glaube, Neukirchen-Vluyn [11]2011.

Strauß, Hans: Hiob, Biblischer Kommentar. Altes Testament XVI/2, Neukirchen-Vluyn 2000.

Van Oorschot, Jürgen: Hiob 28: Die verborgene Weisheit und die Furcht Gottes als Überwindung einer generalisierenden המכה, in: The Book of Job, edited by Willem A.M. Beuken, Leuven 1994.

Von Soden, Wolfram: Der altbabylonische Atramchasis-Mythos, in: Texte aus der Umwelt des Alten Testaments Bd. III/4: Weisheitstexte, Mythen und Epen, herausgegeben von Otto Kaiser, Gütersloh 2005, S. 612-647.

Wagner, Thomas: Gottes Herrschaft. Eine Analyse der Denkschrift (Jes 6,1-9,6), Leiden/Boston 2006.

Wagner, Thomas: Gottes Herrlichkeit. Bedeutung und Verwendung des Begriffs kabôd im Alten Testament, Leiden/Boston 2012.

Wagner, Thomas: Wasser ist nicht gleich Wasser, in: Text – Textgeschichte – Textwirkung. Festschrift zum 65. Geburtstag von Siegfried Kreuzer, herausgegeben von Thomas Wagner, Jonathan M. Robker und Frank Ueberschaer, Münster 2014, S. 3-27.

Wagner, Thomas: Von der Sehnsucht des Menschen nach Göttlichkeit, in: Anthropologie(n) des Alten Testaments, herausgegeben von Jürgen van Oorschot und Andreas Wagner, Leipzig 2015, S. 203-219.

Wanke, Roger M.: Praesentia Dei. Die Vorstellungen von der Gegenwart Gottes im Hiobbuch, Berlin und New York 2013.

Waschke, Ernst-Joachim: Die Bedeutung der Königstheologie für die Vorstellung der Gottebenbildlichkeit des Menschen, in: Anthropologische Aufbrüche. Alttestamentliche und interdisziplinäre Zugänge zur historischen Anthropologie, herausgegeben von Andreas Wagner, Göttingen 2009, S. 235-254.

Wöhrle, Jakob: dominium terrae. Exegetische und religionsgeschichtliche Überlegungen zum Herrschaftsauftrag in Gen 1,26-28*, in: Zeitschrift für die alttestamentliche Wissenschaft 121 (2009), S. 171-188.

Wolff, Hans W.: Anthropologie des Alten Testaments. Mit zwei Anhängen neu herausgegeben von Bernd Janowski, Gütersloh 2010.

Kontakt

Akad. Rat PD Dr. Thomas Wagner
Bergische Universität Wuppertal
Fakultät für Geistes- und Kulturwissenschaften
Seminar Ev. Theologie
Gaußstr. 20
42097 Wuppertal
E-Mail: twagner@uni-wuppertal.de

III
Berichte

Amir Mohensi / Michael Quante

Systematische Potentiale der philosophischen Anthropologie

Was philosophische Anthropologie wert und was sie überhaupt sei, ist notorisch umstritten. Ungeachtet der konkreten Ausgestaltung einzelner Entwürfe gibt bereits der Begriff der Disziplin Anlass zur Skepsis: Wie soll angesichts des Faktums des Pluralismus eine philosophische *Lehre vom Wesen des Menschen* noch möglich sein? Lässt sich auf philosophischem Wege eine gehaltvolle und kulturinvariante *Menschennatur* ausfindig machen, die gegebenenfalls in öffentlichen Streitfragen als unfehlbarer moralischer Kompass dienen kann? Daran glauben auch die Verfasser des vorliegenden Beitrags nicht. Dass wir uns dennoch seit 2013 am Münsteraner Exzellenzcluster dem Projekt der „Philosophischen Anthropologie als Basis einer säkularen Normbegründung" widmen, ist auf unsere Überzeugung zurückzuführen, dass das Nachdenken über grundlegende Merkmale der menschlichen Lebensform nach wie vor ein sinnvolles Unterfangen bleibt.

Einen wertvollen Beitrag zu gesellschaftlichen Selbstverständigungsprozessen kann philosophische Anthropologie allerdings nur dann leisten, wenn sie ihren Kompetenzbereich kennt und ihre Ansprüche klar formuliert. Darum umreißen wir im ersten Teil unser Verständnis von philosophischer Anthropologie. Systematische Unterschiede zwischen den verschiedenen Weisen, allgemeine Charakteristika des Menschen herauszuarbeiten, bedeuten unserer Auffassung nach jedoch nicht, dass philosophische Anthropologie als überlegener Sonderling zu verstehen ist, der keinerlei Berührungspunkte mit anderen Disziplinen aufweist. Das Gegenteil ist der Fall: Unserer Überzeugung nach kann philosophische Anthropologie in normativen Diskursen nur dann hilfreiche Orientierungsangebote formulieren, wenn sie die Arbeit anderer, empirisch ausgerichteter Einzelwissenschaften und Anthropologien berücksichtigt, und auf dieser Grundlage die unterschiedlichen Zugriffe auf den Menschen in einen ganzheitlichen Blick nimmt.

Anschließend widmet sich der vorliegende Forschungsbericht dem *modus operandi* der philosophischen Anthropologie. Denn dass sie nach wie vor zu etwas taugen kann, das zeigt sich – deutlicher als durch jede formale wissenschaftstheoretische Reflexion – durch die Rolle, die sie in den verschiedensten Debatten faktisch einnimmt, in denen Menschenbilder ubiquitär sind. Wir werfen darum Schlaglichter auf philosophische Felder und Debatten, in denen philosophische Anthropologie relevant ist. Im Zuge kurzer Ausflüge in einen Teilbereich der Philosophie des Todes, in die Debatte um die normativen Aspekte des menschlichen Körpers und zu den systematischen Potentialen der Philosophie des jungen Marx, versuchen wir skizzen- und beispielhaft zu zeigen, was philosophische Anthropologie leisten kann – und was sie nicht zu leisten beanspruchen sollte.

1   Systematische Einordnung der philosophischen Anthropologie

Im deutschsprachigen Raum wird die Disziplin der philosophischen Anthropologie nach wie vor eng mit den Arbeiten Helmuth Plessners, Arnold Gehlens und Max Schelers assoziiert. Dabei ist philosophisches Nachdenken über allgemeine Charakteristika des Menschen selbstverständlich schon sehr alt. Was Plessner, Gehlen und Scheler etabliert haben, ist vielmehr eine spezifische Denkrichtung oder Schule, die sich, bei allen Unterschieden, durch bestimmte Merkmale – insbesondere durch das Festhalten an der *Sonderstellung des Menschen* – auszeichnet.[1] Diese Denkrichtung der „Philosophischen Anthropologie" als intellektuelles Phänomen der ersten Hälfte des 20. Jahrhunderts muss von der breiter angelegten Disziplin der philosophischen Anthropologie unterschieden werden.[2]

Unserem Verständnis nach kommt der philosophischen Anthropologie im Wesentlichen die Aufgabe der *Explikation der Lebensform menschlicher Personalität* zu.[3] Aus dieser Perspektive ist es klar, dass sich bereits bei Kant und Hegel, Feuerbach und Marx eine philosophische Anthropologie findet. Feuerbach und vor allem Marx sind in diesem Zusammenhang systematisch von Interesse, weil sie den starken Apriorismus und den in mancher Hinsicht einseitigen Rationalismus, der für den Deutschen Idealismus kennzeichnend ist, zurückweisen und durch die Akzentuierung profanerer lebensweltlicher Aspekte des Menschseins zu korrigieren suchen. Danach dürfen Neigungen, Bedürftigkeit und Verletzlichkeit nicht bloß

---

1   Fischer, Joachim: Philosophische Anthropologie. Eine Denkrichtung des 20. Jahrhunderts, Freiburg/München 2008.

2   Vgl. hierzu die schöne Übersicht von Thies, Christian: Einführung in die philosophische Anthropologie, Darmstadt ²2009, S. 9-43.

3   Ein ähnlich ausgerichtetes Projekt wird auch verfolgt in Nida-Rümelin, Julian: Humanistische Reflexionen, Berlin 2016. Siehe dort insbesondere Kapitel 9, wo Nida-Rümelin auch auf die Differenzen zu der Ausrichtung unseres Forschungsprojekts hinweist.

als jenes „krumme Holz" begriffen werden, das jeden Versuch der Ausgestaltung vernünftiger Verhältnisse lediglich als Schadensbegrenzung aufzufassen erlaubt. Die menschliche Leiblichkeit ist nicht als äußeres Hindernis unserer Fähigkeit zur Autonomie zu begreifen, sondern als integraler Aspekt derselben zu verstehen. Die Bestimmungen der Leiblichkeit, der gegenseitigen Abhängigkeit und der irreduziblen Verletzlichkeit sind für die menschliche Lebensform nicht weniger spezifisch als unsere Fähigkeit zur rationalen Selbstbestimmung.

Der Sinn solcher Überlegungen besteht allerdings nicht darin, einen neuen, starren Entwurf *des* Menschen zu liefern. Uns sind sowohl die wissenschaftstheoretischen Probleme als auch die politischen Gefahren, die mit der Konzeption der normativen Schablone „Mensch" einhergehen, durchaus bewusst. Das ändert freilich nichts an der von Wilhelm Kamlah bereits vor über vier Jahrzehnten festgehaltenen Tatsache, dass wir „dicht umgeben von Ideologien, von Lebens- und Weltanschauungen [sind], die alle ein ‚Menschenbild' enthalten und uns zur Annahme dieses Bildes, das immer zugleich ein ‚Leitbild' ist, zu überreden suchen. Ja, auf Schritt und Tritt begegnen wir, z. B. in der Reklame, in den ‚Illustrierten', dem Leitbild des ‚modernen Menschen', des auf Leistung, Erfolg, Genuß gerichteten Vitalmenschen."[4]

Mit diesen Menschenbildern und den mit ihnen zusammenhängenden Weltanschauungen muss sich die philosophische Anthropologie auseinandersetzen. Dabei gilt es, sich folgender, zentraler Herausforderung zu stellen:

Wie können wir – sowohl mit Bezug auf die eigene Lebensführung als auch mit Blick auf gesellschaftliche Institutionen — dem Prinzip der personalen Autonomie folgen und gleichzeitig der Tatsache Geltung verschaffen, dass wir als leibliche Wesen Bedürfnisse haben, verletzlich sind und jene eigene Autonomie auch nur in Interdependenz realisieren und aufrechterhalten können?

Spezifisch für die menschliche Personalität sind darum auch die Aspekte der Endlichkeit und Zeitlichkeit unserer Existenz. Sowohl auf der Ebene der sozialen Gebilde als auch auf individuell-biographischer Ebene zeigt sich immer wieder, dass menschliches Handeln prinzipiell von begrenzter Kontrollierbarkeit ist und dass sich unsere Entscheidungen und Überzeugungen durch eine grundlegende Fallibilität auszeichnen. Philosophische Anthropologie muss diese Momente der *conditio humana* verstärkt in das wissenschaftliche und lebensweltliche Bewusstsein rücken.

Dabei hoffen die Autoren des vorliegenden Forschungsberichts, dass die eben erwähnte Rede von der *conditio humana* oder gar die Vorstellung von der Essenz des Menschen bei der Leserschaft nicht allzu starke Fluchtinstinkte auslöst. Es geht

---

4 Kamlah, Wilhelm: Philosophische Anthropologie, Mannheim 1973, S. 11 ff.

hier nicht um einen aristotelischen oder naturrechtlich konzipierten Essentialismus, der ein ahistorisches und invariantes Wesen von Entitäten postuliert, das
sich deskriptiv erfassen ließe und zugleich normativ aufgeladen wäre. Der Begriff
des „Essentialismus‴ ist vieldeutig. Unserer Überzeugung nach ist es durchaus
möglich, dass bestimmte Merkmale für die menschliche Lebensform konstitutiv
sind und dennoch der Modifikation unterliegen können. Mit einem solchen, wenn
man so will, *schwachen Essentialismus* ist folglich eine gewisse Art der Kontingenz
kompatibel. Und insofern es die philosophische Anthropologie mit sozialen Wesen
zu tun hat, die in einem dynamischen Selbstdeutungsverhältnis stehen, weist deren
Essenz in dem Maße eine historische Dimension auf, wie sich biografische oder
gesellschaftliche Erfahrungen in eine solche Essenz einschreiben. Anstatt mit der
Kategorie der ahistorischen Invarianz arbeitet ein solcher Essentialismus daher
mit der Kategorie des *Kontingent-Konstitutiven*.[5]

Mit der biologischen, der sozialwissenschaftlichen und der ästhetischen Zugangs-
weise zum Menschen steht die philosophische Anthropologie nicht in Konkurrenz.
Sie hat die empirischen Wissensbestände über den Menschen zur Kenntnis zu
nehmen und gleichzeitig der Gefahr der szientistischen Auflösung von philosophischen Orientierungsangeboten entgegenzuwirken. Ein wichtiger Anspruch der
philosophischen Anthropologie ist es, Vorschläge für eine *ganzheitliche Betrachtung der menschlichen Lebensweise* zu unterbreiten. Das muss und sollte sie nicht
im arroganten Stile tun, als sei sie die einzige Disziplin, die den „eigentlichen"
Menschen kenne. Aufgeklärte philosophische Anthropologie begreift sich unserer
Überzeugung nach als Medium offener Selbstverständigung. Eine solche „Lehre"
vom Menschen ist dann keine Ansammlung von unumstößlichen Wahrheiten,
sondern als praktisches Mittel zu begreifen, das an seinem Grund orientiert bleibt:
dem individuellen und kollektiven Bedürfnis nach Selbstreflexion.

2 Schlaglicht I: Philosophie des Todes

Da die philosophische Anthropologie sich mit den Grundzügen der menschlichen
Lebensform auseinandersetzt, stellen die existentiellen Thematiken des *Sterbens*
und des *Todes* einen wichtigen Bezugspunkt dar.[6] Die Berührungspunkte zwischen

---

5 Vgl. hierzu Vieth, Andreas / Quante, Michael: Chimäre Mensch?, in: Die menschliche
   Natur. Welchen und wie viel Wert hat sie?, herausgegeben von Kurt Bayertz, Paderborn
   2005, S. 192-218.

6 Vgl. hierzu Quante, Michael: Personales Leben und menschlicher Tod, Frankfurt am
   Main 2002.

der philosophischen Anthropologie und der gegenwärtigen Philosophie des Todes zeigen sich bereits auf der Ebene der Kernfragen: Ist der Tod für das Subjekt, das ihn erleidet, überhaupt ein Übel? Ist Epikurs Hinweis darauf, dass für den Menschen nur alles das ein Übel sein kann, was er erfährt, überzeugend? Wie verhält es sich mit anderen möglichen Übeln, die wir nicht erfahren? Ist etwa auch Verrat, Verleumdung oder Betrug nur und erst dann ein Übel für eine Person, wenn sie davon erfährt? In der gegenwärtigen Philosophie des Todes wird diese Haltung abgelehnt und für ein *nicht-erfahrungsbasiertes* Verständnis von Wohl und Übel geworben.[7] Auf dieser Grundlage erscheint der Tod in vielen Fällen als bitteres Herausreißen aus dem Prozess des Lebens, dessen Fortsetzung denkbar und erwartbar gewesen ist. Diese Einordnung des Todes liefert für manche Teilnehmer der Debatte die Grundlage, um über den Nutzen und Nachteil einer *ewigen Fortsetzung des menschlichen Lebens* nachzudenken.

Damit ist prinzipiell eine interessante Herausforderung für die philosophische Anthropologie formuliert. Es zeigt sich allerdings auch in diesem Kontext, dass die praktische Philosophie der Gegenwart insgesamt dazu neigt, die Aspekte der Leiblichkeit, der Verletzlichkeit und der Bedürftigkeit des Menschen zu vernachlässigen. Denn für sämtliche Autoren und Autorinnen der Debatte scheint es ein vielversprechendes und theoretisch solides Projekt zu sein, von der menschlichen Lebensform *in Abstraktion* von der Tatsache der Sterblichkeit zu sprechen.[8] Diskutiert wird dann etwa die Frage, ob ein unsterbliches Leben nicht unerträglich langweilig wäre, oder ob es gegebenenfalls nicht auch ungeheuer facettenreich und erfüllend sein könnte.[9] Dabei wird so getan, als würde durch den Wegfall der Sterblichkeit nur ein Baustein fehlen, der zwar Teil unserer gegenwärtigen Lebensform ist, aber dennoch bloß ein buchstäblich *marginaler*: Es geht offenbar lediglich um die hintere Grenze des Lebens, die wir denkend eliminieren sollen.

Aus der Perspektive der philosophischen Anthropologie müssen derartige Unsterblichkeitsdiskurse als unseriös bezeichnet werden, weil die Vorstellung vom unsterblichen *menschlichen* Leben inkohärent ist: Wenn wir von menschlichem Leben im Sinne der erwähnten personalen Lebensform sprechen, dann ist die

---

7   Vgl. hierzu exemplarisch den bahnbrechenden Aufsatz von Thomas Nagel: Death, in: Mortal Questions, herausgegeben von Thomas Nagel, Cambridge 1979, S. 1-11.

8   Eine Ausnahme hierzu ist Scheffler, Samuel: Death and the Afterlife, Cambridge 2013. Vgl. insbesondere Kapitel 3.

9   Vgl. hierzu exemplarisch Williams, Bernhard: The Makropulos Case: Reflections on the Tedium of Immortality, Problems of the Self, Cambridge 1973, Fischer, John M.: Freiheit, Verantwortlichkeit und das Ende des Lebens, Münster 2015 und Kreuels, Marianne: Über den vermeintlichen Wert der Sterblichkeit. Ein Essay in analytischer Existenzphilosophie, Frankfurt am Main 2015.

Sterblichkeit und die mit ihr einhergehende Endlichkeit konstitutiv für diesen Zusammenhang. Eine Welt von unsterblichen menschlichen Subjekten: wie auch immer sie aussehen mag – mit *unserer* personalen Lebensform hat sie wenig gemein.

3   Schlaglicht II: Berührungspunkte von Anthropologie, Ethik und Recht

Aus rechtsphilosophischer Perspektive lässt sich auf der Grundlage einer an Leiblichkeit, Verletzlichkeit und Bedürftigkeit orientierten Anthropologie die Basis für bestimmte subjektive Rechte gut entwickeln: insbesondere lassen sich allgemeine Menschenrechte auf grundlegende menschliche Interessen zurückführen, die von einer philosophischen Anthropologie ausbuchstabiert werden müssten.[10] Außerdem kann die philosophische Anthropologie zur Klärung der Frage beitragen, an welchen Maßstäben sich das Ziel der sozialen Gerechtigkeit orientieren sollte. So könnte etwa das Wohlergehen der Subjekte nicht primär an der Erfüllung individueller Präferenzen, sondern an dem Schutz und der Unterstützung allgemeiner menschlicher Fähigkeiten orientiert sein, die es dem Einzelnen ermöglichen, seine individuellen Lebensziele zu verfolgen.[11]

Eine Anthropologie, die unsere Leiblichkeit wieder verstärkt in den Vordergrund zu rücken sucht, kann außerdem einen Beitrag zur Erörterung der normativen Aspekte des menschlichen Körpers leisten. Hierzu hat Ludwig Siep, der als Kooperationspartner der Verfasser ebenfalls am Münsteraner Exzellenzcluster zur philosophischen Anthropologie forscht, herausgearbeitet, inwiefern die menschliche Körperlichkeit allgemeine evaluative Aspekte aufweist und als „Bedingung gesellschaftlicher Güter und Grundlage sozialer Normen" verstanden werden kann.[12] An dieser Stelle kann daran erinnert werden, dass bereits Hegel in seiner Philosophie des Objektiven Geistes präzise herausgearbeitet hat, dass der menschliche Körper im Rahmen unserer Praxis der gegenseitigen Anerkennung und Zuschreibung von Verantwortung nicht ausschließlich als bloßes Instrument der in ihm verkörperten

---

10 Vgl. hierzu beispielsweise Ladwig, Bernd: Menschenrechte und menschliche Natur, in: Leviathan 35 (2007), S. 85-109.

11 Vgl. Sen, Amartya: Inequality Reexamined, New York/Oxford 1992 und Nussbaum, Martha: Human Functioning and Social Justice. In Defence of Aristotelian Essentialism, in: Political Theory 20 (1992), S. 202-246.

12 Siep, Ludwig: Normative Aspekte des menschlichen Körpers, in: Die menschliche Natur. Welchen und wie viel Wert hat sie?, herausgegeben von Kurt Bayertz, Paderborn 2005, S. 157-173, hier S. 172.

Person begriffen wird.[13] Unser Körper ist vielmehr als soziale Erscheinungsweise der Person zu verstehen und somit als „Angelpunkt sozialer Regeln und Werte".[14] Darum hat Siep herausgearbeitet, inwiefern unsere leibliche Verfasstheit sowohl Teil der normalen, zwischenmenschlichen Kommunikation als auch eine Quelle von Ansprüchen ist, mit denen die sozialen Institutionen rechnen.[15]

Nun liegt es auf der Hand, dass angesichts der vielfältigen Möglichkeiten des Eingriffs in den menschlichen Körper und seiner genetischen Konstitution die Frage aufgeworfen ist, ob es *Grenzen der Verfügbarkeit* geben sollte. Siep ist der Auffassung, dass unsere „bisherige Verfassung [...] als eine Art gemeinsames Erbe verstanden werden [muss], das nicht gänzlich zur privaten Disposition steht."[16] In welche Richtung die entsprechende öffentliche Diskussion solcher Fragen laufen sollte, hat Jürgen Habermas klar formuliert: Mit seinem Werk zur *Zukunft der menschlichen Natur*[17] hat Habermas bekanntlich in die bioethische Debatte eingegriffen und dabei die Frage aufgeworfen, ob wir uns auf dem Weg zu einer liberalen Eugenik befinden bzw. befinden sollten. Er kommt angesichts bestimmter (künftiger) humangenetischer Möglichkeiten zu der Überzeugung, dass sich diese neuen Optionen in normativer Hinsicht allein auf der Grundlage einer deontologischen Moral nicht hinreichend bändigen lassen. Damit rückt er das Verhältnis von Moral, Gattungsethik und Anthropologie in den Vordergrund. Für Habermas gibt es einen konstitutiven Zusammenhang zwischen der Möglichkeit, ein autonomes Leben zu führen, und der Voraussetzung eines darin enthaltenen natürlich *Unverfügbaren*, das als Vorgabe von individueller Selbstbestimmung zu begreifen sei. In gemeinsamer Diskussion hat Habermas allerdings zugestanden,

---

13 Vgl. Quante, Michael: Die Wirklichkeit des Geistes. Studien zu Hegel, Frankfurt am Main 2011, Kapitel 8-10 und Mohseni, Amir: Abstrakte Freiheit. Zum Begriff des Eigentums bei Hegel, Hamburg 2015, S. 111-135.

14 Siep, Ludwig: Normative Aspekte des menschlichen Körpers, in: Die menschliche Natur. Welchen und wie viel Wert hat sie?, herausgegeben von Kurt Bayertz, Paderborn 2005, S. 157-173, S. 169 f.

15 Siep, Ludwig: Normative Aspekte des menschlichen Körpers, in: Die menschliche Natur. Welchen und wie viel Wert hat sie?, herausgegeben von Kurt Bayertz, Paderborn 2005, S. 157-173, S. 170.

16 Siep, Ludwig: Normative Aspekte des menschlichen Körpers, in: Die menschliche Natur. Welchen und wie viel Wert hat sie?, herausgegeben von Kurt Bayertz, Paderborn 2005, S. 157-173, S. 170.

17 Habermas, Jürgen: Die Zukunft der menschlichen Natur. Auf dem Weg zu einer liberalen Eugenik?, Frankfurt am Main 2001.

dass nicht immer klar sei, was denn durch den Hinweis auf die Natürlichkeit dieses Unverfügbaren argumentativ gewonnen ist.[18]

Es ist vor diesem Hintergrund auch Aufgabe der philosophischen Anthropologie, ihren Beitrag zu einem verantwortungsvollen Umgang mit der menschlichen Natur zu leisten und zu prüfen, mit welchen philosophischen Mitteln und an welchen Punkten Grenzen der Selbstverfügung zu setzen sind. Denn so klar wie die Vorstellung einer vollständigen Planbarkeit der Individualität des einzelnen Menschen durch seine Erzeuger auf die moralisch fragwürdige Seite fällt, so deutlich fällt auch die immer näher rückende Möglichkeit, schwere Krankheiten und großes Leid durch die Eliminierung von Gendefekten zu verhindern, auf die Seite des ethisch zumindest Erlaubten.[19] Auf der Folie des hier skizzierten Verständnisses von philosophischer Anthropologie, die sich als *auf Orientierung zielende kritische Hermeneutik* versteht und keinen ahistorischen Essentialismus vertritt, halten wir an folgender schwächerer These fest: *Es gibt einen historisch-variablen kulturellen Rahmen, der aber gleichzeitig jedem Individuum und jedem sozialen Gebilde strukturell vorgegeben ist.* In diesem Rahmen buchstabiert jedes Individuum und jede Sozialität die menschliche Lebensform aus. Ein solcher Rahmen verbleibt auf der inhaltlichen Ebene mit Bezug auf die meisten konkreten Fragen des Zusammenlebens implizit; in Bezug auf neue, z. B. durch technisch sich eröffnende Handlungsoptionen, ist er vermutlich sogar unterbestimmt.

Hier offenbart sich auch der genuin *interdisziplinäre* Charakter der philosophischen Anthropologie, da es zur Abschätzung und Evaluation möglicher Veränderungen der Grundvoraussetzungen unseres Miteinanders die Expertise der empirischen Einzelwissenschaften braucht. So fragt sich Habermas beispielsweise, wie es zu bewerten wäre, wenn eine künftige Person durch genetische Eingriffe zwar über ein „glänzendes Gedächtnis" verfüge, dafür aber vielleicht den „Sinn für Relevanzen" verliere.[20] Diesbezüglich hat die Psychologin und Soziologin Gertrud Nunner-Winkler, die bis 2006 am Münchener Max-Planck-Institut für Kognitions- und Neurowissenschaften tätig gewesen ist, nachgewiesen, dass Habermas die Durchschlagskraft der genetischen Ausstattung häufig überschätze, und dabei die identitätsbildende Kraft der subjektiven Auseinandersetzung mit der Lebenswelt immer wieder unterschätze. Am Beispiel der Informationsspeicherung arbeitet Nunner-Winkler heraus, dass Habermas das menschliche Gedächtnis mit der

---

18 Vgl. die Diskussion zwischen Quante und Habermas in Quante: Die Rückkehr des gegenständlichen Gattungswesens, 2014.

19 Vgl. Quante: Die Rückkehr des gegenständlichen Gattungswesens, 2014, S. 303f.

20 Habermas, Jürgen: Replik auf Einwände, in: Deutsche Zeitschrift für Philosophie 50 (2002), S. 283-298, hier S. 289.

Funktionsweise eines Computerspeichers analogisiere – je größer die Festplatte, desto mehr Platz hat man darin. Nunner-Winkler kann dagegen zeigen, dass es einen solchen leeren Speicher aus kognitionswissenschaftlicher Perspektive nicht gibt: „Es gibt keine vorweg festgelegte und inhaltsfrei generalisierte Speichergröße. Es gibt bereichsspezifische Gedächtnisleistungen, deren Qualität vom Umfang und dem Grad der inneren Vernetzung und Systematisierung erworbener Wissenssysteme abhängt. Welche Wissensbereiche eine Person sich aber aneignet, ist eine Frage der Ausbildung individueller Präferenzen im Rahmen kulturell verfügbarer Angebote. Ein glänzendes Gedächtnis zerstört nicht den Sinn für Relevanz, es ist vielmehr ein Produkt individueller Relevanzsetzung."[21]

Im Falle komplexer Abwägungen müssen wir daher bei sämtlichen Eingriffen und sich eröffnenden Möglichkeiten die interdisziplinär zu beantwortende Frage einbeziehen, welche Folgen sie für jenen *kontingent-konstitutiven* Rahmen unserer Lebensform haben bzw. haben könnten. Ein solcher kontingent-konstitutiver Hintergrund ist hier nicht als Ressource für die moralische Tabuisierung von Möglichkeiten zu begreifen, sondern eher als Indikator für mögliche Störphänomene anzusehen. Die bloße Tatsache, dass es einen solchen anthropologischen Rahmen gibt, reicht als moralische Begründung seiner *Unantastbarkeit* keineswegs aus. Vielmehr sollten derartige Überlegungen als eine Form der gesellschaftskritischen Selbstverständigung begriffen werden, in der natürliche Unverfügbarkeit jedoch nicht als ‚heilige Kuh', als Dogma oder als Tabu fungiert, sondern als wichtige normative Vergleichsgröße, die uns frei zu erörtern erlaubt, ob ein Leben in einem möglicherweise radikal veränderten Rahmen erstrebenswert ist, oder nicht.

4 Historisches Schlaglicht: Karl Marx und der intrinsische Wert menschlicher Dependenz

Habermas' Überlegungen zur Gattungsethik gehen in wichtigen Hinsichten auf die Philosophie der Linkshegelianer bzw. des jungen Karl Marx zurück. Da die Verfasser dieses Forschungsberichts bereits in einem vorhergehenden Projekt zur „Religions- und Staatskritik im Linkshegelianismus" geforscht haben, sei im Folgenden auch auf das systematische Potential der Marxschen Anthropologie eingegangen.

Marx' Denken steht in der Tradition des Deutschen Idealismus und ist im Kern eine perfektionistische Philosophie der Selbstverwirklichung des Menschen. Anders als Fichte und Hegel entwickelt Marx seine Theorie aber nicht als eine des

---

21 Nunner-Winkler, Können Klone Identität ausbilden?, in: Biopolitik, herausgegeben von Wolfgang van den Daele, Wiesbaden 2005, S. 265-295, hier S. 276 f.

Selbstbewusstseins, sondern als Konzeption des gegenständlichen Gattungswesens, dessen geistige Dimension als leiblich und sozial gebunden gedacht wird. Der Mensch kann sich bzw. sein Wesen nur als leibliches Wesen realisieren. Unter der Voraussetzung, dass die Wesensverwirklichung nicht nur eine metaphysisch-ontologische Struktur sei, sondern auch eine evaluative Dimension aufweise, bietet die Marxsche Konzeption damit die Möglichkeit, der Leiblichkeit und Bedürftigkeit des Menschen nicht nur den Status einer kausalen Ermöglichungsbedingung und eines bloßen Mittels für autonomes Handeln zuzuerkennen, sondern sie als integralen Bestandteil menschlicher Autonomie mit einem intrinsischen Wert auszustatten. Gleichzeitig könne der Mensch nach Marx sein Wesen nur innerhalb von sozialen Institutionen und durch Interaktion mit anderen Menschen realisieren. Dies ist allerdings nicht lediglich im Sinne einer bloßen Notwendigkeit oder eines instrumentell in Rechnung zu stellenden Faktums zu deuten: Insofern sich das Wesen des Menschen nur innerhalb vernünftiger sozialer Gebilde realisieren kann, wird die soziale Interdependenz ebenfalls zu einem intrinsischen Wert.

Marx' philosophische Anthropologie entfaltet mit Blick auf die Verfasstheit unserer modernen Gesellschaften ein systematisch bedeutsames Kritikpotential.[22] Unter der Vorherrschaft neoliberaler Gesellschaftsmodelle und auf der Grundlage individualistischer Autonomiekonzeptionen der gegenwärtigen praktischen Philosophie hat sich eine normative Praxis etabliert, in welcher der Respekt vor Autonomie häufig auf den Respekt vor individuellen Entscheidungen, die lediglich bestimmten Mindestanforderungen an Rationalität zu genügen haben, reduziert wird. Unserer Auffassung nach lassen sich darin jedoch zentrale Dimensionen der personalen Autonomie von leiblich und sozial verfassten Wesen nicht angemessen erfassen.

Aber auch im bereits angesprochenen Bereich der biomedizinischen Ethik gibt es ein Unbehagen an verkürzten Verständnissen von Autonomie. Dies zeigt sich beispielsweise bei den genannten Fragen nach den Grenzen des technischen Umgangs mit der menschlichen Natur und nach dem intrinsischen Wert des Natürlichen. Auf der Grundlage der Marxschen Konzeption des gegenständlichen Gattungswesens lassen sich diese Problemkomplexe *als solche* angemessener behandeln, als dies bei individualistischen oder ausschließlich an idealer Rationalität orientierten Theorien der Fall ist. Eine derart anthropologisch informierte Autonomie erfasst auch in evaluativer Hinsicht andere Gesichtspunkte und führt möglicherweise zu anderen materialen Antworten als eine an idealer Rationalität und rein formalen Verfahren

---

22 Vgl. hierzu im Folgenden Quante, Michael: Das gegenständliche Gattungswesen. Bemerkungen zum intrinsischen Wert menschlicher Dependenz, in: Nach Marx. Philosophie, Kritik, Praxis, herausgegeben von Rahel Jaeggi und Daniel Loick, Frankfurt am Main 2013, S. 69-89.

ausgerichtete praktische Philosophie.[23] Ein konkretes Beispiel möge genügen: Die liberale Antwort auf die Frage, ob autonomen Subjekten untersagt werden kann, auf der Grundlage einer informierten und freiwilligen Entscheidung ein eigenes Organ zu verkaufen, wird sicher anders ausfallen als jene, die im Rahmen einer anthropologisch reichhaltig ausgestalteten Ethik begründet wird. Letztere könnte durch ihren bereits erwähnten *totalisierenden Blick* auf den Menschen auf die möglichen evaluativen Konsequenzen hinweisen, die sich individuell, aber auch gesamtgesellschaftlich ergeben, wenn die von Marx analysierte Tauschwertlogik auf das Selbstverhältnis der Person zu ihrem Leib durchschlägt.[24]

5 Ausblick

Auf der Grundlage des bislang Gesagten sollte die praktische Relevanz der philosophischen Anthropologie sicherlich hinreichend deutlich geworden sein. Eine philosophische Anthropologie, die das Verhältnis von Autonomie und Dependenz anders bestimmt als dies in den traditionellen individualistischen Autonomiekonzeptionen der Fall ist, kann es Menschen, die phasenweise oder sogar permanent auf die Hilfe anderer angewiesen sind, erleichtern, solche Lebensumstände der Dependenz oder Pflege anzunehmen, sie auch in der Sinnhaftigkeit, die darin liegen kann, sich selbst zuzurechnen und diese Situationen nicht nur als Verlust der eigenen Autonomie oder lediglich als Beraubung der eigenen Möglichkeiten zu erleben. Damit soll allerdings nicht bestritten werden, dass eine Korrektur des Selbstverständnisses der involvierten Personen für sich genommen nicht ausreicht, die Praxis ethisch akzeptabler zu gestalten. Ohne hinreichende ökonomische Ressourcen oder die angemessene Ausbildung z. B. des Pflegepersonals wird es unserer Gesellschaft sicher nicht gelingen, diese Herausforderungen in ethisch vertretbarer Weise zu meistern.

Dabei kann gar nicht oft genug betont werden, wie komplex und wie ineinandergreifend bestimmte Dinge sein müssen, damit etwas als Hintergrund unthematisch

---

23 Vgl. hierzu wieder Quante, Michael: Das gegenständliche Gattungswesen. Bemerkungen zum intrinsischen Wert menschlicher Dependenz, in: Nach Marx. Philosophie, Kritik, Praxis, herausgegeben von Rahel Jaeggi und Daniel Loick, Frankfurt am Main 2013, S. 69-89 sowie Vieth, Andreas / Quante, Michael: Chimäre Mensch?, in: Die menschliche Natur. Welchen und wie viel Wert hat sie?, herausgegeben von Kurt Bayertz, Paderborn 2005, S. 192-218 und Derpmann, Simon / Quante, Michael: Money for Blood and Markets for Blood, in: HEC Forum 27 (2015), Nr. 4, S. 331-345.

24 Quante, Michael: My Body, My Ware-House?, in: Acta Universitatis Lodziensis. Folia Philosophica 21 (2008), S. 59-74.

gegeben ist, in dem wir unsere Autonomie ausleben können. Erst im Störfall, wenn etwas nicht mehr normal oder gar nicht mehr funktioniert, zeigt sich, wie komplex diese Mechanismen sind. Das trifft selbstverständlich auch auf unsere Biografien zu: Wenn Leiblichkeit und Geistigkeit nicht mehr hinreichend im Einklang sind – das reicht von den kleinen Ticks über emotionale Instabilitäten bis hin zu Ausfällen, Demenzen, Schlaganfällen –, dann merkt man in der Selbstwahrnehmung oder auch in der Deutung solcher Personen und ihrer Handlungen, dass plötzlich Dinge asynchron sind, die wir immer in synchroner Einheit beanspruchen und voraussetzen, um etwas als eine Person, als eine Handlung, als einen Sprechakt zu begreifen.[25]

Die philosophische Anthropologie ist ein Angebot, dieser Komplexität nachzugehen und dabei nicht bei der regulativen Idee von Formalisierung, dem Ideal strikter Begründbarkeit oder der Forderung nach Universalität anzufangen, sondern in und mit der Kontextualität und Komplexität der Strukturen zu beginnen. Dieser methodologische Standpunkt ist letztlich auf unsere Überzeugung zurückzuführen, dass alles, was für eine philosophische Explikation des menschlichen Lebens gebraucht wird, einen Index hat, durch den es auf die menschliche Lebensform (in jeweils zu spezifizierenden Kontexten) bezogen ist. Diesen Rahmen, auch in seiner Begrenztheit, sichtbar zu machen, ist eines der Ziele, die von der philosophischen Anthropologie verfolgt werden kann. Dass ein solcher Rahmen keinen Anspruch auf Entdeckung von Invarianz erhebt, muss nicht bedeuten, dass wir uns notwendigerweise auf einen bodenlosen Relativismus zubewegen. Denn es geht nur darum, die *Relationalität* und Gebundenheit sowie die Kontingenz und Fallibilität aller menschlichen Unterfangen anzuerkennen. Ein solcher Anspruch steht in Spannung dazu, dass die Explikation der Natur des Menschen in einer bestimmten Tradition geradezu als Kontingenzüberwindung in dem Sinne betrieben worden ist, ein invariantes und als notwendig auszuweisendes Wesen des Menschen zu finden. Deshalb stellt die philosophische Anthropologie in dem von uns intendierten Sinne eine Alternative zu einem weit geteilten Vorverständnis philosophischer Anthropologie, aber auch zu den meisten ihr gegenüber anzutreffenden Vorurteilen dar.

---

25 Vgl. hierzu Quante, Michael: Person, Berlin ²2014, Kapitel 10.

Literaturhinweise

Derpmann, Simon / Quante, Michael: Money for Blood and Markets for Blood, in: HEC Forum 27 (2015), Nr. 4, S. 331-345.

Fischer, Joachim: Philosophische Anthropologie. Eine Denkrichtung des 20. Jahrhunderts, Freiburg/München 2008.

Fischer, John M.: Freiheit, Verantwortlichkeit und das Ende des Lebens, Münster 2015.

Habermas, Jürgen: Die Zukunft der menschlichen Natur. Auf dem Weg zu einer liberalen Eugenik?, Frankfurt am Main 2001.

Habermas, Jürgen: Replik auf Einwände, in: Deutsche Zeitschrift für Philosophie 50 (2002), S. 283-298.

Kamlah, Wilhelm: Philosophische Anthropologie, Mannheim 1973.

Kreuels, Marianne: Über den vermeintlichen Wert der Sterblichkeit. Ein Essay in analytischer Existenzphilosophie, Frankfurt am Main 2015.

Ladwig, Bernd: Menschenrechte und menschliche Natur, in: Leviathan 35 (2007), S. 85-109.

Mohseni, Amir: Abstrakte Freiheit. Zum Begriff des Eigentums bei Hegel, Hamburg 2015.

Nagel, Thomas: Death, in: Mortal Questions, herausgegeben von Thomas Nagel, Cambridge 1979, S. 1-11.

Nida-Rümelin, Julian: Humanistische Reflexionen, Berlin 2016.

Nunner-Winkler, Gertrud: Können Klone Identität ausbilden?, in: Biopolitik, herausgegeben von Wolfgang van den Daele, Wiesbaden 2005, S. 265-295.

Nussbaum, Martha: Human Functioning and Social Justice. In Defence of Aristotelian Essentialism, in: Political Theory 20 (1992), S. 202-246.

Quante, Michael: Personales Leben und menschlicher Tod, Frankfurt am Main 2002.

Quante, Michael: My Body, My Ware-House?, in: Acta Universitatis Lodziensis. Folia Philosophica 21 (2008), S. 59-74.

Quante, Michael: Die Wirklichkeit des Geistes. Studien zu Hegel, Frankfurt am Main 2011.

Quante, Michael: Das gegenständliche Gattungswesen. Bemerkungen zum intrinsischen Wert menschlicher Dependenz, in: Nach Marx. Philosophie, Kritik, Praxis, herausgegeben von Rahel Jaeggi und Daniel Loick, Frankfurt am Main 2013, S. 69-89.

Quante, Michael: Die Rückkehr des gegenständlichen Gattungswesens: Jürgen Habermas über die Zukunft der menschlichen Natur, Preprints and Working Papers of the Centre for Advanced Study in Bioethics, Münster 2013.

Quante, Michael: Person, Berlin [2]2014.

Scheffler, Samuel: Death and the Afterlife, Cambridge 2013.

Sen, Amartya: Inequality Reexamined, New York/Oxford 1992

Siep, Ludwig: Normative Aspekte des menschlichen Körpers, in: Die menschliche Natur. Welchen und wie viel Wert hat sie?, herausgegeben von Kurt Bayertz, Paderborn 2005, S. 157-173.

Thies, Christian: Einführung in die philosophische Anthropologie, Darmstadt [2]2009.

Vieth, Andreas / Quante, Michael: Chimäre Mensch?, in: Die menschliche Natur. Welchen und wie viel Wert hat sie?, herausgegeben von Kurt Bayertz, Paderborn 2005, S. 192-218.

Williams, Bernhard: The Makropulos Case: Reflections on the Tedium of Immortality, Problems of the Self, Cambridge 1973.

Kontakt

Univ.-Prof. Dr. Dr. h.c. Michael Quante
Westfälische Wilhelms-Universität Münster
Domplatz 6
48143 Münster
E-Mail: michael.quante@uni-muenster.de

Dr. Amir Mohseni
Westfälische Wilhelms-Universität Münster
Johannisstr. 1
48143 Münster
E-Mail: amir.mohseni@uni-muenster.de

Peter Wiersbinski

Die kategoriale Konzeption der anthropologischen Differenz und die empirische Erforschung des Menschen

1 Einleitung

Eine von Aristoteles ausgehende und über die christliche Scholastik bis in den deutschen Idealismus und die Phänomenologie hineinreichende Denktradition versteht den Unterschied zwischen Menschen und anderen Tieren als einen grundlegenden, *kategorialen* Unterschied. Menschen und bloße Tiere manifestieren demnach zwei verschiedene *Formen des Seins*. Als die wesentliche und spezifische Differenz gilt den meisten Vertretern dieser Tradition das Vermögen der Vernunft, das sich in der menschlichen Sprach-, Denk- und Handlungsfähigkeit zeigt. Spätestens mit dem Siegeszug der Evolutionstheorie hat diese Tradition viel von ihrem Einfluss eingebüßt. Wenn sich die menschliche Art Schritt für Schritt aus anderen Arten entwickelt haben muss, dann ist es unplausibel, dass sie eine eigenständige und scharf getrennte Form des Seins ausmacht. Zwischen Menschen und anderen Tieren besteht dann keine kategoriale Differenz, sondern „nur eine Verschiedenheit des Grads", wie Darwin sagt;[1] eine Differenz im *Grad der Ausprägung* oder hinsichtlich der *Kombination* von prinzipiell auch an anderen Stellen im Tierreich vorfindlichen Fähigkeiten und Eigenschaften. In der jüngeren und jüngsten Vergangenheit haben vor allem John McDowell, Michael Thompson, Andrea Kern, Sebastian Rödl, Matthew Boyle und Matthias Haase der aristotelischen Denklinie zu einer neuen Konjunktur verholfen, indem sie den systematischen Rahmen erklärt haben, durch den die Idee einer kategorialen Differenz und die mit ihr assoziierten, oft dunkel und metaphysisch anmutenden Begriffe wie „Form des Seins" verständlich werden, und indem sie Probleme für die von Darwin inspirierte Alternative aufgeworfen haben.[2]

---

1   Darwin, Charles: Die Abstammung des Menschen und die geschlechtliche Zuchtwahl, übersetzt von Julius V. Carus, Stuttgart 1875, S. 163.

2   Vgl. McDowell, John: Geist und Welt, übersetzt von Thomas Blume, Holm Bräuer und Gregory Klass, Berlin 2012; Thompson, Michael: Apprehending Human Form, in: Modern Moral Philosophy, herausgegeben von Anthony O'Hear, Cambridge 2004,

Die von den genannten Autoren vertretene Theorierichtung innerhalb der analytischen Philosophie werde ich als *die kategoriale Konzeption* bezeichnen, ohne mit diesem griffigen Titel die Unterschiede zwischen den einzelnen theoretischen Projekten verwischen zu wollen oder zu unterschlagen, dass es – etwa im Gefolge der Phänomenologie und der mit Scheler und Plessner verbundenen philosophischen Anthropologie – konkurrierende Auffassungen von der Natur des Mensch-Tier-Unterschieds als kategoriale Differenz gibt.[3] Die Theorierichtung, die in der Tradition Darwins eine kategoriale Differenz gleich welcher Art zwischen Menschen und anderen Tieren bestreitet, nenne ich *die assimilative Konzeption*. Sie wird in der Philosophie heute prominent von Markus Wild verteidigt, in der empirischen Psychologie von Frans de Waal.[4]

Die (so bestimmte) kategoriale Konzeption ermöglicht es, die Frage nach dem Verhältnis von philosophischer und empirischer Anthropologie mit besonderer Schärfe neu zu stellen. Ihre Vertreter geben zum einen eine klare Antwort auf die Frage, was das ist: ein kategorialer Unterschied. Zum anderen scheint aus dieser klaren Antwort eine problematische, aus der Sicht einer interdisziplinären

---

S. 47-74; Thompson, Michael: Leben und Handeln. Grundstrukturen der Praxis und des praktischen Denkens, übersetzt von Matthias Haase, Berlin 2011; Thompson, Michael: Forms of Nature, in: Freiheit. Stuttgarter Hegel-Kongress 2011, herausgegeben von Gunnar Hindrichs und Axel Honneth, Frankfurt am Main 2013, S. 701-735; Kern, Andrea: Quellen des Wissens. Zum Begriff vernünftiger Erkenntnisfähigkeiten, Frankfurt am Main 2006; Rödl, Sebastian: Norm und Natur, in: Deutsche Zeitschrift für Philosophie 51 (2003), Nr. 1, S. 99-114; Rödl, Sebastian: Kategorien des Zeitlichen. Eine Untersuchung der Formen des endlichen Verstandes, Frankfurt am Main 2005 und Rödl, Sebastian: Selbstbewusstsein, übersetzt von David Horst, Berlin 2011; Boyle, Matthew: Essentially Rational Animals, in: Rethinking Epistemology Vol. II, herausgegeben von Guenther Abel und James Conant, Berlin 2012, S. 395-427 und Boyle, Matthew: Additive Theories of Rationality: A Critique, in: European Journal of Philosophy 23 (2016), Nr. 4, S. 1-44; Haase, Matthias: Life and Mind, in: The Freedom of Life: Hegelian Perspectives. Freiheit und Gesetz III, herausgegeben von Thomas Khurana, Berlin 2013, S. 69-110. Für einen Überblick vgl. Kern, Andrea / Kietzmann, Christian: Transformative Theorien des Geistes, Berlin (im Erscheinen).

3   Vgl. auch den Bericht von Christian Kietzmann im Jahrbuch 3/2015: ebd.: Das Forschungsprojekt „Die anthropologische Differenz aus empirischer und begrifflicher Perspektive" in Leipzig, in: Interdisziplinäre Anthropologie. Jahrbuch 3/2015: Religion und Ritual, herausgegeben von Gerald Hartung und Matthias Herrgen, Wiesbaden 2016, S. 131-137.

4   Vgl. etwa Wild, Markus: Tierphilosophie, in: Erwägen Wissen Ethik 23 (2012), Nr. 1, S. 21-33 und de Waal, Frans B.M. / Ferrari, Pier F.: Towards a Bottom-up Perspective on Animal and Human Cognition, in: Trends in Cognitive Sciences 14 (2010), Nr. 5, S. 201-207.

Anthropologie geradezu skandalträchtige These über den Status der empirischen Erforschung der anthropologischen Differenz zu folgen. Wie ich in Abschnitt [2] erläutere, sind die Begriffe, durch die kategoriale Unterschiede gedacht werden – *kategoriale Begriffe* – gemäß der kategorialen Konzeption *apriorische Begriffe*. Apriorische Begriffe aber, so lehrt Kant, sind Begriffe, die rein im Denken und rein durch Denken erkannt werden können. Aus der kategorialen Konzeption scheint also zu folgen, dass man nichts tun muss, außer denken – nichts, außer auf nicht-empirische Voraussetzungen empirischer Erkenntnis reflektieren –, um den *Inhalt* des Begriffs, der den Unterschied zwischen Menschen und bloßen Tieren bezeichnet, erkennen zu können. Und damit scheint aus ihr die *These* zu folgen, *dass empirische Anthropologie sowohl zur Antwort auf die Frage, welche Eigenschaft es ist, die Menschen von bloßen Tieren trennt, als auch zur Antwort auf die Frage, wie diese Eigenschaft genau beschaffen und verfasst ist, nichts beitragen kann.* Diese These werde ich die *Hoheitsthese* nennen. Gemäß der Hoheitsthese besitzt die Philosophie das alleinige Recht und damit die Hoheit, die beiden Fragen zur anthropologischen Differenz zu beantworten.

Die Hoheitsthese wird meines Wissens in keinem Aufsatz und keinem Buch der genannten Vertreter der kategorialen Konzeption ausdrücklich behauptet. Trotzdem handelt es sich nicht um eine bloß mögliche oder gar abwegige Konsequenz. Wie ich in Abschnitt [2] zeigen werde, ergibt sie sich mit großer Natürlichkeit aus dem Konzept des kategorialen Begriffs. Es gibt keinen Anlass, sie für ein Phantom zu halten.[5]

Aus der Perspektive einer disziplinübergreifenden Anthropologie muss die Hoheitsthese mindestens falsch, wenn nicht offensichtlich falsch erscheinen. Zudem gibt es innerhalb der empirischen Anthropologie und Psychologie philosophisch versierte Verfechter einer kategorialen Differenz, wie etwa Michael Tomasello und Henrike Moll.[6] Wäre die These wahr, dann müsste das wissenschaftliche Selbstverständnis dieser Forscher Rätsel aufgeben. Und wäre sie wahr, dann würde das außerdem die Attraktivität der assimilativen Konzeption steigern, denn diese integriert die empirische Forschung mit Leichtigkeit. Die Vertreter der kategorialen Konzeption

---

5   In mündlicher Kommunikation ist mir die Hoheitsthese auch schon in ausdrücklicher Form begegnet.

6   Vgl. z. B. Tomasello, Michael: Die kulturelle Entwicklung des menschlichen Denkens. Zur Evolution der Kognition, übersetzt von Jürgen Schröder, Frankfurt am Main 2006, Moll, Henrike / Tomasello, Michael: Cooperation and Human Cognition: the Vygotskian Intelligence Hypothesis, in: Philosophical Transactions of the Royal Society B, 362 (2007), Nr. 1480, S. 639-648, Moll, Henrike: Ontogenetic Precursors of Assertion and Denial, in: Sinnkritisches Philosophieren, herausgegeben von Sebastian Rödl und Henning Tegtmeyer, Berlin 2013, S. 337-345.

haben daher ein beträchtliches Interesse daran, die Hoheitsthese von ihrer Position abzutrennen. Ein Interesse, zu erfahren, ob und auf welche Weise die Hoheitsthese vermieden werden kann, dürften aber auch die Anhänger konkurrierender, zum Beispiel von Scheler oder Plessner herkommender Theorien der kategorialen Differenz besitzen – sei es, um sich begründet von der kategorialen Konzeption abzugrenzen, oder, um sich über Implikationen und Entwicklungsoptionen der eigenen Position klar zu werden. Ich frage daher im Folgenden, ob sich die Hoheitsthese zwingend aus der kategorialen Konzeption ergibt. In den Abschnitten [3] und [4] werde ich unter Verwendung einer Analogie zwischen kategorialen Begriffen und moralischen Begriffen argumentieren, dass gute Aussichten bestehen, den Schluss auf die Hoheitsthese zu blockieren. In Abschnitt [5] schließlich betrachte ich eine zweite, aber nur vermeintlich problematische Konsequenz der kategorialen Konzeption: dass die empirische, experimentelle Forschung bei Mensch und Tier mit grundlegend verschiedenen Methoden arbeiten muss.

2   Die Rechtfertigung der Hoheitsthese

Wie gelangt man von der kategorialen Konzeption zur Hoheitsthese? Der Schlüssel für diesen Übergang liegt in den miteinander verknüpften Bestimmungen, dass kategoriale Begriffe *grundlegend, denknotwendig* und *konstitutiv* sind. Als solche müssen sie *im Denken allein* erkannt werden. Daraus scheint dann zu folgen, dass *nichts außer Denken* zur Erkenntnis dieser Begriffe beitragen kann.

Die Vertreter der kategorialen Konzeption verstehen kategoriale Unterschiede als Unterschiede zwischen höchsten Formen des Seins. Solche Unterschiede werden durch Begriffe bezeichnet, die „ohne Verbindung" ausgesagt werden.[7] Das heißt, sie sind keine Verbindungen aus anderen Begriffen und nicht in andere Begriffe zerlegbar, sondern sie sind *grundlegend*.[8] Aber das bedeutet nicht, dass solche Begriffe gar nicht mithilfe von anderen Begriffen *artikuliert* werden können. Wären sie nicht artikulierbar, dann wären kategoriale Begriffe mit Farbbegriffen zu vergleichen, die nur erklärt werden können, indem man auf einen Gegenstand mit der entsprechenden Farbigkeit zeigt. Die eingangs genannten Autoren denken jedoch, dass

---

7   Aristoteles: Kategorien / Lehre vom Satz (Peri hermenias) (Organon I/II), vorangeht Porphyrius, Einleitung in die Kategorien, übersetzt von Eugen Rolfes, Philosophische Bibliothek Bd. 8/9, Hamburg 1962, 1b25.

8   Für die Verwendung des Begriffs „grundlegend", die ich jetzt erläutere, vgl. Kern, Andrea: Quellen des Wissens. Zum Begriff vernünftiger Erkenntnisfähigkeiten, Frankfurt am Main 2006, S. 16 und S. 177.

es durchaus möglich sei, grundlegende kategoriale Begriffe durch andere Begriffe zu artikulieren und zu erklären. Sie können jedoch nur durch Begriffe artikuliert werden, die den fraglichen kategorialen Begriff *enthalten* – nur durch Begriffe also, die logisch voneinander und von dem Begriff, den sie artikulieren, abhängig sind.[9]

Jede Definition eines Begriffs, die mehr ist, als eine bloße Angabe des *Wortsinns*, gibt an, was dem Gegenstand, der durch den definierten Begriff bezeichnet wird, *eigentümlich* und *wesentlich* ist. Die definierenden Begriffe bezeichnen also Eigenschaften, die nicht nur zufällig in diesem Gegenstand zusammenkommen, sondern voneinander *abhängig* sind. Es gibt verschiedene Formen wesentlicher Abhängigkeit und damit verschiedene Formen von Begriffserklärungen. Eine Ursache zieht zum Beispiel wesentlich eine bestimmte Wirkung nach sich, oder eine bestimmte Eigenschaft kommt nur an Dingen vor, die auch eine bestimmte andere Eigenschaft aufweisen, weil beide auf eine gemeinsame Ursache zurückgehen. Eine solche Abhängigkeit zwischen wirklichen Eigenschaften nenne ich *existenzielle Abhängigkeit*. Eigenschaften können aber auch deshalb wesentlich zusammen in einem Gegenstand auftreten, weil die *Begriffe*, die diese Eigenschaften bezeichnen, voneinander abhängen. Ihr gemeinsames Auftreten ist dann auf eine *logische* oder *begriffliche Abhängigkeit* zurückzuführen. Kategoriale Begriffe werden durch begrifflich voneinander abhängige Begriffe artikuliert und erklärt. Dabei ist zu beachten, dass begriffliche Abhängigkeit existenzielle Abhängigkeit mit sich bringt, aber nicht umgekehrt.

Zwei Beispiele: Eine Definition der Gattung *homo*, wie sie ein Paläoanthropologe gibt, der sagt: „Der Mensch unterscheidet sich von seinen evolutionären Vorfahren durch Zweifüßigkeit, ein größeres Gehirn und eine verlängerte Ontogenese", definiert keinen kategorialen Begriff. Denn mit *„homo"* wird eine Verbindung von Begriffen ausgesagt, die auch *anderen* Formen des Seins zukommen oder zukommen können. Auch Vögeln ist es zum Beispiel eigentümlich, zweifüßig zu sein. Der so bestimmte Begriff *„homo"* ist also kein grundlegender Begriff und bezeichnet keine höchste Form des Seins.

Der Begriff „Leben", den Thompson im ersten Kapitel von *Leben und Handeln* untersucht, ist dagegen ein grundlegender Begriff. Das heißt, die Merkmale, durch die Leben für gewöhnlich definiert wird – Organisiertheit, Wachstum, Selbsterhal-

---

9   Zur Terminologie: Ich rede davon, dass ein Begriff *artikuliert* wird, und meine damit: die Begriffe, die die Bedingungen der Anwendung dieses Begriffes bezeichnen, die also seinen Inhalt wiedergeben, werden in ihrem Zusammenhang bewusst gedacht, ausgesprochen oder aufgeschrieben. Eine Begriffsdefinition ist eine Artikulation des Begriffs. Ein Begriff und seine Definition werden dagegen *erklärt*, wenn die Frage beantwortet wird, warum *diese* Begriffe und keine anderen Begriffe es sind, die ihn artikulieren. Zudem wird ein Begriff *erkannt*, indem man ihn artikuliert und erklärt.

tung, Reproduktion usw. – sind keine Merkmale, die auch nicht-lebendigen Wesen zukommen können. So ist die Art und Weise, in der lebendige Wesen organisiert sind, nicht zu vergleichen mit der Organisiertheit von Kristallen oder Galaxien. Es ist eine eigentümliche, spezifisch *lebendige* Art der Organisiertheit – die Art von Organisiertheit nämlich, die ein Wesen aufweist, das *Organe* besitzt. Und der Begriff des Organs *enthält* den Begriff des Lebens, beide sind logisch voneinander abhängig. Genauso verhält es sich mit allen anderen Merkmalen des Lebendigen. Thompson stellt daher fest: „Diese Begriffe […] bilden eine stabile Einheit, und wir geraten in einen Zirkel, wenn wir versuchen, einen von ihnen zu erläutern […].“[10]

Die kategoriale Konzeption geht davon aus, dass „Vernunft“ ein Begriff ist, der mit dem Begriff „Leben“, wie Thompson ihn rekonstruiert, vergleichbar ist. Die spezifische Differenz des Menschen, sein Vermögen, zu denken und zu urteilen, lässt sich demnach nur durch logisch abhängige Begriffe artikulieren und erklären. Die assimilative Konzeption dagegen analysiert das, was den Menschen ausmacht, auf dieselbe Weise, wie die Paläoanthropologie den Gattungsbegriff *„homo"* bestimmt: durch logisch unabhängige Begriffe.

Wenn Thompsons Ausführungen stimmen, dann folgt, dass ein kategorialer Begriff, anders als *„homo"*, ein *denknotwendiger* Begriff ist und daher *im Denken allein* artikuliert, erklärt und erkannt werden muss. Kategoriale Begriffe sind in einem ersten Sinn denknotwendige Begriffe, insofern sie apriorische Begriffe sind, das heißt, jedes vernünftige Subjekt verfügt über diese Begriffe. Aber kategoriale Begriffe sind in einem zweiten, aus dem ersten folgenden, ihn aber nicht einschließenden Sinne denknotwendig, insofern die Begriffe, durch die sie artikuliert werden, notwendig *im Denken* zusammenhängen. Dieser zweite Sinn ist für meine Überlegungen entscheidend. *Dass* ein Lebewesen Organe besitzt, und *warum* es Organe besitzt, lässt sich demnach nicht anders als durch Denken herausfinden, weil diese Abhängigkeit eine *Notwendigkeit des Denkens* ist. Sie besteht, weil nicht gedacht werden kann, dass sie nicht besteht. Und deshalb sind kategoriale Begriffe nicht anders erkennbar als im Denken.

---

10 Thompson, Michael: Leben und Handeln. Grundstrukturen der Praxis und des praktischen Denkens, übersetzt von Matthias Haase, Berlin 2011, S. 64. Ein anderes Beispiel für einen solchen begrifflichen Zusammenhang behandelt Kern, Andrea: Quellen des Wissens. Zum Begriff vernünftiger Erkenntnisfähigkeiten, Frankfurt am Main 2006. Kern argumentiert (im zweiten Teil), dass der Begriff des Wissens nicht als „gerechtfertigte, wahre Überzeugung" definiert werden kann, wenn „Rechtfertigung", „Wahrheit" und „Überzeugung" in dieser Definition als Begriffe aufgefasst werden, die vom Begriff des Wissens logisch unabhängig sind. „Wissen" ist vielmehr ein kategorialer Begriff in dem hier erläuterten Sinn (vgl. S. 16 und S. 177).

Damit wird der Übergang von der kategorialen Konzeption zur Hoheitsthese nachvollziehbar. Von einem Zusammenhang logisch voneinander abhängiger Begriffe, so der Gedanke, kann man nicht erst *herausfinden*, dass sie wesentlich voneinander abhängen, weil man über das Wissen, dass sie so voneinander abhängen, allein dadurch verfügt, dass man sich die Wirklichkeit überhaupt vermittels dieser Begriffe vorstellt. Indem man eine durch einen logisch abhängigen Begriff bezeichnete Eigenschaft auffasst und erkennt, besitzt man im Denken notwendig schon den ganzen, die Kategorie artikulierenden Zusammenhang und muss auch *nichts anderes tun als denken*, um ihn herauszubringen und zu beschreiben. Anders als im Fall von „*homo*", wo es durchaus möglich ist, dass man erst von der Zweifüßigkeit wusste, später von der spezifischen Zunahme des Hirnvolumens erfuhr, und noch später dazu kam, Erklärungen für das gemeinsame Auftreten dieser Merkmale zu entwickeln, ist die Erklärung im Fall eines Zusammenhangs logisch abhängiger Begriffe auf einen Schlag verfügbar.

Grundlegende und denknotwendige Begriffe sind schließlich *konstitutiv* für das, was durch sie vorgestellt wird. Das heißt das, was durch solche Begriffe vorgestellt wird, kann ausschließlich durch diese und durch keine anderen Begriffe überhaupt vorgestellt und gedacht werden. Mit Blick auf die anthropologische Differenz sagt Boyle daher: „‚[R]ational' specifies the sort of frame that undergirds any concrete description of what it is to be a human being."[11]

3 Die erfahrungsabhängige Artikulation denknotwendiger Begriffe: das Modell dichter moralischer Begriffe

Die Auffassung, dass empirische Forschung zur Erkenntnis der anthropologischen Differenz nichts beitragen kann, liegt zweifellos nahe. Aber wenn ich recht sehe, dann folgt sie nicht. Und zwar deshalb nicht, weil die These, dass ein Zusammenhang logisch voneinander abhängiger Begriffe *nur im Denken* erkannt werden könne, nicht einschließt, dass man *nichts tun müsse außer denken*, um ihn zu erkennen. Erfahrung kann eine notwendige Bedingung dafür sein, einen solchen Zusammenhang im Denken zu erkennen.

Tatsächlich scheint mir, dass wir ein Bewusstsein von Fällen besitzen, in denen wir grundlegende, (im zweiten Sinne) denknotwendige und konstitutive Begriffe nur mithilfe von Erfahrung zu erkennen vermögen. Ich greife hier auf eine Analogie

---

11 Boyle, Matthew: Essentially Rational Animals, in: Rethinking Epistemology, Vol. II, herausgegeben von Guenther Abel und James Conant, Berlin 2012, S. 395-427.

zurück, um diesen Zusammenhang für die Idee der anthropologischen Differenz plausibel zu machen: auf das Beispiel *dichter moralischer Begriffe*. Dichte moralische Begriffe unterscheiden sich in verschiedenen Hinsichten von kategorialen: sie sind normativ und durch sie werden Handlungsgründe vorgestellt.[12] Zudem sind sie nicht apriorisch und somit nicht denknotwendig im ersten Sinn.[13] Sie können trotzdem mit kategorialen, apriorischen Begriffen verglichen werden, weil sie ebenfalls grundlegend, konstitutiv und im zweiten oben genannten Sinne denknotwendig sind, und darauf fußt mein Analogieargument. Denn es ist intuitiv plausibel, dass dichte moralische Begriffe, obwohl sie diese drei Eigenschaften besitzen, nur mithilfe von Erfahrung artikuliert werden können.

Dichte moralische Begriffe wie „mutig", „bigott", „hilfsbereit", „unfair" oder „besonnen" besitzen zwei semantische Aspekte: einen moralisch-normativen und einen beschreibenden – im Gegensatz zu den „dünnen" moralischen Begriffen „sollen", „falsch" oder „gut", die keinen beschreibenden, sondern nur einen bewertenden und vorschreibenden Sinn haben.[14] Vermittels des beschreibenden Sinns dichter Begriffe wird moralische Wirklichkeit vorgestellt, und zwar auf eine konstitutive Weise. Dichte Begriffe sind konstitutiv, weil sie grundlegend sind. Dass sie aber grundlegend, nicht durch logisch unabhängige Begriffe artikulierbar sind, lässt sich anhand von Überlegungen zur *Supervenienz* dichter Begriffe auf nicht-normative, rein deskriptive Begriffe nachvollziehen. Wenn dichte moralische Begriffe in einem starken Sinne auf deskriptive Begriffe supervenieren würden, dann gäbe es zu je-

---

12 Kategoriale Begriffe sind ebenfalls normativ (vgl. Thompson, Michael: Leben und Handeln. Grundstrukturen der Praxis und des praktischen Denkens, übersetzt von Matthias Haase, Berlin 2011, S. 96 ff.; Rödl, Sebastian: Norm und Natur, in: Deutsche Zeitschrift für Philosophie 51 (2003), Nr. 1, S. 99-114), aber nicht im moralischen Sinne.

13 Zumindest ist es strittig, ob dichte moralische Begriffe apriorisch sind oder nicht. Relativisten wie Williams, Bernard A. O.: Ethik und die Grenzen der Philosophie, übersetzt von Michael Haupt, Hamburg 1999, v. a. Kapitel 8 und Sreenivasan, Gopal: Understanding Alien Morals, in: Philosophy and Phenomenological Research 62 (2001), Nr. 1, S. 1-32 verneinen das, Rödl, Sebastian: Selbstbewusstsein, übersetzt von David Horst, Berlin 2011, v. a. Kapitel 2 und 6, bejaht es allem Anschein nach. Da mein Analogieargument nicht darauf angewiesen ist, dass dichte Begriffe in diesem Sinne denknotwendig sind, positioniere ich mich in dieser Sache nicht.

14 Vgl. McDowell, John: Wert und Wirklichkeit, übersetzt von Joachim Schulte, Frankfurt am Main 2002 (Aufsätze 2 und 4) und Williams, Bernard A. O.: Ethik und die Grenzen der Philosophie, übersetzt von Michael Haupt, Hamburg 1999 (Kapitel 8). Mit „normativ" meine ich hier und im Folgenden „normativ im Sinne der *moralischen* Bewertung". Wenn der deskriptive Aspekt eines dichten Begriffes also in einem nicht-moralischen Sinne normativ ist, dann hebt das den Kontrast von „normativ" und „deskriptiv", den ich meine, nicht auf.

dem dichten Begriff einen anderen, nicht-normativen Begriff, der genau dieselbe Handlungsart oder Eigenschaftsart bezeichnet und daher in moralischen Urteilen wahrheitserhaltend den entsprechenden dichten Begriff ersetzen könnte. Dichte Begriffe wären dann nicht grundlegend, sondern in einen normativen Sinn und einen logisch unabhängigen deskriptiven Sinn zerlegbar. Wenn dichte Begriffe nur in einem schwachen Sinn auf deskriptive Begriffe supervenieren, dann lässt sich zu jedem Unterschied auf der Ebene dichter Begriffe ein nicht-normativer, rein deskriptiver Unterschied in der bezeichneten Handlung oder Eigenschaft angeben, aber es lässt sich keine logisch unabhängige Beschreibung des Bezeichneten finden.[15] Was zum Beispiel eine mutige Handlung ist, lässt sich dann nicht ausdrücken, ohne den Begriff des Muts selbst zu verwenden.

Nun ist es plausibel, dass dichte Begriffe nur im schwachen, nicht aber im starken Sinne auf rein deskriptive Begriffe supervenieren.[16] „Mutig" lässt sich zwar definieren: „mutig" ist, *wer angesichts einer Gefahr seine Angst überwindet.* Und diese Definition scheint eine rein deskriptive Artikulation von „mutig" zu enthalten. Aber das ist ein Irrtum. Denn die Anwendbarkeit der Beschreibung: „überwindet angesichts einer Gefahr seine Angst" impliziert keineswegs die Anwendbarkeit des Begriffes „mutig". Je nachdem, wie groß die Gefahr ist, ist es nämlich nicht mutig, sondern leichtsinnig, seine Angst zu überwinden. Wer einer zu geringen Gefahr die Stirn bietet, ist ebenfalls nicht mutig, sondern lächerlich. Manche wiederum sind allerdings mutig, wenn sie einer geringen Gefahr trotzen – die nämlich, die aus nachvollziehbaren Gründen, zum Beispiel infolge einer Traumatisierung, diese Gefahr besonders fürchten. (Auf diese Differenzierungen werde ich gleich zurückkommen.) Was der Mut also braucht, das sind nicht einfach nur Gefahr, Angst und Überwindung, sondern das *richtige Maß* an Gefahr, der *richtige Grund* für die Angst und der *richtige Grund* für ihre Überwindung. Diese Formeln vom richtigen Maß und richtigen Grund zeigen an, dass „überwindet angesichts einer Gefahr seine Angst" keine rein deskriptive, von dem zu definierenden dichten Begriff logisch unabhängige Beschreibung ist. Der Sinn der Qualifikation „das richtige Maß an Gefahr" ist zum Beispiel: „so viel Gefahr, dass es *Mut* erfordert, ihr zu trotzen".

Wie kategoriale Begriffe sind dichte moralische Begriffe also denknotwendig im zweiten Sinn: die Begriffe, durch die sie artikuliert werden, hängen im Denken

---

15 Vgl. zu den zwei Konzeptionen von Supervenienz: McDowell, John: Mind, Value and Reality, Cambridge/Massachussetts 1998, S. 202 und Sreenivasan, Gopal: Understanding Alien Morals, in: Philosophy and Phenomenological Research 62 (2001), Nr. 1, S. 1-32, hier S. 14-19.

16 McDowell, Williams, Sreenivasan und viele andere sehen das so; Hare, Richard M.: Freiheit und Vernunft, übersetzt von Georg Meggle, Frankfurt am Main 1983 nicht.

zusammen und ihr Zusammenhang muss im Denken erkannt werden. Aber obwohl das so ist, ist es unplausibel, dass wir nichts tun müssen außer denken, um den Inhalt dichter Begriffe zu artikulieren. Die Bekanntschaft mit mutigen, bigotten und hilfsbereiten Menschen und ihren Reaktionen und Handlungsweisen – *moralische Erfahrung* also – ist vielmehr eine unabdingbare Voraussetzung für die Fähigkeit, den Inhalt dieser Begriffe anzugeben. Das lässt sich anhand einer der eben aufgezählten Bestimmungen für die Anwendung von „mutig" illustrieren: „Mutig" findet keine Anwendung, wenn die zu konfrontierende Gefahr unbedeutend ist; aber wer aus nachvollziehbaren Gründen, zum Beispiel infolge traumatischer Erlebnisse, angesichts einer eigentlich unbedeutenden Gefahr große Angst hat und diese Angst überwindet, der wird trotzdem als mutig gelten. Vergleichbare Einschränkungen lassen sich leicht für jeden anderen dichten Begriff finden. Es ist unplausibel, dass ein moralisches Subjekt die Fähigkeit besitzt, Einschränkungen und Unterschiede dieser Art zu artikulieren, ohne mit Situationen konfrontiert gewesen zu sein, in denen sie einen Unterschied für die Anwendung eines dichten Begriffes bedeuten.

Das ist zunächst schlicht ein phänomenales Datum über das Erlernen dichter Begriffe. Es ist ernstzunehmen, auch wenn wir nicht wissen, warum die Artikulation dichter Begriffe auf diese Weise von Erfahrung abhängig ist. Zwei Punkte untermauern diesen Befund: Zum einen ist es unplausibel, dass die relevanten Unterschiede ohne Erfahrung artikuliert werden können, weil dichte Begriffe eine unendliche Zahl von potenziellen Unterschieden und Einschränkungen dieser Art enthalten. An dem Beispiel lässt sich ja weiter einschränken: „Nicht jede durch Trauma erworbene Angst vor Gefahr, die überwunden wird, impliziert Mut, nämlich dann nicht, wenn: ..." Zum anderen aber ist es unplausibel, weil die Begriffe, die diese Einschränkungen bezeichnen, so wie „Trauma" *empirische* Begriffe sein können. Bevor ein moralisches Subjekt gelernt hat, was der Zustand der Traumatisierung bedeutet und mit sich bringt, ist es nicht in der Lage, die Relevanz eines solchen Zustands für die Anwendung von „mutig" zu ermessen. Den Begriff der Traumatisierung – oder vergleichbarer psychischer Beeinträchtigungen – besitzt aber niemand einfach nur dadurch, dass er fähig ist, den Begriff des Muts anzuwenden. Die potenziell unendlich vielen Unterscheidungen, die für die Anwendung eines dichten Begriffes relevant sind, werden also nur durch die Bekanntschaft mit diesen Unterscheidungen artikulierbar – nur durch moralische Erfahrung.

Es ist dabei zu beachten, dass solche Unterschiede tatsächlich den *Inhalt*, die *Anwendungsbedingungen* von dichten Begriffen artikulieren. Es sind keine zufälligen Bestimmungen – keine Bestimmungen, die den Handlungen oder Eigenschaften, die durch dichte Begriffe bezeichnet werden, zusätzlich auch noch zukommen, ihnen aber nicht zukommen müssten. Denn es ist der korrekten Anwendung von

„mutig" auf den Traumatisierten, der seine Angst überwindet, nicht äußerlich, sondern wesentlich, dass er sich in einer besonderen psychischen Verfassung befindet. Aus den beiden zuletzt genannten Punkten ergibt sich das folgende Bild: Empirische, erfahrungsabhängige Begriffe begründen gemäß dem schwachen Sinn von Supervenienz Unterschiede für die Anwendung dichter moralischer Begriffe, die grundlegend, konstitutiv und denknotwendig sind; und diese Unterschiede betreffen tatsächlich den Inhalt dieser moralischen Begriffe. Dichte Begriffe werden spontan angewendet, aber zugleich ermöglicht erst der spontane Akt der Anwendung auf erfahrene Anwendungsbedingungen die Artikulation ihres Inhalts im Denken. Dass ein dichter Begriff nur im Denken artikuliert werden kann, schließt also nicht ein, dass man nichts tun muss als denken, um ihn artikulieren zu können. Mir ist klar, dass dieses Bild viele Fragen aufwirft und weiterer Erläuterungen bedarf. Für den Zweck, dem das Bild im Rahmen meiner Überlegungen dienen soll – per Analogie plausibel zu machen, dass der Schluss auf die Hoheitsthese nicht zwingend ist –, reicht jedoch aus, dass es von der Phänomenologie dichter Begriffe gestützt wird.

4 Zwei Beispiele aus der Psychologie

Das Analogon dichter Begriffe öffnet Raum dafür, nicht nur die schwache Negation der Hoheitsthese zu erwägen, dass empirische Forschung zur Artikulation der kategorial verstandenen anthropologischen Differenz beitragen kann, sondern sogar die starke Negation in Betracht zu ziehen, dass empirische Forschung für diese Artikulation unabdingbar ist. Diese Option will ich nun mit zwei Beispielen weiter plausibilisieren und erläutern: der psychologischen Gedächtnisforschung und der Entwicklungspsychologie.

Aus der Sicht der kategorialen Konzeption ist es unausweichlich, das menschliche *Gedächtnis* als ein wesentliches Element der menschlichen Vernunft zu betrachten. Endliche vernünftige Wesen besitzen mit begrifflicher Notwendigkeit ein Gedächtnis. Dass Menschen ein Gedächtnis besitzen, ist weder einfach nur eine Tatsache, mit der es sich ebenso gut auch anders verhalten könnte, noch wird diese Tatsache durch hirnphysiologische, psychologische oder soziologische Gesetzmäßigkeiten erklärt; sondern es ist *nicht denkbar*, dass es sich anders verhielte. Das Gedächtnis, das Menschen besitzen, ist zudem ein spezifisch vernünftiges Gedächtnis – so, wie das Wachstum von Pflanzen und Tieren spezifisch lebendiges Wachstum ist. Es kann kein Modul sein, das sich in gleicher Form auch bei höheren Tieren findet, und zu dem Vernunft bloß als ein weiteres, dem Begriff nach unabhängiges Modul hinzutritt.[17] Es ist also Teil des kategorialen Begriffs „Vernunft", dass das, was unter ihn kommt, ein spezifisch vernünftiges Gedächtnis besitzt. Und damit ist der Begriff des Gedächtnisses selbst ein nicht-empirischer, rein im Denken zu artikulierender Begriff. Aber zugleich ist nicht zu sehen, wie die Meinung verteidigt werden könnte, dass wir den Inhalt dieses Begriffes zu artikulieren vermögen, ohne die vielfältigen Leistungen des Gedächtnisses empirisch zu untersuchen. Schon auf die allgemeinsten Unterteilungen, die innerhalb des menschlichen Gedächtnisses durch die Psychologie vorgenommen werden, wie die Unterscheidung von sensorischem Gedächtnis, Kurz- und Langzeitgedächtnis oder das Konzept des Arbeitsgedächtnisses, verfällt kein sich der reinen Reflexion hingebender Begriffsanalytiker im Lehnstuhl. Die genaue Art der Leistungen, aus denen sich das Gedächtnisvermögen zusammensetzt, ist nur mithilfe systematisierender und wiederholbarer Beobachtungen zu beschreiben. Und deshalb ist die Artikulation des Inhalts des Begriffs „vernünftiges Gedächtnis" von solchen empirischen Anstrengungen abhängig.

Mein zweites Beispiel ist die Disziplin der Entwicklungspsychologie. In der Tradition von Piaget erforscht sie *Stufen der Entfaltung des Vermögens der Vernunft*. Was sie dabei erkennt, sind zum einen Verhältnisse der Voraussetzung oder Bedingung, die zwischen der Entwicklung verschiedener vernünftiger Vermögen und Fähigkeiten bestehen, zum anderen beschreibt sie diese Vermögen und Fähigkeiten genauer. Es wäre vermessen, zu meinen, dass sich die Reihenfolge dieser Entfaltung und damit die Bedingungsverhältnisse in der Entwicklung, die zwischen den einzelnen Fähigkeiten bestehen, ohne empirische wissenschaftliche Arbeit erschließen ließen. Zugleich eröffnet aber gerade die Entwicklungspsychologie die Aussicht, dass Philosophen sich anhand ihrer Befunde über begriffliche Abhängigkeitsverhältnisse zwischen verschiedenen vernünftigen Fähigkeiten, die Menschen besitzen, klar werden. Vernunft ist nicht identisch mit Sprachfähigkeit, und sie ist daher auch nicht, wie oft angenommen, auf einen Schlag da, wenn Sprache da ist. Sondern sie informiert jede Lebensäußerung und Kompetenz von Kindern, von der vorsprachlichen Objektpermanenz über die Imputation von geistigen Zuständen bis hin zu *shared intentionality*, zur Bindungsfähigkeit oder der Ausbildung moralischer Urteilskraft.[18] Ich denke, dass es aus der Sicht der kategorialen Konzeption

---

17 Boyle, Matthew: Additive Theories of Rationality: A Critique, in: European Journal of Philosophy 23 (2016), Nr. 4, S. 1-44 argumentiert diesen Punkt überzeugend in Bezug auf zwei andere vernünftige Vermögen: das Begehrungsvermögen und das Wahrnehmungsvermögen.

18 Moll, Henrike: Ontogenetic Precursors of Assertion and Denial, in: Sinnkritisches Philosophieren, herausgegeben von Sebastian Rödl und Henning Tegtmeyer, Berlin 2013, S. 337-345 bestreitet die These von Brandt, dass Vernunft mit Sprachfähigkeit zu identifizieren sei.

ein attraktiver Zug ist, die zeitliche Reihenfolge der Stadien dieser Entwicklung als Ausdruck von vielfältigen begrifflichen Abhängigkeitsverhältnissen zwischen den verschiedenen vernünftigen Fähigkeiten zu interpretieren. In dieser Perspektive liegt es auf der Hand, dass empirische Psychologie und eine als Analyse kategorialer Begriffe verstandene philosophische Psychologie an demselben Erkenntnisprojekt arbeiten.[19]

Anders als im Fall dichter Begriffe will ich nicht behaupten, dass es ein phänomenales Datum über den kategorialen Begriff der Vernunft ist, dass er nur mit Hilfe von wissenschaftlicher Erfahrung artikuliert werden kann. Deshalb geht mein Analogieargument auch von den moralischen zu den kategorialen Begriffen: an den moralischen Begriffen lässt sich die Erfahrungsabhängigkeit leichter einsehen. Wie im Fall dichter Begriffe gibt es zwei Überlegungen, welche die Annahme der Erfahrungsabhängigkeit der Artikulation stützen. Der erste Punkt ist ebenfalls quantitativer Natur. Menschen besitzen eine Vielzahl von miteinander zusammenhängenden und wechselwirkenden vernünftigen Vermögen: Bewusstsein, Aufmerksamkeit, Gedächtnis, Handlungsvermögen, Wahrnehmungsvermögen, Emotion usw. Es erscheint aufgrund der schieren Menge des zu Bedenkenden aussichtslos, die genaue Gestalt jedes einzelnen dieser Vermögen und erst recht die Formen ihrer Abhängigkeiten und Wechselwirkungen durch reine Reflexion erkennen zu wollen. Wichtiger ist aber auch hier der zweite analoge Punkt: Es kann sein, dass der Inhalt kategorialer Begriffe durch Begriffe artikuliert wird, die Entitäten oder Sachverhalte bezeichnen, die wir nur auf empirischem Wege erkennen können. Für den kategorialen Begriff des Lebens, den ich als Vergleich herangezogen habe, scheinen mir die empirischen Unterscheidungen der verschiedenen Formen der Fortpflanzung den Punkt sehr überzeugend zu untermauern: „Leben" wird durch „Fortpflanzung" artikuliert, aber der Inhalt des Begriffs „Fortpflanzung" wird seinerseits durch die Begriffe „eingeschlechtliche", „zweigeschlechtliche" und „ungeschlechtliche" Fortpflanzung spezifiziert – *diese* Formen der Vermehrung sind Formen der lebendigen Reproduktion, *andere* Formen der Vermehrung sind

---

19 Ich will keineswegs behaupten, dass *jedes* Forschungsergebnis der Psychologie zum Gedächtnis oder zur Entwicklung ein Beitrag zur Artikulation des Begriffs des vernünftigen Gedächtnisses oder zur Erkenntnis begrifflicher Relationen zwischen vernünftigen Fähigkeiten ist. Manche Erkenntnisse mögen tatsächlich zufällige, weder im Sinne einer begrifflichen noch im Sinne einer bloß existenziellen Abhängigkeit als notwendig ausweisbare Tatsachen betreffen. Echte Beiträge zur Artikulation von „vernünftiges Gedächtnis" oder zur Interrelation von vernünftigen Fähigkeiten sind diejenigen Erkenntnisse, die nachträglich mit einer begrifflichen Erklärung eingeholt werden können.

keine lebendige Reproduktion. Zugleich ist die Beschreibung dieser Formen von empirischen Begriffen – zum Beispiel vom Begriff der Zelle – abhängig.

5   Die Differenz der Methoden

Die kategoriale Konzeption muss postulieren, dass Menschen auf der einen und nicht-menschliche Tiere auf der anderen Seite mit *unterschiedlichen empirischen Methoden* zu erforschen sind. Die assimilative Konzeption ist auf keine These dieser Art festgelegt. Wer zwischen dem Geist höherer Tiere und dem Geist des Menschen „nur eine Verschiedenheit des Grads und nicht der Art" ausmacht, der kann ohne Schwierigkeiten erklären, wie die Eigentümlichkeiten von Menschen durch Beobachtungen und in Experimenten erforscht werden können: auf dieselbe Weise nämlich, wie auch die Eigentümlichkeiten anderer Tiere erforscht werden. Diese Position hat nicht nur den ockhamschen Vorzug der Einfachheit, sondern sie stimmt auf den ersten Blick auch mit dem Vorgehen in vergleichenden Experimenten überein. Aber der Eindruck trügt. Die Verschiedenheit der anzuwendenden Methoden, die wirklich aus der kategorialen Konzeption folgt, ist nicht nur der sachlichen Komplexion angemessen, sondern wird von der empirischen Forschung auch schon beachtet.

Der Kanon der Methoden, den eine empirische Disziplin einsetzt, um einen Phänomenbereich zu erforschen, ist bezogen auf die Art der Gesetzmäßigkeiten und Erklärungsformen, die diesen Phänomenbereich regieren. Methoden, die geeignet sind, Phänomene der einen kategorialen Art zu erforschen, sind nicht geeignet, Phänomene einer anderen kategorialen Art zu erforschen. Das lässt sich gut anhand des kategorialen Unterschieds „Leben" nachvollziehen. Besonders greifbar wird der Punkt, wenn wir die kategoriale Stufe des vegetabilischen Lebens überspringen und die Erforschung des Nicht-Lebendigen mit dem animalisch Lebendigen vergleichen. Menschenaffen werden in Experimenten der vergleichenden Verhaltensforschung mit bestimmten Aufgaben konfrontiert und erhalten eine Belohnung, wenn sie eine Aufgabe lösen. Die Konfrontation mit der Aufgabe und die Belohnung sind Teile der Methode. Der Versuchsaufbau und die spätere Interpretation des beobachteten Verhaltens nehmen dabei überall Bezug auf die Formen der Erklärung, die für intelligente Tiere einschlägig sind: der Affe tut dies oder jenes, *weil* er seine Umgebung wahrnimmt, *weil* er die Absichten anderer Affen erfasst, *weil* er eine Leckerei als Anreiz empfindet usw. Keine Bewegung, die ein geladenes Teilchen in einem elektrischen Feld vollzieht, kann durch eine dieser Formen erklärt werden. Und deshalb kommt im physikalischen Versuchsaufbau auch nichts vor, das wahrzunehmen ist oder einen Anreiz bietet. Die Methoden sind grundsätzlich verschieden, weil die Formen der Erklärung, welche die beiden Phänomenbereiche regieren, grundsätzlich verschiedene sind. Etwas Analoges muss für die Differenz zwischen bloßen Tieren und Menschen gelten, wenn die kategoriale Konzeption wahr ist. Für Menschen einschlägige Erklärungen nehmen auf *Gründe* Bezug, die für eine Handlung oder eine geistige Einstellung sprechen. Menschen handeln und denken *aus* Gründen, oder *aufgrund* von Gründen und richten ihr Handeln und Denken an ihrer Einsicht in Gründe aus. Tierisches Verhalten kann zwar durch Gründe erklärt werden, *mit* denen Tiere tun, was sie tun, aber nicht durch Gründe, *aus* denen sie handeln. Die Aussicht auf eine Weintraube ist für den Schimpansen ein Grund, die Aufgabe zu lösen, aber er kann sich nicht bewusst machen, warum er das tut, und richtet sein Tun deshalb auch nicht an seiner Einsicht in Gründe aus.[20]

Dieser Unterschied in der Erklärungsform sollte sich in verschiedenen Methoden der empirischen Erforschung niederschlagen. Und das ist auch wirklich der Fall. Die Aufgaben, die zum Beispiel in der evolutionären Anthropologie verwendet werden, um Affen und Menschenkinder miteinander zu vergleichen, erwecken auf den ersten Blick leicht den Eindruck, hier kämen auf beiden Seiten dieselben Methoden zur Anwendung. In der sogenannten „floating peanut task" sollen einmal Affen und einmal Kinder an eine auf dem Boden eines hohen und schmalen Gefäßes in einer geringen Menge Wasser schwimmende Erdnuss herankommen.[21] Die Lösung besteht darin, das Gefäß mit Flüssigkeit aufzufüllen, bis die Erdnuss auf der Wassersäule so weit nach oben gestiegen ist, dass sie einfach herausgefischt werden kann. Wenn man genauer hinschaut, wird klar, dass man Kindern und Affen hier keineswegs dieselbe Aufgabe stellt, sondern zwei völlig verschiedene Aufgaben. Henrike Moll hat darauf hingewiesen, dass Kindern zunächst die zu lösende Aufgabe von einem anderen Menschen erklärt werden müsse und dass Kinder um Erklärungen bitten; dass eine besondere, typisch menschliche Motiva-

---

20 Diese Erläuterung, wie sich die kategoriale Differenz zwischen Menschen und bloßen Tieren auf den Sinn des Begriffs „Grund" auswirkt, findet sich prominent bei McDowell, John: Geist und Welt, übersetzt von Thomas Blume, Holm Breuer und Gregory Klass, Berlin 2012, Kapitel 8 und in der Nachfolge zum Beispiel bei Marcus, Eric: Rational Causation, Cambridge/Massachussetts 2012, Kapitel 3. Sie wird auch von Korsgaard, Christine M.: The Constitution of Agency. Essays on Practical Reason and Moral Psychology, Oxford 2008, Kapitel 7 vertreten, allerdings ohne ein metaphysisch ambitioniertes Verständnis kategorialer Differenzen im Hintergrund.

21 Vgl. Hanus, Daniel / Mendes, Natacha / Tennie, Claudio / Call, Josep: Comparing the Performances of Apes (Gorilla gorilla, Pan troglodytes, Pongo pygmaeus) and Human Children (Homo sapiens) in the Floating Peanut Task, in: PLoS ONE 6 (2011), Nr. 6, S. 1-13.

tion – zum Beispiel die Idee, es handle sich um ein Spiel – erzeugt werden müsse, sich der Aufgabe zu widmen; dass die sozial erlernten Beschränkungen im Umgang mit Wasser als Spielzeug und als Werkzeug aufgelöst werden müssen usw.[22] Den Orang-Utans und Schimpansen hingegen kann man die Aufgabe nicht nur nicht erklären, sie muss auch nicht erklärt werden: Sie ist aufgrund der natürlichen Motivation, die Erdnuss zu erlangen unmittelbar transparent. Und Affen haben auch keine Hemmungen, mit Wasser „eine Schweinerei anzurichten". Die Methoden, die hier zur Anwendung kommen, spiegeln also direkt die Erklärungsformen wieder, die für Tiere auf der einen und Menschen auf der anderen Seite einschlägig sind. Kinder sind bereits zu einem gewissen Grad empfänglich für Gründe, und die Weise, wie sie die „floating peanut task" lösen, lässt sich ebenso auf diese Empfänglichkeit zurückführen, wie die Schwierigkeiten, die die Aufgabe ihnen bereitet. Der Einsatz instrumenteller Intelligenz aufseiten der Affen ist dagegen unmittelbar durch ein natürliches Bedürfnis erklärt, und das zeigt sich darin, wie die Aufgabe auf sie zugeschnitten ist.

Wir sehen also, dass die Implikation der verschiedenen Methoden harmlos ist. Sie deckt auf, was empirische Forscher ohnehin explizit oder implizit wissen. Wo sie in der empirischen Forschung nicht beachtet wird – zum Beispiel, weil das Selbstverständnis des betreffenden Forschungsprojekts durch die assimilative Konzeption informiert ist –, da wird sich dieses Unverständnis für kategoriale Differenzen aus der Sicht der kategorialen Konzeption allerdings beschränkend und verzerrend auf den Erkenntnisprozess auswirken.

Literaturhinweise

Aristoteles: Kategorien / Lehre vom Satz (Peri hermenias) (Organon I/II), vorangeht Porphyrius, Einleitung in die Kategorien, übersetzt von Eugen Rolfes, Philosophische Bibliothek Bd. 8/9, Hamburg 1962.
Boyle, Matthew: Essentially Rational Animals, in: Rethinking Epistemology, Vol. II, herausgegeben von Guenther Abel und James Conant, Berlin 2012, S. 395-427.
Boyle, Matthew: Additive Theories of Rationality: A Critique, in: European Journal of Philosophy 23 (2016), Nr. 4, S. 1-44.
Darwin, Charles: Die Abstammung des Menschen und die geschlechtliche Zuchtwahl, Bd. I, übersetzt von Julius V. Carus, Stuttgart 1875.
de Waal, Frans B.M. / Ferrari, Pier F.: Towards a Bottom-up Perspective on Animal and Human Cognition, in: Trends in Cognitive Sciences 14 (2010), Nr. 5, S. 201-207.

---

22 Vgl. Moll, Henrike: Comparing Tasks Used in Comparative Psychology, Vortrag an der Universität Leipzig 2012.

Haase, Matthias: Life and Mind, in: *The Freedom of Life: Hegelian Perspectives. Freiheit und Gesetz III*, herausgegeben von Thomas Khurana, Berlin 2013, S. 69-110.

Hanus, Daniel / Mendes, Natacha / Tennie, Claudio / Call, Josep: Comparing the Performances of Apes (*Gorilla gorilla, Pan troglodytes, Pongo pygmaeus*) and Human Children (*Homo sapiens*) in the Floating Peanut Task, in: *PLoS ONE* 6 (2011), Nr. 6, S. 1-13.

Hare, Richard M.: Freiheit und Vernunft, übersetzt von Georg Meggle, Frankfurt am Main 1983.

Kern, Andrea: Quellen des Wissens. Zum Begriff vernünftiger Erkenntnisfähigkeiten, Frankfurt am Main 2006.

Kern, Andrea / Kietzmann, Christian: Transformative Theorien des Geistes, Berlin (im Erscheinen).

Kietzmann, Christian : Das Forschungsprojekt „Die anthropologische Differenz aus empirischer und begrifflicher Perspektive" in Leipzig, in: Interdisziplinäre Anthropologie. Jahrbuch 3/2015: Religion und Ritual, herausgegeben von Gerald Hartung und Matthias Herrgen, Wiesbaden 2016, S. 131-137.

Korsgaard, Christine M.: The Constitution of Agency. Essays on Practical Reason and Moral Psychology, Oxford 2008.

Marcus, Eric: Rational Causation, Cambridge/Massachussetts 2012.

McDowell, John: Mind, Value, and Reality, Cambridge/Massachussetts 1998.

McDowell, John: Wert und Wirklichkeit, übersetzt von Joachim Schulte, Frankfurt am Main 2002.

McDowell, John: Geist und Welt, übersetzt von Thomas Blume, Holm Bräuer und Gregory Klass, Berlin 2012.

Moll, Henrike: Comparing Tasks Used in Comparative Psychology, Vortrag an der Universität Leipzig 2012.

Moll, Henrike: Ontogenetic Precursors of Assertion and Denial, in: Sinnkritisches Philosophieren, herausgegeben von Sebastian Rödl und Henning Tegtmeyer, Berlin 2013, S. 337-345.

Moll, Henrike / Tomasello, Michael: Cooperation and Human Cognition: the Vygotskian Intelligence Hypothesis, in: Philosophical Transactions of the Royal Society B, 362 (2007), Nr. 1480, S. 639-648.

Richardson, Henry S.: Practical Reasoning About Final Ends, Cambridge 1994.

Rödl, Sebastian: Norm und Natur, in: Deutsche Zeitschrift für Philosophie 51 (2003), Nr. 1, S. 99-114.

Rödl, Sebastian: Kategorien des Zeitlichen. Eine Untersuchung der Formen des endlichen Verstandes, Frankfurt am Main 2005.

Rödl, Sebastian: Selbstbewusstsein, übersetzt von David Horst, Berlin 2011.

Sreenivasan, Gopal: Understanding Alien Morals, in: Philosophy and Phenomenological Research 62 (2001), Nr. 1, S. 1-32.

Thompson, Michael: Apprehending Human Form, in: *Modern Moral Philosophy*, herausgegeben von Anthony O'Hear, Cambridge 2004, S. 47-74.

Thompson, Michael: Leben und Handeln. Grundstrukturen der Praxis und des praktischen Denkens, übersetzt von Matthias Haase, Berlin 2011.

Thompson, Michael: Forms of Nature, in: Freiheit. Stuttgarter Hegel-Kongress 2011, herausgegeben von Gunnar Hindrichs und Axel Honneth, Frankfurt am Main 2013, S. 701-735.

Tomasello, Michael: Die kulturelle Entwicklung des menschlichen Denkens. Zur Evolution der Kognition, übersetzt von Jürgen Schröder, Frankfurt am Main 2006.

Wild, Markus: Tierphilosophie, in: Erwägen Wissen Ethik 23 (2012), Nr. 1, S. 21-33.

Williams, Bernard A. O.: Ethik und die Grenzen der Philosophie, übersetzt von Michael Haupt, Hamburg 1999.

Kontakt

Peter Wiersbinski, M.A.
Universität Regensburg
Institut für Philosophie
93040 Regensburg
E-Mail: peterwiersbinski@googlemail.com

Cornelia Brink / Sarah Laufs

Interdisziplinäres Lernen und Lehren im Master-Studiengang „Interdisziplinäre Anthropologie" an der Albert-Ludwigs-Universität Freiburg

Ein Projektbericht

Seit dem Wintersemester 2012/13 wird an der Albert-Ludwigs-Universität Freiburg der Masterstudiengang *Interdisziplinäre Anthropologie* angeboten. Fragen nach den menschlichen Lebensformen in ihrer biologischen und kulturellen Vielfalt, nach den sich wandelnden Menschen- und Weltbildern wie nach den Ordnungen des Wissens über den Menschen werden hier in einem Fächerverbund von Soziologie, Ethnologie und Europäischer Ethnologie, Geschichte und Philosophie, Biologischer Anthropologie und Kognitionswissenschaft untersucht. Der inhaltliche und didaktische Schwerpunkt des auf vier Semester ausgelegten Curriculums liegt zunächst auf einführenden Veranstaltungen, die den Studierenden einen Überblick über die zentralen Themenfelder, Theorien, Problemstellungen und Methoden anthropologischen Forschens geben und außerdem gleich zu Beginn des Studiums für die Besonderheiten interdisziplinärer Lernumgebungen sensibilisieren sollen. Angesichts des weiten Forschungsfeldes, das sich mit sieben Disziplinen eröffnet, besteht ein Ziel dieser Einführungsveranstaltungen aber ebenso darin, auch eine gemeinsame (homogenere) Wissensgrundlage für die Studierenden zu schaffen, die fachlich ganz unterschiedlich vorgebildet und sozialisiert sind. Erst ab dem zweiten Semester ist dann eine individuelle Vertiefung und Spezialisierung im Rahmen der angebotenen Lehrveranstaltungen vorgesehen. Zwei obligatorische Studienprojekte sollen auch praktische Erfahrungen inner- und außerhalb der Universität ermöglichen.

Die Resonanz von B.A.-Studierenden auf den Studiengang war von Beginn an sehr gut: Ausgelegt für 20 Studierende pro Jahrgang – Einschreibungen sind nur zum Wintersemester möglich – immatrikulieren sich bereits seit dem zweiten Jahr 20 bis 25 Studienanfänger aus mehr als zehn Disziplinen. Mehr als die Hälfte von ihnen haben ihren B.A.-Abschluss an anderen Universitäten erworben, darunter Hamburg, Münster, Bonn, Würzburg, Magdeburg, Konstanz, Basel und Rom. Die interdisziplinäre Struktur des Studiengangs mit ihrer heterogenen fachlichen Zusammensetzung sowohl der Studierenden wie auch Dozierenden bietet allen Beteiligten neue Erfahrungen, Inspirationen und Impulse für die eigene Arbeit, sie stellt sie gleichwohl auch vor neue Herausforderungen, in deren Zentrum die Frage nach den Bedingungen und Möglichkeiten einer funktionierenden interdisziplinären Lern- und Lehrpraxis steht. Denn während für interdisziplinäre Forschungsprojekte inzwischen zahlreiche Theorien, Modelle und Praxiserfahrungen vorliegen[1], ist das für interdisziplinäres Lernen und Lehren bundesweit erst ansatzweise der Fall.[2]

Um die Erwartungen, Erfahrungen, Fragen und Hinweise zu bündeln, die Studierende wie Dozierende in den ersten drei Jahren des Studiengangs formuliert haben, und um eine Grundlage für die Evaluation der Studienpraxis, für weitere institutionelle Verknüpfungen und zukünftige Kooperationen zu schaffen, wurde deshalb im Wintersemester 2014/15 gemeinsam von Studierenden und der Fachkoordinatorin des Studiengangs die Projektgruppe *Interdisziplinäres Lernen und Lehren*[3] initiiert. Über den universitätsinternen Projektwettbewerb *Innovatives Studium* konnten für die Laufzeit von einem Jahr aus dem ,Innovationsfonds 2014' Qualitätssicherungsmittel eingeworben werden, die in zwei Stellen für wissenschaftliche Hilfskräfte (Recherche und Koordination) investiert wurden. Zusätzliche Unterstützung erhielt die Projektgruppe durch die freiwillige Mitarbeit von Studierenden, die ein besonderes Interesse am Thema besaßen. Diese eher unübliche Form der Zusammenarbeit zeichnete sich durch ein hohes Maß an Engagement und Verbindlichkeit über die gesamte Laufzeit des Projekts aus.

Die Arbeitsgruppe schloss ihre Tätigkeiten im Oktober 2015 mit einem Literaturbericht und einer Handreichung für Studieninteressierte und Erstsemester ab. Der vorliegende Projektbericht soll einen Überblick über die Arbeiten und

---

1 Für Literatur sei auf die nachfolgend erläuterte, kommentierte Literaturliste unserer Projektgruppe verwiesen.

2 Vgl. zuletzt die von verschiedenen baden-württembergischen Hochschulen organisierte, praxisorientierte Tagung *Forschungsorientiertes und interdisziplinäres Lehren*, die am 21.11.2014 an der Pädagogischen Hochschule Freiburg stattfand, sowie der von Carmen Schier und Elke Schwinger herausgegebene Sammelband *Interdisziplinarität und Transdisziplinarität als Herausforderung akademischer Bildung. Innovative Konzepte für die Lehre an Hochschulen und Universitäten* (Bielefeld 2014), der die Beiträge der am 18./19.10.2013 in Coburg veranstalteten Tagung *Wege zu interdisziplinärer Lehre und transdisziplinärer Bildung – Wunsch und Wirklichkeit* beinhaltet.

3 Das Konzept des Projekts wurde bereits zu Beginn des Jahres 2014 gemeinsam von der Fachkoordinatorin und verantwortlichen Dozentin des Studiengangs, Prof. Dr. Cornelia Brink, der wissenschaftlichen Hilfskraft des Studiengangs Sarah Laufs, M.A., sowie den Studierenden Sandra Ziegler, M.A. (Tutorin), und Sascha Zorn, M.A. (studentisches Mentoring) entwickelt. Mit Beginn der Projektförderung waren außerdem Marianne Heinze, M.A., Sven Gallinat, M.A., Christian Lutz, B.A., und zeitweise Johanna Fröhlich, M.A., beteiligt.

Ergebnisse geben und weiterführende Überlegungen zur Interdisziplinarität als Herausforderung für die Hochschullehre präsentieren.

1 Interdisziplinäre Verortungen

Die zentrale Hürde, vor welche sich die Projektgruppe zu Beginn ihrer Tätigkeiten gestellt sah, bestand angesichts des allgemeinen Fehlens einer einheitlichen Definition und des bemerkenswert diffusen semantischen Gehalts von Interdisziplinarität zunächst darin, sich über diejenigen Aspekte des Begriffs zu verständigen, die im Kontext des Freiburger Studiengangs bedeutsam sind. Es galt folglich nicht nur, eine Arbeitsdefinition zu entwickeln, auf der die weitere Projektarbeit aufbauen sollte, sondern sich über die theoretische Diskussion hinaus – was wird grundsätzlich unter Interdisziplinarität verstanden? – auch praxisorientiert damit zu beschäftigen, wie Interdisziplinarität im spezifischen Kontext eines Studiengangs realisiert werden kann, auf welchen Voraussetzungen dies beruht und wie sie sich performativ zeigt.

Aus der Sicht der Studierenden des Studiengangs bedeutet Interdisziplinarität im Wesentlichen, dass sie in ihren Lehrveranstaltungen und Arbeitsgruppen vom ersten Semester an den Wissensbeständen, Forschungsfragen, -theorien und -methoden zahlreicher Disziplinen aus den Geistes-, Kultur-, Sozial- und Naturwissenschaften begegnen. Sie erkennen außerdem, dass sie in ihrem B.A.-Studium nicht nur fachspezifisches Wissen erwerben, sondern auch eine fachkulturelle Sozialisation erfahren haben. Diese Fülle an neuen Bezugspunkten eröffnet einerseits neue Impulse für Themenstellungen, Fragen und Methoden, bewirkt andererseits aber auch Unsicherheiten, die bei den Studierenden einen erhöhten Austauschbedarf wecken und dazu führen, sich parallel zu den Lehrveranstaltungen auch informelle Orte von Interdisziplinarität zu erschließen. Das können Fachgespräche in der Mensa ebenso sein wie selbstorganisierte Lektüregruppen.

Für die Dozierenden bedeutet Interdisziplinarität, dass sie [1.] in ihren Lehrveranstaltungen einer je nach Semester variierenden Zusammensetzung der Studierenden begegnen, [2.] mit Gruppen arbeiten, deren Kenntnisstand in Bezug auf das eigene Fachgebiet ausgesprochen heterogen ist und sie [3.] durch die Studierenden mit Frage- und Problemstellungen, mit Forschungsansätzen und Methoden, Präsentations- und Publikationsformen konfrontiert werden, die im eigenen Fach nicht üblich – darum aber nicht weniger relevant oder gar „falsch" – sind. Damit werden sowohl auf Seiten der Studierenden als auch auf Seiten der Lehrenden Kompetenzen virulent, die im traditionellen akademischen Fachdiskurs nicht unbedingt selbstverständlich sind. Sie betreffen insbesondere die Reflexion über fachliche Identitäten (und Ausschlüsse), über Kommunikationssituationen, über Forschungsgegenstände, -theorien und -methoden sowie die Bewertung und Unterscheidung von Wissen, „anderem" Wissen und auch – grundsätzlicher – über Wissenschaftlichkeit.

Nahezu alle Teilnehmer der Arbeitsgruppe konnten über ihre Beteiligung am Studiengang hinaus weitere Erfahrungen einbringen, weil sie sich mit dem Thema „Interdisziplinarität" entweder theoretisch in ihren Abschlussarbeiten auseinandergesetzt oder praktische Kenntnisse im Rahmen von Tagungen, Feldforschungsprojekten oder Sonderforschungsbereichen erworben hatten. Vor diesem Hintergrund formulierte die Projektgruppe eine Reihe von Leitfragen, an denen sich die weitere Arbeit orientieren sollte: Welche spezifischen Anforderungen und Erwartungen sind mit interdisziplinärem Lernen und Lehren verbunden? Welche (positiven, möglicherweise auch negativen) Erfahrungen machen Studierende und Lehrende in interdisziplinären Kontexten? Welche Voraussetzungen fördern gutes interdisziplinäres Lernen und Lehren auf individueller, struktureller/institutioneller, fachlicher, medialer und didaktischer Ebene? Wo und wie findet interdisziplinäres Lernen überhaupt statt?

2   Bestandsaufnahmen und Handreichungen

Nach den ersten Vorüberlegungen startete das Projekt mit einer Bestandsaufnahme. Zunächst wurden Typen interdisziplinärer Lehr- und Lernkontexte an der Albert-Ludwigs-Universität Freiburg (ALU) gesucht und drei Varianten unterschieden: [1.] Studiengänge, die – wie der B.A. *Liberal Arts and Sciences* – keine disziplinäre Ausbildung im ersten Studium vorsehen; [2.] interdisziplinäre Masterstudiengänge, die eine disziplinäre oder interdisziplinäre Ausbildung im B.A.-Studium voraussetzen: Neben dem M.A. *Interdisziplinäre Anthropologie* sind das an der Philosophischen Fakultät der M.A. *Gender Studies* (mit dem diese im *Zentrum für Anthropologie und Gender Studies* auch kooperiert), die M.A.-Studiengänge *Angewandte Politikwissenschaften* und *Mittelalter- und Renaissancestudien* sowie die englischsprachigen *Master of Social Sciences* und *Modern China Studies*. Hinzu kommen [3.] interdisziplinäre Module in Fachmastern, die Studien- oder Prüfungsleistungen in anderen Fächern ermöglichen. Diese erste (und fakultätsübergreifend noch zu ergänzende) Sichtung zeigte, wie der Studiengang *Interdisziplinäre Anthropologie* im Lehrangebot der Philosophischen Fakultät an der ALU zu verorten ist und verdeutlichte universitätsinterne Austausch- und Kooperationsmöglichkeiten.

In Anbetracht der Forschungslage beabsichtigte die Arbeitsgruppe von Beginn an, eine kategorisierte, kommentierte und damit weiterführende Bibliographie zu erstellen. Diese sollte den aktuellen Forschungsstand abdecken und explizit auf Zielstellung und Erkenntnisinteresse des Projekts bezogen sein, d. h. auf Fragen nach der theoretischen Konzeptionalisierung interdisziplinären Lernen und Lehrens sowie den Bedingungen und Möglichkeiten einer interdisziplinären Lern- und Lehrpraxis. Die Recherche strukturierten daher die folgenden Suchkriterien: Theorie der Interdisziplinarität, Erfahrungsberichte, Organisation von Interdisziplinarität, Didaktik und interdisziplinäre Kommunikation.[4] Auch die Strukturierung der Literaturliste, insbesondere die Vergabe von Schlagworten und die kategoriale Zuordnung der Einzelwerke erwiesen sich deutlich komplexer als anfangs angenommen. Zwei Studentinnen spezialisierten sich daher auf die – mit großem Arbeitsaufwand verbundene – Auswahl, Auswertung und Zuordnung der Literatur, während die Bestimmung der zur Verfügung gestellten Kategorien und Schlagworte in der Projektgruppe diskutiert wurde. Letztere orientierte sich dabei maßgeblich an der Frage, wer die Literaturliste wie nutzen können sollte. Als Adressaten bestimmte die Projektgruppe sowohl Lehrende mit Interesse an interdisziplinären Theorien, Konzepten und Tools als auch Studierende mit Interesse an Methodologie, Methoden und Schlüsselkompetenzen. Der Adressatenkreis sollte explizit nicht auf Freiburg beschränkt bleiben; die kommentierte Literaturliste wurde deshalb als Broschüre gedruckt und den uns bekannten Kollegen in und außerhalb Freiburgs zur Verfügung gestellt. Weiteren Interessierten kann sie auf Anfrage zugeschickt werden.

Parallel zur Erstellung der kommentierten Literaturliste wurden weitere Möglichkeiten diskutiert, die Ergebnisse der äußerst produktiven Diskussionsrunden nach außen zu kommunizieren. Die Gruppe entschied sich dafür, zielgruppenorientierte Handreichungen als Empfehlungen für den interdisziplinären Diskurs zu entwickeln, die zunächst in Form eines Flyers für Studieninteressierte und Studierende des M.A. *Interdisziplinäre Anthropologie* Gestalt annahmen. Hier sollte es weder darum gehen, den Studiengang und seine Inhalte zu bewerben, noch wurde beabsichtigt, Prüfungsordnung und Studienverlaufsplan zu erläutern (diese Informationen stehen bereits auf der Homepage[5] zur Verfügung). Stattdessen sollte der Flyer Studierenden helfen, sich in interdisziplinären Lernumgebungen zurechtzufinden. Die damit verbundenen Ansprüche waren vielfältig: So sollte der Flyer einerseits veranschaulichen, was es bedeutet, an einem interdisziplinären Studiengang zu partizipieren, andererseits aber auch eine erste Hilfestellung für möglicherweise auftretende Unsicherheiten bieten. Die Besonderheiten interdisziplinärer Lehrveranstaltungen, Arbeitsformen und Kommunikationsweisen sollten also ebenso

---

4 Hier profitierte das Projekt von der zeitgleich entstehenden Masterarbeit *Interdisziplinarität. How to make it work* von Sandra Ziegler.

5 https://www.master-anthropologie.uni-freiburg.de [17.6.2016].

zur Sprache kommen wie die Herausforderung, die ein solcher Studiengang für Studierende bedeuten kann. Ein besonderes Anliegen bestand zudem darin, für die nicht-institutionellen Formen interdisziplinären Zusammenkommens abseits der Lehrveranstaltungen zu sensibilisieren und damit zu betonen, dass Interdisziplinarität ganz wesentlich an die individuelle Bereitschaft gekoppelt ist, sich auf diese auch einzulassen und sie damit weniger als theoretischer Lerninhalt denn als *Soft Skill* zu verstehen ist, die zwar theoretisch fundiert, aber erst durch praktische Erfahrung individuell erlernt und weiterentwickelt werden kann.[6]

3   Perspektiven interdisziplinärer Lehre

Analog zum Flyer für Studierende sollte eine zweite Handreichung für Dozierende erstellt werden, um auf die Besonderheiten der Lehre in interdisziplinär zusammengesetzten Gruppen aufmerksam zu machen. Die Erwartungen der Lehrenden an die Studierenden weisen – so die Erfahrungen in der Projektgruppe – vornehmlich in zwei Richtungen: Adressieren sie die Studierenden explizit als Studierende der *Interdisziplinären Anthropologie* (beispielsweise in den eigens für diese entwickelten Einführungsveranstaltungen), so ist vor allem von Neugier, Aufgeschlossenheit, einer Bereitschaft zum Perspektivenwechsel und der Lust an interdisziplinärer Zusammenarbeit, von Klugheit und einem hohen Maß an Reflexionsvermögen die Rede. Begegnen ihnen die Studierenden der *Interdisziplinären Anthropologie* dagegen in Seminaren, wie sie üblicherweise für M.A.-Studierende des eigenen Fachs konzipiert werden, so scheinen jene Erwartungen zu überwiegen, die sich an letztere richten: Sie sollten ihr disziplinäres B.A.-Studium erfolgreich, besser noch überdurchschnittlich abgeschlossen haben. Folglich kommen hier eher die Defizite im Wissen der (dann fachfremden) Studierenden der *Interdisziplinären Anthropologie* zur Sprache. Dass einem Studenten der Biologie etwa Grundlagenkenntnisse der historischen Quellenkritik fehlen werden oder einer Studentin der Geschichte Methoden der qualitativen Interviewforschung unbekannt sind,

---

6   Auf Initiative der Fachschaft des Studiengangs konnte außerdem im Sommersemester 2016 eine Datenbank erstellt werden, welche die von Studierenden bereits absolvierten, im Curriculum vorgesehenen Studienprojekte erfasst und vorstellt. Die Datenbank befördert die Kommunikation unter Studierenden und ermöglicht eine unkomplizierte Kontaktaufnahme mit den Absolventen und den Ansprechpartnern in den beteiligten Organisationen. Vor allem aber macht sie auch sichtbar, welche Arbeitsfelder in und außerhalb der Universität sich Studierenden eröffnen, die Fachkenntnisse erworben und gleichzeitig gelernt haben, sich in verschiedenen Wissensfeldern und -kulturen zu orientieren. Die Datenbank ist studiengangsintern nutzbar.

ist evident. Die Aufgabe für die Lehrenden besteht hier vor allem darin, dieses Nicht-Wissen angemessen zu berücksichtigen, aber auch das (jeweils „andere") Wissen der Studierenden aus fachfremden Disziplinen in ihre Masterseminare zu integrieren, d. h. die Seminarinhalte müssen für beide Studierendengruppen in einer Weise anschlussfähig gehalten werden, die weder die fachfremde Gruppe aufgrund ihrer fehlenden Fachkenntnisse als inkompetent disqualifiziert, noch den Studierenden des Fachmasters ständig zumutet, sich mit Grundlagenwissen zu beschäftigen, dass ihnen aus ihrem B.A.-Studium bereits bekannt ist. Selbstverständlich lässt sich in einem einzelnen Seminar kein komplettes B.A.-Fachstudium nachholen. Der Anspruch an die fachfremden Studierenden könnte daher eher bedeuten, dass ihnen in den Lehrveranstaltungen zunächst ermöglicht wird, sich auf fremdem Terrain zurechtfinden, informiert Fragen zu stellen, methodische Ansätze nachvollziehen und zuordnen zu können – bildlich gesprochen: sich für das Terrain eines bisher unbekannten Faches Landkarten erstellen zu können, um sich damit gezielt zu orientieren.

Zu diesen – fachlichen wie didaktischen – Aufgaben kommt hinzu, dass die Lehrenden damit rechnen müssen, durch die Fragen dieser Studierenden an die Grenzen der eigenen Expertise zu stoßen. Anders als das in Forschungszusammenhängen wie etwa bei Begutachtungen für SFBs oder Graduiertenkollegs der Fall ist, gibt es zudem so gut wie keine Muster für die Bewertung fachfremder bzw. von Fachfremden absolvierter Studien- und Prüfungsleistungen (Hausarbeiten, Paper, mündliche Präsentationen, Abschlussarbeiten). Auf diese und weitere Erfahrungen im Umgang mit interdisziplinären Studierenden in Fachseminaren sollte ein (noch zu erarbeitender) Flyer für Lehrende aufmerksam machen und darüber hinaus Anregungen zur Seminargestaltung geben, die im Studiengang erprobt werden (z. B. Team-Teaching bei explizit interdisziplinär zu bearbeitenden Themenstellungen, Dialoge zweier Fachvertreter zu einem Thema in Ringvorlesungen, Lektüreseminare als *journal club* etc.). Dieser Flyer konnte ebenso wie die Idee eines themenbezogenen Workshops in der Förderungszeit noch nicht realisiert werden und bleibt einer künftigen Arbeitsgruppe vorbehalten.

4 Ein (vorläufiges) Resümee

Interdisziplinarität in der Hochschullehre ist ein komplexes Feld; sich darin zu bewegen wird von den Beteiligten insgesamt als Gewinn gewertet, aber immer wieder auch als Irritation und Störung wahrgenommen. Die Erwartungen der Studierenden, die sich mit der Wahl des M.A. *Interdisziplinäre Anthropologie* in dieses Feld begeben, sind hoch. Sie resultieren meist entweder aus den Erfahrungen eines

B.A. Studiums, in dem sie sich nicht nur Grundwissen in einer Disziplin angeeignet, sondern ebenso die (Erkenntnis-)Grenzen ihres Fachs kennengelernt haben, oder aber dezidiert aus positiven Erfahrungen mit einem Mehrfach-B.A.-Studium. Einzelne Studierende haben sogar mehrere Studienabschlüsse erworben und wollen die breite Ausrichtung ihres bisherigen Studiums in einen interdisziplinär angelegten Masterstudiengang überführen oder mit diesem fortsetzen. Hinzu kommt, dass die Entscheidung für den M.A. *Interdisziplinäre Anthropologie* vielfach aus Gegenwartserfahrungen resultiert: Stichworte wie Anthropozän, Human Enhancement und Künstliche Intelligenz, Mensch-Umwelt-Beziehungen oder Mensch-Tier-Differenzen benennen nicht nur aktuelle Problemstellungen, die auf die Relevanz anthropologischer Fragen verweisen, sondern machen auch deutlich, dass diese Fragen disziplinäre Grenzen transzendieren. Das wird in neueren Forschungen immer wieder betont und das erkennen auch entsprechend interessierte Studierende.[7] Dabei sind deren Erwartungen in den meisten Fällen nicht nur hoch, sondern anfangs auch recht diffus und nur die wenigsten haben konkrete Vorstellungen von praktizierter Interdisziplinarität, die über die Intuition hinausgehen, dass eine komplexer werdende Welt komplexere wissenschaftliche Zusammenschlüsse erfordern könnte. Die in der Forschung wiederholt problematisierte semantische Leere des Begriffs „Interdisziplinarität" sowie die Diskrepanzen zwischen interdisziplinärer Theorie und Praxis konfrontieren Studierende wie Dozierende der *Interdisziplinären Anthropologie* mit besonderen Erfahrungen, die schlussendlich auch zum Ausgangspunkt der einjährigen Projektarbeit wurden, um die Probleme interdisziplinären Arbeitens in der Lehre genauer zu identifizieren und erste Lösungsmöglichkeiten zu entwickeln.

Als zentrales Problemfeld konnten neben den bereits genannten Aspekten insbesondere Konflikte zwischen disziplinären „Kulturen" ausgemacht werden[8], bei denen es meist entweder um [1.] Hoheitsgebiete und Definitionsansprüche,

---

7   Vgl. zum Versuch, die immer komplexer werdende Welt wissenschaftlich „auf die Reihe" zu bekommen, das Interview mit dem Konstanzer Philosophen und Wissenschaftstheoretiker Jürgen Mittelstraß in der Reihe *Zeitgenossen* des SWR 2 am 25.6.2016: http://www.swr.de/swr2/programm/sendungen/zeitgenossen/swr2-zeitgenossen-juergen-mittelstrass-philosoph-und-wissenschaftstheoretiker/-/id=660664/did=17649008/nid=660664/168kqw8/index.html [26.6.2016]. Mittelstraß nimmt sowohl auf interdisziplinäre Forschung als auch auf Anthropologie als künftige Aufgabe Bezug.

8   Zum Vorschlag, Fachdisziplinen als „Fachkulturen" zu verstehen, vgl. insbesondere Defila, Rico / Di Giulio, Antonietta: Vorbereitung auf interdisziplinäres Arbeiten. Anspruch, Erfahrungen, Konsequenzen, in: Neues Handbuch Hochschullehre. Lehren und Lernen effizient gestalten, herausgegeben von Brigitte Berendt, Hans-Peter Voss und Johannes Wildt, Stuttgart 2006, S. 1-26.

[2.] Divergenzen in Gegenstand und Fragestellung, [3.] Differenzen bei Methodenauswahl und Kriterien von Wissenschaftlichkeit, [4.] Missverständnisse oder [5.] Vorurteile, Disziplinen-Imperialismen und/oder gegenseitige Abwertungen ging. Weiterhin kamen in interdisziplinären Lehr-/ Lernzusammenhängen neben fehlenden theoretischen und/oder methodischen Grundlagen insbesondere auch kommunikative und/oder strukturelle Probleme zum Tragen (etwa in Fachjargon, Semantik, Abstimmung, Planung), die nicht selten mit gruppendynamischen Problemen verbunden waren. Aber auch Spannungen zwischen etablierten und innovativen Lehr- und Lernformen sowie das grundlegende Problem, dass die Realisierungsmöglichkeiten eines interdisziplinären Anspruchs zumindest in Deutschland an die Bedingungen einer nach wie vor stark disziplinär organisierten Universitätslandschaft gebunden sind, stellen nicht zu unterschätzende Hemmnisse im Kontext interdisziplinären Lernen und Lehrens dar.

Auf der anderen Seite verdeutlichte die Projektarbeit aber ebenso die Chancen interdisziplinären Arbeitens. Probleme können vor allem dann überwunden werden, wenn kontinuierlich Gelegenheiten zum Dialog geschaffen und neben universitären Lehrveranstaltungen weitere Orte der Interdisziplinarität erkannt und wahrgenommen werden; wenn *alle* Beteiligten bereit sind, nicht nur die eigene disziplinäre Verortung mitsamt der oft für selbstverständlich erachteten Denk- und Arbeitsweisen zu reflektieren, sondern sie auch zu Abstraktions- und kognitiver Synthesefähigkeit befähigt sind bzw. werden. Darüber hinaus ist die Bereitschaft unerlässlich, sein Wissen, die eigene Fachsprache, die methodischen Vorgehensweisen sowie die Forschungsgegenstände und Wissenschaftskriterien der eigenen Disziplin zu explizieren und Fachfremden zu erörtern, allerdings auch einer Konfrontation mit bzw. einer zeitweiligen Verunsicherung durch davon abweichende Perspektiven, Ansätze und Zugänge standzuhalten. Interdisziplinäres Arbeiten setzt also ganz wesentlich eine Aufgeschlossenheit gegenüber fachfremden Ansätzen und ein damit verbundenes Interesse an Grenzüberschreitungen voraus, das immer auch die Arbeit an persönlichen Grenzen und Vorbehalten beinhaltet. Damit stellt Interdisziplinarität nicht nur eine wissenschaftliche Qualifikation dar, sondern fügt sich auch in den Bereich der Schlüsselkompetenzen und *Soft Skills* ein, was allein die Tatsache verdeutlicht, dass Interdisziplinarität zunehmend auch außerhalb der Universität gefragt ist.

Als besonders erfolgversprechend hat sich im Rückblick der intensive, von persönlicher Initiative ausgehende Erfahrungsaustausch in einer Projektgruppe mit Studierenden und einer Dozentin erwiesen, weshalb die (gegebenenfalls zu widerlegende) These gewagt sei, dass Interdisziplinarität als *bottom-up*-Prozess, von den Fragen und Interessen der Studierenden aus am nachhaltigsten funktionieren wird. Sie nehmen hier den aktiveren Part auch deshalb ein, weil dieser durch die freiere Struktur des Studiengangs ermöglicht und erwünscht (und von ihnen auch immer wieder im Vergleich zu anderen (inter-)disziplinären Studiengängen positiv hervorgehoben) wird. Gleichwohl können solche Prozesse nur dann erfolgreich sein, wenn sie auch seitens der Dozierenden auf eine Aufgeschlossenheit gegenüber den damit verbundenen, auch unerwarteten Erfahrungen und Praktiken treffen. Nicht zuletzt stellen interdisziplinäre Studiengänge Dozierende vor die zentrale und unübliche Herausforderung, die ihnen in der universitären Struktur traditionell zugewiesene Rolle ein Stück weit zu verlassen und sich selbst auch wieder als Lernende zu begreifen. *Top-down* wären demgegenüber – neben dem Willen, Interdisziplinarität in Forschung und Lehre tatsächlich (und nicht nur als zeitgemäße Formel) als zukunftsweisend zu fördern – daher vor allem die institutionellen Bedingungen zu schaffen, die Interdisziplinarität ermöglichen. Die Albert-Ludwigs-Universität Freiburg, die laut ihrem aktuellen Struktur- und Entwicklungsplan interdisziplinäre Lehrkonzepte stärken will und damit nicht zuletzt auch auf die gesellschaftliche Nachfrage nach grundständig *und* interdisziplinär ausgebildeten Absolventen reagiert, bietet dafür gute Voraussetzungen.[9]

Aus naheliegenden Gründen adressierte das Freiburger Projekt *Interdisziplinäres Lernen und Lehren* zunächst die Studierenden und Lehrenden des Masterstudiengangs *Interdisziplinäre Anthropologie*, der im Wintersemester 2016/17 ins fünfte Jahr gehen wird. Darüber hinaus sollen die erarbeiteten Vorschläge aber auch anderen in interdisziplinären Kontexten tätigen Personen zur Verfügung gestellt werden, um den Erfahrungsaustausch zu intensivieren und künftige Folgeprojekte und Kooperationen zu ermöglichen.

Literaturhinweise (Auswahl)

Anderson, Åsa / Kalman, Hildur: Reflections on Learning in Interdisciplinary Settings, in: International Journal of Teaching and Learning in Higher Education 22 (2010) 2, S. 204-208.

Arber, Werner: Erfahrungen mit transdisziplinären Vorlesungen an der Universität Basel, in: Natur- und Geisteswissenschaften. Perspektiven und Erfahrungen mit fachübergreifenden Ausbildungsinhalten, herausgegeben von Klaus Mainzer, Berlin/New York 1990, S. 76-84.

Arnold, Markus / Fischer, Roland (Hg.): Disziplinierungen. Kulturen der Wissenschaft im Vergleich, Wien 2004.

Berendes, Jochen: Interdisziplinäre Kommunikationskompetenz und Schlüsselqualifikationen, in: Schlüsselqualifikationen für Studium, Beruf und Gesellschaft. Technische Universitäten im Kontext der Kompetenzdiskussion, herausgegeben von Caroline Y. Robertson von Trotha, Christine Mielke und Albert Albers, Karlsruhe 2009, S. 365-388.

---

9   https://www.zuv.uni-freiburg.de/formulare/intranet/strep-2014-2018.pdf [31.05.2015].

Blanckenburg, Christine von et al.: Leitfaden für interdisziplinäre Forschergruppen. Projekte initiieren, Zusammenarbeit gestalten, Stuttgart 2005.

Boix Mansilla, Veronica / Duraising Elizabeth D.: Targeted Assessment of Students' Interdisciplinary Work. An Empirically Grounded Framework Proposed, in: The Journal of Higher Education 78 (2007) 2, S. 215-237.

Burgett, Bruce et al.: Teaching Interdisciplinarity, in: Pedagogy. Critical Approaches to Teaching Literature, Language, Composition, and Culture 11 (2011) 3, S. 465-491.

Darbellay, Frédéric / Paulsen, Theres (Hg.): Au Miroir des disciplines. Réflexions sur les pratiques d'enseignement et de recherche inter- et transdisciplinaires/Im Spiegel der Disziplinen. Gedanken über inter- und transdisziplinäre Forschungs- und Lehrpraktiken, Bern 2011.

Davies, Martin W. / Devlin, Marcia / Tight, Malcolm: Interdisciplinary Higher Education. Perspectives and Practicalities, Bingley 2010.

Defila, Rico / Di Giulio, Antonietta: Voraussetzungen zu interdisziplinärem Arbeiten und Grundlagen ihrer Vermittlung, in: Ökologie und Interdisziplinarität – eine Beziehung mit Zukunft? Wissenschaftsforschung zur Verbesserung der fachübergreifenden Zusammenarbeit, herausgegeben von Philipp W. Balsiger, Basel u. a. 1996, S. 125-142.

Defila, Rico / Di Giulio, Antonietta: Vorbereitung auf interdisziplinäres Arbeiten. Anspruch, Erfahrungen, Konsequenzen, in: Neues Handbuch Hochschullehre. Lehren und Lernen effizient gestalten, herausgegeben von Brigitte Berendt, Hans-Peter Voss und Johannes Wildt, Stuttgart 2006, S. 1-26.

Defila, Rico / Di Giulio, Antonietta / Drilling, Matthias: Leitfaden. Allgemeine Wissenschaftspropädeutik für interdisziplinär-ökologische Studiengänge (2000), online verfügbar unter der URL: http://www.ikaoe.unibe.ch/forschung/aWp/AOeNr4/Allg_Oeko_z_Disk_Nr4.pdf [17.06.2016].

Di Giulio, Antonietta / Künzli David, Christine / Defila, Rico: Bildung für nachhaltige Entwicklung und interdisziplinäre Kompetenzen. Zum Profil von Lehrkräften, in: Kompetenzen der Bildung für nachhaltige Entwicklung. Operationalisierung, Messung, Rahmenbedingungen, Befunde, herausgegeben von Inka Bormann und Gerhard de Haan, Wiesbaden 2008, S. 179-197.

Eisen, Arri et al.: Teaching Water. Connecting Across Disciplines and into Daily Life to Address Complex Societal Issues, in: College Teaching 57 (2009) 2, S. 99-104.

Friedow, Alison J. / Stroup, Walter W.: Learning Interdisciplinary Pedagogies, in: Pedagogy 12 (2012) 3, S. 405-42.

Godemann, Jasmin: Promotion of Interdisciplinary Competence as a Challenge for Higher Education, in: Journal of Social Science Education 5 (2006) 2, S. 51-61.

Graybill, Jessica K. et al.: A Rough Guide to Interdisciplinarity. Graduate Student Perspectives, in: Bioscience 56 (2006) 9, S. 757-763.

Günther, Anja / Honekamp, Wilfried: Interdisziplinäre Lehre. Theorien, Erfahrungen, Meinungen, in: HDS Forum Lehre: Lernkulturen – Lehrkulturen (9. November 2012, TU Chemnitz), herausgegeben vom Hochschuldidaktischen Zentrum Sachsen, Leipzig 2013, S. 31-38.

Halfeoglu, Müjde: Mixed Reality Systeme(e): Wissenschaft, Interdisziplinarität und Diversity. Eine Reflexion zum Lehrprojekt, in: Interdisziplinierung? Zum Wissenstransfer zwischen den Geistes-, Sozial- und Technowissenschaften, herausgegeben von Jutta Weber, Bielefeld 2010, S. 239-246.

Holley, Karri A.: Best Practices Related to Interdisciplinary Education, in: ASHE Higher Education Report 35 (2009) 2, S. 89-99.

Huber, Ludwig et al. (Hg.): Über das Fachstudium hinaus. Berichte zu Stand und Entwicklung fachübergreifender Studienangebote an Universitäten, Weinheim 1994.

Huutoniemi, Katrin et al.: Analyzing Interdisciplinarity. Typology and Indicators, in: Research Policy (2010) 39, S. 79-88.

Ivanitskaya, Lana / Primeau, Ronald: Interdisciplinary Learning. Process and Outcomes, in: Innovative Higher Education 27 (2002), S. 95-111.

Kochhar-Lindgren, Gray: Assembling the Global University: Networks, Interdisciplinarity, and Institutional Change, in: Cases on Quality Teaching Practices in Higher Education, herausgegeben von Diane J. Salter, Hershey 2013, S. 366-377.

Lengwiler, Martin: Research Cooperation. Between Charisma and Heuristics. Four Styles of Interdisciplinarity, in: Science and Public Policy 33 (2006) 6, S. 423-434.

Ludwig, Joachim (Hrsg.): Interdisziplinarität als Chance. Wissenschaftstransfer und Beratung im lernenden Forschungszusammenhang, Bielefeld 2008.

Lyall, Catherine / Meagher, Laura R.: A Masterclass in Interdisciplinarity. Research into Practice in Training the Next Generation of Interdisciplinary Researchers, in: Futures 44 (2012) 6, S. 608-617.

Mainzer, Klaus (Hrsg.): Natur- und Geisteswissenschaften. Perspektiven und Erfahrungen mit fachübergreifenden Ausbildungsinhalten, Berlin/New York 1990.

Meagher, Laura / Marsden, Wendy: A Short Guide to Leading Interdisciplinary Initiatives, ISSTI Briefing Note 10 (2011), online verfügbar unter der URL: http://www.ei.udelar. edu.uy/resources/1/9/0/1/1_30762797dc0230d/19011_25e2eb2a55c39af.pdf [17.06.2016].

Nikitina, Svetlana: Three Strategies for Interdisciplinary Teaching. Contextualizing, Conceptualizing, and Problem-Solving (2002), online verfügbar unter der URL: http://www. interdisciplinarystudiespz.org/pdf/Nikitina_Strategies_2002.pdf [17.06.2016].

Nikitina, Svetlana: Pathways of Interdisciplinary Cognition, in: Cognition and Instruction 23 (2005) 3, S. 389-425.

Prediger, Susanne: Universitäre Wissenskultur. Einheit der Wissenschaften in der multikulturellen Vielfalt der Disziplinen, Darmstadt 2003.

Rehfeldt, Janine: Wie ist interdisziplinäre Verständigung möglich? Interdisziplinäre Wissenschaftskommunikation im Rahmen des Projektes „Lernender Forschungszusammenhang", in: Interdisziplinarität als Chance. Wissenschaftstransfer und Beratung im lernenden Forschungszusammenhang, herausgegeben von Joachim Ludwig, Bielefeld 2008, S. 267-289.

Repko, Allen F.: Interdisciplinary Research. Process and Theory, Thousand Oaks ²2012.

Salter, Diane J. (Hrsg.): Cases on Quality Teaching Practices in Higher Education, Hershey 2013.

Sandberg, Joanne: What's a Sociologist Like You Doing in a Course Like This? Reflections on Teaching a Trans-institutional Course for Professional Students, Philadelphia 2005.

Schaeper, Hildegard: Lehrkulturen, Lehrhabitus und die Struktur der Universität. Eine empirische Untersuchung fach- und geschlechtsspezifischer Lehrkulturen, Weinheim 1997.

Spelt, Elisabeth / Mulder, Martin: Teaching and Learning in Interdisciplinary Higher Education. A Systematic Review, in: Educational Psychology 21 (2009) 4, S. 365-378.

Woods, Charlotte: Researching and Developing Interdisciplinary Teaching. Towards a Conceptual Framework for Classroom Communication, in: Higher Education 54 (2007) 6, S. 853-866.

Yang, Min: Making Interdisciplinary Subjects Relevant to Students. An Interdisciplinary Approach, in: Teaching in Higher Education 14 (2009) 6, S. 597-606.

Kontakt

Prof. Dr. Cornelia Brink
Albert-Ludwigs-Universität Freiburg im Breisgau
M.A. Studiengang „Interdisziplinäre Anthropologie"
Platz der Universität 3
Kollegiengebäude I
79085 Freiburg im Breisgau
E-Mail: cornelia.brink@geschichte.uni-freiburg.de

Sarah Laufs, M.A.
Heinrich-Heine-Universität Düsseldorf
Graduiertenkolleg „Materialität und Produktion" (GRK 1678)
Universitätsstraße 1
Geb. 23.21.00.44a
40225 Düsseldorf
E-Mail: s.laufs@uni-duesseldorf.de

IV
Rezensionen

Ludger Jansen

Rezension zu

De Brasi, Diego / Föllinger, Sabine (Hg.): Anthropologie in Antike und Gegenwart. Biologische und philosophische Entwürfe vom Menschen, Lebenswissenschaften im Dialog Bd. 18, Freiburg/ München 2015, 443 Seiten

Scherzend wird erzählt, dass Heidegger auf die Frage, welches denn im Titel seines *Opus magnum* „Sein und Zeit" das wichtigste Wort sei, geantwortet habe, es sei weder „Sein" noch „Zeit", sondern vielmehr das „und". Das vorliegende Buch wartet nun im Titel und Untertitel gleich mit zwei „und"-Verbindungen auf: Während der Titel „Anthropologie in Antike und Gegenwart" zwei Epochen miteinander verbindet, verspricht der Untertitel, „biologische und philosophische Entwürfe vom Menschen" miteinander zu verknüpfen. Wenn nun das „und" das wichtigste Wort ist, wie vollzieht der Band diese doppelte Synthese? Wie werden Antike und Gegenwart auf der einen und Biologie und Philosophie auf der anderen Seite miteinander in Beziehung gesetzt?

Der Band dokumentiert die Beiträge einer 2013 in Marburg durchgeführten Tagung, deren Titel auf den besprochenen Band übertragen wurde. Bei der Sichtung der thematischen Schwerpunkte des Bandes wird deutlich, dass der Untertitel noch eher ein Understatement ist. Denn nach einer ausführlichen Einleitung durch die beiden Herausgeber werden in den vier Teilen des Bandes auch sozial- und wirtschaftswissenschaftliche Ansätze und die anthropologischen Ansätze früher christlicher Theologen diskutiert.

Wie verbinden sich nun antike und gegenwärtige Anthropologie, Philosophie und Biologie? Beginnen wir die Sichtung mit dem ersten Teil, „Der Mensch als ‚Naturwesen' und das Verhältnis von Körper und Geist". Die zwei ersten Beiträge von Francesco Fronterotta und Jörn Müller widmen sich beide dem Leib-Seele-Verhältnis beim späten Platon. Fronterotta beginnt seinen Text mit dem Verweis auf Descartes als Vater des modernen interaktionistischen Dualismus, um dann zu zeigen, dass Platon im *Timaios* schon eine ähnliche Position vertritt. Müller zieht als Kontrast die verbreitete dualistisch-leibfeindliche Platon-Interpretation heran und zeigt anhand der Behandlung von „Wein, Tanz und Gesang" (S. 63) in den *Nomoi*, dass zumindest beim späten Platon das Verhältnis anders gedacht und bewertet wird: Platons Äußerungen zu diesen Phänomenen zeigen, dass Platon so etwas wie ein „kinetischer Interaktionismus" vorschwebe, der mit einer Aufwertung des Körpers einhergehe. Weitergehende Versuche, den späten Platon in die Nähe des aristotelischen Hylemorphismus oder gar eines physikalistischen Monismus zu rücken, weist Müller jedoch ab (S. 73). Sabine Föllinger vollzieht den doppelten Brückenschlag, indem sie einerseits die Physiologie des Denkens aus der Sicht des Philosophen Aristoteles, des Arztes Galen und des syrischen Christen Nemesios von Emesa darstellt, diese Diskussion andererseits aber in den Horizont der modernen Diskussion stellt, ob man angesichts der Ergebnisse der Neurophysiologie noch von einem freien Willen des Menschen sprechen könne. Von Nemesios' Argument, die Existenz des Reflexionsvermögens beweise die menschliche Freiheit, da die Schöpfung nichts Überflüssiges enthalte (S. 153), ist es denn auch nur ein kleiner Schritt zum von John Searle vorgebrachten evolutionstheoretischen Einwand gegen den Epiphänomenalismus (S. 153-154). Die weiteren Beiträge dieses Teils verbleiben noch stärker innerhalb der antiken Philosophie und suchen allein den Brückenschlag zur Biologie, insofern sie die Aussagen antiker Autoren zum nicht-menschlichen Tier behandeln. Sabine Luciani untersucht das Mensch-Tier-Verhältnis bei Cicero und Karl-Heinz Leven stellt dar, wie Galen seine medizinischen Erkenntnisse (und sein Überlegenheitsgefühl gegenüber seinen Konkurrenten) an Sektionen und Vivisektionen von Tieren gewinnt, insbesondere auch an Affen, deren Ähnlichkeit zum Menschen sie als medizinische Modelle sowohl epistemisch wertvoll als auch ethisch bedenklich mache.

Die Beiträge im zweiten Teil widmen sich dem Menschen „als moralische[m] Lebewesen", wobei dieses Thema von den Autoren allerdings sehr frei und in der Folge unterschiedlich ausgelegt wird. Richard Kings Beitrag zum Verhältnis des menschlich Guten und des guten Menschen bei Platon und Francesca Masis Beitrag zur zentralen Bedeutung der Erinnerung in Epikurs materialistischer Psychologie bleiben ganz im Horizont der antiken Philosophie. Brigitte Kappl widmet sich unter dem schönen Titel „Das Tier in Dir" dem Unterschied zwischen (bzw. im Falle des Menschen selbst, dem Zusammenspiel von) menschlichem Handeln und tierischem Verhalten bei Aristoteles. Sie endet mit einem tierethischen Ausblick, der sich aus der Diskussion einer „anstößige[n] Passage" (200) aus *Politik* I 8 (1256b 16-22) ergibt, in der Aristoteles Tiere als bloße Mittel für menschliche Zwecke darzustellen scheint. Kappl kommt aber zu dem Ergebnis, dass auch aus aristotelischer Perspektive „die Herrschaft der Menschen über die Tiere dem Wohl beider dienen" solle, sodass der „Gebrauch" der Tiere so etwas wie artgerechte Haltung einschließen könne und solle – jedenfalls, wie Kappl schließt, „*bevor* sie auf dem Grill landen" (S. 201). Tiere sind ethisch also nicht irrelevant, könnten aber trotzdem in einem bestimmten Sinne dem Menschen untergeordnet sein. Ganz in diesem Sinne verteidigt auch Christian Illies die Menschenwürde und die damit verbundene „normative Sonderstellung" des Menschen gegen Einwände, die von der biologischen Evolutionsbiologie motiviert sind. Ebenso wie in dem Beitrag von Philip H. Crowley zur kulturellen Evolution gibt es bei ihm keinerlei Bezug zur Antike; beide Beiträge bewegen sich, abgesehen von Seitenblicken auf Zenon von Elea, Kant und Locke, im post-darwinistischen Horizont.

Die beiden anderen Teile des Buches bestehen jeweils nur aus zwei Beiträgen. Der dritte Teil widmet sich der Frage, ob der Mensch ein „Egoist von Natur aus" sei. Die Beziehung zwischen Antike und Gegenwart besteht hier in der bloßen Juxtaposition: Arbogast Schmitt diskutiert das Verhältnis von Anthropologie und Moral in Platons *Politeia*, während Evelyn Korn den *Homo oeconomicus* als die zentrale Modellvorstellung der neoklassischen Ökonomie vorstellt und mit einigen Ergebnissen der experimentellen Ökonomie vergleicht. Der vierte Teil des Buches widmet sich den „Entwürfe[n] christlicher Anthropologie in der Spätantike". Die beiden Beiträge von Johannes Breuer und Diego De Brasi ergänzen sich dabei hinsichtlich der Auswahl der von ihnen dargestellten (und sonst leider oft vernachlässigten) Autoren. Breuer diskutiert die lateinischen Apologeten Minucius Felix, Arnobius von Sicca, Lactanz und Firmicus Maternus, während De Brasi das Körperbild bei Nemesios von Emesa und Gregor von Nyssa behandelt.

Was ist nun das Ergebnis der Sichtung der Beiträge hinsichtlich der Frage nach der doppelten Synthese zwischen den Epochen auf der einen Seite und den Disziplinen auf der anderen Seite? Ernüchternd müssen wir feststellen, dass der ambitionierte doppelte Brückenschlag nur von wenigen Beiträgen (wie etwa dem von Föllinger) überhaupt angestrebt wird. Der Band als Ganzes behandelt anthropologische Ansätze aus beiden Epochen und über die philosophische und biologische Perspektive hinaus auch die sozial- und wirtschaftswissenschaftliche sowie theologische Perspektive, eine die Disziplinen überschreitende Synthese bleibt aber überwiegend dem geneigten Leser überlassen.

Vielleicht sollte dieses Ergebnis nicht verwundern, denn primär werden die Beiträge durch das kontingente historische Faktum geeint, dass sie auf der Marburger Tagung vorgetragen wurden. So färbt das generelle Dilemma der Gattung Sammelband auch auf diese Instanz der Gattung ab. Die Beiträge sind divergent und disparat in mehrfacher Hinsicht, beginnend mit der Sprache: Die meisten Beiträge sind in deutscher Sprache verfasst, drei auf Englisch (Fronterotta, Masi, Crowley) und einer auf Französisch (Luciani). Disparat sind sie auch hinsichtlich der angewandten Methoden. Die überwiegende Zahl der Beiträge hat eine philosophiehistorisch-hermeneutische Ausrichtung, andere argumentieren aber rein philosophisch (Illies), verhaltensmathematisch (Crowley) oder ökonomisch (Korn). Ergänzungen in den Lakunen antiker Papyri (Masi) werden ebenso diskutiert wie das Fine-tuning mathematischer Modelle kultureller Evolution (Crowley). Disparat sind die Beiträge auch hinsichtlich ihres intendierten Publikums. Philip

Crowleys Diskussion und Modifikation des von Richard McElreath und Richard Boyd entwickeltem mathematischen Modells sozialer Evolution wird vermutlich nur von Insidern der Diskussion wertgeschätzt werden können, während andere Beiträge sich in allgemeinverständlicher Weise gerade an ein breites Publikum wenden, wie etwa der Beitrag von Brigitte Kappl zum *Homo oeconomicus*, der die mathematischen Formeln in einen Anhang verbannt.

Zusammenfassend lässt sich sagen, dass jeder Beitrag je für sich sein Publikum verdient und hoffentlich auch finden wird, dass der Sammelband als Ganzes aber eher ein Dokument der Vielfalt und Divergenz der anthropologischen Forschung als eine erfolgreiche Synthese ist.

Kontakt

PD Dr. Ludger Jansen
Philosophisch-Theologische Grenzfragen
Katholisch-Theologische Fakultät
Ruhr-Universität GA 7/137
44780 Bochum
E-Mail: ludger.jansen@rub.de

Andreas Vieth

Rezension zu

Ferrari, Arriana / Petrus, Klaus (Hg.): Lexikon der Mensch-Tier-Beziehungen, transcript, Bielefeld 2015, 475 Seiten

In der kulturwissenschaftlich ausgerichteten Reihe „Human-Animal-Studies" des transcript Verlages liegt ein Band vor, der eine lexikalische Übersicht über diverse Themenfelder der Mensch-Tier-Beziehungen anbietet. Eine reichhaltige und vielfältige Liste der Lemmata zu Beginn verheißt eine insgesamt eindrucksvolle Behandlung dieses recht disparaten Diskussionskontextes. 142 Artikel von über einhundert Autoren aus einigen einschlägigen Disziplinen – nicht nur aus den Kulturwissenschaften. Viele Lemmata wird man erwarten und vorfinden, andere machen neugierig, weil man sie vermutlich nicht gleich dem Band inhaltlich zuordnen kann: z. B. Animal Hoarding, Architektur, Ethik-Tool, Klimawandel, Literatur, Repression, Staatsbürgerschaft, Verwundbarkeit, Zoomusikologie.

Die Struktur der Artikel ist so angelegt, dass sie lang genug sind, um jeweils in kleinere Sektionen untergliedert die Inhalte zu präsentieren. Man bekommt also in der Regel einen klärenden Überblick und knappe, aber präzise Literaturangaben, die eine weitergehende Beschäftigung mit den Themen ermöglichen. Der Band eignet sich so auch zum Schmökern und Surfen durch die interne Verweisstruktur.

Die Konzeption des Bandes erschließt sich gut aus der Wahl der Lemmata und dem Artikel „Human-Animal-Studies". Die Lemmata lassen sich in folgende Kategorien einteilen: Einige erschließen Diskussionskontexte, die aktuell sind und an denen sich Beziehungsfragen zwischen Tieren und Menschen illustrieren lassen (beispielsweise Fisch, Fleisch, Klimawandel, Sport, Tötung, Verwundbarkeit, Xenotransplantation). Einige greifen die Debatte aus einer eher philosophischen oder tierethischen Perspektive auf (beispielsweise Fähigkeitenansatz, Intentionalität, Interesse, Mitleid, Moralischer Status, Speziesismus, Tierrecht). Der Artikel Pathozentrismus fehlt beispielsweise, kann aber aus einer Reihe anderer Artikel erschlossen werden (beispielsweise Leiden, Mitleid, Utilitarismus). Somit wird der kompetente Leser vielleicht an einigen Stellen einen erschwerten Zugang zu dem Lexikon haben, dafür bekommt er allerdings eine durch die Human-Animal-Studies verschobene Perspektive auf die Mensch-Tier-Beziehung. Der erfahrene Leser kann also an dem Band seine Debattenkompetenz schulen. Eine weitere Kategorie von Artikeln bezieht sich auf die Kultur und kulturwissenschaftliche Positionen (beispielsweise Buddhismus, Christentum, Islam, Anthropozentrismus, Kritische Theorie, Liberalismus, Transhumanismus). Wichtig ist die moralische Kategorie der Lemmata, die ganz den Themen und Methoden der politischen Philosophie der Neuzeit entlehnt ist (beispielsweise Eigentum, Feminismus, Güterabwägung, Pflicht, Vertragstheorie, Würde). In dieser Kategorie der Lemmata spiegelt sich der Grundtenor des Lexikons wider.

Der Grundtenor des Bandes ist ein reflektiertes Plädoyer für einen ausweglosen Egalitarismus in der Mensch-Tier-Beziehung. Die Human-Animal-Studies übertragen klassische Themen sexistischer, rassistischer und chauvinistischer Gesellschafts- und Kulturkritik auf das Feld der Mensch-Tier-Beziehungen, so, als wäre von vornherein klar, dass es bei der Gleichberechtigung von Menschen und Tieren um das gleiche Problem gehe wie bei der Abschaffung des Rassismus, Sexismus usw. Vielleicht ist das so, aber es wäre begründungsbedürftig.

An dieser Kategorienliste erkennt man, dass der Band vornehmlich kulturwissenschaftlich, philosophisch und traditionell tierethisch konzipiert ist, und überdies kann man eine gewisse Vorliebe für konstruktivistische Methoden- und Analyseansätze der Soziologie und Literaturwissenschaften erkennen. Beides ist für ein konstruktives Verständnis der Mensch-Tier-Beziehung eher hinderlich, weil analytisch und methodisch naturwissenschaftliche bzw. biologische Disziplinen und die Pluralität anthropologischer Methoden allenfalls noch durch die kulturwissenschaftlich-konstruktivistische oder ethische Brille gewürdigt werden.

Die methodischen und konzeptionellen Probleme der Human-Animal-Studies lassen sich an dem Gegensatz zwischen den Artikeln „Spezies" und „Speziesismus" charakterisieren. Während der Autor vom Primatenzentrum sich mit der Frage auseinandersetzt, wie man Arten diskriminiert (konzeptionell unterscheidet), bestimmt der Moralphilosoph Speziesismus als Diskriminierung im Sinne einer ungerechten Ungleichbehandlung diesseits und jenseits von Artgrenzen. Der Naturwissenschaftler bemüht sich, Populationen von Arten zu unterscheiden und sieht die gesellschaftliche Aufgabe des Artenschutzes als Problem an, wobei der Artbegriff in der Naturwissenschaft vielfältig und ziemlich unklar ist. Der Moralphilosoph setzt voraus, dass der Artbegriff für den Vertreter des Speziesismusargumentes irrelevant ist (er könne sich ihm gegenüber neutral verhalten) und sagt dann, dass der Vertreter des Speziesismusargumentes Ungleichbehandlung diesseits und jenseits einer Artgrenze ungerechtfertigt vertritt.

Doch einzelne Artikel in einem Lexikon müssen nicht homogen sein. Wenn aber das Stichwort „Speziesismus" 211 Mal in einem Band vorkommt und kein einziges Mal kompatibel ist mit einer naturwissenschaftlich reflektierten Vorstellung von Arten, und dieses Stichwort gleichzeitig nur in wenigen Fällen so verwandt wird, dass es mit einer sorgfältigen und respektvollen Behandlung der Vielfalt und der Komplexität der Mensch-Tier-Beziehungen vereinbar ist, dann ist ein Band mit diesem Titel vermutlich zu homogen.

Diese Diagnose wird durch den Artikel „Human-Animal-Studies" präzisiert. Diese werden, in dem vorliegenden Lexikon zur Thematik und in der gleichnamigen Reihe des Verlages, als neues interdisziplinäres Forschungsprogramm vorgestellt, das Tiere neu in den Fokus wissenschaftlicher Betrachtung einbezieht. Neu ist, dass es nicht anthropozentrisch arbeitet und dass Tiere als Individuen und eigenständige Akteure begriffen werden. Bei den Partnerdisziplinen werden einige Geisteswissenschaften genannt, aber nicht die Biologie. Generell werden von den Human-Animal-Studies problematische Konstrukte in Disziplinen kritisiert, die sich traditionell mit Tieren befassen. Gegen solche Konstrukte, die problematisch sind, weil sie dem Grundtenor des Lexikons zuwiderlaufen, will die Gegendisziplin neue Konstrukte entwickeln.

Der Titel des Bandes wird im Vorwort zurecht problematisiert und die Herausgeberinnen haben sich aus nachvollziehbaren Gründen entschieden, ihn sprachlich im Band beizubehalten und für die Autoren verpflichtend zu machen. Die sachlich richtigere Ausdrucksweise „menschliche und nicht-menschliche Tiere" würde den Textumfang erheblich erweitern und wäre sicherlich oft im Lesefluss hinderlich. Sie wird deshalb pragmatisch einer vertrauten Redeweise geopfert. Eine weitere Sprachregelung wird ebenfalls erläutert: „tierlich" ersetzt die vertraute Redeweise „tierisch". Während nun die Ersetzung des Beiwortes „tierisch" durch „tierlich" möglicherweise einen Gewinn darstellt, erweist sich die zuvor genannte Entscheidung der Herausgeber als inhaltlich problematisch.

Politische Korrektheit ist manchmal akzeptabel („tierlich"-„tierisch") und manchmal indiskutabel („Mensch-Tier-Beziehungen"). Denn letztlich sind die beiden angeführten Hinweise im Vorwort problematisch. Einerseits ist es wohl so, dass „tierlich" eine gute Wortwahl ist, besser jedenfalls als „tierisch". Denn die Rede von tierischen Angelegenheiten und Produkten präjudiziert oft, was zu beweisen ist: einen Wertunterschied. Man darf aber nicht außer Acht lassen, dass auf der gegenüberliegenden Seite „menschlich" wertend ist (wo „tierlich" neutral ist). Andererseits verschleiert die andere Entscheidung der Herausgeberinnen, dass sie den Grundtenor des Bandes als unhintergehbar setzt. Sie ist nicht nur pragmatisch, sondern strategisch politisch. Hierfür sprechen drei Probleme des Grundtenors des vorliegenden Bandes:

[1] Oft ist die Rede davon, dass Nutzung von Tieren ausbeuterisch sei und daher einen Verstoß gegen die Gleichheit von Menschen und Tieren als Gleichwertigkeit darstellt, die analog zur Gleichheit der Geschlechter zu sehen sei. Ungleichheit in

dem einen Sinne sei sexistisch, die im anderen Sinne speziesistisch. Zwar verstößt „Nutzung" nicht *per se* gegen „Gleichheit" (auch beim Menschen nicht) und selbst „Ausbeutung" ist nicht in jedem Fall unmoralisch (man denke an Lohnarbeit), aber noch darüber hinaus ist der Speziesismusvorwurf als Grundtenor des Buches in der Regel unseriös.

Denn der Geschlechterunterschied zwischen Frauen und Männern liegt deskriptiv auf der Hand, auch wenn er viel komplexer ist als es diese binäre Formulierung nahelegt. Auf beiden Seiten haben wir Menschen und auf der einen Seite diskutieren wir über männliche (Männchen), auf der anderen Seite über weibliche Individuen (Weibchen). Diese Dinge sind für die negative Wertung einer Ungleichbehandlung von Männern und Frauen in der Gesellschaft irrelevant. Relevant sind die grundlegenden Menschenrechte und unser Verständnis, dass sie für Menschen gelten (und nicht für Geschlechter). Die Akzeptanz der Rechtsnorm macht Ungleichbehandlung der Geschlechter (und Rassen, Religionen, etc..) inakzeptabel. Diese Akzeptanz wird nicht durch die Geschlechterungleichheit impliziert: Wir haben uns entschieden, sie zu ignorieren.

Dort, wo der menschliche Umgang mit Tieren anderes strukturiert ist als der zwischenmenschliche (Tiere in Käfige einsperren, sie töten und essen, in Tierversuchen quälen etc.), vermuten Abolitionisten (vgl. den Artikel) Speziesismus. Sie meinen damit das, was man meint, wenn man Umgangsformen und Beziehungen als „sexistisch" erachtet — nur dass es hier nicht um das Geschlecht, sondern um die Art geht. Dass dieses Argument unseriös ist, hat zwei Gründe: (i) In manchen Rechtsordnungen heißt es beispielsweise: „Die Würde des Menschen ist unantastbar". Diese Norm ist auf Menschen bezogen. Das mag man kritisieren und man mag Argumente dafür anführen, dass diese Norm unmoralisch ist, weil Tierwürde gleichwertig zur Menschenwürde sei. Aber erst, wenn dies von uns akzeptiert wird, werden die Mensch-Tier-Ungleichbehandlungen analog zum Sexismus. Es ist eine Unterstellung vieler Tierethiker, dass die Menschenwürde willkürlich Menschen vorbehalten wird. Und es ist auch eine Unterstellung, dass die Weise, wie Juristen die Menschenwürde als Wert artikulieren (Verweis auf Vernunft, Personalität, etc.) ihre Begründung darstellt. Aber vielleicht ist Menschenwürde ja auch für nicht-menschliche Tiere relevant. Denkbar ist das.

[2] Selbst dann wäre jedoch der Name „Speziesismus" für die angeprangerte Ungerechtigkeit problematisch. Denn (ii) die Grenze der empörenden Ungleichbehandlung ist anders strukturiert als die zwischen Männchen und Weibchen der Menschenart. Die Mensch-Tier-Beziehung ist die Beziehung zwischen menschlichen und nicht-menschlichen Tieren. Diesseits und jenseits dieser Grenze haben wir zwar Arten, aber auf der einen Seite haben wir genau eine Art (auf der menschlichen Seite

den Menschen als eine Tierart) und auf der anderen Seite eine unübersichtliche und unzählbare Fülle von tierlichen Arten (auf der tierlichen also viele Tierarten). Die Grenze im Titel des vorliegenden Bandes ist somit die zwischen menschlichen Tieren und nicht-menschlichen Tieren — also keine Artgrenze. Eine dieser Grenze folgende Ungleichbehandlung kann also nicht als „speziesistisch" bezeichnet werden.

Trotzdem mag die Ungleichbehandlung unmoralisch sein. Es ist aber ein wesentlicher Aspekt der Kulturgeschichte, dass die Mensch-Tier-Beziehung hochkomplex und vielschichtig ist und ebenso wie die Mensch-Mensch-Beziehung viele relevante Ungleichbehandlungen als moralisch erlaubt ansieht, auch wenn einige als unerlaubt gelten. Die pragmatische Entscheidung der Herausgeberinnen, von Mensch-Tier-Beziehungen zu sprechen und nicht von menschlichen und nicht-menschlichen Tieren und ihren Beziehungen, ist nachvollziehbar, nimmt dem Band aber insgesamt die Möglichkeit, eine kritische Distanz zu seinem eigenen Gegenstand einzunehmen und damit dem interdisziplinären Programm der Human-Animal-Studies wissenschaftliche Seriosität zu ermöglichen.

[3] Der Speziesismusvorwurf hat noch einen weiteren konzeptionellen Makel, der den Human-Animal-Studies anhaftet. Warum diskreditiert man fälschlicherweise die moralisch empörenden Beispiele für Mensch-Tier-Beziehungen als „speziesistisch"? Wenn Schwarze auf Farmen ausgebeutet werden, befreit man sie, indem man ihnen die Fesseln nimmt. Man hat es mit dem Farmer zu tun und den Schwarzen, die er als Sklaven missbraucht. Da stehen Individuen ungerecht einander gegenüber. Der einzige relevante Unterschied zwischen ihnen (sie sind ja alle menschliche Individuen) ist die „Rasse". Ganz analog sehen Tierbefreier die Dinge: Der Agrarökonom sperrt die Schweine oder Hühner ein und hält sie unter miserablen Bedingungen. Dies sollte man missbilligen und die Tiere aus ihrer unberechtigten Gefangenschaft befreien. Warum will der Bauer einen Unterschied zwischen Menschen und Tieren machen? Diesseits und jenseits der Grenze sind leidende Wesen und der einzige relevante Unterschied ist die „Artgrenze".

Somit geschieht in der wissenschaftlichen Konzeptualisierung der Tierethik und der Human-Animal-Studies zweierlei: Die Bauer-Jedes-Einzelne-Tier-Beziehung wird als unmoralisch bewertet und daher wird (a) auf die Gleichwertigkeit des Leides aller beteiligten Individuen geschlossen (das Leid der Tiere ist moralisch relevant) und (b) der einzige erkennbare relevante Unterschied zwischen den Individuen als moralisch irrelevanter Artunterschied tituliert (also gleiche Relevanz für alle Individuen). — Es könnte jedoch sein, dass menschliches Leid einen anderen Unterschied macht gegenüber tierlichem Leid und es deshalb nicht gleichermaßen als relevant gilt. Ein Grund wäre beispielsweise: Wir akzeptieren nur „Die Würde des Menschen ist unantastbar" und meinen damit nur Menschen.

Es ist eine Behauptung, dass diese Akzeptanz notwendig willkürlich, oder dass ihr Grund notwendig in einer bestimmten Eigenschaft von Individuen zu sehen sei.

Es soll nicht bestritten werden, dass diese und jene Mensch-Tier-Beziehung unmoralisch und empörend ist. Es soll nicht bestritten werden, dass viele Tiere aus ihren Ställen befreit werden sollten. Dass diese Befreiung aber analog zur antirassistischen Sklavenbefreiung ist, muss erst noch gezeigt werden. Der berechtigt empörte Tierethiker und der kluge Tierbefreier müssten für (a) argumentieren (vgl. die Begriffserläuterung im Artikel Speziesismus). Der Verweis auf (b) verdeckt diese Beweislast. Und das ist mehr als verständlich, denn wer die Mensch-Tier-Beziehung in all ihren Verästelungen und Mehrdeutigkeiten betrachtet, wird im Bezug auf (a) zögerlich. Zum einen gibt es kein schlechthinniges Gleichheitspostulat für die moralisch akzeptable Mensch-Tier-Beziehung. Zum anderen gibt es dezidiert und differenziert Ungleichheitspostulate für eine moralisch akzeptable Mensch-Tier-Beziehung. Tiere sind moralisch höchst berücksichtigenswert, aber nicht immer und in jeder Hinsicht gleichermaßen individualethisch. Dieses doppelte Faktum lässt sich nicht sinnvoll bestreiten. Es mag sich als moralischer Skandal erweisen. Aber dies muss erst noch erwiesen werden; es kann wissenschaftlich seriös nicht als Grundtenor der bewährten Kultur aufgepresst werden.

Die pragmatische Entscheidung der Herausgeberinnen, von Mensch-Tier-Beziehung zu sprechen und nicht von menschlichen und nicht-menschlichen Tieren und ihren Beziehungen, erweist sich auch in dieser Hinsicht als strategisch nachvollziehbar, obwohl sie aus den genannten drei Gründen kritikwürdig ist: (1) Der Wert menschlicher Tiere ist ein anderer als der nicht-menschlicher Tiere, weil menschliche Tiere das so akzeptieren. (2) Die Grenze zwischen menschlichen Tieren und nicht-menschlichen Tieren ist keine Artgrenze. (3) Der Fokus auf Individuen aller möglichen Arten verdeckt die Tatsache, dass der Wert von Menschen teilweise auf der Abgrenzung zu Nicht-Menschen (Tiere, Pflanzen, Materie) beruht — der Speziesismusvorwurf gegen moralische Aspekte der traditionellen Mensch-Tier-Beziehungen ist unseriös.

Moralische Probleme auf die Ebene der Beziehung von Individuen herunterzubrechen ist politisch opportun und nimmt dem Gegner im politischen Kontext Argumente. Aber der rechtsphilosophische und tierethische Individualismus ist für Menschen brauchbar, jedoch nicht für Tiere und somit für eine vollständige wissenschaftliche Analyse der Mensch-Tier-Beziehung unfruchtbar. In den Kulturwissenschaften (gleich, ob sie sich normativ oder deskriptiv deuten) dominiert ebenso ein methodischer Individualismus wie in der Ethik, der Gerechtigkeitstheorie und der Rechtsphilosophie. Er macht gezielt blind. Politisch ist das klug. Wissenschaftlich ist es fatal.

Man will gerne der Textur der Mensch-Tier-Beziehung durch den Band folgen und sie in ihre Verästelungen, ihre Vielfalt und ihre fruchtbaren Widersprüchlichkeiten begleiten. Sie erscheint auch an vielen Stellen höchst erhellend durch. Aber eben nur trotz der Einteilung der Lemmata und trotz kulturwissenschaftlich-philosophisch orientierter Sprachregelungen. Das Problem der Methode und der Sprache wurde schon erläutert. Welche Lemmata oder welche Kategorie von Lemmata fehlen? Wahre Interdisziplinarität würde den Artikel „Domestikation" ohne den Grundtenor des Bandes, aber mit paläontologischen, ethnologischen, psychologischen oder historischen Hinweisen gezielt anreichern. Weitere Lemmata wären vielleicht: Therapie/Erziehung (Tiere als Unterstützung medizinischer Therapie und in der Schule), Symbiose (Mensch-Tier-Gemeinschaften als Nachhaltigkeitsfaktor in Ökosystemen), Schäfer (der Schäfer mit den Schafen und seinen Hunden bilden eine gemeinschaftliche Lebensform, die als „Individuum" zu betrachten ist), Aborigines (mythisches Umweltmanagement ohne Domestikation), Anthropologie (in der Philosophischen Anthropologie gibt es viele und vor allem einander widersprechende Reflexionen über die Stellung des Menschen im Kosmos). Diese und andere Lemmata würden zur Kategorie der Mensch-Tier-Beziehung entgegen dem Grundtenor des Lexikons der Mensch-Tier-Beziehungen gehören.

Kontakt

PD Dr. Andreas Vieth
Westfälische Wilhelms-Universität Münster
Philosophisches Seminar
Domplatz 6
48143 Münster
E-Mail: vieth@uni-muenster.de

Volker Schürmann

Rezension zu

Köchy, Kristian / Michelini, Francesca (Hg.): Zwischen den Kulturen. Plessners „Stufen des Organischen" im zeithistorischen Kontext, Lebenswissenschaften im Dialog Bd. 20, Freiburg/München 2015, 362 Seiten

> *„Und doch ist das nicht die ganze Weite dessen,*
> *was Natur hier bedeutet und naturphilosophischer*
> *Ansatz. Vielmehr: [...]"[1]*

„Ohne Philosophie der Natur keine Philosophie des Menschen." Dieser Satz ist allen, die sich auf Plessner beziehen, bekannt, aber darum noch lange nicht erkannt. Dass die philosophische Anthropologie Plessners notwendig an eine Naturphilosophie gebunden ist, ja eine Naturphilosophie ist, wird immer wieder einmal bekundet, aber seltener ernst genommen. Der einzige Autor, der diesen Satz in den Mittelpunkt der Rekonstruktion der Plessnerschen Philosophie gestellt hat – Hans Heinz Holz –, ist Marxist und wird in der deutschsprachigen Debatte, anders als in Italien (vgl. S. 128 f., Anmerkung 11), schamhaft verschwiegen. In diese Situation greift der vorliegende Band ein. Die *Einleitung* konstatiert angesichts der aktuellen Relevanz der Lebenswissenschaften (aber ohne Seitenblick auf aktuelle Biopolitiken) ein langsam steigendes Interesse an der naturphilosophischen Dimension der Philosophie Plessners. Das zentrale und lebenswissenschaftlich relevante Konzept, das mit Plessner gewonnen werden könne und solle, sei das einer Philosophie des Lebendigen. Eine solche Biophilosophie sei mit Plessner nicht auf eine Wissenschaftstheorie der Biologie zu reduzieren, und sie sei, als Philosophie, auch nicht auf eine Extrapolation naturwissenschaftlicher Erkenntnisse zu reduzieren. Der Stachel der Philosophie Plessners, aber auch das, was es zu klären gilt, ist das Projekt einer Biophilosophie, die sich als „apriorische Theorie der organischen Modale"[2] begreift (S. 324 f., S. 346).

---

1 Helmuth Plessner an Josef König, 22.2.1928; in: ebd.: Briefwechsel 1923-1933, herausgegeben von Hans-Ulrich Lessing und Almut Mutzenbecher, Freiburg/München 1994, S. 177.

2 Plessner, Helmuth: Stufen, Berlin/New York 1975, S. 107.

Das Verdienst des Bandes liegt darin, dass es ihn gibt, und dass er reichlich Material bereitstellt und aufarbeitet, um eine solche Biophilosophie im zeitgenössischen Kontext zu profilieren. Plessners Biophilosophie wird in zwei großen Teilen präsentiert, nämlich „im Dialog mit den Naturwissenschaften" und „im Dialog mit der Philosophie". Im ersten Teil finden sich Beiträge, die das Verhältnis von Plessner zu Uexküll, Buytendijk, Driesch, Viktor von Weizsäcker, Portmann und zur Gestaltpsychologie beleuchten; im zweiten Teil dann Beiträge zum Verhältnis von Plessner zu Bergson, Misch, N. Hartmann, Scheler, Heidegger sowie zur Nicht-Begegnung mit H. Jonas.

Mit zwei Ausnahmen (zu Misch, zu Heidegger) leisten es alle Beiträge, wesentliche Aspekte der Biophilosophie Plessners zu erschließen. Um es exemplarisch zu machen: Der Beitrag zu (Plessner und) Buytendijk macht sichtbar, was es heißen kann, eine Biophilosophie als *phänomenologische* Hermeneutik durchzuführen. Eine Philosophie des Lebendigen, die nicht auf eine Extrapolation von Naturwissenschaften reduzierbar sein will, benötigt einen Sinn-Begriff, der phänomenologisch als „Gerichtetsein durch irgend etwas" (S. 70 f.) begreifbar ist, und sie benötigt einen Begriff des Anschaulichen, der nicht auf das einzelwissenschaftlich-empirisch Feststellbare reduzierbar ist, ohne deshalb schon im ausschließlich Denkbaren verortet werden zu müssen. Für Plessner gibt es viel mehr in der Welt, als in ihr feststellbar ist (S. 324); der genuin phänomenologische Zug daran ist, qua Anschauung einen Zugang zur Welt zu haben, mittels dessen jeder Versuch unterlaufen werden kann, in dem vorgefertigte Theorien den Blick auf das Naheliegende verstellen (S. 70). In diesem Beitrag lernt man (indirekt) auch noch, warum eine *phänomenologische* Hermeneutik bei Plessner zugleich eine *Hermeneutik* (des Lebens) sein will: Der Beitrag endet mit einem Verweis auf das, „was Plessner selbst ‚Logik der lebendigen Form' genannt hat. Eine solche *Logik* kann es aber nur geben, wenn das Leben *logos* besitzt, das heißt einen Sinn (Gerichtetheit) hat, um dessen Verständnis man sich mühen kann." (S. 89) Diese Charakterisierung verbindet nicht nur Plessner und Buytendijk (S. 89), sondern dies *ist* diejenige Unternehmung, die mit Misch eine *Logik auf dem Boden der Philosophie des Lebens* genannt zu werden verdient. Hier ist mit Händen zu greifen, dass man Misch (und König) nicht gegen Plessner ausspielen kann. Das, was für Plessner über das Feststellbare hinausgeht, ist mitnichten im Modus des Ablauschens einer vermeintlich ontisch gegebenen Natur zugänglich (wie der Beitrag zu Misch unterstellt), sondern eben in der Anschauung gegeben. Es ist philologisch abstrus, hier einen Graben zwischen Plessner und Misch zu schaufeln.

Der Beitrag zu Weizsäcker macht sichtbar, dass Plessners Figur der Exzentrizität – und mit Weizsäcker möglicherweise schon die Figur der Positionalität alles Lebendigen – nicht ohne eine Logik der Antinomie zu haben ist. ‚Sich zu dem machen zu müssen, was man schon ist' (Plessner), ist entweder logischer Unfug oder aber systematisch ernst zu nehmen. Nimmt man es ernst, dann ist das Machen-müssen und das Schon-sein nicht auf zwei verschiedene Hinsichten verteilbar. Beispielsweise wäre es dann nicht so, dass eine zweite Natur eine sogenannte erste Natur von Exzentrikern kompensiert, sondern Exzentrizität *ist* natürliche Künstlichkeit. Weizsäcker ist hier offenbar ein Bündnispartner, der zudem den Zusammenhang zum Aspekt des Gesetztseins von Positionalität, also des pathischen Moments alles Lebendigen, nachdrücklich herausstellt. Dankenswerterweise wird auch noch das drohende Abgrenzungsproblem als „offensichtlicher Unterschied" benannt: Weizsäckers Betonungen des Pathischen „nehmen oft eine mystische Konnotation und dunkle, leidende Töne an" (S. 139).

Der Beitrag zu Portmann macht die zentrale Unvereinbarkeit einer solchen Biophilosophie mit jeder (neo-)darwinistischen Evolutionsbiologie kenntlich. Der lebendige Organismus ist ein Verschwender, und nicht primär ein Mangelverwalter, der sich fit machen müsste für das Überleben. Der Beitrag zu Hartmann spürt akribisch der Frage nach, in welchem Sinne eine Biophilosophie eine Stufentheorie respektive Stufenontologie sein müsse – zunächst einfach als Problemtitel für einen minimalen Einsatz gegen die Reduktion auf eine genetisch-kontinuierliche Evolution. Insbesondere wird dort unter der Frage nach dem „kategorial Früheren und Späteren" (S. 250) problematisiert, ob man Plessners *Stufen* gleichsam von vorne nach hinten oder immer auch von hinten nach vorne – also als Re-Konstruktion vom Standpunkt der Exzentrizität aus – lesen können muss. Der Beitrag mag auch exemplarisch für die Güte und den guten Sinn des Bandes stehen. Selbstverständlich wird man im Einzelnen anderer Meinung sein, gar argwöhnen, dass die Relevanz eines Autors für Plessner etwas überstrapaziert ist – aber all das tritt zurück gegen das, was ein solcher Vergleich der Möglichkeit nach sichtbar machen kann.

Anders liegt der Fall, wenn man gar nicht erst anderer Meinung sein kann, weil das dort Rekonstruierte schlicht unhaltbar ist. Der Beitrag zu Heidegger will Plessners gegen Heidegger gerichtete Formel, dass der Mensch „sich weder der Nächste noch der Fernste" sei, in den Mittelpunkt stellen. Schon methodisch scheitert das jedoch, da es keinerlei Bemühung gibt, sich zunächst einmal zu vergewissern, was Plessner damit meinen könnte. Stattdessen wird drauflos rekonstruiert, selbstverständlich „möglichst unvoreingenommen", also ohne Klärung der eigenen Interpretationsprämissen. Dabei stößt der Beitrag dann auf Formulierungen, in denen Heidegger die Worte „der Nächste" und „der Fernste sein" gebraucht, und will anhand dieser Passagen klären, ob Plessners Formulierungen der Position Heideggers gerecht werden. Wohlgemerkt: Ohne Klärung, was Plessner mit seiner Formel sagt, aber in der Unterstellung, dass die Passagen gemeint sein müssen, in denen Heidegger diesen Wortlaut benutzt. Worum es Plessner geht, wird am Ende des Beitrages in einer Fußnote zitiert – aber ohne Bezug zu jener Formel herzu-

stellen. Dort (S. 320 f.) kann man in Heideggers Worten nachlesen, was Plessner
an Heidegger kritisiert: einen Primat der Ontologie des Daseins gegenüber den
‚Ontologien, die Seiendes von nicht daseinsmäßigem Seinscharakter zum Thema
haben'. Dieser Primat ist die Version, dass der Mensch sich der Nächste sei – eine
Version des „deutschen Märchen[s] vom Ich" (vgl. den Beitrag zu Jonas). Plessner
kehrt diesen Primat nun gerade nicht (so der Beitrag zu Misch) einfach um. Was
zunächst so aussehen mag, wäre noch „nicht die ganze Weite dessen, was hier
Natur bedeutet und naturphilosophischer Ansatz. Vielmehr: die in und mit der
Exzentrizität gegebene Irrelevanz des Ansatzes und der Untersuchungsrichtung,
die Primatlosigkeit in dieser Situation, das Gefragtsein jeder *gestellten* Frage." (s. o.,
Motto) Hier findet Plessner „den eigentlich schwachen Punkt Heideggers, der noch
an einen ausgezeichneten Weg (der Ontologie) glaubt in der Rückinterpretation der
Frage auf den angeblich sich Nächsten: den Fragenden (als ob wir fragen könnten,
wenn wir nicht gefragt wären!)."[3]

Wer anders zum Verhältnis Plessner – Heidegger unterrichtet werden möchte,
der muss im vorliegenden Band den Beitrag zur verpassten Begegnung mit Jonas
lesen. Dort werden die Gemeinsamkeiten im Anliegen von Plessner und Jonas in ein
so helles Licht gestellt, dass erklärungswürdig wird, warum beide *nicht* aufeinander
Bezug genommen haben. Die Vermutung geht dahin, dass dies philosophische Gründe haben muss – dass beide Projekte trotz dieser offenkundigen Gemeinsamkeiten
unverträglich sind und bleiben. Um dieser Vermutung nachzugehen, wird der Ball
über Bande gespielt: Das jeweilige Verhältnis zur Philosophie Heideggers wird als
Prüfstein genommen, und zwar organisiert um die beiden Aspekte *Ontologie* und
Todesverständnis. Von so viel methodischer Raffinesse kann der Beitrag, der sich
eigentlich Heidegger widmet, nur träumen.

Ansonsten ist Plessner offenbar von zahllosen Parallelaktionen umstellt. War
es früher schon die Philosophie Cassirers, so wird nun die Philosophie Schelers in
Parallelstellung gebracht, und es gibt nunmehr eine philosophische Anthropologie
auch parallel in Frankreich, weil die Philosophien von Plessner und Bergson sich
im virtuellen Dialog, entgegen des realen, als vermeintlich komplementär erweisen.
In allen Fällen wird durch solche Modi des Vergleichens viel sichtbar; zugleich ist
damit schon eingebaut, das je Eigene der so Parallelisierten glattbügeln zu können
(z. B. die Unverträglichkeit der Lachtheorien von Bergson und Plessner). „Halten
wir also fest, dass Plessners Unergründlichkeit mit Bergsons Unvorhersehbarkeit
übereinkommt." (S. 213) Halten wir fest, dass das sachlich falsch ist. Plessners Unergründlichkeit hat nichts mit einem „Denken der Freiheit als Indeterminiertheit"
(S. 213) zu tun, denn der Mensch ist und gilt als unergründlich, wenn und insofern

---

3   Der Gesamtbrief findet sich auf den Seiten 172-182; hier S. 176 f.

er als Gleicher unter Gleichen angesprochen wird, nicht aber deshalb, weil es in der Natur indeterministisch zugehen würde. Davon weiß Plessner nichts. Plessner kennt auch die für Bergson grundlegende Entgegensetzung von toter Mechanik und lebendiger Kreativität nicht.

Solche Vergleichskulturen treiben gelegentlich Stilblüten, erst recht, wenn man sie parallelisiert: Hätte nicht auch Plessner, genau wie Scheler, Gott für eine Person halten müssen, wenn ihm nur jemand gut genug erklärt hätte, dass Philosophische Anthropologie im Kern wesensgleich ist? Hätte Plessner über Bergson anders geurteilt als er geurteilt hat, wenn er das Buch von Deleuze gelesen hätte und sich dadurch eines Besseren belehrt hätte, wie man Bergson eigentlich lesen müsse (S. 199)? Stattdessen hat Plessner das Buch seines Freundes Josef König über *Intuition* und dort insbesondere ein langes Kapitel über Bergson gelesen. Dort ist nirgends von Intuition ‚als *der* Verzauberung des Lebens' (vgl. S. 195) die Rede. Diese reale Lektüre Plessners taucht wiederum im gesamten Beitrag zu Plessner und Bergson nicht auf. Dies zu verschweigen ist selbstverständlich nicht bösartig, aber immerhin doch im eigenen Interesse, denn bei parallelen Aktionen lässt sich nichts umkehren und gegeneinanderstellen. Plessner aber hatte bei König gelesen: „So hat er [Bergson] ein, an den begrifflichen Resultaten gemessen, überaus konsequentes Gegenstück zur spekulativen Philosophie geschrieben. Es gibt kaum einen spekulativen Begriff, den er nicht, getreu seinem Ausgangspunkt, mit bewunderungswürdiger Gewandtheit auf den Kopf gestellt hat."[4]

Dass das Verdienst des Bandes darin liegt, eigentlich anachronistisch zu sein, kann man besonders gut an dem Beitrag zur Gestaltpsychologie ablesen. Alle wissen doch, dass Plessners Anthropologie nur als Naturphilosophie zu haben ist – warum dann heute ein Band zur Biophilosophie? Die Antwort kann nur sein: Gut, dass es endlich einen solchen Band gibt, denn vorher hat das, was alle wussten, nicht die Rolle gespielt, die es hätte spielen sollen. Der Beitrag zur Gestaltpsychologie führt genau dieses vor. Nicht ohne Süffisanz ist dort zu Protokoll gegeben: In Plessners *Stufen* gibt es ein Kapitel, das „Die These" heißt. In diesem Kapitel findet sich auch das, was unter diesem Titel zu erwarten ist: Ausführungen Plessners zu dem, was seine zentrale These ist. Der Kern der Ausführungen dieses Kapitels ist eine Auseinandersetzung mit der Gestaltpsychologie. Man kann deshalb schließen, dass die Auseinandersetzung mit der Gestaltpsychologie grundlegend ist für das, was Plessner als These vertritt. Man kann erwarten, dass nach so vielen Jahren Rezeptionsgeschichte der *Stufen* sehr viel Literatur zu diesem Zusammenhang vorliegt. Man findet: weitgehend Fehlanzeige. Der Beitrag holt dann Einiges des Versäumten nach: Plessners These ist nicht ohne die Unterscheidung von Übersummenhaftigkeit

---

4 König, Josef: Der Begriff der Intuition, Halle/Saale 1926, S. 220 f.

und Übergestalthaftigkeit zu haben, welche die *Stufen* genau in die logische Mitte von Naturalisierung und Vitalismus platziert. Der Beitrag schließt dann konsequenterweise mit einer kurz gefassten Reformulierung der „These des Buches: Allein am Menschen als dem übergestalthaften und der Gestaltwahrnehmung empfänglichen, lebendigen Körper wird eine ontologische Differenz ('Seinsunterschied') sichtbar, insofern sie in der Objektivation einer besonderen Seinsweise (exzentrisch) erfahrbar wird." (S. 189) Diese Reformulierung ist im Übrigen ein weiterer Hinweis dazu, dass man die *Stufen* immer auch von hinten nach vorne lesen muss.

Die Konzeption und Gesamtgestaltung des Bandes hat eine entscheidende Schwäche. Plessners Grundsatz, dass es ohne Philosophie der Natur keine Philosophie des Menschen gibt, wird ausschließlich als Verhältnisbestimmung problematisiert. Es gibt, so die Unterstellung, so etwas wie eine Unternehmung, genannt Anthropologie, und eine andere Unternehmung, genannt Naturphilosophie, und nun müsse man klären, in welchem Verhältnis beide Unternehmungen zueinander stehen. Das ist selbstredend sehr komplex, und deshalb reduziert sich der Band a) auf zeitgenössische Konstellationen und b) auf die Unternehmung Biophilosophie anstelle einer umfassenderen Erörterung dessen, was Naturphilosophie sonst noch sein könnte. Solche Selbstbegrenzungen sind selbstverständlich nötig und in dieser Hinsicht ist es schlicht klug, dass es nicht auch noch Beiträge zu Plessners Verhältnis zu „Aristoteles, Kant oder Hegel" gibt (S. 15). Aber eine solche Selbstbeschränkung wird ein wenig wohlfeil, wenn sie sich keinerlei Rechenschaft mehr abgibt über das, was dabei systematisch fehlt. Man mag es ja selber für ein Unding halten und eher peinlich berührt sein. Aber es ist nun einmal ein philologisches Faktum, dass Plessners Anthropologie gerade nicht primär eine Art Bereichsphilosophie: eine Lehre *vom Menschen* sein wollte, sondern dass Plessner entschieden der Meinung war, dass sich moderne Philosophie *als Philosophie* ändern müsse, um überhaupt adäquate Anthropologie sein zu können. Eben deshalb ist es nicht unschuldig, lediglich zu benennen, dass Plessner „so quasi die Philosophie selbst neu zu erfinden" (S. 13) dachte, um dann keinerlei Konsequenzen daraus zu ziehen. Wenn man klären will, was für Plessner eine Philosophie *des Lebendigen* ist, muss man mitklären, was für Plessner eine *Philosophie* des Lebendigen sein soll respektive modern noch sein kann. Genau diese Mitklärung geschieht nirgendwo – stattdessen wird immer schon irgendein, mehr oder weniger idiosynkratisches, Verständnis von (Natur-)Philosophie vorausgesetzt, um dann zu beckmessern, ob Plessner es wohl, gemessen an diesem vorausgesetzten Verständnis, ordentlich gemacht hat.

Besonders ,herausstechend' ist in dieser Hinsicht der Beitrag zu Driesch. Erklärtermaßen (S. 98) und sogar andernorts emphatisch unterstrichen (S. 354) gerät dort Naturphilosophie nur als „Rahmen für die Entwicklung einer anthropologischen Position" in den Blick, nicht aber als Kandidat einer notwendigen

Umformatierung von Anthropologie. Dort sind die gedanklichen Unfälle dann keine bloßen Stilblüten mehr: Alles, was nicht einzelwissenschaftlich-empirisch, quantitativ, mechanisch oder mechanistisch ist, wird unter Plessners „Vitalismus" verrechnet; phänomenologisch konzipierte Anschauung taucht dort genauso wenig auf, wie irgendein Verständnis der Unterscheidung von Erfahrungsgehalten und kategorialen Bedingungen von deren Möglichkeit (was nicht verhindert, gerade Kant gegen Plessner auszuspielen; vgl. S. 117). Es gilt als wünschenswerte Nähe zu den Naturwissenschaften, wenn man Kategorien wie selbstverständlich als eine Art Hypothese betrachtet, die es gilt, empirisch-wissenschaftlich zu verifizieren oder zu falsifizieren – wenn man das nicht tut, ist man alteuropäischer Philosoph und Vitalist. Man mag es mit Gehlens Ungetüm einer „empirischen Philosophie" halten, wie man will – an dem Stachel und der Pointe der Naturphilosophie Plessners geht ein solches Verständnis von ‚Philosophie' entschieden vorbei.

Kontakt

Univ.-Prof. Dr. Volker Schürmann
Deutsche Sporthochschule Köln
Institut für Pädagogik und Philosophie
Am Sportpark Müngersdorf 6
50933 Köln
E-Mail: v.schuermann@dshs-koeln.de

Nadine Mooren

Rezension zu

Lindenau, Mathias / Kressig, Marcel M.: Was ist der Mensch? Vier ethische Betrachtungen, Vadian Lectures Bd. 1, Bielefeld 2015, 108 Seiten

Ausgangspunkt des von Mathias Lindenau und Marcel Meier Kressig herausgegebenen Bandes *Was ist der Mensch? Vier ethische Betrachtungen* ist die Diagnose, dass anthropologische und ethische Fragestellungen nicht voneinander zu trennen sind, auch wenn „nicht von einem empirischen Sein auf ein normatives Sollen geschlossen werden" (S. 11) dürfe. Wer untersuche, was „den Menschen" (S. 11) bzw. Menschen auszeichnet, müsse sich auch ethischen Fragen stellen, die den verantwortungsvollen Umgang mit Anderen, aber auch mit sich selbst betreffen (S. 11 f.).

Die vier Beiträge, die der vorliegende Band versammelt, wurden im Jahr 2014 im Rahmen der Vadian Lectures des Zentrums für Ethik und Nachhaltigkeit an der Hochschule für Angewandte Wissenschaften St. Gallen vorgetragen. Ziel dieser Veranstaltungsreihe und so auch des Bandes (vgl. S. 12) war bzw. ist es, philosophische Erkundungen des Verhältnisses von Anthropologie und Ethik nicht allein an ein philosophisches Fachpublikum zu richten, sondern in eine Form zu gießen, die zugleich eine interessierte Öffentlichkeit ermutigt, „sich eigenständig mit den Themen auseinanderzusetzen" (S. 12).

In ihrer Einleitung formulieren die Herausgeber den Anspruch, mit den vier Beiträgen auch „vier Perspektiven" (S. 12) auf das Thema zu bieten. Dies gelingt ihnen in der Tat insofern, als die Autoren verschiedene Aspekte der Titelfrage *Was ist der Mensch?* beantworten. Die unterschiedlichen Auslegungsmöglichkeiten dieser Frage machen auf diese Weise indirekt auf die gebotene Reflexion einer anderen, methodisch vorgeordneten Frage aufmerksam, nämlich derjenigen nach dem Sinn und Zweck einer Untersuchung des Menschseins überhaupt. So geht es in den Beiträgen nicht nur um die klassische anthropologische Grundfrage nach dem *Wesen* des Menschen, sondern auch darum, die ambivalente Rede vom *Wert* des Menschen und die Bedingungen menschlicher *Identität* auszuloten. Schließlich zeigt der Beitrag von Wilhelm Schmid, dass sich noch eine weitere Perspektive ergänzen lässt, wenn er sich in dezidierter Weise von den vorangegangen Perspektiven abwendet, um stattdessen die *Lebenskunst* des Einzelnen im Umgang mit sich selbst zu behandeln.

Im Zentrum des Beitrags von Dieter Thomä, dem umfänglichsten Artikel des Bandes, stehen die Ausdrücke „Humankapital" und „Wert des Menschen" (S. 15). Thomä wendet sich dabei gegen die Behauptung von Hans Jonas, der meinte, dass jedes Fragen nach dem Wert des Menschen marktförmigen Kalkülen „des Schätzens und Tausches" (S. 15) auf den Leim gehe. Fraglos entspricht Jonas' Einschätzung einer verbreiteten Reaktion auf solche Redeweisen. Mit solchen Wendungen würde dem Menschen „ein ‚Preis'-Schild um[ge]hängt" (S. 17); insbesondere der Ausdruck ‚Humankapital' degradiere Menschen auf lediglich wirtschaftlich interessante Größen und sei daher mit deren Würde nicht zu vereinbaren. Dass das Wort „Humankapital" 2004 zum deutschen „Unwort des Jahres" (S. 17) gewählt wurde, scheint alle so gelagerten Intuitionen (bzw. intellektuellen Reflexe) nur zu bestätigen. Thomä liegt es fern, diese Konnotationen kleinzureden oder gar zu leugnen. Die Rede vom ‚Wert des Menschen' sei ambivalent. Ihre „Bedeutungsgeschichte" (S. 15) habe zwei Seiten, die gerne als die Seiten des inneren und des äußeren Wertes gekennzeichnet werden. Thomäs Diagnose im Umgang mit dieser Bedeutungsgeschichte ist, dass fast jeder dazu tendiere, sich „auf die Seite des inneren Werts" (S. 16) zu schlagen. Damit einher gehe die Überzeugung, sich auf der Seite des Wertverständnisses zu wissen, nach der dieser „gegen den ‚Tausch' immun ist" (S. 16). Naturgemäß sei die Abgrenzungsbewegung, die mit der Parteinahme für den inneren Wert des Menschen und gegen seine „Ver-Wertung" (S. 16) zum Ausdruck komme, Thomä zufolge nicht per se „fragwürdig" (S. 16); wofür und warum dafür Partei ergriffen werde, sei ja nachvollziehbar. Thomä legt das Augenmerk jedoch auf die Art und Weise, wie eine „vorsorgliche Trennung" (S. 16) zwischen inneren und äußeren Werten markiert werde. Ihn stört diese Trennung, weil sie „etwas von einem Denkverbot" (S. 16) an sich habe und Denkverbote, so kann man ergänzen, sich jeglicher argumentativen Auseinandersetzung entziehen. Diese strategische Absicherung, die sich allein durch die Tabuisierung kommerzieller Werte „in Sicherheit [zu] wiegen" (S. 16) weiß, entgehe der Untersuchung, „wo, wie und warum" (S. 16) diese Unterscheidung besteht. Um die ins Ökonomische wie in den Bereich moralischer Normen schillernde Rede von Werten sowie vom Humankapital systematisch zu prüfen, bringt Thomä Belege für ethische Theorien der Lebensführung, denen die heutige Scheu vor Begriffen wie ‚Kapital' und ‚Eigentum' (noch) fern lag. Dass frühe ökonomische Theorien die Rede vom menschlichen Kapital auch kritisch in Anschlag brachten, um den menschlichen Wert etwa gegen die Folgen von Fabrikarbeit zu verteidigen (vgl. S. 19 f.), sei eine erste systematische Erkenntnis. Sie mache deutlich, dass der Begriff des Humankapitals eine Instrumentalisierung des Menschen implizieren *könne*; sie könne „andererseits die Aufmerksamkeit darauf lenken, dass nicht nur Güter, sondern auch Menschen einen Wert darstellen, den es zu erhalten gilt" (S. 19). Zudem hebt Thomä den „weniger eindeutigen – man könnte auch sagen: weniger bornierten – Begriff des Nutzens" (S. 22) hervor, auf den frühere Vertreter der Humankapital-Theorie zurückgegriffen haben: „Die Idee des Humankapitals lässt sich nicht einfach als etwas dem menschlichen Leben Fremdes verwerfen." (S. 23) In diesem Sinne zeigt Thomä, wie Herder, welcher „der ökonomischen Entzauberung des sozialen Lebens durchaus unverdächtig [sei] (…) die Logik und Semantik des Kapitalbegriffs (…) auf das menschliche Leben schlechthin an[wendet]" (S. 23), doch tue er dies nicht, indem er das Leben einer ökonomischen Logik unterwerfe, sondern dadurch, dass er „den Kapitalbegriff ent-ökonomisiere[.]" (S. 24). Das Kapital sind ihm die „Vermögen", die „Ermöglichungsbedingungen von Handeln", „die Fähigkeiten" (S. 24 f.). Mit Ralph Waldo Emerson und John Locke werden zwei weitere Autoren ins Spiel gebracht, die „die individuelle Lebensführung am Leitfaden von Eigentum und Kapital" erörtern: Ihnen geht es um die Entfaltung von Fähigkeiten, die der Person als Gewinn zugutekommen, etwa indem sie sie um Erfahrungen bereichern (vgl. S. 28 f.); ferner um die Relation des Eigentums, die zwischen dem Individuum und den von ihm bearbeiteten Dingen besteht und die durch seine Arbeit wertvoll werden (S. 29). Schließlich spricht Locke vom „Eigentum am eigenen Leben", in dem „ein unbändiger Freiheitsanspruch" (S. 31) zum Ausdruck komme. Thomä bewertet die Tragfähigkeit eines solchen „Selbst-Eigentums" (S. 32) zwar als „durchaus *plausibel*" (S. 38), was die Implikationen für den Begriff der ‚Person' betreffe, seien jedoch auch deutliche Abstriche zu machen, zumal wenn ökonomisierendes Reden nur noch in metaphorischer Weise in Anschlag gebracht werden könne (vgl. S. 38 f.). Letztlich geht es ihm aber vor allem darum, dass die Unterscheidung von ökonomischen und moralischen, äußeren und inneren Werten nicht ausreicht, um zu bestimmen, was „,wertvolle' Erfahrungen des Lebens" sind, „auf die wir uns bei der Beurteilung und Ausrichtung unseres Handelns beziehen" (S. 44). Hier gelte es, die „sozialen Bezüge" (S. 44) und Verständigungsprozesse zu betonen und die „Fixierung" (S. 43) auf das singuläre Individuum als einzigem Träger eines sogenannten inneren Wertes zu überwinden, denn: „die Wert-Erfahrung ist nicht eingeschlossen ins Individuum" (S. 43).

Unter dem Titel „Riskante Freiheit" widmet sich Annemarie Pieper der Frage, ob es „an oder in uns etwas von Natur aus Verdorbenes [gibt], das uns unausweichlich zum Bösen verleitet" (S. 51). Als „Schlüsselkategorie im Zusammenhang mit der Frage nach der Herkunft des Bösen" identifiziert sie die „Freiheit" (S. 53) und geht der Bedeutung, die die Kategorien ‚gut' und ‚böse' für die menschliche Freiheit besitzen, systematisch anhand von „drei Lebensformen" (S. 54) nach, die sie 1. in der biblischen Geschichte vom Sündenfall, 2. bei Friedrich Nietzsche und 3. in utopischen Konstrukten findet. Nach Pieper „bewegten sich Adam und Eva im Garten Eden diesseits von Gut und Böse" (S. 54). Sie will damit eine „wertneutrale Zone" bezeichnet wissen, „in welcher es noch keine Wertunterschiede gibt

und entsprechend keine Sachverhalte, die positiv oder negativ zu Buche schlagen"
(S. 54). In der Lebensform diesseits von Gut und Böse wird mit dem Sündenfall „die
menschliche Freiheit als Ursprung des Guten und Bösen" herausgekehrt; „[d]as Böse
ist (…) Resultat einer freien Entscheidung", geschehe nicht zufällig, „sondern mit
Absicht" (S. 55). Die Absichtlichkeit von Handlungen ist fraglos ein konstitutives
Moment menschlichen Selbstverständnisses, auch wenn die These, die mythische
Geschichte vom Sündenfall sei als „Strukturbeschreibung der Willensfreiheit"
(S. 56) aufzufassen, angesichts des ferner im Mythos wirksamen *Menschenbildes*
(menschliche Exzellenzposition, Sündenbewusstsein, heilsgeschichtlicher Sinn
etc.) etwas zu verharmlosend wirken mag. Demgegenüber gelte mit Nietzsche:
„Gut und Böse, jenseits von Gut und Böse sind völlig wertfreie Wörter", die so
einen „Freiheitsspielraum" bieten, der sich als Resultat der Befreiung „von sämtlichen traditionellen Verbindlichkeiten und Autoritäten" ergeben habe (S. 62),
allerdings kaum noch Platz lasse für „Überlegungen zur sozialen Kompetenz"
(S. 63). Die utopischen Entwürfe (etwa von Campanella und Bacon) und besonders die dystopischen Gegenentwürfe (Samjatin, Huxley, Orwell), die Pieper im
letzten Abschnitt betrachtet, veranschaulichen, wie das Böse um den Preis der
Freiheit durch eine „konsequente Erziehung zur Tugend" (S. 64) abtrainiert werde.
Gegen den mangelnden Realismus der „unüberbietbar guten Lebensform" (S. 64)
stellt Pieper die Alternativlosigkeit des individuellen Freiheitsgebrauchs: „es gibt
dazu keine Alternative – außer Unfreiheit" (S. 68). Angesichts der Vielfalt der von
Pieper aufgebotenen Narrative bleibt allerdings offen, welche Ethik konkret auf
diese Einsicht zu gründen wäre und worin Pieper zufolge die soziale Kompetenz
bestehe, deren Fehlen sie bei Nietzsche moniert.

Mit den ethischen Implikationen der menschlichen Lebensführung beschäftigt
sich zentral der Beitrag von Dagmar Fenner. Seinen spezifischen Zuschnitt erhält
ihr Beitrag, indem sie mit der „*Individualethik* oder *Strebensethik*" einerseits und
„der *Sozialethik, Sollensethik* oder *Moralphilosophie*" andererseits zwei grundsätzliche Perspektiven auf „[d]ie ethische Frage, wie Menschen handeln und wie
sie sich selbst und ihr Leben entwerfen sollen" (S. 73) benennt. Das Interesse an
den Wesens- oder „Charaktermerkmale[n] de[s] Menschen" und daran, „was er
damit machen soll", wird als das genuine Erkenntnisinteresse einer philosophischen Anthropologie präsentiert; Fenner spricht auch von der „Sicht einer pragmatischen Anthropologie oder Ethik" (S. 72), wobei das Wort ‚pragmatisch' den
Handlungsbezug zu pointieren scheint, der Fenner zufolge für die philosophische
Anthropologie konstitutiv sei. Den beiden ethischen Perspektiven entsprechen je
unterschiedliche Prinzipien oder Zielbestimmungen des Handelns: Während die
Sozialethik auf die Fähigkeit des Menschen abhebe, seine „Ich-Perspektive (…)
überwinden oder (…) transzendieren" zu können (Prinzip der „*Selbsttranszendenz*"),

habe die Individualethik ihren Leitfaden im Prinzip der „*Selbstverwirklichung*"
(S. 74). Selbstverwirklichung könne, wie Fenner erläutert, entweder aristotelisch
als Verwirklichung „objektiv" guter Fähigkeiten oder „wunschtheoretisch" als
„Erfüllung der tiefsten Wünsche und Bestrebungen eines Handlungssubjekts"
(S. 76) verstanden werden. Zielpunkt von Fenners ethischen Überlegungen ist der
Gedanke der „verantwortbare[n] Selbstverwirklichung" (S. 90), den sie u. a. mithilfe
sozialpsychologischer Überlegungen etwa von Mead plausibilisieren kann. Auf
solche „Seitenblick[e] auf empirische Wissenschaften"[1] müsse die Anthropologie
nicht verzichten. Je mehr sich Umgangssprache und Bildungssprache anderer Disziplinen vermischen („empirische[s]", „menschliche[s]", „normatives", „reine[s]",
„passive[s]" Selbst und „geistige[s]" ‚Ich' [S. 80]), desto mehr gelte es jedoch, das
Ziel einer einheitlichen und geklärten Terminologie im Auge zu behalten, nicht
zuletzt, weil die Umgangssprache selbst schon von bildungssprachlichen Wörtern
unterschiedlichster Herkunft durchdrungen sei.

„Was das Selbst ‚eigentlich' ist" (S. 96), diese Frage wird von Wilhelm Schmid,
darin der Negativen Anthropologie verwandt, bewusst offen gelassen. Ihn interessiert das Selbst mit Blick auf die je individuelle Lebbarkeit eines Selbstverhält-
nisses. Nicht um *den* Menschen, sondern um ‚*mich* als Menschen' gehe es, nicht
um die klassische Substanz, *ousia* oder das *ti esti* des Menschen, sondern um die
„Falten" des individuellen Bewusstseins, die etwa Hegel explizit aus dem Gegen-
standsbereich seiner Anthropologie heraushält,[2] während sie wenige Jahre zuvor
bei einem Romanschriftsteller wie Karl Philipp Moritz in besonderer Weise Thema
sind.[3] Wird die „*Menschenkenntnis*" zugunsten der „Erkenntnis des Geistes" von
Hegel als philosophisch unbedeutend beiseite gesetzt, so ist „[d]ie Beziehung des
Einzelnen zu sich selbst" für Schmid das spezifische Selbstverhältnis der „Moderne" (S. 93). Eine Moderne, die im 17. und 18. Jahrhundert durch die Befreiung
von religiösen, politischen und sozialen Bindungen als Reversbild ein Individuum
freigesetzt hat, „das Mühe damit hat, frei zu sein, denn das heißt nicht nur, sich
von allem und jedem zu befreien, sondern auch neue, freie und zugleich tragfähi-
ge Beziehungen zu gründen und zu pflegen" (S. 94). Schmid, der „regelmäßig als
‚philosophischer Seelsorger'" (S. 108) tätig war, macht angesichts dessen den Sinn
von Philosophie nicht als System, sondern als *Lebensform* oder Lebenskunst stark,
wie er sich insbesondere bei einigen antiken Philosophen wie Sokrates, Epikur und

---

1   Kamlah, Wilhelm: Philosophische Anthropologie. Sprachkritische Grundlegung und
    Ethik, Zürich 1972, S. 20.

2   Vgl. Hegel, Georg F.W.: Enzyklopädie der philosophischen Wissenschaften im Grundrisse,
    Heidelberg 1830, § 377.

3   Moritz, Karl Philipp: Andreas Hartknopf [1786], Stuttgart 2001, S. 44.

den Stoikern findet. Schmids Ansatz zielt nicht auf „Selbsterkenntnis", sondern auf *Selbstkenntnis* als „ihr lebbares Maß" (S. 98); weniger auf Selbstliebe als auf „Selbstfreundschaft" (S. 101). Ethisch betrachtet sei „[e]ine gute Selbstbeziehung (…) die Grundlage für Beziehungen zu Anderen, zur Gesellschaft und zur Welt" (S. 103). Schmids Ausführungen sind aufgrund ihrer Nähe zur philosophierenden Ratgeberliteratur sicherlich grenzgängerisch; in einem Band, der nicht allein auf die Rezeption durch ein philosophisches Fachpublikum abzielt, können sie aber mindestens als Bereicherung angesehen werden.

Kontakt

Nadine Mooren, M.A.
Westfälische Wilhelms-Universität Münster
Philosophisches Seminar
Domplatz 6
48143 Münster
E-Mail: nadine.mooren@uni-muenster.de

Bernhard Kleeberg

Rezension zu

Spannring, Reingard / Heuberger, Reinhard / Kompatscher, Gabriela / Oberprantacher, Karin Schachinger, Alejandro Boucabeille (Hg.): Tiere – Texte – Transformationen. Kritische Perspektiven der Human-Animal Studies, Bielefeld 2015, 388 Seiten

Dass Sammelbände häufig das Problem haben, thematisch und qualitativ heterogen zu sein, ist bekannt, ebenso, dass interessante Beiträge in solchen Publikationen tendenziell untergehen. Die Klammer, die sich in diesem Fall jenseits der Alliteration im Titel ergibt, sind die Human-Animal Studies. Unter diesem Label lassen sich aktuell alle möglichen Forschungen versammeln, oft genug reanimiert und neu eingekleidet, und auch im vorliegenden, vom *Human-Animal Studies Team Innsbruck* herausgegebenen Band werden keinesfalls „Forschungsfronten" eines neuen Feldes präsentiert, wie es in der Verlagsankündigung heißt, sondern bestenfalls gelungene konventionelle Untersuchungen. Kaum je erreichen sie den Reflexionsstand einer posthumanistischen Praxeologie wie der, die Donna Haraway in ihrem *Companion Species Manifesto* entwickelt. Dabei mag das Engagement der Herausgeber und Beiträger für eine Verbesserung des Mensch-Tier-Verhältnisses ehrenhaft sein, doch changieren die Beiträge vielleicht gerade deshalb zwischen wissenschaftlicher Argumentation und politischem Pamphlet, (kritischer) Untersuchung und naiver Tierliebe. Darüber, dass dabei stets von „menschlichen und nichtmenschlichen Tieren" die Rede ist, mag man hinwegsehen, es handelt sich eben um einen neuen Jargon. Doch wenn es heißt, hier würden Texte präsentiert, die „mit der verführerischen Vorstellung brechen, man könne vom Menschen einerseits und vom Tier andererseits sprechen" (S. 10), wirkt das schon etwas seltsam – natürlich kann man das, und die besten Beiträge des Bandes analysieren die damit verbundenen Semantiken, ohne dabei zu vergessen, dass es Menschen sind, an die der Appell zur Verbesserung der Lebenssituation von Tieren gerichtet ist.

Mit *semantischen Aspekten* des Tier-Mensch-Verhältnisses befassen sich eine Reihe der Autoren, etwa Marlene Mussner, die pejorative Bezeichnungen von Menschen als Tiere anhand von deutschen, italienischen und französischen Schimpfwörterbüchern – von Affe bis Zibbe – sammelt. Die entsprechenden Konnotationen könnten nur selten als universell begriffen werden, zumeist spiegelten sie ihre jeweilige kulturelle Herkunft. Immerhin seien Tierbezeichnungen als abwertende Personenbezeichnungen heutzutage weniger in Gebrauch. Passend dazu untersucht Reeta Kangas in ihrem Artikel zu politischen Karikaturen der Prawda die Animalisierung des Gegners in der Propaganda, die mit der Herabwürdigung der entsprechenden Tiere einhergehe. (Dass Kangas ihrem Beitrag voranstellt, sie werde im Folgenden anstatt von „non-human animals" „for the sake of clarity and easiness of presentation" von „animals" (S. 85) sprechen, lässt tief blicken.) Auch Alwin Full wendet sich Tierstereotypen, linguistischem Anthropozentrismus und Anthropomorphismus zu. Unter anderem anhand von Werbung diskutiert sie die utilitaristisch-sprachliche Verdinglichung von Tieren, Formen der Distanzierungen und Euphemismen, die das mit der Produktion spezifischer Konsumgüter verbundene Leid von Tieren zum Verschwinden bringen. Deutlich wird dies in einem anderen Beitrag: Martin Döring und Brigitte Nerlich bieten eine soziolinguistische Untersuchung des Verhältnisses britischer Bauern zu ihren Kühen im Gefolge der Massenschlachtungen aufgrund des Ausbruchs der Maul- und Klauenseuche von 2001 und zeigen, dass die emotionalen Bindungen höher sind, als angesichts der verbreiteten Rede von ökonomischen Verlusten gemeinhin angenommen wird. Wilhelm Trampe wiederum begreift Sprache in seinem gelungenen systematischen Artikel als Lebensform, sie stelle „den wesentlichen informationellen Prozesstyp dar", der die Eigenarten anthropogener Ökosysteme in ihrer Struktur und Entwicklung präge (S. 197). Er unterscheidet Merkmalsklassen eines anthropozentrischen Sprachgebrauchs im Umgang mit Tieren, Anthropomorphisierung und Utilitarisierung, Distanzierung und Dichotomisierung, Verdinglichung und Technokratisierung und Tabuisierung und Euphemisierung, die mit verschiedenen problematischen Formen des praktischen Umgangs mit Tieren einhergehen, etwa, wenn von einer dreijährigen „Nutzungsdauer" einer Kuh gesprochen wird (S. 208). Hier setzt Richard J. Alexanders korpuslinguistische Untersuchung zum Artenschutz-Diskurs ein, die sich dem „Greenwashing" von Firmenimages widmet, marketingstrategisch ausgefeilten Suggestionen ökologischen Engagements. Aus der Perspektive einer kapitalismuskritischen Ökolinguistik weist Alexander Nominalisierungen aus, die Verantwortlichkeiten unsichtbar machen („extinctions of rainforest species", S. 340) und benennt Metaphern, die alle Dinge gemäß der kapitalistischen Wachstumslogik als Waren ansprechen. Greenwashing läuft dabei über das Sponsoring von Umweltprojekten (Shell sponsert den *Wildlife Photographer of the Year Award*), und dieses Eintreten für einen nachhaltigen und rationalen Umgang mit der Natur diene dem Kapitalismus als neue Selbstlegitimation. Alexanders Beispiel ist der Palmölproduzent Cargill, eines der weltgrößten Landwirtschaftsunternehmen und verantwortlich unter anderem für die Zerstörung von Regenwald im Westen Indonesiens: Cargill verwendet in seiner Selbstdarstellung sogenannte „purr-words" („commitment", „partnership", „protect" und „support"), die den umweltbewussten Konsumenten wie ein Kätzchen schnurren lassen, wenn er dem Selbstmarketing des Konzerns

als engagiertem Partner im Kampf für die Erhaltung der Lebensbedingungen von
Orang-Utans ausgesetzt ist.

Verschiedene *historische Untersuchungen* von Tier-Mensch-Verhältnissen finden sich ebenfalls, etwa zu den Anfängen der Veterinärmedizin, die Helena Isola
in ihrem Beitrag anhand der frühesten Schriftquellen zu Haustieren im alten
Mesopotamien schildert. Johannes Giessauf schreibt über den mittelalterlichen
Pastoralnomadismus, Pia F. Cuneo befasst sich mit Markus Fuggers Handbuch *Von
der Gestüterei* aus dem 16. Jahrhundert, das bisher noch kaum beforscht worden
sei, da ein solcher Gegenstand jenseits der Interessen der Humanismusforschung
liege. Cuneos Argument ist einleuchtend, der Bezug auf aktuelle Ansätze des
Posthumanismus zur Klärung der Situation im 16. Jahrhundert aber kaum mehr
als anachronistisch: An die in keinerlei Hinsicht überraschende Interpretation von
Fuggers Text schließt sich ein Abschnitt zu seinem vermeintlichen Posthumanismus
an, der sich in seiner Liebe zu Pferden zeige. Andrea Penz wiederum bietet einen
historischen Durchgang durch die Geschichte des Wildtierhandels von der Antike
über das Mittelalter bis hin zum ausführlicher behandelten 19. Jahrhundert an,
beschreibt den seinerzeit größten Tiertransport Europas durch die Firma Hagen-
beck, der 1870 unter anderem 5 Elefanten und 14 Giraffen, 7 Löwen, 30 Hyänen, 8
Leoparden und Geparden sowie 26 Strauße umfasste. Auf die traurige Aktualität
des Wildtierhandels macht sie gleich eingangs aufmerksam.

Auch die *Ästhetik des Tier-Mensch-Verhältnisses* wird thematisiert. In ihrem Bei-
trag zu „Interspecies Mothering in der zeitgenössischen Kunst" interpretiert Jessica
Ullrich verschiedene jüngere Werke zum „transartlichen Stillen" als Angriff auf die
Tier-Mensch-Grenze und als ironische Brechung tradierter Rollenzuschreibungen
wie des *alter deus* oder der biologischen Mutter. Dies geschieht vor dem Hintergrund
einer Care-Ethik, die im Gegensatz zur männlich konnotierten Justice-Ethik die
Beziehung zwischen Individuen in den Mittepunkt stelle und damit in biologistischer
Manier ein typisch weibliches Moralempfinden postuliere. Doch solle das Bild einer
fürsorglichen Mutter hier „nicht so sehr auf seine grundsätzliche Konstruiertheit
hinterfragt werden, sondern auf seine (auch geschlechtsunabhängige) Anwendbarkeit auf nichtmenschliche Fürsorgeempfangende." (S. 113) Diese gleichzeitige
Kritik und Anwendung naturalistischer Ansätze verwirrt etwas. So wird das Bild
der liebevollen Mutter eingefordert und gleichzeitig als Konstruktion verworfen,
die Rolle des Fürsorgers und Bewahrers der Natur wird als paternalistisch kritisiert
(S. 127) und gleichzeitig als „emphatisches Bild posthumaner Beziehungspflege"
(S. 132) bezeichnet. Ansonsten sind die Interpretationen etwas weit hergeholt, etwa,
dass stillende Frauen als Amazonen imaginiert werden könnten, weil das trinkende
Kind eine Brust verdecke, die „so als fehlend vorgestellt" (S. 119) werde – trinkt das
Kind denn nicht? Sicherlich spricht einiges dafür, die einen Wolf stillende Frau als

transgressiver als die einen Menschen stillende Wölfin anzusehen, ob das aber daran liegt, dass es „vom Konsum von Kuhmilch zum Konsum von Wolfsmilch [...] nur ein kleiner Schritt" ist (S. 121)? Und wieso sollte die den Wolf stillende Frau als Pervertierung einer „vorgeblich gottgegebenen Ordnung der Natur" interpretiert werden? Natürlich ist immer mit fundamentalistischen Einwänden gegen Kunst zu rechnen, aber geht es hier wirklich schlicht um die Alternative zwischen göttlicher Ordnung und einer transgressiven, emanzipatorischen Ethik des liebevollen Umgangs mit Tieren? Warum sollte jemand, der „sich über menschliche Muttermilch für Tiere empört [...] im Umkehrschluss eigentlich auch die ‚Natürlichkeit' von Kuhmilch für Menschen in Frage stellen" (S. 122)? Ist es nicht genau diese Spannung, welche die ästhetische Finesse der entsprechenden Werke ausmacht; eine Spannung, die es auszuhalten gilt, ohne sie gleich auf das Aufweichen von Spezieskategorien zu reduzieren und zu feiern?

In einem weiteren Aufsatz zur Ästhetik ist die „Wirkungsgeschichte des menschlichen Musizierens für nichtmenschliche Zuhörer" bei Martin Ullrich Thema. Das klingt spannend und seltsam, denn normalerweise würde man das Umgekehrte erwarten. Letztlich – und dann vielleicht doch nicht so überraschend – präsentiert Ullrich dann aber eine Ideengeschichte der affektiven Wirkung von Musik auf Tiere, ihrer Zähmung mittels der Musik, angefangen beim Orpheus-Mythos und der politischen Wirkung von Musik bei Platon. John Walshs Musikstücke für Vögel von 1715, in denen verschiedenen Vögeln verschiedene Ausdruckscharaktere zugeordnet werden, sind Gegenstand, ebenso ein Konzert im *Jardin des Plantes*, das 1798 für zwei Elefanten stattfand, deren Reaktionen man studierte: Bestimmte Musik wirke beruhigend, andere erregend, so schien es den Beobachtern, Musik war also politisch. Mit dem Hinweis auf aktuelle ethologische Studien zur Wirkung von Musik auf japanische Reisfinken und auf eine neue „Interspecies Music" endet der Aufsatz.

Philosophisch bzw. auf *erkenntnistheoretische und ethische Zusammenhänge* ausgerichtet sind Andreas Beinsteiners Aufsatz zur Tier-Mensch-Differenz bei Heidegger, Rodolfo Piskorskis ambitionierte Lektüre von Tieren als Texte und Texten als Tiere, oder Franz Straubingers „negativistische Phänomenologie" des Mensch-Tier-Verhältnisses, die neue Formen des Verstehens zwischen Lebewesen einfordert. Aylon A. Cohens lesenswerter Beitrag thematisiert die politischen Konsequenzen der Störung der vermeintlich natürlichen Beherrschung des Tiers durch den Menschen. Durchbrechen Tiere – wie etwa die Kuh Emily aus Massachusetts, die über den Zaun der Schlachterei sprang – solche Zusammenhänge, so durchbrechen sie auch ihre Sprachlosigkeit und können zu politischen Subjekten werden, die einen Wandel der Identität und des Ethos einer ganzen Gemeinschaft herbeiführen können. Patrick Birkl bringt in „Über die Rolle der Biologie in der

Entwicklung der Mensch-Tier-Beziehung" biologisches Wissen als Korrektiv eines falschen Umgangs mit Tieren ins Spiel, etwa die Homologie der zentralen Nervensysteme von Mensch und Schwein, aufgrund der auch die subjektiv empfundenen Schmerzen als gleichartig begriffen werden müssten. Er weist auf solche und andere Inkonsequenzen der Alltagsethik hin und liefert ein interessantes Argument gegen die Maximen der „Animal Welfare Science", indem er zeigt, dass nach deren Kriterien Hunde im Gegensatz zu Nerzen letztlich die besseren Pelzlieferanten wären (S. 324 ff.). Das Huhn, das Steine beiseite kratzt, um Asseln zu fressen, will er wegen dessen Unwissenheit um die Interessen der Assel dann aber doch moralisch eher freisprechen. Eine *juristische Perspektive* auf Mensch-Tier-Verhältnisse bietet der Aufsatz von Eberhart Theuer, der wichtige Fragen, wie etwa die nach der Rechtslage zu veganer Verpflegung in öffentlichen Einrichtungen, aufwirft. Diskutiert werden diese Fragen dann aber leider nicht, stattdessen stößt man unter der Leitfrage, ob sich bestimmte rechtswissenschaftliche Untersuchungen – etwa zum Tierschutzgesetz – den Human-Animal Studies zuordnen lassen, auf eine begriffspositivistische Diskussion mit wenig erhellenden Ergebnissen. So findet Theurer heraus, dass der Kontext „mitbestimmend" sein könnte, ob „ein *content*" den Human-Animal Studies zuzurechnen sei (S. 360). Auch sei es denkbar, das im Rahmen von Kursen, Tagungen oder Forschungsprojekten von Tieren und Recht gehandelt werde, ohne dass sich dies in das „Tierrecht" oder die „Legal Animal Studies" einordnen ließe, in diesem Fall solle man dann von „‚Tier' & Recht" sprechen (S. 375). Und in seinem Fazit weist Theurer darauf hin, dass noch nicht abschließend geklärt sei, „inwiefern ein kritisches Reflektieren und Hinterfragen bestehender ‚Tier-Mensch-Verhältnisse' konstitutives Element von H^AS und ‚Legal Animal Studies' sein sollte [...]." (S. 376) Immerhin gut macht sich das aufgrund der problematischen Erstnennung des Menschen in den Human-Animal Studies vorgeschlagene hochgestellte „A" für eine gemeinsame *corporate identity*: „H^AS".

In diesem Sammelsurium von Aufsätzen findet sich für jeden etwas, auch für Liebhaber der *Möwe Jonathan* und ihrer menschlichen Züge (Daniela Francesca Virdis) oder der Vogel-Mensch-Dialoge bei Friederike Mayröcker und Michael Donhauser, die Eleonore De Felip in einem lesenswerten Aufsatz analysiert. Absurd ist schließlich Gary Steiners weit jenseits der Forschungsliteratur zur pathozentrischen Ethik operierendes Pamphlet zum Veganismus. Steiner beklagt, wir menschlichen Tiere würden nichtmenschliche Tiere „beliebig töten oder benutzen" (S. 329) und postuliert „das, was ich einen veganen Imperativ nenne": „Angesichts unserer mit Tieren geteilten Verletzlichkeit und Sterblichkeit ist das Essen oder die Ausbeutung eines Tieres genauso vertretbar wie das Essen oder die Ausbeutung eines Menschen." (S. 336)

Na dann. Im Jahre 2022 soll es ja Soylent Green geben.

Kontakt

PD Dr. Bernhard Kleeberg
Universität Basel
Departement Geschichte
Hirschgässlein 21
CH-4051 Basel
E-Mail: bernhard.kleeberg@unibas.ch

V
Kalender

Oliver Müller

Phänomenologische Anthropologie.
Hans Blumenbergs Lebensprojekt

Vor 20 Jahren, im Frühjahr 1996, ist der Philosoph Hans Blumenberg in Altenberge bei Münster gestorben. An der dortigen Universität hatte er, Joachim Ritter nachfolgend, seit 1970 gelehrt. Blumenberg hatte ein Forscherleben hinter sich, dem die deutsche Geschichte früh ihren Stempel aufgedrückt hat: Als Sohn einer jüdischen Mutter und eines katholischen Vaters wurde er 1920 in Lübeck geboren. Weil er nach seinem Abitur an keiner staatlichen Universität studieren durfte, begann er ein Studium an der Philosophisch-Theologischen Akademie in Paderborn und an der Katholischen Hochschule St. Georgen, das er schließlich abbrechen musste. Er wurde in den „Reichsarbeitsdienst" eingezogen. Mit der Hilfe von Bekannten kam er, soweit man das überhaupt sagen kann, einigermaßen unbeschadet durch die Kriegsjahre (anders als Verwandte, die von den Nationalsozialisten ermordet wurden). Am Ende konnte er sogar untertauchen. In diesen Jahren hat sich Blumenberg weiterhin intensiv mit der Philosophie der Spätantike und des Mittelalters befasst. Und wie das beherzte Pathos seiner Doktorarbeit zeigen sollte, ging es ihm bei seiner Beschäftigung mit Augustinus und Ockham auch um eine kritische Standortbestimmung der Philosophie seiner Zeit: Wenn die Aufklärung Zivilisationsbruch und humanitäre Katastrophe nicht hatte verhindern können, brauchen wir dann nicht philosophische Alternativen, die fundamental anders gedacht werden müssen? Der junge Blumenberg plädiert für einen Neuanfang, der die Fehler der Moderne aufdeckt und angesichts der philosophischen Krise seiner Zeit neue Orientierung bietet.

Entsprechend sind sowohl seine Dissertation von 1947, die nach seinem wieder aufgenommenen Studium in Kiel bei Ludwig Landgrebe entstanden ist, als auch die bereits 1950 eingereichte Habilitationsschrift von einer modernekritischen, geradezu existentialistischen Eindringlichkeit getragen.[1] Motivation und Ausgangspunkt beider Schriften ist die Diagnose einer massiven Orientierungskrise, die sich in

---

1 Blumenberg, Hans: Beiträge zum Problem der Ursprünglichkeit der mittelalterlich-scholastischen Ontologie, Kiel 1947 [unveröffentlichtes Typoskript]; Blumenberg, Hans:

philosophischer „Bodenlosigkeit", der „Erfahrung der Nichtigkeit", im „Verlust der Existenzsicherheit" niederschlägt – die „sich selbst nicht mächtige Existenz" wird daher Blumenbergs erste anthropologische Pathosformel.[2] Für seinen denkerischen Weg ist es von Bedeutung, dass er zwar mit Augustinus nach dem Menschen zu fragen beginnt, aber Krisenanamnese und philosophische Therapie mit Husserl und Heidegger entwickelt, zunächst vor allem im Rückgriff auf die *Krisis*-Schrift, die *Logischen Untersuchungen* und *Sein und Zeit*. In seiner Habilitationsschrift *Die Ontologische Distanz. Eine Untersuchung über die Krisis der Phänomenologie Husserls* stützt sich Blumenberg auch auf den Heidegger der 1930er bis 1940er Jahre und auf die in *Holzwege* versammelten Texte von 1950. Ab den 1950er Jahren beginnt Blumenberg dann seine geistes- und metapherngeschichtlichen Studien zu verfassen,[3] 1960 erscheinen im *Archiv für Begriffsgeschichte* seine *Paradigmen zu einer Metaphorologie*.[4] Ab 1963 präsentiert und diskutiert er seine Thesen in der Arbeitsgruppe „Poetik und Hermeneutik", zu deren Gründungsmitgliedern er zählte.[5]

Abgesehen davon, dass sich Blumenberg von Heideggers Person und seiner Haltung zum Nationalsozialismus zu distanzieren beginnt,[6] stellt er auch dessen geschichtsphilosophische Methodik zunehmend in Frage. Mit den ab den 1960er Jahren immer umfangreicher und detailorientierter werdenden Studien entfernt er sich von Heideggers Denkschemata einer „Seinsgeschichte". Dies ändert auch seine Einschätzung der Neuzeit, die für ihn nun wesentliche Momente menschlicher Selbstbehauptung zu bündeln vermag, was diese sowohl historisch als auch

---

Die Ontologische Distanz. Eine Untersuchung über die Krisis der Phänomenologie Husserls, Kiel 1950 [unveröffentlichtes Typoskript].

2   Blumenberg, Hans: Beiträge zum Problem der Ursprünglichkeit der mittelalterlich-scholastischen Ontologie, Kiel 1947 [unveröffentlichtes Typoskript], S. 92.

3   Einige der frühen Texte sind in den folgenden Band aufgenommen worden: Blumenberg, Hans: Ästhetische und metaphorologische Schriften. Auswahl und Nachwort von Anselm Haverkamp, Frankfurt am Main 2001.

4   Der Text wurde später in die stw-Reihe bei Suhrkamp aufgenommen, siehe Blumenberg, Hans: Paradigmen zu einer Metaphorologie, Frankfurt am Main 1998.

5   Siehe dazu Müller, Oliver: Subtile Stiche. Hans Blumenberg und die Forschungsgruppe „Poetik und Hermeneutik", in: Kontroversen in der Literaturtheorie/Literaturtheorie in der Kontroverse, herausgegeben von Ralf Klausnitzer und Carlos Spoerhase, Bern 2007, S. 249-264.

6   Siehe zu Blumenbergs Auseinandersetzung mit Heideggers ‚geistiger Physiognomie' in Bezug auf seine politische Verirrung, auch im Blick auf die Rektoratsrede Blumenberg, Hans: Die Verführbarkeit des Philosophen, Frankfurt am Main 2000.

anthropologisch als eine ‚legitime' Epoche qualifiziert.[7] Doch trotz der methodischen Neuausrichtung seiner Geistesgeschichte bleiben die Phänomenologie Husserlscher Prägung und die frühe Philosophie Heideggers weiterhin zentral für seine philosophische Selbstverständigung. Zeit seines Lebens wird er immer wieder kritisch auf deren Methodiken, Fragestellungen und Problemanalysen zu sprechen kommen. Allerdings schlägt er in diesen Relektüren zunehmend neue Wege ein – und entwickelt schließlich das Forschungsprogramm, das er „phänomenologische Anthropologie" nennen wird.

Bemerkenswerterweise hat Blumenberg aber zu einer solchen phänomenologischen Anthropologie kaum etwas publiziert. Erst durch Veröffentlichungen aus dem Nachlass, insbesondere *Zu den Sachen und zurück* und *Beschreibung des Menschen*,[8] haben wir Einblick in Programm und methodische Herausforderungen eines solchen Projektes. Heute wissen wir: Blumenberg hat neben seinen Publikationen in den 1970er und 1980er Jahren intensiv an einer phänomenologischen Anthropologie gearbeitet, in einer Zeit also, in der er sich mit seinen großen Studien zur Geistesgeschichte akademisch profilierte und als Exponent der ‚Suhrkamp-Kultur' etliche Bücher veröffentlichte, insbesondere seine Arbeiten zum neuen Selbst- und Weltverständnis, wie es sich in der Neuzeit herausbildete,[9] zur Metaphorologie als Ergänzung zur damals vorangetriebenen Begriffsgeschichte,[10] zum Mythos[11] und zum epistemischen Status des ‚Unbegrifflichen' überhaupt.[12] Die Assoziation von veröffentlichten ‚exoterischen' Schriften und der ‚esoterischen' Arbeit an seiner Anthropologie drängt sich unmittelbar auf, wenn auch nicht in Form einer ‚ungeschriebenen', so doch als eine ‚unveröffentlichte Lehre'.

---

7 Blumenberg, Hans: Die Legitimität der Neuzeit, erneuerte Ausgabe, Frankfurt am Main 1988.

8 Blumenberg, Hans: Zu den Sachen und zurück. Aus dem Nachlaß, herausgegeben von Manfred Sommer, Frankfurt am Main 2002; Blumenberg, Hans: Beschreibung des Menschen. Aus dem Nachlaß, herausgegeben von Manfred Sommer, Frankfurt am Main 2006. Im Folgenden wird für *Beschreibung des Menschen* die Sigle BM verwendet.

9 Siehe Blumenberg, Hans: Die Genesis der kopernikanischen Welt, Frankfurt am Main 1975; Blumenberg, Hans: Die Legitimität der Neuzeit, erneuerte Ausgabe, Frankfurt am Main 1988. Siehe dazu auch Ifergan, Pini: On Hans Blumenberg's The Genesis of the Copernican World, in: Hans Blumenberg beobachtet. Wissenschaft, Technik und Philosophie, herausgegeben von Cornelius Borck. Freiburg im Breisgau 2013, S. 149-167.

10 Blumenberg, Hans: Paradigmen zu einer Metaphorologie, Frankfurt am Main 1998.

11 Blumenberg, Hans: Arbeit am Mythos, Frankfurt am Main 1979.

12 Blumenberg, Hans: Ausblick auf eine Theorie der Unbegrifflichkeit, in: Schiffbruch mit Zuschauer. Paradigma einer Daseinsmetapher, Frankfurt am Main 1979, S. 85-106.

Blumenberg hat seine phänomenologische Anthropologie nie in eine systematisch geschlossene Form gebracht. Die erst 2006 erschienene *Beschreibung des Menschen* ist ein Fragment. Trotzdem dürfen wir dieses Buch zu den wichtigen Beiträgen zur philosophischen Anthropologie im 20. Jahrhundert zählen – auch wenn es keine Chance auf eine Rezeption hatte und vielleicht nicht einmal den Kriterien eines philosophischen ‚Hauptwerkes' genügt. Das Buch versammelt zwar die zentralen Themen seiner Anthropologie, bleibt aber ein suchendes und experimentierendes Werk. Dies hat einen Grund auch darin, dass Blumenberg das Projekt einer phänomenologischen Anthropologie nur gegen die Intentionen Husserls und Heideggers verfolgen konnte. Er hat sein Vorhaben bewusst gegen eine Phänomenologie strenger Observanz in Angriff genommen.

Im Folgenden sollen die Grundzüge von Blumenbergs phänomenologischer Anthropologie rekonstruiert werden. In einem *ersten* und *zweiten* Teil wird gezeigt, wie Blumenberg aus der Kritik an Husserl und Heidegger Programm und Fragestellungen einer phänomenologischen Anthropologie entwickelt. Im *dritten* Teil wird skizziert, welche Motive er von den ‚klassischen' Philosophischen Anthropologien aufgreift. Im *vierten* Teil werden mithilfe von vier Kernbegriffen – Sichtbarkeit, Existenzrisiko, Distanz, Trostbedürftigkeit – einige Konturen seiner Anthropologie nachgezeichnet, worauf eine *Schlussbemerkung* folgt.

1   Programm der phänomenologischen Anthropologie aus der Kritik an Husserl

Das Motto, das Blumenberg über das Manuskript des (nun) ersten Teils von *Beschreibung des Menschen* gesetzt hatte, lässt den Grundzug seines Projektes bereits erahnen: „Statt zu sagen, er leugne Gott, könnte man sagen, er leugne den Menschen. *Heine über Spinoza*".[13] Denn die zentrale These dieses Buches ist, dass Husserl und Heidegger in ihren Ansätzen ‚den' Menschen ‚leugnen' würden, obwohl anthropologische Fragestellungen in deren Konzeptionen bereits angelegt seien. Ausgangspunkt ist folgender Befund: Wenn Husserl von „Bewusstsein" spricht, dann von einem *Bewusstsein überhaupt* und nicht von einem *menschlichen Bewusstsein*. Auch der Begriff des „Daseins" soll nach Heidegger ohne jegliche anthropologische Rückbindung erschlossen werden, obwohl es in der Daseinsanalyse um das *menschliche Dasein* geht. „Beide Vorgänge haben gemeinsam", hält Blumenberg fest, „daß in ihnen der unvermeidlich auftauchende Mensch sich selbst gleichsam durchsichtig und transitorisch zu machen hat, um einen anderen großen Aspekt

---

13 BM, S. 7.

freizugeben."[14] Dieser jeweils „andere große Aspekt" sind das ‚Bewusstsein als solches' und die ‚Frage nach dem Sinn von Sein'. An dem aus diesen Theorieanlagen folgenden ‚Anthropologie-Verbot' hat sich Blumenberg in mehreren Manuskripten abgearbeitet, die den ersten Teil von *Beschreibung des Menschen* bilden („Phänomenologie und Anthropologie"). Im zweiten Teil finden sich Texte, die der Herausgeber Manfred Sommer als „Paradigmen zu einer phänomenologischen Anthropologie" versteht.[15] Sommer hat dem Buch auch die vorliegende zweiteilige Form gegeben, die eine Systematik vorschlägt, die von der kritischen Auseinandersetzung mit der Phänomenologie zu einem eigenständigen anthropologischen Entwurf führt – auch wenn die Texte des zweiten Teils in großen Teilen vor denen des ersten Teils entstanden sind.

Der zentrale Einwand gegenüber Husserl schält sich im ersten Teil von *Beschreibung des Menschen* peu à peu heraus, bis Blumenberg selbst immer klarer erkennt, dass es die Sichtbarkeit des Menschen ist, die von Husserl nicht bedacht worden sei und die der Dreh- und Angelpunkt einer phänomenologischen Anthropologie sein muss. Vor allem in der Auseinandersetzung mit den Problemen um die Fremderfahrung, das Fremdpsychische, die Intersubjektivität erkennt er, dass der Leib als sichtbarer nicht in den Blick kommt. Husserl hänge vielmehr immer noch dem Traum eines ‚reinen' Ich nach, mit all seiner Sehnsucht nach Selbsttransparenz eines Bewusstseins, das nicht in die Welt verwickelt ist. Daher spricht er auch von „Husserls lebenslange[r] Abmühung an der Verschärfung und Reinigung der Reduktion bis hin zur meditativ-asketischen Überhöhung des Phänomenologen, dem alles ‚Menschliche' fremd werden muß, damit er den Zugang zu seinem letztlich *einen* Gegenstand findet: zu sich selbst als transzendentalem Subjekt."[16] Durch dieses „Reinheitsgebot"[17] verpasse Husserl ein ganzes Feld von Bewusstseinserfahrungen. Denn auch wenn dieser dem Leib bei den Fragen um ‚den Anderen' eine zentrale Rolle einräumt, entgehe Husserl, dass das Bewusstsein des Gesehenwerdenkönnens unser Selbst- und Weltverhältnis auf elementare Weise prägt[18] und dass die Leibphilosophie auf anthropologisches Terrain führen kann: Denn die „raumzeitliche Antreffbarkeit des Da-Seins" wird zum anthropologischen Thema dadurch, „daß der aufgerichtete Leib seiner riskierten Visibilität in jedem Verhaltenszug gegenwärtig macht. Reflexion wäre dann der sublimierte und re-

---

14 BM, S. 9 f.
15 BM, S. 901.
16 Blumenberg, Hans: Zu den Sachen und zurück. Aus dem Nachlaß, herausgegeben von Manfred Sommer, Frankfurt am Main 2002, S. 26.
17 BM, S. 475.
18 BM, S. 456.

duzierte Rest der akuten Selbstgegenwärtigkeit als erhaltungsdienlicher Kontrolle der passiven Optik."[19] Der sichtbare Leib wird zum Thema der Anthropologie, weil er Menschen zu Naturkulturwesen macht, die mit ihrer Sichtbarkeit umzugehen lernen müssen; daher schließt Sichtbarkeit jene „erhaltungsdienlichen" Strategien ein. Ein ‚reines' Bewusstsein mag sich nicht um die Selbsterhaltung sorgen – ein verkörpertes, der Welt ausgesetztes Bewusstsein aber schon. Das Phänomen des Gesehenwerdenkönnens lässt sich daher mit der evolutionsanthropologischen ‚Ursituation' des Frühmenschen in Verbindung bringen, der im aufrechten Gang neuer Gefährdungspotentiale gewahr wird und seine Existenz als prekär erfährt.[20] Daher sind in die menschliche Existenz immer schon Kompensationsleistungen eingeschrieben, sei es in Form von (kulturellen) Schutzräumen oder in Form von Praktiken der Verstellung. Und so kann und muss das Bewusstsein – und seine Entstehung – auch aus anthropologischer Perspektive beschrieben werden. Auch wenn Leib und Leben im Normalfall nicht unmittelbar bedroht sind, sind wir uns fast immer unserer Sichtbarkeit für andere bewusst und generieren daher bestimmte reflexive Selbst- und Weltdeutungsfiguren, die sich unserem Bewusstsein einprägen: „Im cartesischen Paradox gesprochen: die *res cogitans* ist eine *res extensa*."[21] Ein solches verleiblichtes *cogito* hat alteritätstheoretische Konsequenzen, wie sie Jean-Paul Sartre schon beschrieben hatte.[22] Aus dem ursprünglich „riskanten Gesehenwerdenkönnen" wird nach Blumenberg „das kalkulierte Sich-Zeigen und spielerische Sich-Darstellen", „indem man ‚heraustritt' vor die anderen. Erlernung, Ritualisierung, Verfeinerung dieses Übergangs wird zum Zentrum aller kulturellen Leistungen."[23] Das Bewusstsein, sichtbar zu sein, macht Menschen zu ‚Selbstdarstellern' auf der Bühne der Welt – und gegenüber sich selbst. Unsere leibliche ‚Ausgedehntheit' hat also kulturanthropologische Einschlüsse: Wir orientieren uns in etablierten Deutungsformen, die uns Auskunft über uns selbst geben – noch bevor wir aus den Selbsterkundungen ein möglichst reines *cogito* destillieren. Auch die Fähigkeit zur Reflexion ist eine Leistung, die auf Strategien der Selbsterhaltung zurückzuführen ist: Reflexion „hat eine anthropologische Vorstufe in der passiven Optik. Es sind die kulturellen Gehäuse, die die Transformation dieser Lebensdien-

---

19 BM, S. 144.

20 Siehe etwa Blumenberg, Hans: Arbeit am Mythos, Frankfurt am Main 1979, S. 9 ff.

21 BM, S. 831.

22 Sartre, Jean-Paul: Das Sein und das Nichts. Versuch einer phänomenologischen Ontologie, Reinbek 1993, insbesondere S. 459 ff.

23 BM, S. 145.

lichkeit in Formen der Selbstzwecklichkeit ermöglichen."[24] Der Reflexionsbegriff muss funktional verstanden werden.[25]

Die „Sichtbarkeitssorge"[26] und die mit ihr verbundenen reflexiven Leistungen werden zum Dreh- und Angelpunkt von Blumenbergs Anthropologie. Auch wenn Vorformen von Sichtbarkeitssorge bei Tieren in Reiz-Reaktionsmustern zwar angelegt sein mögen, ist sie eine Art ‚Monopol' des Menschen.[27] Dies findet sich in der Kulturgeschichte belegt, in der die Sichtbarkeit ein Thema ist, weil diese die Menschen von Gott oder den Göttern unterscheidet. Dass Menschen dem göttlichen Blick ausgesetzt sind und gleichzeitig Gott selbst nicht sehen können, ist ein Grundnarrativ vieler Kulturen. Götter können nach Belieben unsichtbar werden, um sich den Blicken der Sterblichen zu entziehen. Diese göttliche Fähigkeit wird gern als eine Kompetenz durchgespielt, die unsichtbaren Menschen große Macht verleiht, wie in Platons Geschichte um den Ring des Gyges. Unsichtbarkeit enthebt von der gesetzlichen Ordnung, die Delinquenten sicht- und haftbar machen können muss. Das allererste Sichtbarwerden von Adam und Eva und ihr Scheitern bei dem Versuch, sich vor dem göttlichen Blick zu verbergen, ist für Blumenberg eine Schlüsselszene, die von der Urerfahrung des Menschen erzählt, plötzlich zu realisieren, sichtbar zu sein, mit allen anthropologisch signifikanten Facetten von Scham und Schuld.[28]

Auch auf derartige in der Kulturgeschichte durchgespielte Deutungsformen des menschlichen „Makel[s] der Auffälligkeit"[29] hat Blumenberg zurückgegriffen, um Husserls Bewusstsein als ein letztlich quasi-göttlich konzipiertes auszuweisen. Den ‚kryptotheologischen' Zügen von Husserls Phänomenologie auf der Spur, hat er einen „verborgenen Gott der Phänomenologie" identifiziert – ein Kapitel in *Beschreibung des Menschen* heißt „Husserls Gott" – sowie die Formel gefunden, dass eine phänomenologische Anthropologie ihre Aufgabe aus der „Resistenz gegen kryptotheologische Rivalität" bekomme.[30] Das heißt: „Eine beschreibende

---

24 BM, S. 145.

25 Dies gilt auch für Blumenberg Vernunftbegriff, siehe BM, S. 33 ff.

26 Blumenberg, Hans: Höhlenausgänge, Frankfurt am Main 1989, S. 795.

27 Siehe BM, S. 803, hier verweist Blumenberg auf eine entsprechende Überlegung von Max Scheler.

28 Siehe Blumenberg, Hans: Die erste Frage an den Menschen. All der biologische Reichtum des Lebens verlangt eine Ökonomie seiner Erklärung, in: Frankfurter Allgemeine Zeitung vom 2.6.2001, S. I.

29 BM, S. 203.

30 Blumenberg, Hans: Der verborgene Gott der Phänomenologie. Aus dem Nachlaß, herausgegeben von Manfred Sommer, Stuttgart 1997, S. 139 f.

Anthropologie, sofern sie philosophisch zu sein vorhat, kann nicht alles und jedes beschreiben, was sie einschlägig vorfindet. Es liegt nahe, hört sich aber trivial an, daß ihr Thema vor allem die Beschreibbarkeit selbst ist, sofern sie am Menschen von der der Dinge abweicht. Der Mensch ist nicht nur beschreibbar, weil er sichtbar ist, sondern indem diese Sichtbarkeit ihn durch und durch bestimmt bis hin zu ihrer ostentativen Selbstdarstellung. Aber vor allem ist er sichtbar, indem er undurchsichtig ist. Dieses Ineinander von Visibilität und Opazität macht eine phänomenologische Anthropologie möglich".[31]

Auf Grundlage dieses Programms lotet Blumenberg Möglichkeit und Notwendigkeit einer phänomenologischen Anthropologie in der genauen Lektüre von Husserls Texten aus. Seine ‚Lektüretechnik' findet sich in folgendem Zitat verdichtet: *„Schlussabschnitt, der zeigen soll, wie der späte Husserl doch den Titel ‚Anthropologie' aufnimmt, aber nichts tut, was für eine Anthropologie einschlägig wäre."*[32] Das Nachvollziehen derartiger Denkbewegungen auf der Grundlage der Diagnose einer „Anthropologie-Phobie"[33], die eine sich eigentlich konsequent ergebende Anthropologie verhindere, gehört zum Geschäft seiner phänomenologischen Anthropologie,[34] das man in Anlehnung an *Sein und Zeit* ‚destruktiv' nennen kann. Diese Methode der ‚Destruktion' wendet Blumenberg auch auf Heidegger an.

2   Heidegger und die verpasste anthropologische Fragerichtung

Blumenbergs Heidegger-Kritik hat viele Analogien zu seiner Husserl-Kritik, obwohl er den Begriff „Dasein" als einen ersten Schritt in Richtung Anthropologie versteht. Doch auch an *Sein und Zeit* bemängelt er, dass es die in diesem Werk angelegte anthropologische Wende letztlich nicht vollziehe, da Heidegger das Dasein auf eine Art ‚Durchgangsstation' zur Frage nach dem ‚Sinn von Sein' reduziert habe: „Die als Analytik des Daseins schon entfaltete Anthropologie wird gerade als solche zurückgenommen", schreibt Blumenberg, sie werde nämlich „mediatisiert durch

---

31 Blumenberg, Hans: Der verborgene Gott der Phänomenologie. Aus dem Nachlaß, herausgegeben von Manfred Sommer, Stuttgart 1997, S. 140.

32 BM, S. 454.

33 Blumenberg, Hans: Zu den Sachen und zurück. Aus dem Nachlaß, herausgegeben von Manfred Sommer, Frankfurt am Main 2002, S. 98.

34 Siehe dazu Thomas Meyer: „Lesbarkeit" und „Sichtbarkeit". Zu Hans Blumenbergs Versuch, seine Moderne zu retten, in: Erinnerung an das Humane. Beiträge zur phänomenologischen Anthropologie Hans Blumenbergs, herausgegeben von Michael Moxter, Tübingen 2011, S. 82.

die Frage nach dem ‚Sinn von Sein' als ihrem schlechthinnigen, wenn nicht dem einzigen philosophischen Interesse. Quantitativ beherrschen anthropologisch anmutende Beschreibungen das, was von ‚Sein und Zeit' vorliegt; funktional dienen sie ausschließlich der kommen sollenden Fundamentalontologie."[35] Diesen Punkt formuliert Blumenberg in vielen Varianten, in denen deutlich wird, dass er Heideggers Analysen des In-der-Welt-Seins durchaus etwas abgewinnen kann. Daher spricht er von einem „reichbesetzten anthropologischen Vordergrund" – auch wenn Heidegger „die Freude daran durch eine Verbotstafel verdarb, dies sei nicht als das anzusetzen, worauf es ankäme."[36] Und so kann Blumenberg erneut festhalten: „Wieder war der Mensch nicht der Rede wert oder nur insoweit, als er Seinsverständnis barg oder verbarg, schließlich auch preisgeben vermochte."[37]

Neben dieser eher werkimmanenten Kritik bemerkt er überdies, dass Heidegger ignoriert, dass die Philosophische Anthropologie seiner Zeit die Frage nach dem Menschen auf eine neue Weise stellt. Auffällig sei, dass Heidegger noch in der Davoser Disputation mit Ernst Cassirer an Kants Katalog der philosophischen Grundfragen festhalte, die bekanntlich auf die Frage zulaufen: Was ist der Mensch?[38] Heidegger gehe, so Blumenberg, davon aus, dass die Anthropologie immer noch durch diese Wesensfrage geleitet sei, wo es aber gerade das Verdienst der modernen Philosophischen Anthropologie gewesen sei, die Frage nach dem Menschen anders zu stellen, nämlich im Blick auf Funktionsbeschreibungen oder in Form von genetischen Ansätzen, in denen zum Thema wird, wie der Mensch überhaupt zu existieren vermag.[39] Die Pointe Blumenbergs ist nun, dass diese erneuerte Fragerichtung der Anthropologie in Heideggers Fundamentalontologie bereits angelegt sei: „Auch Sorge, als Sein des Daseins gedacht, bedeutet nun den Inbegriff aller Verhaltensweisen, die ihrer Einheit nur dadurch verständlich werden, daß diesem Wesen für die Bedingungen seiner Existenz auf keine Weise ‚vorgesorgt' ist."[40] Blumenberg sieht hier eine Nähe zu Arnold Gehlens Anthropologie, denn Sorge sei „nur eine andere Benennung für das Ineinandergreifen der Folgen von Instinktreduktion."[41] Hätte Heidegger also die veränderte Fragerichtung der Philosophischen Anthropologie wahr- und aufgenommen, wäre es möglich gewesen, die Faktizität des Daseins auch um anthropologische Dimensionen zu erweitern und in die Analyse des In-der-Welt-

---

35 BM, S. 199.
36 BM, S. 818.
37 BM, S. 199.
38 Siehe BM, S. 213 f.
39 BM, S. 217.
40 BM, S. 218.
41 BM, S. 219.

Seins zu integrieren. Dann wäre es auch möglich, die Sorgestruktur des Daseins an die Selbsterhaltung der menschlichen Existenz rückzubinden, wie sie sich im Gang der Hominisation als Kompensation der widrigen natürlichen ‚Ausstattung' des Menschen findet. Das Programm einer existentialen Analytik des Daseins hätte also auch ohne den Ausschluss der Anthropologie verfolgt werden können. Mit dieser These bürstet Blumenberg Heideggers Konzeption der Faktizität des Daseins freilich bewusst gegen den Strich. Insgesamt kann man Blumenbergs Korrektur des Programms von *Sein und Zeit* folgendermaßen umreißen: Eine existenziale Analytik ist auch dann möglich, wenn die Frage nach dem Sinn von Sein nicht mehr das Ziel der Fundamentalontologie ist. Der Daseinsanalytik kann ein Eigenrecht gegeben werden, das nicht mehr primär ontologisch, sondern anthropologisch gestützt ist, da Menschen sich qua ihrer ‚Natur' selbst verstehen wollen und weil ihr ‚Geworfensein' auch auf einer evolutionsbiologischen Unwahrscheinlichkeit beruht, die zu bestimmten Kompensationsleistungen geführt hat, die der ‚Sorge' nicht unähnlich sind. Sorgestruktur und Entwurfcharakter haben anthropologische Einschlüsse, welche die Daseinsanalyse in ihrer methodischen ‚Reinheit' in keiner Weise gefährden müssen. Auch wenn Heideggers Kautelen gegenüber empirischen Wissenschaften berechtigt sind, eine richtig verstandene Anthropologie kann in die Daseinsanalytik integriert werden, sogar unter Aufrechterhaltung der hermeneutisch-phänomenologischen Methodik.

Diese Kritik an *Sein und Zeit* fällt nicht ohne Zufall in eine Zeit, in der Blumenberg die philosophische Anthropologie intensiv rezipiert. Neben Gehlen kommt Blumenberg immer wieder auf Cassirer zu sprechen. Insgesamt kann man in Blumenbergs Werk eine Wende zu Anthropologie und Kulturphilosophie erkennen, mit der er sich seit den 1960er Jahren sukzessive von den Paradigmen seiner Qualifikationsschriften löst.[42]

3   Anleihen bei Philosophischer Anthropologie und Kulturphilosophie

Die explizite Auseinandersetzung mit der philosophischen Anthropologie bleibt in den veröffentlichten Schriften meist recht knapp, nicht zuletzt deshalb, weil sich Blumenberg hauptsächlich mit geistesgeschichtlichen Fragen befasst.[43] Wie

---

42 Siehe Müller, Oliver: Sorge um die Vernunft. Hans Blumenbergs phänomenologische Anthropologie, Paderborn 2005.

43 Die ausführlichsten Überlegungen finden sich sicher in Blumenberg, Hans: Anthropologische Annäherung an die Aktualität der Rhetorik, in: ebd.: Wirklichkeiten, in denen

sich in *Beschreibung des Menschen* bestätigt, geht es ihm in der Rezeption der Anthropologie immer auch um die Frage nach ihrer Legitimität, womit Blumenberg sich auch in der ‚anti-anthropologisch' geprägten akademischen Landschaft der damaligen Bundesrepublik positioniert, die in seiner Wahrnehmung weitgehend von Heidegger-Schülern, mit denen er sich in Konkurrenz sah, und von der Frankfurter Schule geprägt wurde, zu der er Abstand hielt.[44]

Die Aufnahme von anthropologischen Motiven stellt Blumenberg in eine Linie mit Kants Kartierung der menschlichen Vernunft als *endliche Vernunft* und setzt bei dem Widerspruch „zwischen den Unendlichkeitsimplikationen der Vernunft und ihrer Verfahren zu den anthropologischen Endlichkeitsbedingungen" an.[45] Daher sei es Aufgabe der Anthropologie, die Endlichkeit der Vernunft, aber auch ihre leibliche Einbettung mit den spezifischen Ausprägungen der menschlichen Sinnesorgane zum Thema zu machen, um rationale Fähigkeiten aus den Charakteristika des menschlichen Organismus zu deuten – immer mit Blick auf eine gefährdete Lebensform, die vernünftig ist, weil es ihr um Selbsterhaltung geht.[46] Vor diesem Hintergrund werden Gedankenfiguren wie der aufrechte Gang und Kompensationstheorien im Anschluss an Gehlen und Paul Alsberg zu Fluchtpunkten seines Denkens. Die bereits erwähnten Anthropogenesen um den auf die Savanne heraustretenden ‚ersten' Menschen sind hier ebenso zu nennen wie die an Gehlen angelehnte Formel von „Handlungszwang" bei „Evidenzmangel": Handeln sei, so Blumenberg „die Kompensation der ‚Unbestimmtheit' des Wesens Mensch."[47] Insofern sei der menschliche Wirklichkeitsbezug „indirekt, umständlich, verzögert, selektiv und vor allem ‚metaphorisch'."[48] In seiner Anthropologie geht es um die „Möglichkeit eines Lebens", „das die genauen Passungen zu einer ihm adäquaten Welt nicht mehr hat und mit dieser unter allen sonst bekannten Bedingungen für Lebewesen tödlichen Desolation fertig geworden ist und ständig fertig zu werden hat."[49]

---

wir leben. Aufsätze und eine Rede, Stuttgart 1981, S. 104-136

44 Siehe vor allem Blumenberg, Hans/Taubes, Jacob: Briefwechsel 1961-1981, herausgegeben von Herbert Kopp-Oberstebrink. Berlin 2013.

45 Blumenberg, Hans: Theorie der Unbegrifflichkeit, Frankfurt am Main 2007, S. 92.

46 Siehe BM, S. 41.

47 Blumenberg, Hans: Anthropologische Annäherung an die Aktualität der Rhetorik, in: Wirklichkeiten, in denen wir leben. Aufsätze und eine Rede, Stuttgart 1981, S. 108.

48 Blumenberg, Hans: Anthropologische Annäherung an die Aktualität der Rhetorik, in: Wirklichkeiten, in denen wir leben. Aufsätze und eine Rede, Stuttgart 1981, S. 115.

49 Blumenberg, Hans: Lebenszeit und Weltzeit, Frankfurt am Main 1986, S. 63.

Neben Anleihen bei Gehlen bildet Cassirers Figur des „*animal symbolicum*" einen weiteren Ankerpunkt seines anthropologischen Denkens.[50] Symbolisierungsleistungen, die Orientierung an Metaphern, die Selbstverständigungen über Mythen und Narrative sind charakteristisch für die humane Lebensform. Eher unterschwellig als explizit stützt er sich in seinen Überlegungen auch auf Cassirers Funktionsbegriff, dessen anthropologische Formulierung sich im *Essay on Man* findet: „[I]f there is any definition of the nature or ‚essence' of man, this definition can only be understood as a functional one, not a substantial one. [....] Man's outstanding characteristic, his distinguishing mark, is not his metaphysical or physical nature – but his work. It is this work, it is the system of human activities, which defines and determines the circle of ‚humanity'."[51] Vor diesem funktionsbegrifflichen Hintergrund setzt Blumenberg beim Menschen als eine „zu besetzende" oder besser „umzubesetzende"[52] Leerstelle an: „Die Anthropologie hat nur noch eine ‚menschliche Natur' zum Thema, die niemals ‚Natur' gewesen ist und nie sein wird. Daß sie in metaphorischen Verkleidungen auftritt [...] berechtigt nicht zu der Erwartung, sie werde am Ende aller Konfessionen vor uns liegen."[53] Menschen verstehen sich über das, was sie nicht sind, über Gott, Tier, Maschine, und entwickeln darüber Formen der Selbstdeutung. Die Kultur bietet ein unerschöpfliches Reservoir an Deutungsformen, das Blumenberg von der philosophischen Anthropologie bewahrt haben will. Wenn er mit Blick auf Cassirer sagt, dass man von einer „elementaren Obligation" sprechen müsse, „Menschliches nicht verloren zu geben",[54] gilt das auch für die Anthropologie als Erinnerungsarchiv humaner Selbstdeutungsmöglichkeiten. Dies spiegelt sich in der Liste von klassischen und kuriosen „Definitionsessays" wider, die Blumenberg in *Beschreibung des Menschen* versammelt, wie etwa „das Tier, das versprechen darf", „das Wesen der unbestimmten Gefühle", „das hungrige Wesen schlechthin", „das tauschende Tier", „sozusagen eine Art Prothesengott", „das Wesen, das sich an alles gewöhnt", „das Wesen, das vor sich selber Angst hat",

---

50 Blumenberg, Hans: Anthropologische Annäherung an die Aktualität der Rhetorik, in: Wirklichkeiten, in denen wir leben. Aufsätze und eine Rede, Stuttgart 1981, S. 114.

51 Cassirer, Ernst: Essay on Man. An Introduction to a Philosophy of Human Culture, in: Gesammelte Werke, Bd. 23, herausgegeben von Birgit Recki. Hamburg 2006, S. 75 f.

52 Siehe zur Methode der „Umbesetzung" Blumenberg, Hans: Die Legitimität der Neuzeit, erneuerte Ausgabe, Frankfurt am Main 1988, S. 75. Siehe auch Kopp-Oberstebrink, Herbert: Umbesetzung, in: Blumenberg lesen. Ein Glossar, herausgegeben von Robert Buch und Daniel Weidner, Berlin 2014, S. 350-362.

53 Blumenberg, Hans: Anthropologische Annäherung an die Aktualität der Rhetorik, in: Wirklichkeiten, in denen wir leben. Aufsätze und eine Rede, Stuttgart 1981, S. 134.

54 Blumenberg, Hans: Ernst Cassirers gedenkend, in: Wirklichkeiten, in denen wir leben. Aufsätze und eine Rede, Stuttgart 1981, S. 170.

„das Wesen mit Berührungsfurcht", „das Wesen, das sich langweilt", „das Tier, das sich selbst vervollkommnen kann".[55]

Funktionsbegriffliches Denken im Anschluss an Cassirer heißt nicht nur, den Bestand der Kulturformen im Blick auf ihre Orientierungsleistungen zu analysieren, sondern auch grundlegender zu fragen, was Kultur überhaupt für den Menschen ‚leisten' soll. Anders als für Cassirer ist das *animal symbolicum* für Blumenberg auch eine Figur für das Prekäre, das Nicht-Selbstverständliche der menschlichen Existenz: Der Mensch als *animal symbolicum* „beherrscht die ihm genuin tödliche Wirklichkeit, indem es sie vertreten läßt; es sieht weg von dem, was ihm unheimlich ist, auf das, was ihm vertraut ist."[56] Es ist charakteristisch für Blumenbergs Denken, dass er sich Figurationen aneignet, indem er sie in ein überraschendes Gewand steckt: Und so sagt er an einer Stelle auch, dass das *animal symbolicum* letztlich nur die anspruchsvollere Definition für den Menschen als trostbedürftiges Wesen sei[57] – und lässt damit Cassirers anthropologische Figur mit der Trostbedürftigkeit verschmelzen, einem der schillernden Kernbegriffe seiner eigenen Anthropologie.

4   Konturen einer philosophischen Anthropologie

Auf der Grundlage seiner anthropologischen Revision der Phänomenologie und im Rückgriff auf die genannten Motive der philosophisch-anthropologischen Reflexionstradition arbeitet Blumenberg selbst einige, die menschliche Existenz charakterisierende, Aspekte näher aus. In Anbetracht des fragmentarischen Charakters seiner Anthropologie soll keine geschlossene Darstellung versucht werden, vielmehr werden folgende zentrale Themen herausgegriffen und in ihrer konzeptionellen Verknüpfung erläutert: a) Sichtbarkeit, b) Existenzrisiko, c) Distanz, d) Trostbedürftigkeit.[58]

---

55 BM, S. 512 ff.

56 Blumenberg, Hans: Anthropologische Annäherung an die Aktualität der Rhetorik, in: Wirklichkeiten, in denen wir leben. Aufsätze und eine Rede, Stuttgart 1981, S. 116.

57 Blumenberg, Hans: Die Sorge geht über den Fluß, Frankfurt am Main 1987, S. 52.

58 Verschiedene Aspekte von Blumenbergs Anthropologie wurden in der Forschung diskutiert. Siehe etwa Merker, Barbara: Geschichte(n) der Paläoanthropologie, in: Hans Blumenberg beobachtet. Wissenschaft, Technik und Philosophie, herausgegeben von Cornelius Borck, Freiburg im Breisgau 2013, S. 111-125; Pavesich, Vida: Hans Blumenberg's Philosophical Anthropology. After Cassirer and Heidegger, in: Journal of the History of Philosophy 46/3 (2008), S. 421-448; Trierweiler, Denis (Hrsg.): Hans Blumenberg. Anthropologie philosophique, Paris 2010; Heidenreich, Felix: Mensch und Moderne bei Hans Blumenberg, München 2005; Dierse, Ulrich: Hans Blumenberg. Die Zweideutigkeit

a) Sichtbarkeit

„Der Mensch", schreibt Blumenberg in *Höhlenausgänge*, „ist das sichtbare Wesen
in einem emphatischen Sinne."[59] Da Sichtbarkeit, wie gesehen, der Schlüsselbe-
griff in Blumenbergs phänomenologischer Anthropologie ist, wie sie ihm nach
seiner Kritik an Husserl vorschwebt, konstatiert er in *Zu den Sachen und zurück*
programmatisch, dass sich aus dem Problem der Sichtbarkeit im Grunde „alles"
ergäbe, was „Anthropologie" heißen könne.[60] In der Ausarbeitung der Sichtbar-
keitsthematik verschränkt er leibphilosophische, evolutionär-anthropologische und
kulturreflexive Deutungsformen. So schreibt er etwa: Der „mythische Augenblick,
in dem der Stammvater der Menschen mit dem Versuch sich zu verbergen scheitert, reflektiert den Schock der vorzeitlichen Erfahrung des aus dem bergenden
Urwald auf die freie Wildbahn hinausgedrängten Vormenschen, der sich in einer
bis dahin unbekannten Weise der Sichtbarkeit ausgesetzt fand."[61] Der Mensch ist
sichtbar, weil „ein in der Achse seiner größten Ausdehnung aufgerichteter Leib"
aus seiner Umgebung „provokativ" heraustritt:[62] „Wenn der Gewinn an Wahrneh-
mungsraum durch die Optik des aufrechten Ganges unvermeidlich geknüpft war
an das gleichzeitige Gesehenwerdenkönnen, dann war es dessen lebensdienliche
Verhaltensimplikation, die eigene Sichtbarkeit unter Kontrolle und Disposition
zu bringen. Also sich selbst zusehen zu können, während man anderen zusah".[63]
Der Mensch ist insofern „betroffen", als dass er „vom Sehenkönnen der anderen
ständig durchdrungen und bestimmt ist", als dass er die anderen „als Sehende im
Dauerkalkül seiner Lebensformen und Lebensvorrichtungen hat."[64] Blumenberg
folgert hieraus, dass sich aus jenem „Dauerkalkül" auch die Fähigkeit zur Reflexion
auf das eigene Ich und auf eine ‚Innerlichkeit' ausbilden, weil wir uns anderen auf

des Menschen, in: Reports on Philosophy 15 (1995), S. 121-129; Häfliger, Jürg: Imagi-
nationssysteme. Erkenntnistheoretische, anthropologische und mentalitätshistorische
Aspekte der Metaphorologie Hans Blumenbergs, Bern 1996. Viele anthropologische
Begriffe finden sich in Buch, Robert/Weidner, Daniel (Hg.): Blumenberg lesen. Ein
Glossar, Berlin 2014. Breiter lotet folgender Sammelband Blumenbergs Werk auch in
Bezug auf anthropologische Fragestellungen aus: Moxter, Michael (Hrsg.): Erinnerung
an das Humane. Beiträge zur phänomenologischen Anthropologie Hans Blumenbergs,
Tübingen 2011.

59 Blumenberg, Hans: Höhlenausgänge, Frankfurt am Main 1989, S. 55.

60 Blumenberg, Hans: Zu den Sachen und zurück. Aus dem Nachlaß, herausgegeben von
Manfred Sommer, Frankfurt am Main 2002, S. 166 f.

61 BM, S. 785.

62 BM, S. 144.

63 BM, S. 281 f.

64 BM, S. 778.

bestimmte Weise darstellen, unsere Sichtbarkeit kontrollieren wollen. Die Fähigkeit zur Selbsterkenntnis sei aus Selbstdarstellung entstanden. Es ist eigentümlich für Menschen, dass sie zur Heuchelei und zur Schauspielerei fähig sind, also die Diskrepanz zwischen äußerer Darstellung und innerer Haltung leben können.[65] Der hieraus entstehende Differenzierungsgewinn wird erst in einem zweiten Schritt zur Selbsterkenntnis. Daher sagt Blumenberg auch pointiert, dass die Selbstdarstellung einen „Vorrang" vor der Selbsterkenntnis habe.[66] Auch wenn das Thema der Sichtbarkeit in seinen veröffentlichten Texten gelegentlich aufblitzt, finden sich erst in *Beschreibung des Menschen* ausführlichere Untersuchungen, unter dem von Herausgeber Sommer versehenen Titel „Variation der Visibilität".[67]

Das Gesehenwerdenkönnen ist wiederum verschränkt mit einem gesteigerten Sehenkönnen.[68] Die *passive* Optik ist als Komplement zur *aktiven Optik* zu verstehen, die Sehen, theoretisches und kontemplatives Betrachten mit allen Implikationen für die abendländische Philosophie und ihre entsprechenden okularen Leitmetaphoriken umfasst. Die Exponiertheit durch den aufrechten Gang hat in Blumenbergs evolutionsbiologischer Fiktion den Effekt, dass Menschen ein neues optisches Weltverhältnis entwickeln, das bis zur Theoriefähigkeit reicht. Theoretisches Verhalten entsteht aus der Fähigkeit zu Präventionen und aus der Betrachtung des Himmels. Die anthropologische Figur des *contemplator caeli* und der erweiterte Blick durch das Fernrohr als Signum des neuzeitlichen Selbstverständnisses waren in Blumenbergs philosophischem Interesse,[69] der den Menschen auch ganz elementar als „Zuschauerwesen" versteht.[70] Vor diesem Hintergrund verschränkt Blumenberg das Risiko des Gesehenwerdens mit dem „mundanen Trauerspiel"[71], das mit dem Auftritt des Menschen auf die Bühne der Welt zur Aufführung gebracht

---

65 Siehe BM, S. 282 ff.

66 BM, S. 283.

67 BM, S. 777-895.

68 Siehe Blumenberg, Hans: Höhlenausgänge, Frankfurt am Main 1989, S. 785.

69 Blumenberg, Hans: „Contemplator Caeli", in: Orbis Scriptus. Festschrift für Dmitrij Tschizewskij zum 70. Geburtstag, herausgegeben von Dietrich Gerhardt, Wiktor Weintraub und Hans-Jürgen Winkel, München 1966, S. 117 ff.; Blumenberg, Hans: Das Fernrohr und die Ohnmacht der Wahrheit. Einleitung zu: Galilei, Galileo: Sidereus Nuncius (Nachricht von neuen Sternen). Dialog über die Weltsysteme (Auswahl). Vermessung der Höhle Dantes, herausgegeben von Hans Blumenberg, Frankfurt am Main 1965, S. 7-75.

70 Blumenberg, Hans: Zu den Sachen und zurück. Aus dem Nachlaß, herausgegeben von Manfred Sommer, Frankfurt am Main 2002, S. 167.

71 Blumenberg, Hans: Zu den Sachen und zurück. Aus dem Nachlaß, herausgegeben von Manfred Sommer, Frankfurt am Main 2002, S. 163.

wird. Anthropologische Reflexion entsteht aus der Doppelfunktion, gleichzeitig Zuschauer zu sein und das Risiko der Existenz selbst leben zu müssen.[72]

b) Existenzrisiko

Die anthropologische Verunsicherung bleibt seit der Formel von der ‚sich selbst nicht mächtigen Existenz' Blumenbergs Thema, wobei sich die Fragestellung immer mehr verschiebt hin zur Vorstellung des Menschen als einem „riskanten Wesen", das nicht nur ‚von außen' gefährdet ist, sondern das „sich selbst mißlingen kann."[73] Der Mensch leide darunter, dass er nicht in gleicher Weise ‚Natur' ist wie die übrige Natur, sondern durch eine „Nicht-Selbstverständlichkeit seines Vorhandenseins" charakterisiert ist.[74] Menschen sind nicht einfach ‚da', sondern bedürfen einer Begründung und sogar Rechtfertigung ihrer Existenz: „Der Mensch ist ein vernünftiges Wesen, weil seine Existenz unvernünftig, nämlich: ohne erbringbaren Grund ist. Es ist die Seinsgrundfrage in ihrer anthropologischen Fassung."[75] Diese Kontingenzzumutung ist eines der zentralen Themen von Blumenbergs Anthropologie, was sich in der Definition des Menschen als das „gewollt sein wollende Wesen", das nicht nur durch einen nackten Zufall existieren will,[76] verdichtet. Der Mensch ist „das der Versöhnung mit seinem Dasein bedürftige Wesen."[77] Das permanent drohende ‚sich selbst misslingen können' führt zu Selbstvergewisserungsprozessen, die nicht mehr primär durch die Frage: *Was ist der Mensch?* geleitet werden, sondern durch die Frage: *Wie ist der Mensch möglich?*[78] Der „Mensch ist die verkörperte Unwahrscheinlichkeit. Er ist das Tier, das trotzdem lebt."[79] Diese Kontingenzbewältigung im Blick auf die ‚Grundlosigkeit' unserer Existenz korrespondiert nun mit der Überforderung angesichts eines „Absolutismus der Wirklichkeit",[80] den es mit Entlastungsvorgängen zu bewältigen gilt. Der zentrale Begriff ist hierbei die „Distanz", um den Blumenberg einige seiner Überlegungen zu den Möglichkeiten, der überfordernden Wirklichkeit zu begegnen, gruppiert.

---

72 Siehe dazu auch Blumenberg, Hans: Schiffbruch mit Zuschauer. Paradigma einer Daseinsmetapher, Frankfurt am Main 1979.

73 BM, S. 550.

74 BM, S. 634.

75 BM, S. 638. Siehe dazu Müller, Oliver: Hans Blumenberg on Visibility, in: Iyyun – The Jerusalem Philosophical Quarterly 65 (2016), S. 35-53.

76 BM, S. 639.

77 Blumenberg, Hans: Höhlenausgänge, Frankfurt am Main 1989, S. 256.

78 BM, S. 535.

79 BM, S. 550.

80 Siehe Blumenberg, Hans: Arbeit am Mythos, Frankfurt am Main 1979, S. 9 ff.

c) Distanz

Die Antwort auf die Frage, *wie der Mensch überhaupt möglich ist,* könnte, so Blumenberg, schlicht lauten: „durch Distanz".[81] Das bedeutet zunächst, dass Menschen Distanz schaffen, indem sie Namen und Geschichten erfinden, die der Wirklichkeit eine Gestalt geben und in eine deutbare und damit beherrschbare Ordnung einfügen, etwa indem eine unbestimmte Angst in konkrete Momente von Furcht rationalisiert wird: „Furcht bekam Gestalt, und ihre Gestalten wurden vertrieben, beschworen, besänftigt, besiegt."[82] Diese protokulturelle Leistung korrespondiert mit der Tatsache, dass der Mensch ein „präventive[s] Wesen"[83] ist: Der aufrechte Gang hat den Wahrnehmungshorizont erweitert, der optische Distanzgewinn wurde als Vorteil erkannt. Die immer wieder verwendete und vermutlich bei Cassirer gefundene Formel „actio per distans"[84] steht im Zentrum der These, dass sich Rationalitätsformen aus den Leistungen der Distanz entwickeln. Allein schon die Fähigkeit zum begrifflichen Denken sei aus der *actio per distans* entstanden, weil ein Begriff etwas bezeichnen kann, was räumlich und zeitlich in die Ferne gerückt ist. Daher spricht Blumenberg von der „grundlegenden Fähigkeit des Menschen, das Abwesende als Anwesendes behandeln und nutzen zu können, auch das als nicht-existierend Abwesende".[85] Und vor diesem Hintergrund sieht er auch eine funktionale Verwandtschaft von Falle und Begriff.[86] Auch Mythen, Symbole, Metaphern und Kulturformen überhaupt erlauben, die Wirklichkeit ‚auf Abstand zu halten' und in Vertrauen schaffende Selbst- und Weltdeutungsvorgänge zu transformieren. In diesem Kontext spielt für Blumenberg auch die Technik eine zentrale Rolle, die er früh als philosophisches Thema entdeckt hat – und die nicht zuletzt dazu beigetragen hat, dass er sich von Heideggers „seinsgeschichtlichem" Technik-Begriff distanzierte und sich für anthropologische Fragestellungen öffnete.[87]

---

81 BM, S. 570. Siehe dazu auch Klein, Rebekka A. (Hrsg.): Auf Distanz zur Natur. Philosophische und theologische Perspektiven in Hans Blumenbergs Anthropologie, Würzburg 2009.

82 Blumenberg, Hans: Arbeit am Mythos, Frankfurt am Main 1979, S. 11; Blumenberg, Hans: Theorie der Unbegrifflichkeit, Frankfurt am Main 2007, S. 26 ff.

83 Blumenberg, Hans: Theorie der Unbegrifflichkeit, Frankfurt am Main 2007, S. 13.

84 BM, S. 593; Blumenberg, Hans: Theorie der Unbegrifflichkeit, Frankfurt am Main 2007, S. 10 ff.

85 BM, S. 632.

86 Blumenberg, Hans: Theorie der Unbegrifflichkeit, Frankfurt am Main 2007, S. 13 f.

87 Blumenbergs ab Ende der 1940er Jahre entstandene Texte zur Philosophie der Technik finden sich neuerdings in einem Band versammelt: Blumenberg, Hans: Schriften zur Technik, Berlin 2015. Siehe zu Blumenbergs Technikphilosophie auch Recki, Birgit:

Blumenberg versteht den Begriff der Distanz nicht nur lokal, sondern auch temporal. Im Distanzgewinn seien auch Zeitstrukturen eingeschrieben: die verzögerte Reaktion erlaube einen Zeitgewinn, dieser verbinde sich mit der Fähigkeit zur Prävention. Blumenberg beschreibt den Menschen daher auch als das „Wesen, das zuvorkommen muß".[88] Zögern für Zeitgewinn ist für ihn eine anthropologische Kategorie.[89] Zögern ist ein Merkmal für menschliche Kultur überhaupt, die er durch den „Verzicht auf die raschen Lösungen" charakterisiert findet.[90] Vor diesem Hintergrund hat Blumenberg auch den anthropologischen Beinamen *„cunctator"*, Zögerer, ins Spiel gebracht, und den Menschen *Homo cunctator* genannt.[91]

d) Trostbedürftigkeit

Der vielleicht ungewöhnlichste Begriff in einer modernen philosophischen Anthropologie dürfte derjenige der Trostbedürftigkeit des Menschen sein,[92] auch wenn die *consolatio philosophiae* eine respektable Tradition hat. Da dem Menschen die Selbstverständlichkeit seines Existierens fehlt und er nach einem Grund seiner Existenz fragen muss, es aber weder eine letztgültige Antwort auf die Seinsgrundfrage noch eine universale Sinnstruktur der Welt gibt, sind Menschen trostbedürftig: „Wer den Sinn entbehrt, ist des Trosts bedürftig."[93] Dabei greift Blumenberg Georg Simmels Definition des Menschen als „trostsuchendes Wesen" auf und reklamiert das Trostbedürfnis für seine Anthropologie: „Die Fragestellung nach der Möglichkeit und Funktionsweise des Trosts scheint tief hineinzuführen in den Komplex der Eigenschaften, die eine philosophische Anthropologie zu thematisieren hätte."[94]

Technik und Moral bei Hans Blumenberg, in: Hans Blumenberg beobachtet: Wissenschaft, Technik und Philosophie, herausgegeben von Cornelius Borck, Freiburg im Breisgau 2013, S. 67-89; Müller, Oliver: Blumenberg liest eine Fußnote von Marx. Zur Methodik einer „kritischen Geschichte der Technologie", in: Blumenberg beobachtet. Wissenschaft, Technik und Philosophie, herausgegeben von Cornelius Borck, Freiburg im Breisgau 2013, S. 47-63; Müller, Oliver: Natur und Technik als falsche Antithese. Die Technikphilosophie Hans Blumenbergs und die Struktur der Technisierung, in: Philosophisches Jahrbuch 115 (2008), S. 99-124.

88   Blumenberg, Hans: Theorie der Unbegrifflichkeit, Frankfurt am Main 2007, S. 109.

89   BM, S. 608.

90   Siehe Blumenberg, Hans: „Nachdenklichkeit", in: Neue Züricher Zeitung vom 22./23.11.1980.

91   BM, S. 276.

92   Siehe dazu Moxter, Michael: Trost, in: Blumenberg lesen. Ein Glossar, herausgegeben von Robert Buch und Daniel Weidner, Berlin 2014, S. 337-349.

93   Blumenberg, Hans: Die Sorge geht über den Fluß, Frankfurt am Main 1987, S. 59.

94   BM, S. 623.

Der Trost ist eine „grundlegende Explikation der menschlichen Realität",[95] weil sie die Grundlosigkeit des menschlichen Daseins erfasst: Auf einer „sehr elementaren Weise" könne dem Menschen „überhaupt nicht geholfen werden".[96] Im Trost geht es nicht nur um den „freiwilligen Verzicht auf Änderung der Realität",[97] sondern auch eine „Vermeidung des Bewußtseins" von dieser Realität.[98] Leider sind Menschen jedoch gezwungen, einen Realitätssinn zu entwickeln, der den Tröstungsversuchen entgegenläuft, weil sie uns Menschen ‚auf den Boden der Tatsachen' stellt, und daher sind wir „zwar trostbedürftig, reell jedoch untröstlich".[99]

Wie oben erwähnt, überblendet Blumenberg seine Figur des Menschen als trostbedürftiges Wesen mit Cassirers *animal symbolicum*. Das heißt: kulturelle Formen können Menschen trösten, die sich *qua* ihrer Konstitution den Sinn ihrer Existenz und ihres Strebens erklären wollen. Das heißt aber auch: Trost kann nur vorübergehend gespendet werden. Das ist einer der Gründe, warum Blumenberg in seinen anthropologischen Überlegungen immer auch für die Rehabilitierung der Rhetorik eintritt.[100] Die „Mittel des Trostes" seien nämlich „rhetorischer Natur": Rhetorik „ist ja nicht nur eine Kunst der demagogischen Verführung, sie hat auch immer ihre Bedeutung gehabt für die Formen der Seelsorge und der Herbeiführung gehobener Gestimmtheit und Lebensfreude des Menschen, gewiß oft unter Verschleierung der wahren, aber als wahr erkannten doch noch nicht behebbaren Gründe für das menschliche Elend."[101] Im Blick auf Kants *Anthropologie in pragmatischer Hinsicht* nennt Blumenberg diesen pragmatischen Zug seiner Anthropologie auch „Paraethik". Eine Paraethik ist „eine Moralistik der pragmatischen Verfahren, mit denen man unter den Bedingungen der Welt dennoch überleben kann."[102]

---

95 BM, S. 627.

96 BM, S. 626.

97 BM, S. 626.

98 BM, S. 631.

99 BM, S. 630.

100 Siehe Blumenberg, Hans: Anthropologische Annäherung an die Aktualität der Rhetorik, in: Wirklichkeiten, in denen wir leben. Aufsätze und eine Rede, Stuttgart 1981, S. 104-136; dazu auch Haverkamp, Anselm: Die Technik der Rhetorik. Blumenbergs Projekt, in: Blumenberg, Hans: Ästhetische und metaphorologische Schriften, Frankfurt am Main 2001, S. 435-454.

101 BM, S. 655.

102 BM, S. 501. Siehe dazu auch Müller, Oliver: Von der Theorie zur Praxis der Unbegrifflichkeit. Hans Blumenbergs anthropologische Paraethik, in: Metaphorologie. Zur Praxis von Theorie, herausgegeben von Anselm Haverkamp und Dirk Mende, Frankfurt am Main 2009, S. 256-282.

Wenn Blumenbergs Anthropologie nach dieser Darstellung eher düster erschienen sein mag, ist das dem Platz geschuldet – und nur die halbe Wahrheit. Das Prekäre der menschlichen Natur, das potentiell Misslingende, die denkerischen Ab- und Irrwege menschlicher Orientierungsversuche präpariert Blumenberg für seine Leser auch durchaus verschmitzt. Bisweilen scheint es sogar so, als beobachte er nicht nur mit einer geradezu entomologischen Genauigkeit, sondern auch mit einer gewissen Heiterkeit, wie sich das *animal symbolicum* immer wieder von Neuem verirrt.

5   Abschied aus der Höhle

Die Schriftstellerin Sibylle Lewitscharoff hat in ihren Blumenberg-Roman nicht nur eine Szene integriert, in der ihr fiktiver Blumenberg eine Vorlesung über die Trostbedürftigkeit des Menschen hält, sondern sie hat auch die letzten Tage dieses Philosophenlebens imaginiert: Sie betrachtet Blumenberg durch die ikonografischen Figuration des ‚Hieronymus im Gehäus‘ und seinen leonischen Begleiter und erdichtet auch für Blumenberg einen Löwen, allerdings mit recht unklarem ontologischen Status, der dem in sein Arbeitszimmer zurückgezogenen Philosophen nächtliche Besuche abstattet.[103] Blumenberg wurde 1985 emeritiert, und die Beschäftigung mit der troglodytischen Existenz des Menschen in den 1989 erschienenen Buch *Höhlenausgänge* darf man sicher auch als eine Anspielung auf seine eigene ‚Arbeitshöhle‘ verstehen, nicht zuletzt als Ausdruck einer Sehnsucht, der eigenen Sichtbarkeit zu entkommen, auch wenn man hier nur scheitern kann, denn „Welt ist, woraus man nicht verschwinden kann.“[104] In den 1980er Jahren hatte sich Blumenberg aus dem akademischen Betrieb immer mehr zurückgezogen und sich gleichzeitig als Autor zahlreicher Texte in der *Frankfurter Allgemeinen Zeitung* und der *Neuen Zürcher Zeitung* auch bei einem größeren Publikum einen Namen gemacht, sich im Genre philosophischer Vignetten und Anekdoten versucht. Bis zum Schluss schöpfte er sein Wissen aus einem exorbitanten Zettelkasten, der inzwischen mit seinem Nachlass in Marbach aufbewahrt wird.[105] Seit seinem Tod 1996 sind fast jedes Jahr größere und kleinere Texte aus diesem Nachlass erschie-

---

103 Sibylle Lewitscharoff: Blumenberg. Roman. Berlin 2011. Siehe dazu Müller, Oliver: Trost durch Weltbenennung. Realismusmüdigkeit und Transzendenzgewinn bei Sibylle Lewitscharoff, in: Text und Kritik, herausgegeben von Carlos Spoerhase, München 2014, S. 64-73.

104 BM, S. 279.

105 Siehe dazu Bülow, Ulrich von/Krusche Dorit: Vorläufiges zum Nachlass von Hans Blumenberg, in: Hans Blumenberg beobachtet. Wissenschaft, Technik und Philosophie, herausgegeben von Cornelius Borck, Freiburg im Breisgau 2013, S. 273-288.

nen, so unter anderem das schöne Büchlein *Löwen*, aus dem Sibylle Lewitscharoff Blumenbergs letzten Begleiter genommen hat. Und eben die *Beschreibung des Menschen*, die sein klandestin verfolgtes Lebensprojekt dokumentiert: die Arbeit an einer phänomenologischen Anthropologie.

Literaturhinweise

Blumenberg, Hans: Beiträge zum Problem der Ursprünglichkeit der mittelalterlich-scholastischen Ontologie, Kiel 1947 [unveröffentlichtes Typoskript].

Blumenberg, Hans: Die Ontologische Distanz. Eine Untersuchung über die Krisis der Phänomenologie Husserls, Kiel 1950 [unveröffentlichtes Typoskript].

Blumenberg, Hans: Das Fernrohr und die Ohnmacht der Wahrheit. Einleitung zu: Galilei, Galileo: Sidereus Nuncius (Nachricht von neuen Sternen). Dialog über die Weltsysteme (Auswahl). Vermessung der Höhle Dantes, herausgegeben von Hans Blumenberg, Frankfurt am Main 1965, S. 7-75.

Blumenberg, Hans: „Contemplator Caeli", in: Orbis Scriptus. Festschrift für Dmitrij Tschizewskij zum 70. Geburtstag, herausgegeben von Dietrich Gerhardt, Wiktor Weintraub und Hans-Jürgen Winkel, München 1966, S. 113-124.

Blumenberg, Hans: Die Genesis der kopernikanischen Welt, Frankfurt am Main 1975.

Blumenberg, Hans: Schiffbruch mit Zuschauer. Paradigma einer Daseinsmetapher, Frankfurt am Main 1979.

Blumenberg, Hans: Ausblick auf eine Theorie der Unbegrifflichkeit, in: ebd.: Schiffbruch mit Zuschauer. Paradigma einer Daseinsmetapher, Frankfurt am Main 1979, S. 85-106.

Blumenberg, Hans: Arbeit am Mythos, Frankfurt am Main 1979.

Blumenberg, Hans: „Nachdenklichkeit", in: Neue Züricher Zeitung vom 22./23.11.1980.

Blumenberg, Hans: Anthropologische Annäherung an die Aktualität der Rhetorik, in: ebd.: Wirklichkeiten, in denen wir leben. Aufsätze und eine Rede, Stuttgart 1981, S. 104-136.

Blumenberg, Hans: Ernst Cassirers gedenkend, in: ebd.: Wirklichkeiten, in denen wir leben. Aufsätze und eine Rede, Stuttgart 1981, S. 163-172.

Blumenberg, Hans: Lebenszeit und Weltzeit, Frankfurt am Main 1986.

Blumenberg, Hans: Die Sorge geht über den Fluß, Frankfurt am Main 1987.

Blumenberg, Hans: Die Legitimität der Neuzeit, erneuerte Ausgabe, Frankfurt am Main 1988.

Blumenberg, Hans: Genesis der kopernikanischen Welt, Frankfurt am Main 1975.

Blumenberg, Hans: Höhlenausgänge, Frankfurt am Main 1989.

Blumenberg, Hans: Der verborgene Gott der Phänomenologie. Aus dem Nachlaß, herausgegeben von Manfred Sommer, Stuttgart 1997, S. 139-140.

Blumenberg, Hans: Paradigmen zu einer Metaphorologie, Frankfurt am Main 1998.

Blumenberg, Hans: Die Verführbarkeit des Philosophen, Frankfurt am Main 2000.

Blumenberg, Hans: Ästhetische und metaphorologische Schriften. Auswahl und Nachwort von Anselm Haverkamp, Frankfurt am Main 2001.

Blumenberg, Hans: Die erste Frage an den Menschen. All der biologische Reichtum des Lebens verlangt eine Ökonomie seiner Erklärung, in: Frankfurter Allgemeine Zeitung vom 02.06.2001.

Blumenberg, Hans: Zu den Sachen und zurück. Aus dem Nachlaß, herausgegeben von Manfred Sommer, Frankfurt am Main 2002.

Blumenberg, Hans: Beschreibung des Menschen. Aus dem Nachlaß, herausgegeben von Manfred Sommer, Frankfurt am Main 2006.

Blumenberg, Hans: Theorie der Unbegrifflichkeit, Frankfurt am Main 2007.

Blumenberg, Hans/Taubes, Jacob: Briefwechsel 1961-1981, herausgegeben von Herbert Kopp-Oberstebrink, Berlin 2013.

Blumenberg, Hans: Schriften zur Technik, Berlin 2015.

Buch, Robert/Weidner, Daniel (Hg.): Blumenberg lesen. Ein Glossar, Berlin 2014.

Bülow, Ulrich von/Krusche Dorit: Vorläufiges zum Nachlass von Hans Blumenberg. In: Hans Blumenberg beobachtet. Wissenschaft, Technik und Philosophie, herausgegeben von Cornelius Borck, Freiburg im Breisgau 2013, S. 273-288.

Cassirer, Ernst: Essay on Man. An Introduction to a Philosophy of Human Culture, in: Gesammelte Werke, Bd. 23, herausgegeben von Birgit Recki, Hamburg 2006.

Dierse, Ulrich: Hans Blumenberg. Die Zweideutigkeit des Menschen, in: Reports on Philosophy 15 (1995), S. 121-129.

Häfliger, Jürg: Imaginationssysteme. Erkenntnistheoretische, anthropologische und mentalitätshistorische Aspekte der Metaphorologie Hans Blumenbergs, Bern 1996.

Haverkamp, Anselm: Die Technik der Rhetorik. Blumenbergs Projekt, in: Blumenberg, Hans: Ästhetische und metaphorologische Schriften, Frankfurt am Main 2001, S. 435-454

Heidenreich, Felix: Mensch und Moderne bei Hans Blumenberg, München 2005.

Ifergan, Pini: On Hans Blumenberg's The Genesis of the Copernican World, in: Hans Blumenberg beobachtet. Wissenschaft, Technik und Philosophie, herausgegeben von Cornelius Borck, Freiburg im Breisgau 2013, S. 149-167.

Klein, Rebekka A. (Hrsg.): Auf Distanz zur Natur. Philosophische und theologische Perspektiven in Hans Blumenbergs Anthropologie, Würzburg 2009.

Kopp-Oberstebrink, Herbert: Umbesetzung, in: Blumenberg lesen. Ein Glossar, herausgegeben von Robert Buch und Daniel Weidner, Berlin 2014, S. 350-362.

Lewitscharoff, Sybille: Blumenberg. Roman, Berlin 2011.

Merker, Barbara: Geschichte(n) der Paläoanthropologie, in: Hans Blumenberg beobachtet. Wissenschaft, Technik und Philosophie, herausgegeben von Cornelius Borck, Freiburg im Breisgau 2013, S. 111-125.

Meyer, Thomas: „Lesbarkeit" und „Sichtbarkeit". Zu Hans Blumenbergs Versuch, seine Moderne zu retten, in: Erinnerung an das Humane. Beiträge zur phänomenologischen Anthropologie Hans Blumenbergs, herausgegeben von Michael Moxter, Tübingen 2011.

Moxter, Michael (Hrsg.): Erinnerung an das Humane. Beiträge zur phänomenologischen Anthropologie Hans Blumenbergs, Tübingen 2011.

Moxter, Michael: Trost, in: Blumenberg lesen. Ein Glossar, herausgegeben von Robert Buch und Daniel Weidner, Berlin 2014, S. 337-349.

Müller, Oliver: Sorge um die Vernunft. Hans Blumenbergs phänomenologische Anthropologie, Paderborn 2005.

Müller, Oliver: Subtile Stiche. Hans Blumenberg und die Forschungsgruppe „Poetik und Hermeneutik", in: Kontroversen in der Literaturtheorie/Literaturtheorie in der Kontroverse, herausgegeben von Ralf Klausnitzer und Carlos Spoerhase, Bern 2007, S. 249-264.

Müller, Oliver: Natur und Technik als falsche Antithese. Die Technikphilosophie Hans Blumenbergs und die Struktur der Technisierung, in: Philosophisches Jahrbuch 115 (2008), S. 99-124.

Müller, Oliver: Von der Theorie zur Praxis der Unbegrifflichkeit. Hans Blumenbergs anthropologische Paraethik, in: Metaphorologie. Zur Praxis von Theorie, herausgegeben von Anselm Haverkamp und Dirk Mende, Frankfurt am Main 2009, S. 256-282.

Müller, Oliver: Blumenberg liest eine Fußnote von Marx. Zur Methodik einer „kritischen Geschichte der Technologie", in: Blumenberg beobachtet. Wissenschaft, Technik und Philosophie, herausgegeben von Cornelius Borck, Freiburg im Breisgau 2013, S. 47-63.

Müller, Oliver: Trost durch Weltbenennung. Realismusmüdigkeit und Transzendenzgewinn bei Sibylle Lewitscharoff, in: Text und Kritik, herausgegeben von Carlos Spoerhase, München 2014, S. 64-73.

Müller, Oliver: Hans Blumenberg on Visibility, in: Iyyun – The Jerusalem Philosophical Quarterly 65 (2016), S. 35-53.

Pavesich, Vida: Hans Blumenberg's Philosophical Anthropology. After Cassirer and Heidegger, in: Journal of the History of Philosophy 46/3 (2008), S. 421-448.

Recki, Birgit: Technik und Moral bei Hans Blumenberg, in: Hans Blumenberg beobachtet: Wissenschaft, Technik und Philosophie, herausgegeben von Cornelius Borck, Freiburg im Breisgau 2013, S. 67-89.

Sartre, Jean-Paul: Das Sein und das Nichts. Versuch einer phänomenologischen Ontologie, Reinbek 1993.

Trierweiler, Denis (Hrsg.): Hans Blumenberg. Anthropologie philosophique, Paris 2010.

Kontakt

PD Dr. Oliver Müller
Albert-Ludwigs-Universität Freiburg
Bernstein Center Freiburg
Hansastraße 9a
79104 Freiburg im Breisgau
E-Mail: oliver.mueller@philosophie.uni-freiburg.de

Printed by Printforce, the Netherlands